中国传媒大学新闻系传播系组编

New media 新传媒时代
新闻传播学系列教材

新闻学核心课程 JOURNALISM 10

广播新闻

Radio News Reporting

成文胜◎编著

中国人民大学出版社
·北京·

总 序

媒介融合时代新闻传播教育的“变”与“不变”

媒介融合时代，传统媒体纷纷出现了与新媒体融合发展的趋势，新闻传媒的变革日新月异，而社交媒体、公民新闻的出现使传统的新闻传播格局面临重新“洗牌”的巨大压力。业界的这些变化自然也会传导到新闻传播教育上来，迫使新闻传播教育面临一系列转型。在这样一个充满激荡变革的时代从事新闻传播教育工作，首先需要厘清哪些素质和能力是新闻传播工作者永恒不变的坚守，哪些能力又是需要与时俱进、不断变革更新的核心。只有把握住了“变”与“不变”的关系，才能在新闻传播人才培养上做到心中有数、方向明确。下面，我们不妨对这一问题做些具体分析。

传统的新闻信息生产和传播是这样进行的：现实生活中，人们每天需要了解外部世界的最新变化，由于每个人的生活范围很有限，于是诞生了一批媒体机构和新闻记者，他们每天到处采集各种最新发生的真实信息，然后通过报刊、广播和电视将这些信息传递给大众。人们接收到信息之后，虽不是亲眼所见，但会将其视为现实中真实存在的事情，从而对外部世界形成各式各样的印象和看法。

媒介融合时代的新闻信息生产和传播则是这样运作的：人们每天需要了解外部世界的最新变化，不仅职业的新闻记者在从事新闻信息的生产和传播工作，普通民众也加入到新闻信息的采集、制作和传播活动中来。他们将采集到的信息制作成文字、图片、音频、视频，或通过互联网向公众发布，或通过自媒体和社交媒体传递给自己熟悉或不熟悉的个人。他人接收到这些信息后，会将其视为现实中真实发生的事情，并由此对生存环境形成各式各样的印象和看法。

不难看出，在媒介融合时代，新闻信息的生产和传播领域发生了两个重大变化：一是出现了一大批自媒体和公民记者，形成了职业记者与普通民众同时进行新闻信息生产和传播的新格局；二是原先报纸、广播、电视“井水不犯河水”的格局被打破，出现了不同媒体与网络新媒体融合发展的趋势。在这种背景下，职业记者怎样才能体现自己的存在价值就显得十分重要，这也直接决定着新闻传播教育和新闻传播人才培养的走向。

近年来，我们走访了国外许多知名新闻院校，也经常就这一话题进行探讨，对媒介融合时代新闻传播教育“变”与“不变”的关系逐渐形成了清晰认识，那就是媒介形态可以千变万化，新闻教育的核心不会改变。

那么，在媒介融合时代，新闻传播工作者不变的素质和能力有哪些呢？归纳起来，大致有以下几点：

一是新闻传播工作的职业精神不会改变。新闻工作是一种能够点燃人们理想抱负的职业，是站在桅杆上眺望远方的守望。任何时代，只要从事新闻传播工作，就都需要高度的职业理想和工作热情，这样才能把每次报道任务完成好，才能在信息泛滥和众声喧哗的时代始终坚持把核实新闻信息放在第一位，才能在充满压力和诱惑的时代始终坚持传播新闻事实的真相，才能以高度的社会责任感去捍卫公众利益，才能以人文情怀去关注黎民百姓的疾苦和心声。研究中外名记者的经历，我们发现，他们的成功都离不开对新闻工作的激情，离不开高度的社会责任感和敬业精神。反过来，如果一个人仅仅将新闻工作视为谋生的饭碗，那么，最终他只能庸庸碌碌，在新闻岗位上走不了太远。在多年的教育工作中，我们体会到，新闻传播职业精神的培养不能只靠课堂的说教，一个行之有效的路径是搭建平台，鼓励同学们走出校门，到基层去，到火热的生活中去。只有深入实地，让学生对社会有了深切感知，才有可能培养起社会责任感来。这些年来，我们一直在进行这方面的尝试和努力。从 2006 年开始，中国传媒大学新闻系和传播系在学生中开展了“子牛杯”大学生社会调查征文比赛活动，迄今已坚持了 7 年，有上千名学生参加到活动中来，涌现出了一大批饱含社会责任感和职业精神的调查报告。通过开展这项活动，我们明显感受到了同学们的成长与进步。

二是新闻采写的基本能力不会改变。媒介融合时代，信息的获取日益方便快捷，而如何核实信息的真伪，保证所获得的新闻信息是准确无误的，则需要记者具有扎实的采访作风。这也是新闻媒体赢得公信力的必由之路。与此同时，在媒体竞争日趋激烈的今天，获得独家新闻、首发新闻已成为提升媒体竞争力和影响力的重要指标，这同样需要记者有深入现场的采访作风以及敏锐的新闻发现能力。而在新闻表达阶段，新闻写作能力是学生必须练好的基本功。总体上看，学生良好的新闻表达能力建立在对新闻事实的深入了解和对受众心理的准确把握基础上。具体来说，新闻表达能力有两个层次的要求。第一个层次是能把新闻事件讲明白。这需要学生在全面掌握新闻事件的各种信息之后，具备清晰的逻辑思维能力和良好的语言表达能力，不能出现事实不清、逻辑混乱、词不达意等现象。第二个层次是能把新闻事件讲得有吸引力。这需要学生在把新闻事件讲清楚的基础上，还善于把握受众的接受习惯和接受心理，懂得叙事技巧，通过设置悬念等诸多手法来吸引受众的注意力。这是对新闻表达的更高要求，学生如果在这方面也能过关的话，他的新闻写作能力就完全达标了。

三是多学科的知识结构要求不会改变。新闻报道的对象是大千世界，新闻的内容来自社会的不同领域，新闻只是一种形式，传媒也只是一种工具，都不是内容本身。在社会分工日益细分化和专业化的今天，只懂得新闻和传媒技巧是不够的，还需要掌握其他学科知识。目前，国内外新闻和传播院系解决这一问题的途径主要有两种：第一，尽量多提供跨专业课程，同时规定选修课中其他学科课程的最低比例。例如，美国密苏里大学新闻学院就规定学生选修的非新闻专业课程学分要占新闻专业总学分的一半以上。第二，联合培养第二学位学生，学生可以先学习哲学、历史、法律、社会学、经济学、管理学或自然科学等专业，然后再来学习新闻专业。例如，美国纽约大学就规定新闻专业的学生要完成 128

个学分，其中，必须用 64 个学分来拿一个非新闻专业的学位。中国传媒大学新闻系从 20 世纪 80 年代就开始招收新闻学第二学位学生，近年来，又面向校内招收辅修新闻学第二学位的学生，一直在进行这方面的努力。

在分析了媒介融合时代新闻传播人才不变的素质和能力之后，我们还要知道什么能力是当前新闻传播教育必须高度重视培养的新能力。

从总体来看，媒介融合时代，新闻传播教育自然需要培养学生适应媒介融合发展的能力。具体来说，由于制作方式数字化、传播渠道网络化、接收终端多样化，当前的新闻传播教育主要应该培养学生的多媒体报道能力。也就是使学生从具有报纸、广播、电视单一媒体的报道能力向具有多媒体融合报道能力转变，培养一批能够熟练采集和发布多媒体新闻的"全能记者"和"全能编辑"。

对"全能记者"和"全能编辑"来说，能够熟练使用多媒体新闻采制设备，洞悉文字、图片、声音、图像的文本特性和传播优势就显得十分重要。为了帮助大家理解这一问题，我们从新闻传播角度出发，可以将人们对新闻信息的需求归纳为三个基本维度：一是快捷需求，即人们想在第一时间简明扼要地了解新闻事件主要信息的需求；二是直观需求，即人们想亲眼目睹、直观感知新闻事件现场及氛围的需求；三是探究需求，即人们想深入了解新闻事件的来龙去脉、意义背景等内在信息的需求。而不同的媒介和文本符号在满足上述需求上各有自己的优势。培养"全能记者"，就要培养学生在面对重大新闻事件时，能用照相机拍摄出最具典型意义的瞬间图片，能用摄像机记录下最有现场感的发生过程，能用录音设备记录下新闻事件现场最典型的声音，能用电脑在第一时间写出新闻消息，将新闻事件的主要信息告知受众，还能写出深度报道，把新闻事件的原因、背景、经过、细节、意义、展望等深层信息揭示出来。总之，媒介融合时代，新闻传播教育需要打破过去报纸、广播、电视之间的壁垒，培养学生用文字、图片、音频、视频来全方位、立体化地展示新闻事件的能力，也就是培养学生多媒体采访、写作和编辑的呈现能力。

中国传媒大学新闻系、传播系作为国内较早开办新闻学专业和传播学专业的院系之一，多年来，积累了一些办学经验，也形成了一定的办学特色，在培养新型新闻传播人才上也一直在进行积极探索。摆在大家面前的这套"新传媒时代新闻传播学系列教材"（内含"新闻学核心课程"、"新闻学特色课程"和"传播学核心课程"）就是对近年来新闻学专业和传播学专业教学工作的总结。总的来说，编写这套系列教材，主要有这样几个出发点：

一是立足学科，整体打造。新闻传播学科发展到今天，已经形成了比较稳定的知识体系。这套系列教材立足新闻传播学科进行整体打造，既注重介绍新闻学和传播学基本的理论知识和专业技能，又注重学科历史、理论、方法和应用的体系性。在教材编写过程中，注意到前后衔接，按照由浅至深、循序渐进的规律进行整体推进。

二是立足时代，与时俱进。新媒体的出现推动了媒介融合的发展，这是传媒业的大势所趋。这套系列教材立足这一时代背景，不仅增加了媒介融合、新媒体编辑、多媒体报道等与媒介发展密切相关的教材品种，而且许多传统教材在编写过程中注意到了与新媒体的结合，体现出了与时俱进的时代要求。

三是立足教学，保留个性。教材编写需要对实践中一些最新动向进行沉淀，以便形成相对稳定的知识体系。从这一点上说，“与时俱进”并不是说这套教材可以与传媒实践发展实现“无缝对接”，而是需要与媒体实践保持适度距离，以便进行观察、总结和提升。另外，教材编写必须立足教学需要，采用相对成熟、稳定的知识体系作为教材内容，这样才能实现知识传承。但是编写教材并不排斥作者的个性和创造性，因为同样的知识内容可以采用不同的体例和案例来编写，编写的侧重点也会有所不同，这些都体现出作者的个性化思考。

四是立足市场，突出特色。目前，传播学专业的教材在市场上比较零散，我们这次将集中力量推出传播史、传播学史、传播学研究方法、媒介分析、传播心理学等教材，形成“传播学核心课程”系列教材。新闻学专业的有些教材在教学工作中很需要，但市场上很少见到。我们这次就推出了“新闻学特色课程”系列教材，包括新闻报道原理、社会调查方法、精确新闻报道、新闻传播学专业英语、新闻传播学学术论文写作指导等品种，在满足教学需要的同时，也为系列教材增添特色。

为了让大家对系列教材的总体框架一目了然，附上系列教材的结构示意图。

新闻学系列教材及课程结构图

- 历史新闻学
  - 中国新闻史
  - 外国新闻史
- 理论新闻学
  - 新闻理论
- 应用新闻学
  - 按流程划分
    - 新闻采访
    - 新闻写作
    - 新闻编辑
    - 新闻评论
    - 新闻摄影
  - 按媒体划分
    - 报刊编辑
    - 广播新闻
    - 电视新闻
    - 新媒体编辑
    - 多媒体报道
- 新闻学特色课程
  - 新闻报道原理
  - 社会调查方法
  - 精确新闻学
  - 新闻心理学
  - 节目策划与分析
  - 马克思主义新闻思想
  - 传媒伦理与法规
  - 新闻传播学专业英语
  - 新闻传播学学术论文写作指导

传播学系列教材及课程结构图

- 传播历史
  - 传播史
- 传播理论
  - 传播学概论
  - 传播学史
  - 跨文化传播
- 传播学方法
  - 传播学研究方法
- 应用传播
  - 传播心理学
  - 西方传播理论流派
  - 政府传播学
  - 网络舆情分析
  - 媒介分析
  - 媒介融合
  - 媒介市场调查与分析
  - 媒介经营与管理

需要说明的是，从学科范畴上看，传播学的学科外延比新闻学要宽泛一些。目前，全国开办传播学本科专业的院校有 80 多所，各自的办学方向也不尽相同。但从知识结构来看，该学科的知识体系大体应该包括传播史、传播理论、传播研究方法和应用传播。在本科阶段，应用传播领域可以开设的课程及方向很多，诸如公共传播、组织传播、政府传播、体育传播、健康传播、科技传播、农业传播等，不一而足。我们所提供的教材也仅供大家参考。

由于作者水平和能力有限，加之时间仓促，许多教材还存在不足之处，我们热忱欢迎广大读者提出批评和改进意见，以便在今后修订再版时改进提高。

“新传媒时代新闻传播学系列教材”编委会

2013 年 6 月

广播，永立时代潮头（代序）

华　岩

“广播人毕生的追求——解放声音。”这是我国广播新闻学著名学者曹璐教授说的话。

真是一语破的！

广播，是以声音为载体的电子传播媒介；声音，是广播媒介唯一的表达符号。

广播新闻，则是依托音响表达新闻价值、揭示新闻内涵的新闻形态。

广播新闻工作者所做的全部工作，都是在和“话筒”交友，和“声音”做伴。

所以，我认为，要是把广播新闻学叫“广播音响学”，可能更为贴切一些。我做广播几十年，越往里走，越感觉它高深莫测、奥秘无穷。广播，是一门大学问、大科学。

随着时代发展，科技进步，广播新闻学的研究层出不穷，各种教材教程琳琅满目。由成文胜博士编写的这本《广播新闻》教材，详尽、系统地介绍了广播的诞生、发展，并对未来进行了展望。近来研读了这本教材，再和其他一些广播新闻类教材比较，我感到这本教材别具一格、别有洞天。

成文胜大学一毕业，就和广播结伴结缘，在安徽电台新闻部工作了整整十年。她十年如一日，奔波在新闻第一线，采写了大量的消息、通讯、评论，是一名优秀的高产记者。在她的这些作品中有许多佳作在全省乃至全国获奖。后来她又攻读博士学位，走上广播新闻学科研和教学岗位，对广播新闻学做了许多研究工作。成文胜既有丰富的广播新闻采写“临床经验”，又有扎实的广播新闻理论功底。可以说，这样的“双料”人才在新闻院校教师队伍里是不多见的。她编写的这本《广播新闻》教材，不仅收录了她作为一名广播人，为“解放声音”、“解读广播”孜孜探索、潜心研究的最新理论成果，而且收入了她长期在采编一线采集声音、运用声响的大量实案、实例等鲜活材料。这是一本从真正意义上讲在理论和实践的结合上探求“解放声音”、“解读广播”的教科书。这样的教材，可以较好地避免当前一些院校“黑板上做人体解剖”、“教室里种小麦水稻”现象的发生，对学习广播新闻的学生具有很强的理论指导性和实践可操作性，对于尽早培养同学们树立“话筒思维”和“声音意识”更是具有很好的引领作用。我认为，这就是这本《广播新闻》教材区别于其他广播新闻类教材的最大亮点和特色。

这本教材，对广播新闻专业学生提振学习兴趣、增强学习动力，也是一剂良方。

当前，社会上流传着一些对广播失之偏颇的说法，什么广播衰落了，听广播的人少了，等等。这些闲话多少会对同学们的学习情绪产生一些负面影响。

我想，讲这话的人，可能是不了解广播，也可能是曲解和误解了广播。

广播在百年发展史上，有艰辛沧桑，但更多的是灿烂辉煌。在平常时期，广播和其他大众传媒一起，各领风骚；在非常时期，广播则独领风骚。

在这本教材里，成文胜博士把广播媒体这个不可撼动的地位和作用，诠释得清清楚楚、明明白白。

而今，车载时代已经到来，在家休息看电视，出门开车听广播，已成为人们的生活方式和社会时尚。广播，又在为自己的发展历史书写新的传奇。所以，100 多年来，广播一直见证和记录着时代的变迁，陪伴着人们从昨天走到今天，再走向明天。

广播，永远站立在时代的潮头！

有志于广播工作的学子们，你们在学习和阅读了这本教材以后，一定会为广播的过去、现在和将来的辉煌，感到骄傲和自豪！

热爱广播吧，同学们！广播科学需要你们，广播事业在召唤你们。去为解放声音、开发广播，奉献青春和智慧吧！

以上是我在研读了这本教材以后的一点感悟，权作这本教材的序言，也算作为一名“老广播”，用这几句肺腑之言，和热爱广播工作的青年朋友共勉。

2013 年 4 月 20 日

（序言作者华岩系全国人大代表、享受国务院特殊津贴专家、首届全国百佳新闻工作者称号获得者、北京大学安徽校友会执行副会长、安徽广播电视台高级编辑）

目　录

上编　认识广播媒介——广播新闻的基础理论

中编　掌握广播媒介——广播新闻的操作实务

下编　热爱广播吧——广播的明日之路

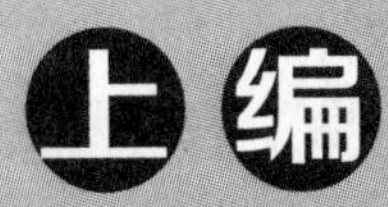

认识广播媒介
——广播新闻的基础理论

广播有广义和狭义之分，广义上的广播（broadcasting）泛指通过无线电波或导线向广大地区或特定范围传送声音、图像的大众传播媒介，通过无线电波传送节目的叫无线广播，通过导线传送节目的叫有线广播。从传输信号看，它包括只传送声音的声音广播（radio），和同时传送图像和声音的电视广播（television）。国际上在讲到“广播业”的时候，通常指的都是这个广义上的概念。世界著名的广播公司，如英国广播公司（BBC）、美国哥伦比亚广播公司（CBS）、美国广播公司（ABC）等都同时经营着广播和电视。而狭义上的广播，仅仅是指声音广播——一种伴随我们工作和生活的以听觉传播为特征的媒介。

上编我们将从广播的产生发展、广播的传播特点、广播的节目类型等基础理论知识入手，来认识和了解我们身边的老朋友——广播。

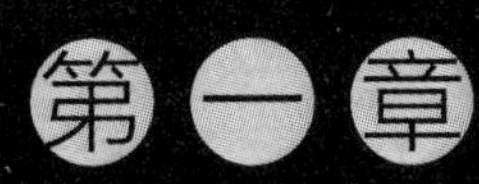

广播的前世今生——世界广播事业的发展

本章学习要点

1. 了解广播产生的过程
2. 了解广播传播技术进步的情况
3. 掌握广播传播的功能
4. 了解广播节目形态演变的简史

“1906 年的 12 月 24 日，圣诞节前夕晚上 8 点钟左右，在美国新英格兰海岸外，在穿梭往来的船只上，一些听惯了‘滴滴嗒嗒’莫尔斯电码声的报务员们，忽然听到耳机中传来了人的说话声和乐曲声——朗读《圣经》故事和播放韩德尔的唱片，最后祝大家圣诞快乐。报务员们怔住了。他们大声欢呼起来，纷纷将耳机传递给同伴们听，以此证明自己并非痴言梦语……”这段文字资料出自我国电子学专家赵保经先生的一篇文章，记述的是当时行驶在海上的船员们收听到美国科学家费森登进行的人类第一次无线电广播实验时的情形。

如果从当时行驶在海上的船员们收听到美国科学家费森登进

行的人类第一次无线电广播实验的日子算起，到今天，无线电广播已经伴随着人们走过了100多年；如果从1920年11月2日，美国西屋电气公司注册开办的KDKA商业电台正式播音算起，广播也已经走过了90多年的历史。随着技术的发展和普及，作为现代人的我们，每天都在享受着广播带来的方便和实惠（图1—1）。在这百年的风雨历程中，作为20世纪最伟大的发明之一，广播经历了辉煌，也有过衰落，在与各种媒介的竞争与合作中，努力探索着符合自身发展规律的道路。

图1—1　广播是人们获取资讯的重要来源

第一节 | 广播的诞生

广播这样一个现如今看来需要有新突破的传播媒介，当初它的诞生也是承载着那时的人们对科学技术发展的无限希望。

从技术层面上说，广播的历史可以上溯到19世纪，它的诞生是世界各国科学家不懈努力的结果，是几代人智慧的结晶。

一、无线电波的发现

19世纪末20世纪初，一些科学技术工作者和无线电爱好者不懈探索利用无线电波传送声音，实验相继成功。

1819年，丹麦基尔大学的汉斯·克里斯蒂·奥斯特发现了电与磁的关系。

1831年，英国科学家法拉第发现了电磁感应现象——变化的磁场在闭合导体里产生感应电流，并确定了电磁感应定律。

1864年，英国的理论物理学家麦克斯韦尔提出了著名的电磁波存在的设想，1873年麦克斯韦尔出版了《电磁论》，建立了电磁学理论，这个理论突破了导线传播，论证了电波传播的可能性。因此，麦克斯韦尔也被公认为无线电之父。

图1—2　德国物理学家海因里希·鲁道夫·赫兹

理论的建立推动了技术和设备的发明。其中，贡献最突出的是德国物理学家海因里希·鲁道夫·赫兹(图1—2)。从1884年起，他首先用实验论证了麦克斯韦尔关于“电磁波存在”的理论，后又发现了产生、发射与接收无线电波的方法，并找到了测量光波和电磁波的科学方法，从而为电磁学的发展和无线电广播的应用奠定了实验基础。为了纪念赫兹在电磁学上做出的贡献，1965年，国际无线电协会决定以“赫兹”为无线电波波长计算单位的名称，今天人们也把无线电波称为“赫兹波”。

二、无线电信号的成功传送

意大利青年发明家伽利尔摩・马可尼（1874—1937，图 1—3）和俄国的物理学家亚历山大・斯捷潘诺维奇・波波夫（1859—1906）分别独立制成了最早的不用导线传递电信号的仪器——无线电收发报机，同年宣告发明了无线电传送技术，真正使无线电通信进入实际运用阶段。

电磁波的发现，引起了波波夫的兴趣，当时还在俄国水雷军官学校任教员的他大胆设想能否利用电磁波来实现远距离的通信传送。波波夫在实验中偶然发现了无线电传播中最关键的因素之一——天线的作用，从而使远距离无线通信成为可能。1896 年 3 月 24 日，波波夫用自制的无线电发报机发出并接收了世界上第一份无线电报“海因里希・赫兹”，以纪念这位电磁波的发现者。

但由于波波夫更专注于研究可以预告雷雨天气的检测装置，并非通信系统，他的发明也主要用于俄国海军的军事用途，并非商业市场，因此在无线电技术发明和设备应用的推广过程中，马可尼无疑占据着更为重要的一席。

图 1—3　意大利青年发明家伽利尔摩・马可尼

1894 年，证实电磁波存在的赫兹逝世。也就是在这一年，年仅 20 岁的意大利青年马可尼因为一个偶然的机会看到了介绍赫兹电磁波实验的文章，浓厚的兴趣使他决心把电磁波应用到无线电通信上。1895 年夏天，在意大利庞特切诺家族拥有的一座庄园里，21 岁的马可尼对地面天线进行了技术革新，他在自家菜园子的地面上竖立一根延伸到空中的导线，以此发射无线电电波并联络接收机。马可尼发明的这个方法有效增大了发射和接收距离。于是，他把莫尔斯电报机与这一无线电系统相连接，采用无线电发射的方法，最终在离庄园约 1.6 公里的地方成功地接收到电磁波信号。

但是，马可尼的这项发明并没有得到意大利当局的重视。1896 年，22 岁的马可尼来到母亲的家乡爱尔兰，在那里，他得到英国邮政部总工程师的支持，同年取得第一个专利权，获准推广无线电报系统。

经过两位科学家的努力，到1897年，不用导线传送电码的无线电通信完全得到了世人的承认。此后无线电通信的距离不断加大。1898年，马可尼的无线电报首次应用于商业性通信。1899年，波波夫将无线电投入军事应用，建立了40多公里的无线电通信网。1901年，马可尼发射的无线电信息成功地穿越了大西洋，从英国传到加拿大的纽芬兰省。

而这项发明的重要性却是在一次事故中戏剧性地显示出来的。1909年，“共和国号”汽船由于碰撞遭到毁坏而沉入海底，这时无线电信息起了作用，除六个人外船上其他人员全部得救。这一事件使全世界意识到无线电通信的应用价值，从此以后，许多国家都规定，任何航海船舶都必须装备无线电发报机以备遇险求救之用。当年，没有大学文凭的马可尼获得了诺贝尔奖。

无线电通信技术的发明，实现了人们远距离传播信息的愿望，但此时的技术还只能传送电码符号。

三、无线电传送声音的实现

无线电发明之后，首先是应用在无线电电报通信领域。19世纪后半叶，无线电电报技术已经获得了广泛的应用，但这种电报的缺点也逐渐显现出来，就是电报传送的是符号，发送一份电报，从发报人到收报人需要利用专门的电码经过两次翻译，才能准确地把信息传递出去，发报人也不能及时得到反馈，这就使得这种无线电通信不够便捷和清晰。为此，人们开始探索一种能直接传送人类声音的通信方式，这就是现在无人不晓的“电话”。1876年3月10日，美籍苏格兰人贝尔无意中实现了人类第一次通过电话传送语音。

然而，最初电信号都是通过金属线传送的，线路架设到哪里，信息才能传到哪里。这种有线通信让人们实现了声音直接传送的梦想，延长了传送距离，提高了传送的速度，但却存在着一个无法克服的缺陷——有线的限制，这大大限制了信息的传播范围。因此科学家们在实现电话传声之后，又在设想甩掉导线进行无线电语音通信，开始了克服“有线”的技术实践活动。

而就在这段时间里，一种新的可能承载信息的载体电磁波，正在逐渐被人们发现。电磁波的发现，让无线电通信成为了可能。当然要实现无线电语音通信，还必须解决语音信号如何加到所发射的无线电波上去（载波调制）和如何把语音信号从无线电波中解调出来（即检波）的问题。

在这方面研究和探索的领军人物，是加拿大出生、当时在美国匹兹堡大学任教的发明家雷金纳德·奥布利·费森登（图1—4）。

图1—4　发明家雷金纳德·奥布利·费森登

一开始，费森登的把声音变成电信号的

想法，被认为是异端邪说。直到1902年，在两位金融家的赞助下，费森登才创办了自己的“国家电信号公司”，并建立了一个实验室，集中做声音传送的实验，实验在1906年取得了实质性的突破。

1906年圣诞节前夜，费森登在美国马萨诸塞州布兰特罗克镇的无线电广播实验室首次播放歌曲和《圣经》，成功地进行了无线电有声广播。一般认为，这是世界上第一次成功的传声实验。[①] 1906年12月24日也因此被定为无线电广播的诞生日，标志着无线电广播这种新的传媒的问世。只可惜，由于公司财政状况不佳，费森登的专利权后来被美国西屋公司购得。

四、电子管的发明和应用

在无线电广播发明的初期，收听广播的工具是由天线、线圈、检波器和耳机构成的最简单的接收器。人们所称的矿石收音机，据说是美国科学家邓伍迪和皮卡尔德在无线电接收机里使用矿石检波器以后而出现的。他们将方铅矿石与由线圈组成的调谐电路与耳机相连接，就可以接收到无线电台放送的广播节目。由于矿石收音机无需电源，结构简单，深受当时的无线电爱好者的青睐。但它只能供一人收听，而且接收性能也比较差。费森登虽然发明了无线电广播，但其受发射机的调制技术不成熟和接收机灵敏度低的制约，并没有得到推广和应用。真正使无线电通信成为重要实用工具的是电子管。人们利用那些电子元件与电子管构成相关的电路，来研究和制造新式的收音机，无线电广播才得到普及。

这里所说的电子管的发明，主要是指真空二极管和三极管的发明。1904年，英国科学家弗莱铭经过多年的实验，造出了二极管。1905年，美国科学家德·福雷斯特发明了三极管（图1—5）。

图1—5　美国科学家德·福雷斯特

① 参见饶立华等：《电子媒介新闻教程》，7页，北京，中国人民大学出版社，2000。

当德·福雷斯特还在上学时，他就对马可尼正在开创的无线电报这一新的领域产生了兴趣。他的博士论文可能是美国第一篇涉及无线电波的文章。他一生几百项发明中最伟大的一项当属三极管了。三极管是真空管的基础，它不仅使接受电波变得更加容易，而且能在不失真情况下放大微弱信号，这就使声音传送上了一个台阶。1907 年，德·福雷斯特无线电电话公司开始进行世界上最早的无线电广播定时播出的试验。1910 年，德·福雷斯特采用了费森登的声音播送系统，用其发明的三极管，从纽约大都会歌剧院通过无线电广播实况转播了意大利男高音歌唱家恩里科·卡鲁索的演唱。1916 年，他建立了一个广播电台，利用《纽约美国人报》提供的简讯，播送了 1916 年威尔逊和休斯在总统竞选中的得票数字，这次广播被视为美国的第一次新闻广播。① 最后，德·福雷斯特把他的电子三极管以 39 万美元廉价出售给了美国电话电报公司。

事实上，费森登和德·福雷斯特两人都没有建立一个定期播出节目的真正意义上的广播电台，他们的用意主要还是试验技术和宣传“产品”。

很显然，人们对于广播的概念，在 1920 年以前似乎还是相当模糊的。广播一开始是作为无线电技术被大家所认识和接受的。当时的人们普遍认为无线电是一种具有很大价值的通信工具，但对于它的价值认识也只是停留在传递信息上，而且从信息的获取、制作到传送都是个人的活动，也就是说都是针对个人的具体信息需求利用它进行的，信息只是一次性的、偶然的、专项用途的“产品”，没有“工业化”。但当无线电波被用于广播时，这种通信工具的一大缺点——不便保密，即不确定的大多数人都可以同时享受，变成了利用无线电技术实现大众传播的首要条件。②

1917 年第一次世界大战期间，德国在西部战线进行无线广播实验。1918 年，苏维埃俄国在下新城设立无线电实验所。1919 年，美国威斯康星大学建立 WHA 广播电台，播放市场行情和天气预报。同年，加拿大马可尼无线电报公司在蒙特利尔建立 XWA 广播电台，定时广播。1920 年，荷兰广播电台试播音乐。英国、德国、西班牙等国也都建立广播电台进行试验性广播。世界各国越来越成熟的广播实验，为广播走出实验室、走向民用准备了条件。

五、收音机的发明与推广

在马可尼时代，人们只使用“无线”（wireless）一词，在“泰坦尼克号”惨剧发生后，“无线电”（radio）一词开始使用，这个词来自拉丁语，是“射线”的意思；“广播”（broadcasting）一词在第一次世界大战中开始使用，它的使用预示着一个概念认识上的重要变化，那就是：这种传播的接收者不止一个。

为适应多接收者的声音传播，接收终端——收音机的发明应运而生，之后收音机的逐渐推广更是促进了广播的普及。

第一次世界大战前，只有少数人预见到无线电的其他用途。首先提出让无线电广播进入

① 参见饶立华等：《电子媒介新闻教程》，7 页，北京，中国人民大学出版社，2000。

② 参见李岩：《广播学导论》，29 页，杭州，浙江大学出版社，2005。

家庭的人是美国马可尼公司25岁的无线电报务员戴维·萨尔诺夫（图1—6）。

萨尔诺夫是俄罗斯后裔，他的首次扬名是在“泰坦尼克号”沉没那场著名的海难中。1912年，这个每周薪水仅5.5美元的报务员，无意中收到一个微弱的信号：“紧急呼救。‘泰坦尼克号’撞上冰川。迅速下沉。”萨尔诺夫立刻通知了在附近海域的船只，并通知了新闻界。总统塔夫脱得知消息后，命令中止所有的无线电发射，只留给萨尔诺夫发射通道。萨尔诺夫在工作岗位上坚持了72小时，把幸存者的消息源源不断地传给焦急等待的亲人们。他成了和那场灾难现场联系的纽带。

图1—6 被誉为美国广播通信业之父的戴维·萨尔诺夫

1916年11月，戴维·萨尔诺夫向公司的总经理爱德华·纳利写下一份“无线电音乐盒备忘录”。在这份著名的备忘录里，他建议公司开发一种名为“无线电音乐盒”的产品，把现有笨重的收音设备改制成一种有几个波长可供选择的无线电音乐盒，将无线电变为大众媒介，向家庭传送信息和娱乐节目。这种无线电音乐盒，即收音机。他还预言除了从这种产品所能获得的利润外，公司还可以通过广告的形式进入广大家庭，“无线电将受到全国和全世界的关注”。可惜的是，萨尔诺夫对收音机设计的天才想象及收音机的商业价值与发展前景的大胆预测并没有受到公司重视。纳利认为他的建议不成熟而没有采纳。

美国马可尼公司错误的判断使美国无线电公司（Radio Corporation of America，简称RCA）成为收音机最早的制造者。①

当时美国的公司法有个规定，只有美国公民才能担任公司的主要负责人，并且外国人在公司所占股份不得超过20%。因此，1919年，美国马可尼公司只好应邀将全部资产和经营权移交给刚刚成立几个月的空壳公司——美国无线电公司。而萨尔诺夫也随着公司易主而成为美国无线电公司的雇员。1920年年初，他向新公司总经理再次提出音乐盒的设想及相关市场推销计划。公司最终同意拨给他2 000美元制造无线电音乐盒样机。当年的11月，KDKA商业电台正式播音，这在美国民众中间产生了轰动，也增强了美国无线电公司批量生产收音机的决心。1921年年初，年仅30岁的萨尔诺夫成为美国无线电公司的总经理。在他的领导下，公司确定了新的经营方针，从1922年开始出售整套收音设备，并获得丰厚的利润。

六、世界上第一个正式的广播电台的诞生

很少有人知道，全球第一家商业电台——KDKA电台是在美国宾夕法尼亚州匹兹堡的一个车库里诞生的。

---

① 参见饶立华等：《电子媒介新闻教程》，9页，北京，中国人民大学出版社，2000。

坐在机器后面播音的是西屋电气公司学徒出身的工程师弗兰克·康拉德。虽然康拉德在学校只念到了七年级，但他似乎是个天生的电气专家。一战前，出于个人爱好，康拉德在自家的车库里建起了一个业余电台，每到周末就用它来播放唱片音乐，报道体育比赛消息，还让儿子在麦克风前一展歌喉。康拉德的业余电台很快就吸引了一批听众，而且有的人还寄来明信片指明曲目要他播放。

在麦克风面前一讲就是好几个小时，同时还要调节设备，对康拉德来说是件太难的事，因此他决定在播音时带个留声机播放音乐。但是康拉德自己不可能拥有太多唱片，于是他就想出了一个办法，那就是与附近一家唱片商店合作，商店提供唱片，他在播放时说明唱片来源并对商店表示感谢，实际上起到了做广告的作用，这可算是最早的"特约赞助播出"。很快，他所在地方的约瑟夫·霍恩百货公司就敏锐地觉察到这里面的商机，开始用它来做广告。1920 年 9 月 29 日，这家百货公司在匹兹堡的《太阳报》上刊登了一则新闻样式的广告，广告上说，除提供唱片外这家公司还免费为顾客提供价值 10 美元的"ready-built wireless receiving set"（"装配好的无线接收装置"，即现在所说的收音机），以方便他们收听。

正是这则广告把商业经营理念引入了广播，改变了广播的性质。康拉德的老板——戴维斯在报纸上看到了这则康拉德节目的广告。这则明显反映商业价值判断的广告，使戴维斯突然意识到无线电广播的市场前景——这是一个仅仅靠定期播送节目就可以激活的普通大众的市场。① 广播被视为一种可以通过销售接收机产生巨大利润的新兴产业，开办广播将是具有极大的发展潜力的商业机会。于是，戴维斯找来康拉德，要他建一个功率更大的发射机，将节目的信号从西屋公司的屋顶传播到更远的地方，并希望能在 11 月 2 日总统大选结果产生前准备就绪，以求第一个节目产生轰动效应。

1920 年 10 月 27 日，负责颁发电台执照的美国商业部分配给西屋电气公司一个商业性海岸电台的呼号——KDKA。这份具有里程碑意义的营业执照标志着美国广播从诞生之初就是按照企业方式运作的。匹兹堡《邮报》同意通过电话将大选结果传给这间房顶上的广播室，一台手摇留声机也被搬到广播室以便在报告新闻的间隙播送音乐。

正如戴维斯和康拉德当初设想的一样，这是一个可以写入广播史的举动。1920 年 11 月 2 日，在美国宾夕法尼亚州匹兹堡市，西屋电气公司开办的 KDKA 商业电台（图 1—7）利用美国总统竞选的大好时机，围绕选情通报这一公众关注的焦点大张旗鼓地开始了定期播音。广播一直持续到午夜大选揭晓，有几千人收听了这个长达 18 个小时的节目，听众一片欢腾，既是为总统大选这一政治性的事件，又是为亲身经历和参与了这一历史性的时刻。

KDKA 被公认为世界上第一个正式的广播电台，KDKA 的开播标志着世界广播事业的诞生。虽然这只是广播的开始，但它的诞生极大地刺激了广播事业的蓬勃发展，其深远意义就在于这标志着广播将成为报纸威力和影响力的分化力量。②

从 20 世纪 20 年代开始，广播电台在世界各地相继建立。在美国，继 KDKA 之后，其他电器公司纷纷申请并设立电台。截至 1927 年年底，美国国内就已拥有广播电台 737 座。

①② 参见饶立华等：《电子媒介新闻教程》，11 页，北京，中国人民大学出版社，2000。

图 1—7 KDKA 广播电台

法国国家广播电台——巴黎电台成立于 1922 年 2 月，为法国第一家正式电台。

同年，苏联共产国际广播电台在莫斯科开播，成为世界上第一家无产阶级电台。

同年 11 月 14 日，英国广播公司（British Broadcasting Company）在伦敦成立，1927 年经政府批准，改组为公共广播机构。

1923 年 1 月，美国人奥斯邦把一套广播设备私运到上海，在上海设立“大陆报——中国无线电公司广播电台”，开中国境内广播事业之先河。

据统计，20 年代开办广播的有英、法、苏、德、澳、中、日等 40 多个国家；30 年代开办广播的有菲律宾、突尼斯、冰岛等近 20 个国家。到第二次世界大战前，欧洲和美洲大部分国家都已建立了正式的广播电台。

第二节 | 广播传播技术的日益进步

广播以发射、接收设备和电波（无线或有线）为传播信息的物质载体。在声音广播发展的近百年历史中，其传播技术发生了深刻的变革，传播形态和模式也是多种多样。时至今日，声音广播的传播有无线的、有线的，有地面的、卫星的，现在正在实施从模拟向数字技术的转换。

一、从近地传播到卫星传播

近地传播指的是电磁波沿地表传导的模式，卫星传播指的是利用通信卫星上装载的无线电收发设备进行信号传输的模式。前者受到技术条件和地理条件的制约，难以实行大范围的信号覆盖；而后者可以跨越地表阻隔的障碍，不再局限于有限的范围，实行无障碍通信，使广播真正变得无远弗届。

（一）近地传播

声音广播的近地传播主要有不同波段的无线电广播模式和有传输导线的有线广播模式。

1. 无线广播

按照频率和波长的不同，人们把电磁波分为不同的种类，频率在 300 千兆赫以下的电磁波称为无线电波。以无线电波的形式传输声音信号是传统的声音广播的主要传播形式。无线电广播需要采用高频电磁波（超短波）来传递信号，按照对电波的不同调制方式，声音广播最先实现的是调幅广播（AM），后来发展了调频（FM）广播，并在此基础上形成了立体声广播。

（1）调幅广播

所谓调幅广播是指振幅调制的广播，是将要传送的音频信号加到高频载波上，使高频载波的振幅随广播节目音频信号的大小而变化。按照使用的无线电波长，调幅广播又分为长波、中波和短波广播。

长波频段的无线电波沿地面低频范围传播，杂音很多，且需要庞大的天线设备，所以在我国只用于无线电通信和导航业务，不作为大众传媒使用。

在广播中，无线电波中的中波和短波在技术上是最容易实现的，所以最初的无线电广播采用的是中波和短波调幅广播采用的方式。

中波广播的使用频率在 300 千赫～3 000 千赫之间，中波可沿着地球表面传播的地波进行传播，也可依靠地球外层空间的电离层反射的天波传播。它的覆盖范围较大，利用地波进行传播时，如果发射功率较大，能够覆盖半径为一百多公里的地区；依靠天波进行传播时，最远可能达到几百甚至上千公里远的地方。但这个频段的背景杂音大，信号音质不太好。

短波广播的使用频率一般在 3.2 兆赫～26.1 兆赫，主要靠电离层的反射来进行传播，理论上说，其传播范围可以覆盖地球上的任何地区，所以短波广播一般用于国际广播或对边远地区的广播节目传送，是国际上公认的唯一可以用于对国外广播的频段。但由于电离层的变化，短波广播的信号传输不稳定，信号常有较严重的衰减和失真。

（2）调频广播

调频在技术上是将音频信号电波加于载波上，不改变载波振幅的高低，而是改变载波频率的疏密，也就是说振幅不变，频率相对发生了变化，并使这种频率的变化随广播节目音频信号的大小而变化。

调频广播方式的出现是广播发展的一个重要的进程，它的应用标志着广播技术进入了一个较为成熟的时期。

最初出现的调幅广播虽然系统实现简单，但抗干扰性差，传输时信号容易失真，影响了广播的收听效果。为此，各国科学家一直在寻求一种新的声音传播方式。

1923年，美国科学家埃德温·阿姆斯特朗在美国无线电公司总裁萨尔诺夫的指示和资助下，开始研究“不受天电干扰”的调频广播，希望能对调幅广播不能消除杂音的情况有所改变，并于1933年达到实际运用水平，1939年，阿姆斯特朗建立了自己的调频电台进行实验广播，以此促进该系统的推广。

虽然系统实现复杂，但与调幅广播相比，调频广播使用超短波播出，占用的频带较宽，其最大的优点就在于高保真、噪音小、音质好，不会像调幅广播那样因频带窄而要切幅，造成声音的失真，尤其是立体声调频广播，它所播送的音乐节目声音动听；作为直接波的米波，可不受天电的影响，抗干扰能力强，不易受邻近电台干扰；占用的频带远比调幅波宽，所容纳的电台数量多，可以比较容易实现立体声广播，广播的收听效果较好，所以调频广播成为目前受众的主要收听频段。但调频广播的载波频率为米波段，不能受电离层反射，因而常用作地区性广播。

20世纪40年代，美国最先建立了一批调频电台，但由于第二次世界大战，广播技术发展的进程受到影响，美国政府暂停开办调频电台。直到战争结束，20世纪50年代中后期，日本等许多国家才纷纷办起调频广播，而逐渐减少和取消中波调幅广播，现在欧美等发达国家的对内广播就大量采用调频广播。

2. 有线广播

有线广播是一种“通过导线或光导纤维所组成的有线传输分配网络，将广播节目信号直接传送给用户接收设备”①的广播声音传播方式。最初的有线广播传输线多用铁丝，终端用广播音箱或喇叭收听，只要有线广播站一开始广播，喇叭就响，因此，它具有抗干扰性，可有效控制接受范围。作为无线广播的一种补充，它与无线广播构成一个完整的广播传输网络。

从历史发展来看，有线广播的产生先于无线广播，最初的声音信息信号传送都是要架设线路的，据史料记载，西奥多·普斯卡在1893年把布达佩斯市的700多条电话线连接起来进行新闻广播，称为“电话报纸”。② 直到20世纪30年代，一些国家才开始建立起现代意义上的有线广播。苏联是有线广播最为发达的国家之一，它的有线广播体系建立于20世纪20年代，到1940年广播电台已经达到11 178座。苏联的有线广播在苏联卫国战争期间发挥了巨大的作用。我国也是有线广播较为发达的国家。我国的有线广播初建于1946年，20世纪50年代，由于其较低的建设成本和较好的信息传播效果，我国开始在广大农村地区大力建设有线广播。我国农村在有线广播网发展最兴旺时期，曾拥有1亿只广播喇叭(或音箱)。③ 20世纪80年代初，我国形成了以县广播台（站）为中心、以乡（镇）广播站为基础、连接千村万户的农村有线广播网。目前，有线广播被大量应用于政府、公司企业、商场等区域性场所的信息传递工作中。

---

① 王宇：《现代广播新闻实务》，13页，北京，中国广播电视出版社，2009。

② 参见上书，3页。

③ 参见江澄：《声音广播的地位和传输技术的发展》，载《广播与电视技术》，2003（11）。

20 世纪 90 年代以来，随着有线电视网的迅速发展，国内外不少城市和农村的有线广播已和有线电视实现了在光缆、电缆上的信号共缆传输，有线电视网上传输的声音广播，特别是立体声调频广播音质较好，优美动听。

（二）卫星广播

广播要发展，覆盖是关键。无论是无线的调幅广播、调频广播，还是有线广播，近地信号传输时，都会受到时间、地点、国界、气候等影响，极大地限制了声音的传播范围。也正因为此，当 20 世纪 50 年代卫星通信技术出现的时候，人们逐渐意识到大众传播全球化的人类“地球村”时代到来了。

1957 年 10 月 4 日，苏联发射了第一颗人造地球卫星，地球上第一次收到了来自人造卫星的电波，预示着一个利用卫星进行通信的时代即将到来。

1960 年 8 月 12 日，美国发射了一颗直径为 30 米的气球卫星“回声 1 号”，这是一颗没有电源的无源通信卫星，只能通过信号反射来实现无障碍通信。

1962 年 7 月 11 日，美国发射的世界上第一颗有源通信卫星“电星 1 号”，通过装配在卫星上的无线电收发设备和电源，对信号进行接收、处理、放大后再发射，将北美洲和欧洲多国的电视节目进行了越洋转播，开人类利用通信卫星越洋转播电视节目的先河。

此后，从 1965 年到 1980 年间，国际通信卫星组织一连将五颗国际通信卫星顺利送入预定轨道，形成了一个稳定的世界性的通信卫星传播网，完全实现了全球通信。

所谓卫星广播就是在通信卫星基础上发展出来的一种新的广播传播形式，它可以通过通信卫星直接向听众播出节目，不需要地面的广播发射网加以转播，所以卫星广播又被称为“直接广播”。卫星广播的最大好处就在于容量大，覆盖面广。一方面，一颗现代通信卫星往往可携带几个到几十个转发器，可提供多套节目和成千上万路电话；另一方面，一颗卫星的覆盖面可达几千万平方公里，能轻而易举地覆盖像我国这样地域辽阔的国家和地区，特别是覆盖那些传统覆盖方式不易覆盖的地区，如边疆、深山、戈壁、海岛等，它不受地形变化的影响，能把信号准确无误地传送到地面上的每一个接收点，这样一来，就极大地扩充了电台的节目来源，也扩大了电台节目播送的范围，使广播能更清晰、更广泛、更迅速地为一个地区、一个国家乃至全世界提供优质服务。

1945 年，英国人克拉克在一篇文章中大胆地提出利用三颗地球静止轨道人造卫星进行准全球通信的想法，若干年后的今天，这一当时带有浓厚科幻色彩的构想变成了现实。①

如今，一个听众在本地就可以接收世界各国的广播节目；通过实况转播，各种世界性的盛会和重大新闻信息瞬间就会传遍整个世界。声音传播的地域界限被打破了，地理上的空间距离已经失去了意义。为此，一些国家，如日本甚至提出要实行“卫星广播电台化”，美国提出“卫星电视将取代现在的地面站”。

---

① 参见沈嘉熠：《广播学概论》，65 页，上海，上海外语教育出版社，2007。

二、从模拟传播到数字传播

如果说实现卫星传播解决了声音广播的广域覆盖、无障碍传播的问题，那么20世纪90年代出现的数字广播则为人们提供了多样化的、对象化、个性化的综合信息服务，它被认为是继调幅（AM）、调频（FM）之后的第三代广播，是广播技术发展的又一个里程碑。

按照调制信号的不同性质，调制技术分为模拟调制和数字调制两类，传统的声音广播技术一般使用模拟调制技术，即调制信号和载波是以连续波形传送的，而数字广播则是用数字编码技术和解码技术来完成信息的采集、录制、播出、传输和接收的全过程。它具有AM、FM模拟广播所没有或无法相比的优点：

一是音质纯净，能提供CD级的立体声音质量，信号几乎零失真。

二是能抗噪声、抗干扰、抗电波传播衰落，适合高速移动接收，甚至在使用便携式收音机和汽车收音机时，也没有杂音或干扰。

三是每个广播电台所使用的频带非常窄，不仅在同样的可利用的频段中，可利用的频率数量大大增加，而且在同一个频率上面可容纳更多的信息。

四是地面广播和卫星广播均能采用同一技术，如美国世广卫星集团正在实施一项卫星数字音频广播计划，利用所发射的“亚洲之星”、“非洲之星”和“美洲之星”三颗同步通信卫星，向全球直接播放数字音频广播。

五是能够提供传送数据等多种新业务，它可以将所有的模拟信号，无论是音频信号还是视频信号，都转化为比特，因此除了传统意义上传输音频信号外，数字广播还可以传送包括音频、视频、数据、文字、图形等在内的多媒体信号，其功能大大地扩展了，达到声色俱全、图文并茂的境界。比如，要想知道正收听的歌曲出自哪一张光盘，只要按一下相关键，就能在显示屏上看到这张光盘的背景资料，甚至还可看到演唱者的“庐山真面目”。它也具备储存资料的功能，可同时提供如交通状况、公交乘车指南、广播节目时间表、新闻短讯、股市行情甚至市场分析等信息。

数字广播于20世纪80年代在欧洲首先开始研究，是欧洲共同体制订的尤里卡计划中的一个项目。1995年9月英国广播公司（BBC）率先进行全国性的数字音频广播，随后瑞典、丹麦、法国、德国、美国、荷兰、瑞士等发达国家先后开办数字广播。欧洲国家的DAB广播采用的都是“尤里卡147”制式，这一制式已由国际电信联盟（ITU）以建议书的形式予以认定。

其后的90年代，为了与欧洲抗衡，美国提出自己的数字音频广播（DAB）方案设计，研发出了带内同频（IBOC）系统制式，这个制式现在成为美国数字声音广播的标准。IBOC系统制式最诱人的是，在现有AM和FM发射设备的基础上，增加少量设备和少量投资，就可实现数字音频信号与原有模拟广播信号的同一频道发射。这样一方面保留了原有的模拟系统，另一方面又不需要为DAB业务准备新的频率规划，还可以共用FM广播的基础设施（发射机和天线），达到了频率复用的目的，节省了频率资源。

日本的DAB是在地面数字电视DTV的基础上发展起来的。该方案最大的意义在于，可根据广播信息的容量灵活确定系统带宽，占用频带较窄，节省频带资源。

我国在 20 世纪 80 年代末开始对 DAB 技术进行研究，这项研究后来被正式列入“九五”国家重大科技产业工程计划。1996 年 12 月 16 日上午 9 点，在广东佛山、中山和广州建立的中国第一个尤里卡—147 DAB 先导网正式试播，参加这次试播的有中央人民广播电台、广电东台、广州电台、佛山电台和深圳电台的五套节目。北京、天津、廊坊等地区的 DAB 单频网（SFN）也已于 2000 年 6 月 28 日开通并进行试播。2005 年，北京电台数字广播节目试播，首推“世界音乐”节目。此后，上海、南京、郑州等地的电台也纷纷对数字广播业务进行尝试。目前，中央和部分发达地区的电台已经基本实现了数字化，在广播节目的制作、播出和传输阶段已经广泛应用数字技术，中央和地方的 31 个省市、（区）的广播电台节目也已经实行卫星传输，其中多数采用了数字压缩技术，计划到 2015 年完成广播由模拟向数字的转变。

就世界范围来看，数字广播已经进入了数字多媒体广播的时代，受众通过手机、电脑、便携式接收终端、车载接收终端等多种接收装置，就可以收听收看到丰富多彩的数字多媒体节目。[①] 目前，国际上几种发展较为成熟的数字广播分别为：数字声音广播（DAB）、数字多媒体广播、数字调幅广播和数字卫星声音广播。

（1）数字音频广播（DAB）

DAB 全称为数字音频广播（digital audio broadcasting），是以数字技术为基础，采用先进的音频数字编码、数据压缩、纠错编码以及数字调制技术，对广播信号进行系列数字化的广播，特别适合播出古典音乐、交响音乐、流行音乐等。当前，国际上共有三种 DAB 系统：欧洲的尤里卡 147—DAB 制式、美国的带内同频（IBOC）DAB 制式、日本的 ISDB—T 单套节目 DAB 方案。

（2）数字多媒体广播（DMB）

DMB 全称为数字多媒体广播（digital multimedia broadcasting），是在数字音频广播 DAB 基础上发展起来的面向未来的新一代广播系统。与 DAB 广播不同的是，DMB 广播不再是单纯的声音广播，而是一种能同时传送多套节目、数据业务和活动图像节目的广播。在发送高质量声音节目的同时，还可提供影视娱乐节目、智能交通导航、电子报纸杂志、金融股市信息、互联网信息、城市综合信息等可视数据业务，被广泛应用于公交车、出租车、轻轨、地铁、火车、轮渡、机场、家庭、办公室等场所。

我国广东省已于 1999 年完成了从 DAB 向 DMB 技术过渡，随后在珠江三角洲成功进行了 DMB 试播。2003 年 8 月，佛山电台、粤广公司的工程人员成功地在佛山的公交汽车上安装了首台数字多媒体广播接收机，使乘客可以在车上收听到高质量的广播及观看实时视频新闻。

（3）数字调幅广播（DRM）

DRM 全称为数字调幅广播（digital radio mondiale）。将数字化技术引入调幅广播，极大地解决了调幅广播固有的抗干扰能力差、音质一般的缺点。因而，越来越多的广播电台、广播网络运营商、广播产品制造商启动了自己的 DRM 实施计划。目前，全球已有 50

---

① 参见百度百科：http：//baike. baidu. com/view/1642232. htm。

多个广播电台每天、每周或定期播出 DRM 制式的节目，DRM 的使用正在全球快速增长。2003 年 11 月，我国广东省广播电视技术中心与美国哈里斯公司共同进行 DRM 数字中波广播首次实验，并获得成功。

(4) 数字卫星声音广播（DSB）

数字卫星声音广播（digital satellite broadcasting）指用卫星来传送 DAB 数字声音广播。20 世纪末，经国际电信联盟认可的世广卫星集团推出的卫星数字音频广播系统登场亮相。这套系统由“亚洲之星”、“非洲之星”和“美洲之星”三颗地球同步卫星、广播上行站、数字接收机及地面控制运营网组成。它向全球直接播放数字音频广播，覆盖面超过 120 个国家，不仅在音频广播领域独具魅力，而且给多媒体广播带来广播、娱乐及信息传播领域的一场革命。①

与传统广播相比，DSB 不仅音质纯净、覆盖面积更大，更特别的是它可根据播出广播节目音质的需要从最经济的角度来选择播出带宽，其节目带宽选择和编排可轻而易举地完成。

广播数字化已成为当前广播新技术发展的大趋势，但世界范围内的数字广播发展并没有业界预想的那样迅速，其地区发展很不平衡。从数字音频广播的发展来看，欧洲的地面数字音频广播走在世界前列，英国又是其中的佼佼者，而绝大多数的非洲、拉丁美洲国家和大部分的亚洲国家还处于刚刚起步或没有起步的阶段。这里面不仅有各国的经济、技术实力原因，即数字技术正处在开发阶段，需投入巨大资金，广播电台需要购置昂贵的制作播出的新设备，还有个人收听成本的问题，即听众需要自掏腰包更换他们现有的收音机，但昂贵的数字广播接收机令普通人望而却步，所以目前数字广播的听众数量暂时还无法与模拟广播的听众数量相比。此外，体制、政策、新兴电子产品的竞争等，也都不同程度地影响着数字广播的发展。

尽管如此，发达国家的一些大广播公司还是投巨资大力推进数字音频广播，有些广播电台目前已基本淘汰了录音磁带操作，使录音、编辑、制作、合成、放音乃至播出全部实现了电脑化、数字化、自动化。

三、接收终端越来越小巧

1930 年以前，几乎所有的电子管收音机都是采用两组直流电源供电，一组作灯丝电源，一组作阳极电源，不仅笨重，而且耗电较大，用不了多长时间就需要更换电池，因此收音机的使用成本较高。

1930 年之后，使用交流电源的收音机研制成功，电子管收音机才较大范围地走进人们的家庭。

然而收音机的真正普及，还是在晶体管出现以后。晶体管收音机因其耗电少、不需交流电源、小巧玲珑、使用方便而赢得人们的喜爱，并逐渐在市场上占据了主导地位，成为最普及和廉价的电子产品。1954 年，美国里吉西公司生产出第一台晶体管收音机后，德

① 参见宫承波：《广播电视概论》，74 页，北京，中国广播电视出版社，2009。

国、日本、苏联、荷兰等国相继研制和大规模生产晶体管收音机。我国在 20 世纪 50 年代末也开始研制晶体管收音机，并在 70 年代形成生产高潮；晶体管收音机的总产量，到 1986 年已经达到 2 亿多台。

晶体管技术的出现推动了调频广播的进一步发展，使得收音机的价格下降，体形变小，“因此产生了一种前所未有的轻便性和可动性”①，其伴随移动和赏心悦目等方面的优势越发凸显，而这种变化又带来了广播收听方式和收听习惯的变化，特别是随着汽车进入家庭，收音机成为了许多汽车制造商装备新款汽车的标准配件，车载广播成了人们须臾不可缺少的伴侣。

后来随着科技的进步，逐渐出现了数字广播、卫星广播和网络广播，与数字广播和网络广播相伴而来的是广播收听设备的数字化。晶体管收音机也由分立元件，发展出集成电路收音机、数字显示、数字调谐收音机和最新最时髦的无线网络收音机。

数字技术在广播收听设备中的应用，使广播的收听设备不再局限于只能接收模拟信号的收音机，从接收装置上讲，收音机日益袖珍小型化，当下流行的手机、MP3 等移动电子设备大多内置广播接收模块，为收听广播提供了更为便利的接收形式。现在，数字收音机既有汽车上用的，也有摆在案头的，还有便携式、多功能的，价格也在逐步下降。使用数码设备收听广播成为年轻群体的又一新宠，广播媒介的受众群体又逐渐扩大。

目前，国内已有多家电台开展数字化接收业务。2005 年 4 月，中央人民广播电台试验播出手机广播，仅试听期用户数量就超过 1 万。此外，上海文广集团与汽车制造商合作，在新造的汽车上加装数字无线电接收机，以期形成新的受众群体。

第三节 | 广播传播功能的逐步完善

应该说，广播的诞生是有线电、无线电等各种接收、调制、发射科学技术和设备发展的必然结果，更是人们通信、娱乐、教育、宣传等交流意识成熟的必然结果。广播事业诞生后，人们对它的认识随着实践的发展而逐步深化。作为一种大众传播媒介，广播近百年的事业发展历程也是其传播功能逐步完善和拓展的过程：最初是被作为娱乐媒体使用的，兴起后不久即成为重要的新闻传媒；第二次世界大战期间，广播无远弗届的传播优势显露无遗，无线电广播受到各交战国高度重视，国际广播发展迅猛；乃至于在现今社会里仍然具有突出的舆论监督、应急救险等公共服务功能。当年美国宣传问题专家罗乐对广播的作用有过这样的描述：“在我们这一代，观念能驱使人民推翻政府和麻痹据守在水泥工事背后的军队，广播已成为征服的绝对重要的工具了。”②今天看来，广播以其独特的传播优势，依然发挥着不可或缺的社会功能和作用。

---

① [法] 让-诺埃尔·让纳内：《西方媒介史》，235 页，桂林，广西师范大学出版社，2005。

② 李岩：《广播学导论》，5 页，杭州，浙江大学出版社，2005。

一、文化娱乐

文化娱乐是人们最早赋予广播的社会功能。从最先从收音机中飘出的小提琴曲，到现代广播中令人“耳”不暇接的空中娱乐场，我们几乎可以找到所有的艺术门类和艺术样式，娱乐性节目始终是广播节目构成中所占比例最大的节目。

报纸悠久的历史培养了人们从报纸上获得新闻的习惯，这使得人们在广播诞生后的很长一段时间里都还保持着读报纸新闻的习惯，而仅仅把广播视为获得娱乐的“音乐盒”。

“20 世纪 20 年代后期，音乐是最受欢迎的电台节目，这时播出的大多数音乐是像在《帕尔莫利夫一小时》和《马克斯韦尔音乐厅一小时》节目中出现的经典作品或半经典作品。但是舞曲逐步引起了公众的喜爱。很快，乐队指挥盖伊·隆巴多（1902—1977，美国爵士乐队指挥，所演奏音乐被认为是‘人间最美妙的音乐’，每年除夕在电台、电视台演出——译注）、保罗·怀特曼等人就蜚声全国了。很多个除夕之夜都是数百万听众伴着隆巴多及其皇家加拿大乐队演奏的《友谊地久天长》翩翩起舞而结束的。歌手也成了名人，沃恩·德利思、埃尔西·贾尼斯、宾·克罗斯比、凯特·史密斯等歌手在电波中频频出现。对 1927 年纽约广播的研究表明，2/3 的节目播送音乐，15%的节目与宗教或教育有关，只有少量节目是戏剧、体育或者信息。”①

1922 年 5 月，英国广播公司现场播出了一个别开生面的看不见、摸不着，仅用耳朵听的免费戏剧，它是根据莎士比亚的《第十二夜》改编而来的，这就是全世界第一次播出的广播剧。两年后的 1924 年 1 月，英国伦敦广播电台播出了世界上第一部原创广播剧《危险》，在听众中引起热议，年仅 23 岁的编剧理查·休斯由此成为广播剧的开山鼻祖。此后，许多广播电台纷纷创作广播剧，使得这种利用电波传播的表演艺术很快成为世界性的娱乐节目。

到了 20 世纪 30 年代，美国广播又创造出了一种新的节目品种——“肥皂剧”。当时正在迅速崛起的商业广播网开始在无线电广播中播放一种长篇的连续广播剧，一般是除周末外每天播放一集，每集 15 分钟，据说由于是由清洁剂厂商赞助，插播肥皂广告而得名。第一部长篇广播连续剧是 1930 年开播的《彩色的梦》，最有影响的是 1933 年开播的《海伦·特伦特的罗曼史》，这部广播连续剧一直延续到 1960 年才结束。

20 世纪 50 年代，随着电视的兴起和发展，广播内容起了极大的变化，原来发展得很好的广播剧、肥皂剧、答问节目和其他娱乐节目被电视抢走了。为了应对电视的挑战，广播开始逐渐转变自己的传播功能，音乐节目成了广播固守的阵地。电台利用自己的优势，大量播放古典音乐、乡村音乐等适合听但不适合看的节目。1979 年，纽约市一家广播电台 WKTU 采用一种新的节目编排法，只播放流行的唱片音乐，“几乎是一夜之间，它就成了全国听众最多的电台”②。这就是最早出现的专业电台。到 20 世纪末，广播已经呈现专业

① ［美］迈克尔·埃默里、埃德温·埃默里：《美国新闻史》，320 页，北京，新华出版社，2001。

② ［美］丹尼尔·杰·切特罗姆：《传播媒介和美国人的思想》，186 页，北京，中国广播电视出版社，1991。

化、类型化发展的趋势，广播为人们提供的可娱乐的方式和内容也日益丰富。仅据全美广播协会（NAB）2002年统计，美国类型化电台有1.3万多家，其中音乐电台有9 000余家，占到了70%。[①] 而且在各种类别的音乐台中，还有很多不同的运作样式，有主持人的、无主持人的、A/C格式、CHR格式等。

在过去很长一段时间里，广播的文化娱乐功能仅仅是通过播放文艺节目来实行的，但随着社会的发展，人们的休闲时间越来越多，对文化的要求越来越丰富，自主意识也逐渐增强，人们从满足于纯欣赏性娱乐转为追求“自娱自乐”的大众型娱乐方式，这也使得广播的娱乐节目有着越来越大的社会需求和发展空间。特别是现在立体声、环绕声广播的出现，使得广播娱乐性节目呈现出多样化的趋向，从传统到现代，从艺术经典到文化快餐，从阳春白雪到下里巴人，从欣赏型到参与型，可谓雅俗共赏，应有尽有。

二、信息传播

作为大众传媒，传播信息应该是广播最重要、最本质的社会功能。KDKA电台的首次开播就是从及时报道哈定当选美国总统这一重要新闻开始的，虽然当时这一信息的传播只是作为一种吸引听众的手段，也就是说，广播虽不是为了传播新闻产生的，但一经产生，其传播的优势就使其成为新闻传播的工具。

对广播的新闻传播优势，人们最初并没有注意到，当时占主导地位的是音乐节目和商业广告节目。所以在广播出现后的第一个十年（1920—1930）里，广播新闻不过扮演“跑龙套”的角色，在全部节目中所占的比例还较小。

但事实上，世界上许多国家的有识之士都在广播这一大众媒介刚刚诞生的时候，就认识到其传播信息的优势，并重视发挥这一社会功能。列宁就曾把广播比作“不要纸张，没有距离的报纸”，是可以供成千上万的人同时“阅读”的“报纸”，这些人甚至大多数是没有文化的。他强调指出，新闻事业这一新的形式（广播）具有报刊的一切基本社会职能。其中包括宣传和鼓动这一重要职能。由此可见，苏联的广播从一开始就主要用于新闻宣传，为此，苏联较早就开始了无线电广播的研究，并在1922年建成了当时世界上发射功率最大的无线电广播台，功率达到12千瓦。正像莫斯科大学巴基罗夫教授所说：“无线电广播还是在刚刚起步的时候，还是当它处在无线电报的时候，就已经成为及时报道新闻的强有力工具。通过无线电广播，有关苏维埃政府的活动的报道传到了国外广大听众的耳边。”[②]

当美国的无线电广播还处于试验阶段的时候，1920年8月，在我国上海出版的《东方杂志》便以“无线电传送音乐及新闻”为题，揭示了无线电广播在传播新闻方面的优点：“晨间由中央无线电局（即广播电台）将是日所得新闻发出报告。则家家仅需开动受音机（即收音机）即可亲聆新闻，且可于早餐时且食且听之。较诸披阅报章，便利多矣。”[③]

---

① 参见毕一鸣：《世界广播电视发展史——视听传媒的历史变迁》，85页，北京，中国广播电视出版社，2010。

② ［苏］巴基罗夫：《广播新闻学概论》，17页，北京，中国国际广播出版社，1989。

③ 赵玉明：《中国广播电视通史》，7页，北京，中国传媒大学出版社，2006。

转折点出现在20世纪30年代欧洲危机爆发，尤其是在二战开始后，报刊的印刷、出版和发行受到了战争的很大影响，但人们对于各种信息的需求却空前增长。这时，广播无远弗届、传递及时的优势就充分显现出来，广播第一次展示出它比运行最好的报业新闻还能更快地向焦急的人们传播消息。当时在英国，虽然报纸拥有很大的读者群，但广播才是战况的主要提供者，全国人民每天都聚集在收音机旁，通过《9点钟新闻》收听官方对战争的预测和报道，他们总是先通过广播收听战况，然后再从第二天的报纸上阅读相应文字信息。1944年6月6日，英美军队在法国诺曼底登陆，开始大规模进攻，正是广播最早报道了进攻的消息，当时广播的收听率达到了高峰。美国国家调查中心的一份报告证明，第二次世界大战期间，对美国大众服务贡献最大的新闻媒介是广播，占67%。

从此，广播新闻节目开始走入千百万听众的生活。至今，仍有相当数量的人保持着每天尤其是每天早晨打开收音机，获取最新信息的习惯。如今，虽然人们获取信息的方式日渐多元化，但在众多的传播途径中，广播新闻的传播依然具有无可比拟的优越性，如：广播新闻节目的编排比现在任何一种传播手段都灵活，突发性新闻、重点新闻可随时插播，新闻滚动频率高，更新周期短，甚至可一天24小时不间断性播报，信息量大、内容广，等等，短、频、快等强势无疑使广播成为新闻传播的最佳媒介之一。因而，新闻节目在世界各国的广播节目中所占据的主导地位都呈强化趋势。无论是在哪一个国家，哪一家主流的广播电台，无不是将广播的新闻部门看作最核心的重要部门，把广播新闻视为电台的旗帜；无不是在尽可能的情况下，给广播电台的新闻部门配备最优秀的人才、最精良的装备。这就是台领导们经常挂在嘴边的所谓的“新闻立台”，说明新闻处在“龙头老大”的位置。

我国对广播新闻性节目在广播中的骨干作用和主体地位曾做出过明确规定。早在1981年11月16日，中共中央书记处就明确指出，广播电视是教育、鼓舞全党、全军和全国各族人民建设社会主义物质文明、精神文明的最强大的现代化工具。1983年中共中央的37号文件中也指出：“新闻性节目是广播电视宣传的骨干。”甚至在很长一段时间里，有关部门都将我国发生的重要新闻交由中央人民广播电台20点的《各地人民广播电台联播》来首先发布。

三、舆论宣传

自从广播诞生以来，广播便与政治结下了不解之缘。广播所具有的广泛的群众性、无远弗界的渗透性、如见其面的亲切感、引人入胜的感染力，使得广播能产生出统摄人心的社会宣传作用，进而被政治活动家们视为可以利用并加以控制的重要政治工具，以帮助实现其政治目标。也正因为此，广播一直是各国进行政治宣传和舆论引导的主要阵地。

20世纪30年代，随着广播的日渐普及，一些政治人物开始利用电台发布新政，争取民心。广播的功能也不再是过去单纯以娱乐商业服务为主，开始加入更多的政治服务功能。著名的政治节目——罗斯福的“炉边谈话”（图1—8）就是发挥广播宣传功能的一个典范。

图 1—8　罗斯福的“炉边谈话”

1933 年 3 月，富兰克林·罗斯福在经济大萧条、内外交困之时就任第 32 届美国总统。面对经济危机，罗斯福决定实施一系列新的经济政策。尽管总统信心十足，还是需要增强民众克服困难的信心，抵制住来自反对派的声音。所以罗斯福决定利用影响越来越大的广播发表演讲，直接向全国人民阐明改革的目标。1933 年 3 月 12 日，在当选总统刚一个星期的时候，罗斯福发表了第一次广播谈话。那天，他使用质朴的语言，不打官腔，以充满个人色彩、商量的口气向人们阐述他的新政内容。首次谈话的主题是全国银行暂停营业问题。他想象自己在家里同邻居随意交谈的样子，所以说得亲切、自然、通俗、明白。这以后，罗斯福经常进行广播演讲，仅 1933 年就通过无线电广播先后作了四次令人难忘的“炉边谈话”，被认为是一位“广播总统”。无线电广播以它神奇的巨大威力，把罗斯福的声音迅速传遍美国，谈话引起人们的极大兴趣和对总统的亲切感。许多人从杂志上剪下罗斯福的像，贴在收音机上。四次“炉边谈话”之后，总统共收到 50 万封来信。《纽约时报》报道说：“从来没有哪一位总统能在这么短时间内叫人觉得这样地满怀信心。”罗斯福的新政得到了绝大多数人民的拥护，著名评论家沃尔特·李普曼称罗斯福“炉边谈话”起到了意想不到的“呼风唤雨”的作用。一个总统的政治演说成为一个广播节目，由此，美国广播史学家埃里克·巴尔诺认为这是“美国政治史和广播史上的里程碑”。

同样是政治主张的宣传，1923 年 1 月 26 日，我国境内开设的第一座广播电台“大陆报—中国无线电公司广播电台”播出了孙中山先生发表的《和平统一宣言》，孙中山以政治家的敏锐眼光看到这是一种新兴的效力强大的宣传工具，对此大加赞赏：“余之宣言，……今得广为传布，被置有无线电话接收器之数百人所听闻，且远达天津及香港。诚可惊可喜之事。吾人以统一中国为职志者，极欢迎无线电之大进步。此物不但可于言语上使全中国与全世界密切联系，并能联络国内之各省、各镇，使益加团结也。”①

① 《孙中山选集》，519～522 页，北京，人民出版社，1981。

法国总统戴高乐将军被人们誉为“麦克风将军”，1944 年盟军诺曼底登陆前夕，他通过英国 BBC 电台向分散在法国境内的各抵抗组织发出统一的动员令，使之与盟军里应外合，取得了成功，那场广播演说挽救了众多盟军士兵的生命。20 世纪 60 年代，法国在北非越来越深地陷入殖民战争的泥潭，戴高乐将军决定尽快结束这场战争，但驻军中的军官们不愿意撤军，并密谋兵变。戴高乐将军得知后，巧妙地将几千台晶体管收音机作为军需品发到驻阿尔及利亚的部队中，军官们以为这仅是为了让士兵们娱乐消遣的工具，却没想到，法国士兵们从收音机里听到的不是音乐，而是戴高乐将军的呼唤：“士兵们！你们面临着忠于谁的抉择。我就是法兰西……跟我走，服从我的命令……”面对这样的召唤，大部分士兵开了小差。通过广播，戴高乐将军兵不血刃地粉碎了一场兵变，这一政治家利用广播的巨大宣传功能的生动实例一度被传为佳话。

长期以来，广播都是我国进行政策宣传和舆论引导的主要阵地。我国的人民广播事业自 1940 年于延安诞生之日起，就鲜明地打出了“党和人民喉舌”这一旗帜。延安新华广播电台从建立之日起，就肩负起了历史的使命，成为我党联系全国人民的纽带和对敌斗争的锐利武器。1941 年年初，发生了震惊世界的“皖南事变”，国民党政府实行消息封锁，《新华日报》的报道遭到禁止，但新华广播电台及时地播出了毛泽东为“皖南事变”发表的谈话，向世人公布了事实真相，无情地揭露了国民党顽固派假抗日真反共的罪恶行径。延安新华广播电台的电波，成了使重庆国民党当局惊恐不安的信号，其特意布置河南广播电台“就近干扰”延安广播。这正从一个侧面证明了我党广播所产生的巨大力量。

改革开放后，我国有关中央文件也明确指出，广播电视是教育、鼓舞全党、全军、全国各族人民建设社会主义物质文明、精神文明的最强大的现代化工具，也是党和政府联系群众最有效的工具之一。随着改革开放的逐步深入，我国的广播电台更是牢牢把握着自身的舆论宣传、教育、监督等功能，担负着“以科学的理论武装人、以正确的舆论引导人、以高尚的精神塑造人、以优秀的作品鼓舞人”的重任。

对内政治宣传，广播一直发挥着有效的舆论引导的作用，对外宣传上，广播亦有奇效。

1927 年，荷兰率先开办了对外广播。早期的对外广播多是使用本国语言，对广播对象国的本国侨民播出，还不是完全意义上的对外广播。

“20 世纪 20 年代，德国与法国争夺鲁尔区，苏联与罗马尼亚争夺比萨拉比亚，德国与波兰争夺西西里亚地区，都利用广播互相攻击，揭开了广播战的序幕。”①

第二次世界大战的爆发，为对外的国际广播的发展提供了千载难逢的历史机遇。战争进程推动了广播的发展，也提升了广播的地位，使得广播在当时成为无可置疑的强势媒体，自然也成了各国政要发布政见、鼓动民众的首选媒体。各国纷纷开办国际广播，利用广播，在恶劣的战争环境里把各类信息传送到敌占区，大打舆论战和心理战，同样轰轰烈烈，广播甚至被称作人类战争史上与海陆空三种军事力量并列的“第四条战线”。② “据统

① 盛沛林等：《军事传播学导论》，58 页，北京，解放军出版社，2005。
② 参见［日］佐藤卓己：《现代传媒史》，63 页，北京，北京大学出版社，2004。

计，1939 年大战爆发时，共有 27 个国家办有对外广播，到 1945 年战争结束时，这个数字增加到 55 个国家，整整翻了一番。”[①] 其中，英国广播公司使用的语言从 9 种增加到 46 种，每天的播音时间达到 125 小时，英国被认为是当时的“第一广播大国”。苏联、德国、日本、美国、中国、法国等参战国也纷纷开办国际广播，开展对外宣传，出现了诸如莫斯科广播电台、美国之音（VOA，Voice of America，1942 年成立）、日本广播协会（NHK）等享誉世界的国际广播机构。

当时的广播被各参战国应用于心理战，并被区分为所谓的“三色广播”，即“白色广播”、“黑色广播”和“灰色广播”。所谓“白色广播”，是官方主办的公开的广播电台，主要宣传本国政府的政策和本国军队的胜利，团结合作，鼓舞士气；所谓“黑色广播”，是不暴露主办者身份的秘密广播电台，主要用以播报假新闻，散布流言，挑拨离间，打击士气；所谓“灰色广播”，是主办者身份难以把握，传播内容难以明辨的广播电台，它介于“黑色广播”和“白色广播”之间，时而秘密，时而公开，有时真实，有时虚假。[②]

“人们对‘白色广播’中希特勒歇斯底里的咆哮、丘吉尔英勇不屈的演说、戴高乐大义凛然的召唤、斯大林沉着坚定的讲话，都留有深刻的印象。”[③] 1940 年，丘吉尔在英国议会下院发表了他最著名的广播演说，威廉·曼彻斯特在《光荣与梦想》一书中说道：“1940 年夏，英国只剩下三件东西，皇家空军的勇气、丘吉尔的声音、莎士比亚的一句遗言：‘我们英国从来不曾跪倒在征服者的脚下，将来也不会。’”[④] 美国的罗斯福总统、苏联的斯大林统帅都曾发表震撼人心的广播演讲，对稳定军心、鼓舞士气、争取胜利，都产生了不可估量的影响。

在中国，抗战开始后，中国的广播事业虽然受到一定程度的破坏，但国民党中央电台的影响力却如日中天，1940 年 1 月开播的国际广播——中国国际电台（VOC，Voice of China，1940 年 1 月在重庆国民党中央广播电台启用），更是把中国人民的声音传达到地球的各个角落，把中国人民的抗日战争同世界反法西斯战争连在了一起，以至于被恨之入骨的日军称作“炸不死的重庆之蛙”。

二战后，广播进入全盛阶段，成为现代新闻传播的主要媒介。但是广播的发展出现了分化，一方面，在广大的发展中国家尤其是战后取得独立的国家，战争的结束才是广播业蓬勃发展的开始。到 20 世纪 70 年代末，世界绝大多数国家和地区都开设了广播电台。另一方面，在发达国家，电视的出现使得整个电子媒介从广播向电视方向倾斜，广播失去了三四十年代那样的繁荣景象，美国、日本、英国等国家的广播发展于 50 年代末、60 年代初开始停滞、下降，广播进入调整时期。

但对外广播仍然保持着广播的骄傲，并且在冷战中显现了独特的作用。这一时期，社会主义阵营的崛起，引起了以美国为首的资本主义世界的恐慌。美国对苏联和其他社会主义国家采取了敌视和遏制的政策，在经济、政治、军事、外交、文化、意识形态等方面均采取对抗姿态。在冷战背景下，利用广播加强对外宣传，争取舆论支持受到了各国政府的

① 李彬：《全球新闻传播史（公元 1500—2000 年）》，352 页，北京，清华大学出版社，2005。

② 参见盛沛林等：《军事传播学导论》，62 页，北京，解放军出版社，2005。

③ 毕一鸣：《世界广播电视发展史——视听传媒的历史变迁》，55 页，北京，中国广播电视出版社，2010。

④ ［美］威廉·曼彻斯特：《光荣与梦想》（第一册），312 页，北京，商务印书馆，1978。

高度重视。二战期间兴起的国际广播在这一时期继续迅猛发展。1960 年，美国之音和英国广播公司即开始用英语进行环球广播，日本广播协会用英语和日语进行环球广播。苏联莫斯科广播电台也于 1970 年用英语和俄语开办了环球广播。从 80 年代开始，环球广播在全球范围内迅速崛起。

环球广播的特点主要是“环绕全球”、“昼夜不停”和“传播新闻”。开办国一般都使用英语和本国语言向世界各国播出以新闻为主要内容的节目，以全球听众为对象，使用大功率发射机昼夜 24 小时不停地广播。这一方式突破了对象地区和广播时间的限制，便于及时播发新闻，有利于扩大和加强宣传效果。

我国的中国国际广播电台（CRI）环球调频广播开播于 1993 年。截至 2011 年底，中国国际广播电台拥有 70 家海外分台，已经实现播出 34 个海外频率和中波台，落地节目语种有 43 个，包括英语、法语、西班牙语、德语、俄语等，覆盖全球 70 多个国家和地区。

当前国际广播还有一个重要趋势就是在线广播。随着新技术的迅猛发展，20 世纪 90 年代，互联网在线广播发展成为最热门的国际广播手段，目前世界上已经有 1 500 多个广播电视机构开办了在线广播，特别是一些老牌的对外播出机构对在线广播积极主动，甚至开办了不止一家在线广播网站，如美国之音、美国有线电视新闻网、美国全国广播公司、英国广播公司、德国之声广播电台、法国国际广播电台等。

我国的中国国际广播电台也开办了“国际在线”。“国际在线”（CRI Online）是由中国国际广播电台主办的政府重点新闻网站，1998 年 12 月 26 日正式对外发布。“国际在线”用 61 种语言发布，旨在介绍中国的政治、经济、体育和文化等各个方面，主要提供新闻、文化和经济类信息，并以丰富的音频节目为特色，现已发展成为囊括了环球网络电台、网络电视和播客平台等新媒体在内的多媒体集群网站。除浏览网站图文外，访问者可以登录北京、华盛顿、伦敦、东京、柏林、开罗、莫斯科、悉尼等 12 个城市的环球网络电台欣赏“国际在线”专门为网友制作的精彩节目。

在线广播的交互性和不受国界限制的特点，使得一切媒体内容都变得“泛国际广播化”了。①

四、舆论监督

舆论监督的本质在于，它是行使自身权利对权力运作尤其是权力滥用导致的腐败进行监督的一种直接民主的形式，是公共领域的一个重要功能。② 作为“公共机构”的大众传媒，理应是现代社会公民行使自身权利，对公共事务进行理性和批判性审视的平台。因此，当广播作为大众传媒日渐发展成熟的时候，它的舆论监督的社会功能便愈加凸显出来。事实上，世界各国几乎都不约而同地在利用包括广播在内的大众传媒的这项社会功

① 参见马庆平：《国际广播的起源与当今国际广播的特点》，载《世界广播电视参考》，2005（11）。

② 参见毕一鸣：《世界广播电视发展史——视听传媒的历史变迁》，60 页，北京，中国广播电视出版社，2010。

能，大力推进民主政治建设，从而进一步扩大了广播的影响力、公信力和吸引力。

BBC是世界上第一家公共广播机构，以对大众负责、为公众服务为宗旨，属于非营利性机构，经费来源于政府征收的收视许可费。从理论上讲，政府保持着对BBC的最后控制权，但事实上BBC的日常事务运作独立于政府，并在很大程度上秉持着客观报道的新闻理念和监督政治的新闻传统。1926年的大罢工中，BBC抵制了财政大臣和内阁征用BBC来为官方广播的要求，坚持平衡报道，这为其赢得了权威新闻机构的声誉。一直以来，BBC"感到有责任反映全国舆论中的尖锐分歧"，坚持对议会的辩论进行现场转播，以增加议会的公开性，便于公民对议会进行监督。①

在社会主义现代化改革与建设中，我国也极为重视利用包括广播在内的大众传媒来发挥舆论监督作用。过去，我们的广播是不进行批评报道的，但改革开放以来，这种报喜不报忧的状况得到了改变。20世纪80年代初，广播里开始出现了零星的舆论监督报道，中央人民广播电台组织的批评双城堡火车站野蛮装卸的连续报道，给听众留下了深刻的印象。这在中国广播史上也占据了重要的位置。

早期的舆论监督主要触及的是违反社会公德的行为与现象，极少探究社会深层次问题，真正产生大规模社会影响的是一批舆论监督节目的接连问世。90年代之后，各地陆续开办了《新闻追踪》、《新闻观察》、《新闻瞭望》等一大批舆论监督类的节目，揭露社会阴暗面，针砭时弊，它们通过极具震撼力的批评、调查、监督性节目内容维护了公共利益，唤醒了公民意识，发挥了舆论监督的强大作用。很多有关大众生活的事情，很长时间没有得到及时妥善的解决，经过广播一曝光，立即引起了有关部门的重视，使事情得到圆满解决。

五、公共服务

为受众提供服务是广播的又一重要功能。而这一功能，在无线电广播刚刚起步时就已经显现出来了。当年康拉德在自家车库里的电台中播放听众点播的曲目，给卖唱片的百货店做广告，都体现出了广播的服务功能。

从狭义上讲，广播的服务功能主要是指广播通过天气预报、时间播报、生活顾问、法律咨询、旅游指南、节目预告、寻人启事、交通信息、受众点播、热线投诉等服务性节目为人们的日常生活、工作提供咨询和便利。②

如果再延展来说，广播的公共服务功能应该包括提供满足不同需求的公共信息，保障公民的知情权和社会不同群体的基本文化权利，拓展受众参与的渠道，保障公民的表达权和参与权等。

最初的广播服务功能可能更多地体现在节目预告、听众点播、传递商品信息等方面，

---

① 参见毕一鸣：《世界广播电视发展史——视听传媒的历史变迁》，60～61页，北京，中国广播电视出版社，2010。

② 参见沈嘉熠：《广播学概论》，89～90页，上海，上海外语教育出版社，2007。

后来，随着社会经济的发展，特别是近年来，人们对广播服务功能需求日渐旺盛，服务性节目开始显示出它的优势和活力。听众的广泛性要求广播将服务性节目的触角延伸到社会生活的各个角落，为听众提供多方面的服务。不管是衣食住行还是家庭婚姻，甚至是人际关系等，只要是与人们的生活密切相关，广播电台都会想听众所想，急听众所急，服务性节目不断推陈出新，形式越来越丰富。如为了方便都市人出行，许多电台就开设了“交通信息”节目，播报交通路况，供司机和乘客及时了解情况，选择路线。现代人关注健康，电台就按时播放广播体操、健身音乐，讲解医药知识、养生之道，开通健康咨询热线。股民日渐增多，电台就推出证券交易节目，及时播报股市信息，设置股市沙龙，等等。

如今，为适应目标听众的需求，广播电台的公共服务逐渐呈现出专业化趋势。所谓专业化公共服务是为了满足人民精神文化生活的各种需求而提供的可选择性的广播公共服务。它可以是窄众化、高端化、特色化的。专业化公共服务的目的是满足一部分人群、一部分阶层的个性化的精神需求。① 专业化公共服务主要在专业化频道中提供，以内容划分的频道有交通广播、音乐电台、故事广播、旅游电台等；以服务对象划分的则有妇儿频道、老年广播、对农广播等，这些专业化公共服务的节目种类相当丰富，基本能够满足不同人群的个性化需要。在节目编排上，许多电台的服务性节目都采用了杂志型板块方式，融新闻性、服务性、知识性于一体，人们从固定长度的节目中可获得尽可能多样的丰富的信息。它们将广播的服务功能发挥到极致，受到了广大听众的欢迎。

对广播在公众生活服务中所发挥的重要作用，我国广播事业从诞生之初就十分重视。延安时期的新华广播电台就曾开设过《社会服务》、《信箱》等节目。在 1964 年召开的第八次全国广播工作会议上，又明确地把服务性节目与新闻节目、文艺性节目、教育性节目一同列为四大类节目。

但是在改革开放之前，我国的广播电台的公共服务属性尚属于朦胧的自发状态，它被意识形态属性所遮蔽。总的来说，那时候的广播公共服务的内容还是比较丰富的，多以社会教育类节目为主，注重教育性和知识性，如 1956 年 9 月 4 日中央人民广播电台开播的少儿栏目《小喇叭》。

改革开放之后，我国的广播电台开始出现专门的服务类节目，如《生活之友》、《听众信箱》等，回答观众来信，加强节目的知识性和服务性，为群众排忧解难，代言心声。

新世纪以来，一系列突发的公共安全事件在推动广播公共服务、保证受众知情权方面起到了外部促进作用。

2003 年，引起全球关注的“非典”事件在最初受到包括广播在内的主流媒体的严防死堵，公众知情权被忽视，公共服务整体缺席。但是在随后的一个多月里，以央视为首的广播电视机构进入了客观、全面、及时地报道“非典”疫情的新阶段，每天更新信息，努力做到与疫情发展同步的“信息公开”。它们突破了长期以来灾难事件报道的种种束缚，在理念与运作中凸显了广播电视“船头瞭望者”的价值所在。

2008 年年初的南方雪灾，无疑将广播推到了灾难应急的第一线；年中对汶川地震的报道，更是显示出广播在服务公众方面不可替代的作用。5 月 12 日汶川地震后，中央人民广

① 参见张国涛：《广播电视公共服务的基本内涵》，载《现代传播》，2008（1）。

播电台中断了正常节目，开始了连续十多天的大型直播报道，不仅随时公布灾区伤亡情况的真实信息，还将地震预测专家、地震动力学专家、疫病防治专家邀请到直播间，与主持人一起分析讨论，为听众提供有广度、有深度的立体信息，发挥广播在灾难报道中“轻骑兵”的优势，在灾区其他通信设备遭破坏的情况下，将外界的信息与温暖传递给灾区人民。

如今，做咨询，通信息，当参谋，反映群众呼声，为人们排忧解难，帮助社会各界解决各种问题，体现服务功能的各种节目已然成为许多广播电台的主打品牌，服务公众已成为我国的广播电台对社会应尽的一份责任。从服务大众日常生活所需的《天气预报》、《天天饮食》、《生活》，到满足各年龄层受众群体个性需求的节目，如少儿节目《月亮姐姐》、女性节目《半边天》及各类服饰和美容节目，男性听众钟爱的体育和军事类节目以及服务于老年人的《常青树》和各种健康保健类节目，专业化公共服务的多元立体体系已经初具规模。这其中发展比较完善的当属交通广播。

处于移动状态且心情烦躁的司机急需实用的路况信息，也需要信息资讯和娱乐内容来打发时间、调节情绪。而广播独有的伴随性恰好满足了这一人群的需求。国内首个交通广播频率是1991年开播的上海人民广播电台交通信息台，之后各地的交通广播迅猛发展。多年来，交通广播的专业化公共服务实现了“既叫好又叫座”效应。“叫座”是指交通广播频率设置增多，广告收益也连年增长，2006年，仅北京交通广播就获得了3.12亿的高额广告收入。“叫好”的层面则更广泛：它不仅满足了司机在路上的信息需求，还利用自身的资源与优势拓展服务项目，如江苏交通广播开展的交广汽车俱乐部。更重要的是，交通广播还具有动员社会力量参与公共事务的能力，为更多急需帮助的人群排了忧，解了难。

六、产业驱动

我们探究广播事业的起源，不难发现，促成广播媒介兴起的最初动力，既不是信息的传播，也不在于新闻的播报，而是来自市场利润的驱动。

由于广播首先是在电子传播技术上取得突破的新兴行业，所以最初那些开办的电台都依附于各家电器公司，采用公司经营、促销产品的商业模式。当时“促进全国无线电广播发展的最重要因素却是通信和电器制造业中的大公司——美国电话电报公司、威斯汀豪斯公司和通用电气公司。电台的发展意味着它们的产品和服务有了更加广阔的出路。……威斯汀豪斯公司率先建立的KDKA电台致力于刺激公众购买收音机的兴趣，这家电台取得了电台的多项‘第一’”①。

但早期的美国广播并不是完全意义上的商业电台。在最初的400家电台中，没有一家采取“时间售卖”的形式来获取利益。这种情况一直延续到1922年美国电报电话公司WEAF台的出现，WEAF开创了新的广告经营方式——出售时间，率先在广播中按时间收费，并取得了可观的经济收益。

---

① ［美］迈克尔·埃默里、埃德温·埃默里：《美国新闻史》，315页，北京，新华出版社，2001。

之后，广播节目的影响力带来了巨大的广告商业利润，从而促成了广播的商营体制。美国电台播出的第一个商业广告是昆士鲍罗公司推销纽约长岛房地产的广告，该广告时长为 10 分钟，费用为 50 美金。此外，美国广播还采取其他方式来播放广告。“广播电台在转播剧院、宾馆的舞蹈和乐队演出时，要无偿为主办方做广告。同样，转播交响乐队的演出和流行音乐会等也都需要广播电台采用‘等价交换’的办法通融，这些做法一直被沿用到现在。”①

1926 年，WEAF 被出售给美国全国广播公司（NBC）。后者由美国无线电公司、通用电气公司和西屋电气联合组建，被认为是美国也是世界上第一个广播网。全国广播公司成立后不久，美国音乐人阿瑟·贾德森联合十几家电台成立独立广播业者联合公司，后与哥伦比亚唱片公司合营，更名为“哥伦比亚唱片广播公司”。此后，这家公司被费城的威廉·佩利收购，并将之与纽约 WABC 台合并，被正式定名为哥伦比亚广播公司（CBS），并于 1927 年 9 月 25 日开始营业。“随着全国广播网的出现，电台的广告收入从 1927 年的 300 万美元上升到 1929 年的 4 000 万美元。”②

大约从 20 世纪 30 年代起，广播事业开始发展成为一个拥有高额利润的行业。为规范电台广告经营，美国广播业者联合会于 1928 年公布了一个行业规范，直接限制商业广告的播出时间。但受 30 年代经济大萧条影响，哥伦比亚广播公司采取激进措施，率先播出烟草公司广告，其他广播公司也开始打破原有限制，商业广告播出时间、频次明显增加。在美国，全国性的大广告商第一次投资广播就是从 30 年代开始的。1931 年，仅美国烟草公司在广播上为其“幸运”牌香烟所花的广告费就高达 1 900 万美元。那个年代的美国听众，天天听着播音员不厌其烦地唠叨：“幸运牌香烟呱呱叫。是的，幸运牌香烟呱呱叫!”这句广告词可谓家喻户晓，妇孺皆知，最后弄得听众简直忍无可忍。③

正是由于这些巨型企业的广告，美国广播事业的发展才获得了比较雄厚的资金。但商业广告只给广播业带来了早期的原始资本积累，真正形成产业规模则是 20 世纪六七十年代以后的事情了。其主要标志是形成了若干跨国的大型传媒产业集团。

80 年代，三大广电寡头垄断的局面被打破，美国的广播电视产业进入整合阶段。此后，美国广播电视产业的兼并现象此起彼伏，愈演愈烈。最先拉开整合大幕的是美国广播公司（ABC），1985 年 ABC 被首府传播公司（Capital Cities Communications Incorporation）以 25 亿美元的价格收购。一年后，通用电气（GE）以 62 亿美元兼并 NBC 及其母公司美国无线电公司（RCA）。收购成功后，GE 立即出售了 NBC 的线路网络，并关闭了 RCA。同年 9 月，美籍澳大利亚传媒大亨默多克收购都会媒体公司，成立福克斯电视网（Fox）。1988 年 1 月和 1989 年 10 月，索尼公司连续收购哥伦比亚广播公司的唱片公司和电视娱乐公司。1989 年年底，时代公司又以 140 亿美元的天价兼并华纳兄弟公司。美国广播电视领域的第一次兼并风潮告一段落。

1996 年 2 月 8 日，美国通过《1996 年电信法》。该法案放松了对广播电视产业兼并的

---

① 毕一鸣：《现代广播电视论纲》，43 页，北京，中国广播电视出版社，2007。

② ［美］迈克尔·埃默里、埃德温·埃默里：《美国新闻史》，344 页，北京，新华出版社，2001。

③ 参见毕一鸣：《世界广播电视发展史——视听传媒的历史变迁》，51 页，北京，中国广播电视出版社，2010。

限制，废除一个公司在全国范围内最多只能拥有12家电视台、12家广播台和12家有线台的规定，它的出台标志着美国广电产业全面竞争时代的到来。

20世纪90年代中期，美国广电集团的兼并行为达到顶峰。1995年6月时代华纳公司与特纳广播公司（TBS）通过75亿美元的合并方案。7月，迪斯尼兼并美国广播公司。8月，西屋电气以54亿美元收购CBS，四年后又以370亿美元的价格转手卖给维亚康姆公司。据统计，仅《1996年电信法》颁布当年，美国广播电视业的兼并交易额就高达253.6亿美元。最令世人叹为观止的是2001年美国在线和时代华纳以高达1 600亿美元交易额兼并，创下了当时美国传媒史上兼并额度的最高纪录。频繁的兼并行为大大加剧了美国广电市场的竞争，也使美国广播电视产业发生了结构性变化，广播电视市场日益集中在少数的几个媒介集团手中。美国广播电视产业在全球产业市场中的所占的份额越来越大。2008年，美国的广播影视产业市场规模达到2 830亿美元，稳居首位，其中广播产业的市场规模达到了200亿美元。

在英国，多年来，BBC一直以公共利益为己任，奉行不播出商业广告的原则，经费主要来自视听费。但随着商业电视的崛起，BBC在英国广电领域的霸主地位开始受到冲击。20世纪80年代中后期，BBC终于按捺不住，开始进入商业领域，成立资源有限公司（BBC Resources）和环球有限公司（BBC Worldwide）专门负责商业活动。2000年以来，BBC开始推行积极的商业扩张战略，并成功打入美国市场。

近年来，BBC更是在产业经营方面表现突出。在频道经营方面，旗下的BBCPrime频道、BBC美国频道和BBC食品频道已经进入5 000万个家庭；销售出版物方面，BBC旗下的《环球新闻》有着很大的影响，是英国第三大刊物，每年销售量高达1亿份以上；合作经营方面，BBC与技术电视公司合作建了英国电视公司，开办了英国黄金频道、英国风格频道和英国历史频道，这些专业频道都拥有很高的收视率，给BBC带来了无尽财源。此外，BBC还模仿迪斯尼发放特许经营权，保证了自己电视节目的产出高效率。①

在我国，作为党领导的革命事业一部分，延安新华广播电台在抗日战争和解放战争的宣传中发挥了巨大的作用。但其经费大都来自财政拨款，基本上不存在经营活动。

新中国成立初期，上海、天津、北京等地的私营电台普遍以广告收入作为主要经济来源，在各级政府所办的广播电台中，除中央台外，各地人民广播电台也都曾开展过广告业务，有的大中城市甚至还设立了专门的广告台（也有的称为工商台、经济台）。

改革开放以后，随着广播电视规模的不断扩大，单纯依靠国家财政拨款已经不能满足发展的需要，传媒产业化成为不可逆转的历史选择。特别是在市场经济条件下，广播也意识到自身的产业功能。在国家政策和社会力量的推动下，我国广播开始产业化探索。由只强调政治功能，转为面向市场，实行企业化经营，逐渐发展为具备经济、文化、娱乐、信息、广告等多种功能的产业系统。

我国广播的产业化历程始于播放广告。1979年3月5日，上海人民广播电台播出第一条商业广告——“春蕾药性发乳”广告。1980年元旦，中央人民广播电台也开始播出商业广告。

80年代末，上海、广东等地就提出了广播电视产业化的口号。上海市广播电视局首先

① 参见乒乓：《透析BBC的媒介产业经营模式》，载《新闻知识》，2004（7）。

提出“只有发展产业，才能建设事业”，对上海人民广播电台和上海电视台进行专业划分，并成立上海电视剧制作中心、技术服务中心、生活服务中心，使各部门的分工更明确、权责更清晰。广东省广播电视厅提出“让广东电视台实行企业化管理，让它自我积累、自我壮大”的口号，得到广东省委的认可，开始实行事业单位、企业管理的新体制。

这一时期广播产业领域值得关注的是专业化电台的兴起。1986 年 12 月 15 日，珠江经济广播电台正式开播，其创新之处在于播出内容综合化、节目设置板块化、栏目播出直播化，被誉为“珠江模式”。它标志着我国广播发展进入全面改革的新阶段。此后，各地开始纷纷效仿，“珠江模式”蔚然成风，除开办经济台外，还掀起音乐台、交通台、故事台的“旋风”，进一步推动了我国广播的专业化进程。

第四节 | 广播节目形态的不断创新

从广播在大众传媒中的地位变迁及社会影响力的变化来看，一般认为，广播主要经历了三个时期：报纸占主导地位的时期、广播占主导地位的时期和电视占主导地位的时期。在不同的时期，由于各国广播事业的管理体制与方法不同，其广播的节目形态和内容也有所不同。

一、报纸占主导时期的广播节目

1920 年 11 月 2 日诞生的世界上第一座电台——美国宾夕法尼亚州匹兹堡的 KDKA 广播电台，以广播沃伦·哈定和詹姆斯·考克斯在总统选举中的得票数为开端，开启了广播节目。

但是早期的广播电台是各类节目都有的综合台，而且在一段时间里，由于广播仅仅被视为获得娱乐信息的“音乐盒”，音乐节目占有绝对优势。当时的节目形态，正如传播学专家丹尼尔·杰·切特罗姆在其著作《传播媒介和美国人的思想》里所描述的：“在最初的年月里，广播节目题材广泛，包罗万象。固定节目在 20 年代早期还是比较罕见。在 KDKA 电台里，音乐会、歌唱家、留声机唱片占去了大部分播出时间，另外还有初步的新闻报道和一些宗教服务节目。”

所以在广播出现后的第一个十年（1920—1930）里，广播新闻只不过扮演“跑龙套”的角色，在全部节目中所占的比例还较小。在节目内容方面，电台因不具备新闻自采能力，很少有自己的新闻采编队伍，播出内容多是报纸、通讯社的稿件，时效总是落后于报纸。新闻节目的形式也比较单一，主要由播音员简要地播读当地报纸的新闻；新闻广播的时间不固定，到 20 世纪 30 年代才开始出现比较规范的播音节目表。

早期的广播还未成为报纸的竞争对手，两者和平共处、互相支持。一方面，“很多时候，广播的播音员仅仅是简单地读一下当地报纸的新闻标题，并且配上一段小广告，告诉听众如果想知道详情，可以购买哪种报纸。这种做法显然对促销报纸有利”①。另一方面，报纸应读者要求，还常常刊登当天该地区广播电台的节目表，以便让感兴趣的听众收听，并且报纸还宣传广播领域取得的进展以及介绍一些热门广播节目主持人。

那时候，甚至已经开始出现多媒体发展的雏形。有些报纸看中了广播对报纸扩大影响、提高利润有着一种积极作用这一点，干脆自己开办电台，来为报纸做宣传。报纸办的这种电台一身服务于两家。“据美国报纸发行人协会广播委员会于 1927 年发表的报告表明，当时有 48 家报纸拥有自己的电台，69 家报纸在别的电台出钱主办节目，97 家报纸上刊登广播新闻节目，几乎一半以上的高级电台都同报纸有着某种联系。”②

早期的日本广播也与美国有着相似的经历。日本无线电广播一开始就是由报社、通讯社出资兴办的，广播新闻完全由报社来提供。1925 年 11 月，日本《读卖新闻》就开辟了报纸的“广播版”，介绍电台的广播节目和播出时间等。报社、通讯社所提供的新闻，电台无权编辑和删改，播音员只需要照本宣科就可以了。而报社、通讯社往往不向电台提供特讯、号外等重要新闻，一般新闻也是随心所欲地不定时、定量供应，以至于人们经常会在广播中听到播音员说：“今天某某报社没有提供新闻，这个时间的新闻停止播出。”③

此时的报纸并未意识到来自广播的威胁。但令报纸始料不及的是，广播的发展相当迅速。以美国为例：1923 年，美国电话电报公司用自己的电话线把多家电台连在一起，使不同地方的电台能够共用节目，进行“连锁广播”。这是广播网的雏形。④ 广播网是指以一座大型广播电台为节目发送中心，由多家广播电台组成传播系统，进行节目联播而形成的广播网络。1926 年，美国无线电公司、通用电气公司和西屋公司合资建成了全国广播公司（NBC），作为美国无线电公司的子公司。NBC 主持着两个广播网，一个是红网，一个是蓝网，覆盖范围从美国的东海岸扩展到西海岸。后来 1943 年，美国联邦通信委员会为防止垄断，不允许一个公司有两个网，NBC 不得不将蓝网售出，独立后的蓝网组建为美国广播公司（ABC）。1928 年 9 月，美国一些没有加入 NBC 的独立广播商在哥伦比亚留声机唱片公司的帮助下，建立了另一个广播网，最初起名为 UBI/哥伦比亚，后又改名哥伦比亚广播公司（CBS）。全国广播公司、哥伦比亚广播公司和美国广播公司三大商业广播网，构筑了美国广播事业的支柱，广播网的建立不仅实现了节目资源共享，更扩大了广播的发展规模、增强了实力。到 1928 年，全国广播公司和哥伦比亚广播公司已经能使自己的声音传送到全国 800 万台收音机听众的耳朵里。连当时的总统候选人也意识到广播所具有的能量，在广播中进行演说。此举进一步扩大了广播的影响，提高了公众对广播的关注程度。

由此可见，“在广播电台、电视台创办的初期，所谓节目，内容多为临时组合，并没有形成稳定的节目方针、节目风格，也没有形成对于具体内容和形式的特定取向”⑤。但值得注意的是，一些现在仍活跃于广播电台的节目内容和形式、报道方式，在电台诞生初期

---

① 杨飙、蔡尚伟：《媒体竞争论》，214 页，成都，四川民族出版社，2001。

② 同上书，215 页。

③ 参见张采：《日本广播概观》，11 页，北京，中国广播电视出版社，2001。

④ 参见饶立华等：《电子媒介新闻教程》，16 页，北京，中国人民大学出版社，2000。

⑤ 方毅华：《节目构思与分析》，2 页，北京，中国广播电视出版社，2009。

已出现了。

在节目内容上，KDKA 广播电台创造了许多“第一”，实现了一系列的突破[①]：现场报道体育比赛，舞台戏剧演出实况转播，第一个教堂广播，第一个政府官员的广播讲话，第一个股票行情等，这些开创性举措都被载入了史册。

广播剧是这一时期最为辉煌的节目形式。现在所知的世界上第一部原创广播剧，是 1924 年 1 月 BBC 播出的《危险》(又译《煤矿之中》)[②]。《危险》的故事线索相对简单，讲述的是主角女青年梅丽、男青年杰克随老矿工巴克斯到矿井参观时遇上塌方，被埋在黑暗的矿井下，面临窒息和死亡的威胁，最终在大家的共同努力下被成功营救的故事。该剧用紧张的对白、逼真的音响效果和烘托气氛的音乐，把矿井内外焦虑的氛围和人物复杂的心理活动真实地表现了出来。《危险》开创了一种全新的、具有独特艺术魅力的文艺形式，这也使它成为广播剧历史上的先驱名作。

从此以后广播剧蓬勃发展起来，很快遍及许多国家的广播电台。“它的题材相当广泛，从西部冒险故事到童话故事，从侦探故事到喜剧故事，大多反映社会正义、爱国主义和历史事件。这些广播剧大多是由戏剧或小说改编而成，其中根据英国著名科幻小说家 H. G. 威尔斯的《星际大战》改编的广播剧在哥伦比亚广播公司的《水星剧场》节目中播出后，由于演技、形式逼真并恰逢西方社会的‘万圣节’（又称‘鬼节’），致使在 1938 年 10 月 30 日夜间，引起听众大规模的狂乱情绪和盲目出逃。这一事件至今仍使美国广播界，尤其是哥伦比亚广播公司颇为尴尬。”[③]

二、广播占主导的黄金时代

20 世纪三四十年代是广播的黄金时代，也是广播节目的发展成熟期。在这个时期里，由于资本主义国家政治经济的动荡，第二次世界大战的爆发，广播新闻成为重要的信息来源，而且，广播新闻开始出现能发挥自身特长的节目形式。

（一）开始独立采集广播新闻

令报纸始料不及的是，广播的发展相当迅速。以美国为例：1923 年，美国电话电报公司用自己的电话线把多家电台连在一起，使不同地方的电台能够共用节目，进行“连锁广播”，这是广播网的雏形。广播网是指以一座大型广播电台为节目发送中心，由多家广播电台组成传播系统，进行节目联播而形成的广播网络。1926 年，美国无线电公司、通用电气公司和西屋公司合资建成了全国广播公司（NBC)，作为美国无线电公司的子公司。NBC 主持着两个广播网，一个是红网，一个是蓝网，覆盖范围从美国的东海岸扩展到西海

---

① 参见周小普：《广播新闻与音响报道》，39 页，北京，中国人民大学出版社，2001。

② 张凤铸教授在《中国广播文艺学》中提出了不同看法，认为世界上最早的广播剧是 1923 年 10 月在格拉斯哥播出的《罗布·罗伊》。

③ 周小普：《广播新闻与音响报道》，39～40 页，北京，中国人民大学出版社，2001。

岸。后来1943年，美国联邦通信委员会为防止垄断，不允许一个公司有两个网，NBC不得不将蓝网售出，独立后的蓝网组建为美国广播公司（ABC)。1928年9月，美国一些没有加入NBC的独立广播商在哥伦比亚留声机唱片公司的帮助下，建立了另一个广播网，最初起名为UBI/哥伦比亚，后又改名为哥伦比亚广播公司（CBS)。全国广播公司、哥伦比亚广播公司和美国广播公司三大商业广播网，构筑了美国广播事业的支柱，广播网的建立不仅实现了节目资源共享，更增强了广播的发展规模和实力。到1928年，全国广播公司和哥伦比亚广播公司已经能使自己的声音传送到全美800万台收音机听众的耳朵里。1929年，美国出现经济危机，但在那个百业萧条的年代，广播却得到了迅速普及。“母亲在早晨收听，孩子在放学后收听，父亲和整个家庭则收听黄金时段的广播。偏僻的乡村居民从自家的厨房里听到布道和福音音乐。1932年，举国都守在收音机旁等待美国飞行英雄查尔斯·林白孩子绑架案的最新进展。从1933年3月12日起，家家从厨房里传出罗斯福总统星期天晚上的‘炉边谈话’。”①

拮据的人们减少了出游次数，广播几乎成为美国家庭娱乐、消遣的唯一媒介，广播电台提供的广播肥皂剧、音乐、谈话节目，给陷入危机的美国人以精神慰藉。广播的人气上升，吸引了企业纷纷到电台做广告，广播成了唯一走红的媒介。广播的广告收入翻了一番，而报业的广告收入却下降了45%。“广播开始成为报纸广告收入的竞争对手，并且开始成为一个较为正规严肃的新闻传播媒介。”②

“面对冲击，无奈的报界不得不采取强硬的手段，首先是立即取消了先前免费为广播电台刊登节目表、开设介绍广播节目的专栏和为电台提供时事消息的做法。”③ 于是，两大媒介和平共处的历史结束了，竞争由此开始。1932年年底，美国报纸发行人协会召开大会，要求其成员在报纸刊出有关新闻之前，不得出售或透露新闻给广播电台；接着，美联社、合众社和国际新闻社也都纷纷宣布终止向广播网提供新闻。

报纸和通讯社的“断奶”压力激励了广播的发展。广播电台不得不于1933年自己走路，开始独立搜集、采写新闻的活动。哥伦比亚广播公司率先建立了一个新闻搜集机构，在美国各主要城市和英国伦敦都设立了办事处，建立了一个广泛的记者网。而加州贝弗利山的KMPC电台则从20世纪30年代开始委派十多名记者自行采写洛杉矶市的新闻。NBC公司的广告编辑谢克特使用了报社记者通常没有想到的采访手段，他率先利用电话进行采访，抢先于报纸播出独家新闻，在时效和音效上都略胜一筹。谢克特利用电话采集的新闻又快又好，而且在数量上也完全可以满足广播公司的播出需求。从此，广播开始独立采集符合自己特点的新闻，使广播在与报纸的竞争中立于不败之地。

广播长于现场报道和突发事件报道的特点也在这一时期显露出来，一些地方电台通过播报地方新闻发挥了意想不到的作用。如“在1937年的俄亥俄与密西西比河洪水灾害中，当地的电台停止了正常播音，成为灾情信息处理中心，向灾区播放警告，对救灾起了重要作用”④。

---

① 《创造历史：公共广播100周年》，载《羊城晚报》，2010-02-02。

② ［美］埃里克·巴尔诺：《美国广播电视简史》，34页，北京，北京广播学院新闻系编印，1985。

③ 孙瑞祥：《新闻传播与当代社会》，234页，天津，天津社会科学院出版社，2003。

④ 周小普：《广播新闻与音响报道》，41页，北京，中国人民大学出版社，2001。

竞争使广播逐渐走向独立与成熟，广播新闻的时效提高，新闻报道的形式更加多样，新闻内容更加丰富，对报纸造成的威胁也更大了，报纸、通讯社的压制政策宣告失败。于是，合作竞争的势头又开始出现了。“1935 年，合众社和国际新闻社又重新开始向广播电台出售新闻，合众社甚至还建立了一项专门用于广播的服务。1940 年美联社也不得不改弦更张，再次把自己的新闻出售给电台，并且它也建立了一项专门用于广播的服务。这以后，美联社与合众社都同时活跃于广播与报纸两大领域，而报纸与广播（关于新闻）的一场龙争虎斗最终算是以修好告终。”①

这种趋势促使许多报社去申请广播执照，热衷于购买或开办电台，报纸和广播的合流，帮助广播成长为新闻媒介，新闻部成为广播的重要内设机构。

到了二战期间，报纸不能满足人们迫切了解战事的愿望，而广播不仅能以最快的速度展开报道，还能通过现场报道把实况搬到听众面前，因而成为了人们最重要的信息获取渠道（图 1—9）。到 20 世纪 30 年代末，广播已经成为独立的新闻力量，能够迅速播报新闻，据 1939 年《幸福》月刊调查表明，70％的美国人把广播作为获得新闻的主要途径。②

图 1—9　二战期间，美国一家人在硕大的收音机前收听战事消息

（二）开始出现具有广播特点的新闻节目

对于广播来说，有一定规范的定期节目，形成于 20 世纪的中期。在发展较为迅速的美国，广播由于有了广告收入而得以稳定，开设了定期广播，人们每周都能听到他们喜欢的节目。广播节目包括喜剧、音乐会、体育、戏剧、讲座和新闻评论等。这期间，真正让广播引人注目的还是广播新闻节目获得了长足的发展，新闻节目在所有广播节目中所占的比

---

① 杨飙、蔡尚伟：《媒体竞争论》，216 页，成都，四川民族出版社，2001。

② 参见周小普：《广播新闻与音响报道》，41 页，北京，中国人民大学出版社，2001。

例逐年扩大，特别是战争为广播新闻和广播记者提供了开发广播潜能的新空间，使广播新闻报道形态不断创新，开辟出广播新闻的一片新天地。

1. 板块节目

听众的复杂构成使广播电台必须考虑众多不同的需求，在广播逐渐站稳脚跟的时候，如何尽可能满足听众的需求成了各电台需要解决的问题。美国各广播网逐渐发现主题性节目比较受欢迎，所以每个广播网都试图建立自己的节目主题，根据不同层次听众的收听习惯，在不同时段为目标听众提供集中服务，如演艺夜晚、音乐夜晚、神秘夜晚等，由此形成了板块节目概念，并逐步推广到所有节目。15 分钟、30 分钟和 60 分钟的新闻板块节目结构形式被广播网普遍采用。

2. 广播讲话

1933 年 3 月 12 日，上任仅一周的罗斯福通过广播向全美国的家庭发表了第一次广播演说，这就是世界广播史上具有传奇色彩的“炉边谈话”。此后，“炉边谈话”成为罗斯福广播谈话节目的正式称谓。罗斯福当政期间，发表了几百次广播演讲，人称“广播总统”。有学者认为：“罗斯福推行新政的成效得力于广播媒介的巨大影响力，这一点集中体现于他所独创的广播形式——炉边谈话。”①

3. 公众事务报道

20 世纪 30 年代，开公众事务报道先河的节目有两个：一个是 1931 年开办的《时代报道》，《时代》周刊每周向广播电台提供戏剧形式的新闻；另一个是 1935 年开办的《美国城镇空中讨论会》，这个节目在全国广播公司的蓝网上一直办到 20 世纪 50 年代，是公众辩论形式的时事节目。②

4. 新闻联播和广播新闻评论

1938 年爆发了德国侵略奥地利的“慕尼黑危机”。当年 3 月，德军进入奥地利。当时还不出名的哥伦比亚广播公司派驻欧洲的教育广播负责人爱德华·默罗（图 1—10）很快意识到自己置身于正在发生的重要历史事件当中，当即以 1 000 美元包租了一架小型飞机，辗转飞往维也纳，他的助手夏勒则留在伦敦，还有其他几名同事，分别在巴黎、罗马、柏林等地，他们克服种种困难，组织发回了当地各界对这一事件的反应情况的“世界新闻综合报道”，广播历史上第一次实现了跨国多点“新闻联播”。

此后，在近 20 天的“慕尼黑危机”事件中，哥伦比亚广播公司首次在公众中树立了“新闻评论员”的权威形象，主持人卡尔登邦在纽约配合这几名记者，对相关新闻进行分析和评论，有时他把希特勒、张伯伦、戈培尔和墨索里尼的讲话直接翻译给美国听众听，有时又预测事态的发展和各主要国家将会采取什么样的外交措施。这种节目播出形式极大

---

① 李彬：《全球新闻传播史（公元 1500—2000 年）》，331 页，北京，清华大学出版社，2005。

② 参见周小普：《广播新闻与音响报道》，41 页，北京，中国人民大学出版社，2001。

图 1—10　爱德华·默罗

地丰富了报道内容，满足了当时美国人了解战争事态和各地情况的欲望，也改变了广播电台广播新闻评论默默无闻的状况，使得这一年成为广播史上最重要也最令人瞩目的新闻年。

5. 现场报道

1940 年 8 月，爱德华·默罗开始主持播出广播史上著名的《这里是伦敦》节目。一般认为，这是世界上最早的广播现场报道[①]，也是国际广播界现场报道的典范。

当时的英国首相丘吉尔亲自批准主持人默罗站在德军轰炸的主要目标之一——英国广播公司的楼顶上进行现场广播。

> 这里是——伦敦……
>
> 我现在站在屋顶上，俯瞰伦敦全城……我想大概不出一分钟，在我们附近，就会听见炮声了。探照灯现在就是向着这边移动。你会听到两颗炸弹的爆炸声。听，炸弹响了！……过一会儿，这一带又会飞来一些弹片。弹片来了，越来越近了。

默罗发挥广播的技术优势，采用现场报道的方式，用平静而富有感染力的语言对大不列颠战役进行生动描述，以最快的速度，将圣保罗大教堂、西敏寺大教堂等伦敦城内不同地点的劫后战况及时报道给听众。他那令听众仿佛身临其境的现场报道使广播的社会影响力达到了前所未有的高峰，一方面，默罗的报道“成为英国民众的镇静剂”，另一方面也扭转了多年来持中立的美国大众对第二次世界大战的看法，逐渐感悟到战争的实质。

以默罗为首的广播记者团队被新闻界评价为：“这是一个非凡的、有教养的、才华横溢的群体，可以毫不夸张地说，是他们肇始了无线电广播报道艺术。”[②]

---

① 参见饶立华等：《电子媒介新闻教程》，18 页，北京，中国人民大学出版社，2000。

② 毕一鸣：《世界广播电视发展史——视听传媒的历史变迁》，79 页，北京，中国广播电视出版社，2010。

二战中，广播记者的空前创造精神使广播新闻报道形态更为丰富，现场报道、电话采访、连线访问、新闻分析、新闻评论等成了广播新闻报道的基本体裁和样式，新闻节目在广播中上升到举足轻重的地位。到 1944 年，广播新闻的播出时间已经增加到 26.4%，1948 年，广播广告收入上升为 1.33 亿美元。

应该说，广播的辉煌实际上离不开广播新闻的辉煌，换句话说，只有当新闻节目成为媒体的龙头节目并在公众中享有较高威信时，这种媒体才可能赢得较高的社会地位。

三、电视占主导时代的广播节目

1936 年，英国广播公司的开播标志着电视传播的正式诞生。但第二次世界大战的爆发使得电视的研究被迫停顿下来。二战结束后，创办电视广播很快成为新的热点。20 世纪 50 年代，在欧美国家，迅速普及的电视，以其声画并用的传播方式对单纯依靠声音的广播电台造成巨大冲击，最先遭遇危机的是教育和非商业电台，它们依赖的捐赠都转向了电视。1964 年，以前教育电台主要的捐资者福特基金会完全切断了资金支持。“广播内容起了极大的变化，发展得很好的广播剧、肥皂剧、答问节目和其他娱乐节目被电视抢走，在广播中不见了。”① 广播保留下来的节目类型主要为新闻、短特写和特别报道等几种，到 1956 年，新闻广播时数高居各类节目之首；到了 70 年代，新闻甚至成为广播网存在的主要理由。

为了争取受众以求生存，从 20 世纪 60 年代开始，广播逐渐调整和改变自己的发展策略，开始重新定位，广播内容的“窄播化”、受众群体的“小众化”和节目的本地化成为最大的变革。

这个时期的广播与之前的 50 年代相比发生了显著的变化，美国学者 R. E. 海贝尔等在《大众传播媒介》一书中指出，这种变化主要表现在四个方面：

其一，组织和工业结构。广播已经从拥有一系列节目的无线电网络系统变化为一个提供有限服务的地方性的活动。它习惯了影响其他媒介的广泛的补充和合并，规模变小。

其二，内容。20 世纪 50 年代，广播的内容由故事（包括肥皂剧、情景喜剧、戏剧）和综艺组成。今天，广播的内容主要是录制的音乐及电台唱片音乐主持人的谈话，中间穿插一些新闻节目和引起问题谈论的节目。

其三，功能。广播已经从室内的、坐着的、社会的故事讲述人变为无家的、运动着的、代表个人的信息传递人和娱乐节目表演人。

其四，风格。广播已经由记叙性的、线性的、戏剧结构的 15～30 分钟的“节目”转为非记叙性的、非线性的小单元。新闻、谈话、采访大多是纪实性的而不是戏剧性的。

（一）广播的类型化

在美国，这个时期的广播电台增加了，但规模却变小了。广播电台不再坚持以综合节

---

① ［美］丹尼尔·杰·切特罗姆：《传播媒介和美国人的思想》，185 页，北京，中国广播电视出版社，1991。

目来吸引广大的听众，转而开始寻找特定的受众，逐渐转向一家电台就做一种节目类型，为特定的听众提供专业化服务。1979 年，纽约市一家广播电台 WKTU 采用一种新的节目编排法，只播放流行的唱片音乐，“几乎是一夜之间，它就成了全国听众最多的电台”①。这就是最早出现的类型化专业电台。

由于专业台提供的节目内容专一，而且连贯一致，它不再将其广播时间分割成不同风格和内容的板块，更便于听众收听，到 20 世纪 50 年代下半叶，像这种专业台的广播形式已经在美国占据了主导地位。目前美国有 1.3 万多家类型化广播电台，其中音乐电台占到了 70%，调幅电台主要是新闻/谈话类型电台，占全美电台的 6%。

在各类专业电台中，新闻台虽然数量不是最多，但影响力却最大，堪称龙头台。1964 年，在洛杉矶首先出现了美国的第一家全新闻电台。它在一天的 24 小时中绝大部分时间在广播诸如全国新闻、国际新闻和地方新闻，在两次新闻之间插播一些轻松的散文、音乐及广告。全新闻电台作为一种新型广播模式后来在几个大城市推广开来，虽然它对人力资源的大量需求使得办台成本高昂，但却为广播赢得了可观的收听率。

专业台的建立标志着广播节目发展的新方向，“音乐、新闻加谈话”的模式被广泛采用，很多广播电台采用了成本较低的全谈话模式，非音乐类的广播电台以电话热线参与、讨论、访谈、新闻、公共事务为基本特征。

（二）广播的分众化

广播频率专业化的高级阶段是细分化阶段。初期的类型化，“是指对同一受众的收视需求进行分类，即满足同一受众在不同情况下的收视需求”。在此阶段，电台频率的包容性较大，界定相对模糊，目标受众仍然是大众。节目的构成既包括频率定位特征的主打栏目，又存在着大量雅俗共赏的大众化节目，处于一种“专业化频率不专”的尴尬境地。

而所谓分众化，是指将类型化节目划分为更为细小的单元，以满足特定小众群体的需求。由于受众在兴趣爱好、经济水平、生活地域以及教育程度等方面都存在较大差异，受众对于信息的需求也呈现出多元化趋势。因此，在 1964 年，日本商业广播借鉴美国商品销售的经验——市场细分法，并根据这种细分法的基本原则，创造了“听众细分法”。这种细分法就是按照听众的生活状态、心理需求等来决定节目的内容设置。把听众按照年龄、性别、职业、地域、收听场所等进行分类，并运用营销理念，把听众当成消费者来提供各种各样的服务，因而进一步促进了广播的“窄播”趋势。

如今，根据受众差异化的需求有针对性地进行信息分众化传播，已经成为当前广播发展的趋势。一是从节目内容的角度，专业广播被进一步细分，如音乐台进一步细分为爵士音乐台、古典音乐台、乡村音乐台、轻音乐台、老式摇滚音乐台、老歌台等，每一个电台都拥有一群相对固定和忠实的听众；二是广播通过对受众市场的细分，专业化电台种类进

---

① ［美］丹尼尔·杰·切特罗姆：《传播媒介和美国人的思想》，186 页，北京，中国广播电视出版社，1991。

一步增多，如仅纽约一个城市就同时存在 70 个电台，包括全天候新闻台、宗教台、种族台、谈话节目台、中老年音乐台、儿童音乐台等[①]；三是利用收音机便携易带等特点，拓展其服务范围，开办交通台、气象台等。

特别是一些发展中国家开办了多种民族语言节目或电台，这既可满足少数民族对信息、娱乐、知识的需求，也可加强全国的文化认同，增强凝聚力。如越南开办了 8 种少数民族语言节目，全年共播出 2 230 小时；印度的全印广播电台及其所属电台共使用 24 种语言 146 种方言对内广播。

（三）广播节目的本地化

二战结束后，面对电视的兴起，面对上万家电台的竞争，广播初创期的综合模式已不再适应生存的需求了。而地方广播由于投资相对低廉，广告费承包低，受到了本地广告主欢迎，对本土听众来说，广播广告播出到达率也较高。因此，进入持续发展时期的广播，开始以地方媒介本土化服务为基本定位了。在美国，为了争取听众，原是全国媒介的广播就不得不转而成为地方性媒介——广播逐步向小城镇发展，形成了地方电台的繁荣。

进入 21 世纪，节目本地化逐渐成为广播发展的又一个方向。由于人们对本地信息，特别是自己所在社区的信息最为关注，于是为迎合听众的兴趣，发挥自身作为区域化、本地化的传播机构的特点，法国、德国、英国、美国等纷纷开办“社区电台”，尽量将自己报道的视野范围局限在本地区、本社区，节目构成也基本以本地新闻、时事、社区活动、娱乐为主，受到了当地听众的欢迎。

“社区广播电台的宗旨是鼓励同一社区各社会经济层次、组织和少数群体的广大代表的积极参与。这类电台的目的是鼓励言论自由和各社区的对话来促进自由的信息交流。从而促进人们更有效的参与。”[②] 社区广播在发达国家本来就较为兴盛，在这些国家中，少数民族或外来移民族裔形成较大社区，于是他们就开办了面向这些民族社区的广播电台，如美国的西班牙语电台、华语电台。英国 1996 年建立亚洲广播网，面向英国中部地区的亚洲族裔社区听众。由于节目符合听众需要，深受欢迎，发展迅速，几年里已登上数字卫星广播平台和互联网。2008 年 8 月，应广大亚洲听众的要求，它变成了一个面向全国的社区广播网。

近年来，由于不同居住区域、不同民族或种族的群体对获知社区信息的需求越来越多，选择性越来越高，许多发展中国家广播的社区化出现了新的特点。如非洲之角地区（苏丹、埃塞俄比亚、索马里、吉布提、厄立特里亚等国家）是世界上文盲率最高的国家，广播是那里最有效的传播工具，该地区近年来大力发展社区广播，对促进当地人民生活的变化、文化的提高、信息和知识的传播起到很大的作用。

广播的类型化、分众化、本地化概念被强化，名目繁多的专业台纷纷涌现，广播在满足听众个性化需求上不断创新发展。经过调整，广播事业逐渐走出低谷，重新赢得受众，并进入一个平稳发展时期。就像美国广播界曾经的那句名言所说，“车轮子和干电池拯救了广

---

① 参见［美］迈克尔·埃默里、埃德温·埃默里：《美国新闻史》，320 页，北京，新华出版社，2001。

② ［法］洛特菲·马赫兹：《世界传播概览》，210 页，北京，中国对外翻译出版公司，1999。

播”，汽车工业的发展赋予广播移动的优势，保住了广播电台的地位，广播才能持续发展到今天。

思考题

1. 马可尼、费登森、德·福雷斯特、萨尔诺夫、康拉德对世界广播事业的主要贡献是什么?
2. 为什么说调频广播与数字广播是广播技术史上的重要里程碑?
3. 请解释“炉边谈话”。
4. 国际广播在各国的对外宣传中的作用和地位是怎样的?
5. 广播的公共服务功能体现在哪些方面?
6. 结合实例，谈谈你对广播的监督功能的理解。
7. 在报纸的压力下，广播是怎样独立走路的?
8. 为什么说二战时期是广播的黄金时代?

第二章 中国广播事业的发展轨迹

本章学习要点

1. 了解我国广播的产生情况
2. 掌握我国人民广播事业的大致发展轨迹
3. 了解我国台港澳地区广播的基本情况

出生在 20 世纪 80 年代之前的中国人，绝大多数都对广播有着难以忘怀的记忆。经过战争的洗礼，从战火中艰难走来的中国广播，在电视时代尚未登临这个古老的国度之前，几乎成为从城市到乡村亿万民众获取信息和娱乐的最主要传播媒介。“文革”时期的样板戏、改革开放时代的长篇评书、《每周一歌》等节目，都曾深刻地烙下了我们生活经历、时代特征的印记。但后起的中国，仅用 20 多年时间就快速地走完了美国百年的广播历程，之后电视时代如海啸般席卷而来，我们尚未回过神来，互联网又已经占据了我们的生活，广播似乎退到了客厅的角落。

1949 年中华人民共和国的成立，标志着一个旧时代的结束和一个新时代的开始，成为中国历史的重要分界线。中国广播事业也因此可以分为两个大的历史时期。

第一节 | 新中国成立前的广播事业

我国的广播事业发展虽然比西方发达国家相对滞后，但是起步并不算晚。20 世纪初，无线电技术即传入我国。1905 年，当时的北洋大臣袁世凯在天津开办了无线电训练班，同时购买了无线电收发报机，分别安装在北京、天津、保定及北洋水师的军舰上。不久，这些军用设备就被推广到了商务活动中，1906 年他又组建电政司，规划中国的无线电、电报、电话、邮政等事业。

真正意义上的无线电广播则是在北洋政府期间才出现，并逐步得以运用的。中国最早的广播电台出现于 1923 年，从那时起到 1949 年新中国成立前，中国国内战火连年，社会动荡不安，所以由于客观条件的制约，总体上看，这一时期我国广播事业的发展应当说是较为迟缓、滞后的。

一、起始阶段（1923—1927 年，北洋政府时期）

（一）我国境内第一座广播电台

中国的广播事业始于外国人在中国境内开办的广播。1920 年世界上第一座正式的广播电台在美国诞生，仅仅三年之后，被称为“冒险家乐园”的上海就出现了中国第一座广播电台。

1922 年 12 月，美国商人奥斯邦将一套无线电广播发送设备运抵上海，并与英文《大陆报》合作，租用了上海外滩广东路 3 号大来洋行的屋顶，开办起“大陆报—中国无线电公司广播电台”，呼号 XRO，发射功率为 50 瓦。1923 年 1 月 23 日晚，该台进行了中国境内的首次广播，播送音乐和《大陆报》上刊登的新闻，开中国境内无线电广播事业之先河。1 月 26 日，该台播出了孙中山先生当日在上海发表的《和平统一宣言》，受到了孙中山先生的称赞。

但是，中国境内出现的第一座广播电台——奥斯邦电台只持续了三个月便宣告倒闭。其中最主要的原因是触犯了政府法律。1915 年 4 月，中国北洋政府颁布《电信条例》，这也是中国第一部无线电电信条例，条例中明确规定外国人不许在中国境内私设无线电台；无线电器材属于军事用品，未经许可，不得进口。1923 年 3 月，北洋政府交通部指令江苏省和上海当局制止奥斯邦的活动，勒令其拆除广播设备。

尽管北洋政府有此明令规定，但由于政府的孱弱无能和旧中国的半殖民地性质，虽经官方多次交涉，外商电台却依然我行我素。1923 年，美商开孚洋行也在上海设立广播电台，功率 50 瓦，内容以播送音乐为主，但也仅维持了半年。1924 年 5 月 15 日，美商开洛公司和申报馆合作开设的开洛广播电台开始播音，功率为 100 瓦，并设有好几个播音室，分设于申报馆、大陆报馆、市政厅等处。《申报》在第 15、16 版专辟“本馆无线电话部报告”一栏，预告节目。各播音室都通过专用电线与福开森路的发射机联络，每天播音达 4 小时，广播节目有市价行情汇兑价格、新闻、音乐、戏曲、名人演讲等。这个广播电台是早期外商在上海开办的广播电台中规模最大、开办时间最长、影响也较大的一个，直至于 1929 年 10 月底才停止播音，前后播出了 5 年时间。

从我国当时的情况看，外商来中国创办电台的最初目的，大都是受商业利益所驱动。第一次世界大战结束后，大批用于军事联络的无线电通信器材被闲置起来。欧美国家的一些精明的商人看到了其中的商机，纷纷在不发达国家建立无线电台，以推销其经营的无线电器材。但客观上讲，他们将 20 世纪初人类最伟大的发明之一——无线电广播引进中国，开阔了中国人的视野，揭开了中国广播事业发展的第一页，催生了中国人自办广播事业。

（二）国人自办的第一座广播电台

真正由中国人自己创办的电台，直到 1926 年 10 月 1 日才在哈尔滨出现，这就是在奉系当局支持下由东北无线电专家刘瀚主持设立的哈尔滨无线广播电台，呼号 XOH，“每天广播两小时，节目为钱粮行市以及新闻、音乐、演艺等”[①]。1931 年“九一八”事变时，该台积极宣传抗日。1932 年 2 月 5 日，日寇侵占哈尔滨，当日下午，该台也被日寇控制。

（三）我国第一座民办商业电台

1924 年 8 月北洋政府交通部颁布了《装用广播无线电接收机暂行规则》，允许老百姓购置并使用广播收音机，这引起了民间办电台的兴趣。第一座由国人自办的私营性质的商业广播电台，是上海“新新公司广播电台”。新新公司是一家专门销售收音机的商店，该公司特地在公司屋顶建了这家广播电台。该台于 1927 年 3 月 18 日正式播音，功率 50 瓦，主要内容是播送商业行情、时事新闻及中国音乐。该台完全由中国人自行设计、装配、安装及施工，并由国人自己独立经营。电台每天播音 6 个小时，直到 1941 年 11 月因失火被焚而停办。

上海新新公司广播电台成立，为中国民营广播之滥觞。在抗日战争爆发以前，民办电台一度繁荣，大约有 70 多座，其中半数以上集中在经济发达的上海。当时的民营电台就有“专业台”的划分，主要分教育电台、商业电台和宗教电台，但大多数播送广告与低级庸俗的娱乐节目。

---

① 陈尔泰：《中国第一座广播电台》，载《新闻研究资料》第 30 辑，1985。

（四）我国第一座官办电台

北洋政府在颁布法令允许民间购置收音机时，也开始着手筹建官办的广播电台。1925年，北洋政府交通部派人在北京、天津等地试验广播收音。此后，广播试验因政局动荡，一度停顿。1926年，在奉系当局支持下，中国早期的地方广播管理机构——东北无线电长途电话监督处积极筹备，又开始推进建台事宜。

1927年5月1日，我国第一座政府办的电台——交通部天津广播无线电台开播。它是由北洋政府办的，呼号为COTN，每天下午3：00到晚10：00播出7个小时，主要内容为娱乐节目。

到南京国民党政府成立前，中国境内先后共出现了十几座广播电台。其中既有官办的，也有民营的；既有中国人筹建的，也有外商设立的。这些电台的发射功率一般都比较小，节目覆盖范围也仅限于广播电台所在地及其附近地区，还没有一座全国性的广播电台。北洋政府时期的广播事业只是初具雏形。

二、初步发展阶段（1927—1937年，第二次国内革命战争时期）

1927年4月，以蒋介石为首的国民党右翼势力控制了国内政局，在南京建立起“统一”的国民党政权。为在全国“统一政令、统一舆论”，国民党当局一开始就很注重媒介的建设，1928年8月1日，国民党在南京创办了“中国国民党中央执行委员会广播无线电台”，呼号XKM（后因全国统一改为XGZ），简称中央广播电台，这是国民党继中央社、《中央日报》之后办起来的第三个中央宣传机构。其最初每天播音两个小时，上午一小时为演讲节目，下午一小时是新闻节目，所有新闻稿都由中央社提供。

四年后，新广播大楼落成，中央广播电台发射电力从500瓦扩大到75千瓦，呼号改为XGOA，选择在孙中山的诞辰日11月12日正式开播，是当时亚洲地区发射功率最大的一座广播电台。之后，国民党又陆续在杭州、北平、广州、上海等各地办起20多座电台，并规定全国各地广播电台都必须抄收转播国民党中央广播电台晚间的新闻节目，扩大其政治影响。“这也许就是我国新闻联播这种节目形式的滥觞。”①

1936年2月23日，国民党办的南京短波广播电台开播，它除了转播中央广播电台的节目，还办有针对国外华侨的广东话、厦门话、马来语的广播节目。这是当时国内唯一的短波电台，也是我国第一家对外广播电台。

国民党当局还积极制定政策，推动和规范民营广播事业的发展。1928年7月，国民党政府建设委员会公布了《中华民国无线电台管理条例》。12月，政府又公布《中华民国无线电台条例》，明确规定广播电台得由“人民设立”，允许民间资本涉足广播事业。此后，中国出现了一批教育、商业、宗教民办私营电台。1936年，国民党中央广播事业指导委员

① 毕一鸣：《世界广播电视发展史——视听传媒的历史变迁》，320页，北京，中国广播电视出版社，2010。

会还制订出一套详尽的管理与发展广播事业计划，草拟了一个预计投资为 2.7 亿元的五年工业计划，但未等付诸实施，抗日战争即告爆发，这一计划也就此搁浅。

三、多元并存阶段（1937—1945 年，抗日战争时期）

抗战爆发后，与纷乱的时局相对应，中国国土上出现了三种不同性质的政权，即国民党政权、共产党政权和日伪政权。在不同的政权控制区内，又分化出不同类型的广播事业，“即大后方的国民党广播事业、沦陷区的日伪法西斯广播事业、沦陷区的民营广播事业、抗日根据地的人民广播事业以及苏联广播电台和美军广播电台”①。

为了打破日寇和国民党反动派的新闻封锁，宣传中国共产党的抗日主张和有关方针政策，调动全国人民的抗日热情，中共中央多次提出在延安建立广播电台的问题。1940 年春，根据党中央和毛泽东同志的指示，以周恩来同志为主任，成立了广播委员会，领导广播电台的筹建工作。

经过仔细勘察，台址定在了延安西北 19 公里处的王皮湾村，当时只有一台共产国际援助的 300 瓦的旧发射机，用蓄电池和手摇马达发电，用木杆架起简易的天线，报时是拿一个碗用筷子敲，办公地点是几孔石窑洞，就这样，世界上最简陋的窑洞广播电台在延安诞生了（图 2—1）。1940 年 12 月 30 日，我国第一座人民广播电台——延安新华广播电台向中华大地传递出了第一组电波，呼号为 XNCR。

图 2—1　1940 年 12 月 30 日，我国第一座人民广播电台——延安新华广播电台诞生

这个电台属于新华社编制，是其中的一个广播组。建台初期，延安新华广播电台每天广播一次，每次两个小时，广播的主要对象是抗日根据地军民，兼顾国民党统治区和沦陷

---

① 赵玉明主编：《中国广播电视通史》（上卷），58 页，北京，北京广播学院出版社，2000。

区的群众。广播的主要内容有中共中央文件、《新中华报》社论、《解放》周刊重要论文、国内外新闻等，此外还播放抗日进步歌曲等文艺节目。

1941 年 12 月 3 日，新华广播电台开始日语播音，这一天也成为现今中国国际广播电台开播的纪念日。

尽管条件艰苦，设备简陋，时播时辍，而且声音质量欠佳，节目的内容和形式都尚显粗浅，形式不免单一，规模和影响也相当有限，但延安新华广播发出的是中国人民正义的呐喊和不屈的怒吼，对宣传我党的主张，鼓舞人民抗战士气起到了积极的作用。

四、二元对峙、此起彼伏阶段（1945—1949 年，第三次国内革命战争时期）

抗战胜利后，国民党当局接收了原日伪沦陷区的绝大多数广播电台，并在此基础上大力扩张其党营广播事业网，一度超过了战前规模。以 1946 年国共交战为分水岭，我党领导下的各解放区广播电台，积极配合解放战争的进行，展开了另一条战线上的“战争”。国民党的党营广播事业逐步走向衰落，我党领导的人民广播事业的力量却日益壮大，到 1949 年 3 月，各解放区的广播电台已经达到了 24 座，形成了一个以延安台为中心的解放区广播宣传网。

1947 年 7 月以后，解放战争从战略防御转为战略反攻。为了配合这一形势的转变，1947 年 9 月 5 日，延安台正式开办了《对蒋军广播》（后改名为《对国民党军广播》），这是延安台自开播以来办的第一个对象性节目，对于瓦解国民党军队的战斗意志发挥了积极的作用。1947 年 9 月 11 日，延安台又开办了《英语新闻》，将收听范围扩大至外国听众。

1947 年 3 月，延安新华广播电台更名为陕北新华广播电台；1949 年 3 月，陕北新华台迁入北平，随即更名为北平新华广播电台，实质上已担负起了全国性中央台的任务。随着许多大、中城市的相继解放，利用接管的原国民党广播设备，一批人民广播电台也陆续兴建起来。至新中国成立前夕，全国各地已成立人民广播电台近 40 座。

在内容与价值取向上，由于旧中国广播事业多种所有制并存，创办电台的目的不同，各广播电台自然也就存在较大的差异。以国民党中央台为代表的政府官方电台，出于政治宣教、文化传播等服务于政党统治的目的，偏重于播出一些相对严肃的内容。

而就外商广播和民营商业广播来看，为了销售更多的无线电设备，或赚取更多的广告份额，多数创办者和经营者都非常注重对广播内容与节目形式的设计，注意安排一些贴近市民趣味、与日常生活紧密相关的娱乐类、新闻类及市场行情类节目，以吸引受众收听。为了吸引听众，20 世纪 30 年代上海的民营电台一度靡靡之音泛滥，表现出明显的庸俗化、市井化取向，以至被当时的有识之士斥之为“宣传肉麻文学”的播音①。

与上述电台完全不同，中国共产党领导下的人民广播事业从开播第一天起，就把“党

① 参见赵玉明主编：《中国广播电视通史》（上卷），40 页，北京，北京广播学院出版社，2000。

的喉舌”与“人民喉舌”的完美统一作为其最高追求，延安台创办后，不仅及时、准确地宣传了党的各项方针政策，而且注意紧密联系群众，听取群众意见，把为群众服务、当好人民“喉舌”作为电台工作的基本方针。[①] 延安台还曾向社会发布公开信，广泛征求各地群众意见，并尽量满足大家的要求，积极改进和丰富节目样式。

第二节｜新中国成立后内地的广播事业

1949 年 12 月 5 日，北平新华广播电台被正式定名为中央人民广播电台，成为国家电台，人民广播事业开始了一个崭新的历史发展时期。

回顾新中国广播发展的历史，我们不难发现，广播事业有一个经常使用的提法，叫做“自己走路”。这是 20 世纪 50 年代胡乔木同志为中央人民广播电台定下的办台方针，也是新中国人民广播事业不断开拓进取、改革创新的行动指南。

作为中国共产党早期发展最艰难，也是影响力最大的媒体，人民广播在中国革命、建设和改革的各个历史阶段，都做出了不可磨灭的贡献。其在 70 多年的发展历程中，既有过事业高峰时的荣耀与辉煌，又有过发展低谷时的茫然与阵痛，更有改革创新后的苏醒与复兴！人民广播坚持以创新求生存，以改革谋发展，与其他媒体相生相克，共存共荣。一路走来，始终贯穿着“自己走路”这条主线，也成就了一段不断自我完善、不断改革创新的历史。

一、蹒跚学步的童年时期：在新中国的建设中成长

（一）独立迈步

新中国成立后，党和政府非常重视广播事业的建设和发展。1949 年 6 月，成立了中央广播事业管理处（广播电影电视部的前身），对全国的广播事业进行统一管理与领导。从此，广播电台与新华通讯社分离，成为独立的新闻机构。此后从中央到各大行政区、省和直辖市都先后成立和健全了广播事业管理机构。

一方面，经过三年的清理和整顿，对旧中国遗留下来的私营广播电台的社会主义改造基本完成。广播电台全部归属国家所有，由政府统一管理，统一经营。

另一方面，新中国社会主义的广播事业建设也全面启动。本着“先中央后地方”的原则，除集中力量重点建设中央人民广播电台外，还在全国各地普遍设立收音网，大力发展

---

① 参见宫承波：《广播电视概论》，21 页，北京，中国广播电视出版社，2009。

农村有线广播站，广播事业建设成为这一阶段国家文教事业各部门中基本建设投资比重最高、发展速度最快的一个部门。①

形象地说，20 世纪 50 年代的广播就像是一个学走路、学说话的孩子，一切都是那么新奇，一切都才刚刚开始。

据中央人民广播电台原台长左漠野回忆："当时新闻总署给广播电台规定了三项任务：一是发布新闻，传达政令；二是社会教育；三是文化娱乐。继而胡乔木同志向我们提出：我们要自己走路。意思是说，广播不能完全依靠报纸和通讯社，而是应当自己采、编、写一些东西。"在"文革"之前的 17 年，人民广播曾经努力学步，大胆探索，开拓进取，勇于创新，开办了一大批富于广播自身特点的新闻、专题和文艺节目，"自己走路"有了初步的成果。今天来看，这种"初步的成绩"主要表现在以下方面。

1. 新闻播出次数明显增加

由于客观条件的限制，开办之初的人民广播充其量相当于报纸的"有声版"，没有严格意义上的新闻节目，对节目如何体现广播的传播特点和自身的要求，没有也不可能给予应有的关注。这种情况在新中国成立后还持续了很长一段时间，相当一部分听众一直把收音机和广播喇叭称为"戏匣子"。

1949 年北平新华广播电台开始播音的时候，全天设有 4 次共 70 分钟的新闻节目。到 1950 年的 4 月，中央人民广播电台新闻节目的播出就从全天 4 次增加到 7 次。在新增的节目中，其中一个是《首都报纸摘要》(后改名为《新闻与报纸摘要》)，专门摘发首都各报当天的消息和言论；一个是国际新闻，这是中央台最早设立的专门广播国际新闻的节目。1951 年 5 月 1 日，中央台晚间的重点节目《全国各地人民广播电台联播》开播，这就是后来的《各地人民广播电台联播》，现在叫《全国新闻联播》。

1954 年 5 月 30 日，中央台增设了对国内广播的第二套节目，主要任务是发展新闻广播，增办对象性节目和知识性节目，全天播音时间从 1949 年的 5 小时，增加到 23 小时 55 分，新闻节目播出次数增加到 11 次。

到 1956 年，中央人民广播电台的新闻节目播出次数又增加到 15 次，并开办了《时事讲话》，对过渡时期党的方针、在政策和经济建设方面的成就和出现的问题做通俗的讲解和评述。

1960 年 11 月 7 日起，中央台的新闻节目播出次数进一步增加到 22 次，创新中国成立以来最高纪录。在这 22 次新闻节目中，除了全国一起转播的《各地人民广播电台联播》、《新闻与报纸摘要》外，还有全天分布较为均匀的 10 次新闻节目，每次 15 分钟，还有一些专门性的新闻节目，如《工业新闻》、《农业新闻》、《文教新闻》等。

随后是三年经济困难时期，中央台新闻节目的规模大幅度缩小。1961 年 11 月 6 日起，全天新闻节目的播出次数从 22 次减少到 13 次。

在这些新闻节目中，除了按惯例播发的新华社、报纸的消息和评论外，还出现了少量

① 参见《当代中国的广播电视》编辑部选编：《中国广播电视大事记》，103 页，北京，北京广播学院出版社，1987 年。

中央人民广播电台自己采写的“本台消息”和“本台评论”，同时中央人民广播电台开始着手组建驻地方记者站，以保证新闻消息的可靠来源。

2. 节目品种不断丰富

应该说，在新中国建立之前，中国人民广播事业已经有了它早期的节目形态，即新闻节目和文艺节目。据原广电部部长吴冷西回忆，广播电台开办的时候，第一步是把新华社的新闻电讯稿压缩播出。第二步是做到口语化，让老百姓听明白。第三步是有了自己的广播节目，当然比较简单。比如，当时的文艺节目，是毛主席送的留声机，放京剧唱片《武家坡》。

在“广播要学会自己走路”要求下，各地广播电台相继开办了一些颇具特色的节目，节目品种不断丰富，节目品牌初步确立，涌现出卫生、科普、少儿、体育等一大批专题节目。其中，1956 年 9 月 4 日开播的《小喇叭》，是社教类节目中的杰出代表。擅长讲故事的孙敬修爷爷、曹灿叔叔和康瑛老师，成为全国小朋友心目中可亲而又可爱的形象。1951 年 1 月 8 日，上海人民广播电台转播了苏联男子篮球队与上海“沪联”篮球队的友谊比赛实况，这是新中国成立后第一次转播体育比赛实况。同年 12 月 1 日，中央人民广播电台开始举办第一套广播体操节目，各地广播电台也陆续举办。中央台组建了中国广播文工团，成立了文艺广播编辑部（简称文艺部），主要播出中外歌曲、器乐曲、诗歌、小说、电影录音剪辑、广播剧等各种形式的文艺节目。其中，音乐类节目《每周一歌》的影响较大，后来成为中央台经久不衰的名牌节目。1950 年 2 月 7 日，中央人民广播电台为纪念“二七”铁路大罢工，录制并播出了反映铁路工人修复铁路支援国家建设的广播剧《一万块夹板》，就此开新中国广播剧艺术形式的先河。

这一时期还出现了一些有广播特色的新闻节目。

(1) 实况转播

1949 年 10 月，围绕着开国大典的宣传，当时的北平新华广播电台不仅延长了播出时间，在节目内容、节目类型、节目播出形式等方面都做出了突出广播优势、有别于报纸媒体的改进，第一次有了对象性节目，第一次有了服务性内容，第一次有了讲话录音、实况广播、录音报道等，特别是 10 月 1 日对中华人民共和国开国大典的实况广播，全国各地方人民台同时联播，这是人民广播史上第一次大规模的全国性实况广播。在这次报道中，北平新华广播电台充分发挥了广播宣传迅速及时、感染力强的特点，播发了大量的有影响的节目，在全国亿万听众中引起了热烈的反响，甚至连全国各地报纸也大量报道全国人民收听毛泽东讲话录音的反应，如《东北日报》刊登署名文章《全世界静听一个声音》，上海《解放日报》刊登通讯《狂欢在收音机旁》等。广播不再单纯是报纸的“有声版”了，开始有了朦胧的独立和竞争意识。

此后的十多年间，每逢国庆、“五一”及其他庆典活动，中央人民广播电台都进行实况广播。

(2) 录音报道

20 世纪 50 年代初，在我国出现了早期的录音报道。1950 年，上海电台播出了《我们的一天——上海台生活片段》的录音报道，这是该台的第一个录音报道。

1950 年 5 月 3 日，吉林电台在海南岛解放后，立即出动宣传卡车，携带台里仅有的一部新的钢丝录音机到长春市的工厂、街道边宣传、边采访、边录音，然后，编辑立即回台把录音加以整理、剪辑，赶在当晚在新闻节目里播出。这篇报道将现场音响、人物讲话和记者描述融为一体，但由于当时的技术条件限制，采回的录音不能复制合成，各段实况音响之间的记者解说是由播音员在播音室里直接插播的。

1953 年年初，中央人民广播电台记者高尔松等人带着录音机前往抗美援朝前线采访，及时准确地录下了志愿军战士在战场上的生活，制作了《中国人民志愿军的一个随军印刷厂》、《修建保卫和平堡垒的人们》等录音报道，这些报道在中央台播出后，引起了巨大社会反响。

(3) 联播节目

1949 年 6 月 13 日，广播事业管理处发出通知，从 6 月 20 日开始，各地新华广播电台一律转播北平新华广播电台晚上八点半到九点的新闻、综合报道、评论、国际时事节目。这就是后来的 1951 年开播的《全国各地人民广播电台联播》的起源。到 1955 年 7 月 4 日，该节目又改名为《各地人民广播电台联播》。

联播节目体现了中央媒体与地方媒体合作传播的特色。由于新闻联播全面、及时、权威，因而这个节目开播不久即成为既受中央重视又受广大群众欢迎的名牌栏目。凡有党和国家的重要文件、法规、政令，需要及时向全国发布的，一般都首先在联播节目中广播。

(4) 报摘节目

1950 年 4 月 10 日中央台开办了《首都报纸摘要》节目，这就是后来的《新闻与报纸摘要》的原型。从 1955 年 7 月至今，这个节目一直都安排在早晨播出。

中央人民广播电台的报摘节目可谓是国内最早的读报节目。读报节目被认为是报纸与广播、电视在内容上合作竞争的一个典型形式。虽然在此之前，我党的广播从一诞生就在新闻节目里大量地采用报纸的稿件，但像这样取报纸之精华，标明报纸来源，直接挂“报摘”之名，形成固定栏目的，这还是第一次。

(二) 畸形偏轨

由于国民经济发生困难，1962 年，国家提出了“调整、巩固、充实、提高”的八字方针，相应地，广播事业建设也采取了压缩规模、合理布局、精简人员、提高质量的措施，无线广播电台的数目锐减。而与此同时，技术简单、成本低廉、架设容易、使用方便、传播迅速的有线广播则在规模上出现了前所未有的扩张。短短几年，整个中国的有线广播喇叭便遍地开花。有线广播一跃而成为当时中国普及最广、受众数目遥遥领先的大众化传媒。十年“文革”，“经济没有发展，政治没有发展，文化、教育、科学均没有发展，但广播喇叭却得到了世界历史上不曾有过的飞速发展”①。这一奇特的历史景观，被有的学者称作“‘文革’十年中唯一值得称道的奇迹”②。

---

①② 朵生春：《中国改革开放史》(上卷)，14 页，北京，红旗出版社，1998。

左漠野回忆说，正当广播工作者准备大踏步前进的时候，“文化大革命”的狂风暴雨从天而降，自己走路的权利被完全剥夺了。

这一时期，由于把广播定位于宣传鼓动的重要工具和阶级斗争的重要工具，广播传播中不可避免地呈现出一种以传者为中心，重政治、轻经济，重宣传、轻信息，重教育、轻服务的倾向，广播新闻中的政治宣教成分日渐增加。特别是“文革”时期，广播传播在根本上背离了新闻传播的规律，有时甚至连起码的新闻真实性原则都不能遵守。

以中央人民广播电台为例，为配合政治宣传的需要，“文革”到来后，许多原来受欢迎的节目和栏目都相继被取消，取而代之的是那些政治宣传节目和样板戏，诸如《彻底批判反革命修正主义文艺黑线》节目、《革命大批判专题》节目，以及《工农兵活学活用毛主席著作》节目等具有浓厚宣教意味的政治节目。

更为严重的是，为了控制舆论，中央广播事业局实行军管，不许记者写新闻，不许编辑写评论，更不许播音员直播；并以确保“安全播音”为名，要求电台必须把报纸上的社论一字不差地播出去；《新闻联播》的头条新闻必须是当天《人民日报》的头版头条；新闻中大量引用的毛主席语录，不准有丝毫删节，每次新闻节目播出的条数大大减少，任意延长节目时间的情况经常出现。

为“统一口径”，自 1967 年 1 月开始，地方电台的自办节目一律停播，改由全天转播中央电台节目，中央电台则主要照播中央报纸和新华社的稿件。包括对特定对象国家的外语广播，也只能照搬、照播国内报纸的消息与文章，其中自然也充斥着大量“左”的政治说教和空话、大话、假话。

可见，这一时期的中国广播新闻节目，沦为极左政治的“传声筒”和“传真版”，其内容不讲究时效，也不讲究信息量，节目观念仍是朦胧的，节目形式的价值降到了历史的最低点。

与新闻节目相比，文艺广播的百花园更是一片凋零，惨不忍睹。据中央台原台长杨兆麟回忆：“文革”期间中央台的文艺节目只剩下四样：一是《红灯记》、《沙家浜》等八个样板戏；二是《三大纪律八项注意》、《大海航行靠舵手》等八首革命歌曲；三是李劫夫谱写的毛主席语录歌；四是《地道战》、《地雷战》、《南征北战》三部革命电影剪辑。就这样，一大批新中国成立以来优秀的文艺作品被冠以“毒草”之名打入了冷宫。

二、摸索前进的少年时期：在改革开放中壮大

1978 年党的十一届三中全会后，中国社会迎来了改革开放的新时期。乘着拨乱反正、解放思想、改革开放的春风，中国人民广播事业也进入了一个大发展的时期。30 年多来，我国广播事业改革的主要成果，就是由过去较为单一的偏于政治化的传播，向以服务于受众需求为主的多元化信息传播转型，这是改革开放以来广播传播所呈现出的最主要变化。①

① 参见宫承波：《广播电视概论》，29 页，北京，中国广播电视出版社，2009。

（一）重新起步

改革开放初期，与国内普遍的社会思潮相呼应，广播界首先从思想上正本清源，逐步摒弃“以阶级斗争为纲”的错误思想路线，争取尽快回到“自己走路”的正确轨道上来。

1983 年 3 月召开的第十一次全国广播电视工作会议，是我国广播发展史上一次极其重要的会议。在这次被称作广播电视界的“十一届三中全会”的会议上，做出了一系列对日后中国广播电视的蓬勃发展具有划时代历史意义的战略决策：确定了“四级办广播，四级办电视，四级混合覆盖”的发展目标；确定了广播电视要“ 多种经营，广开财源”的发展思路，在政策上允许广播电视开展广告经营业务；决定把调频广播从“以节目传送为主”转变为“以群众收听为主”，并把它作为对内广播的主要收听覆盖手段；提出了广播电视要“扬独家之优势，汇天下之精华”的方针，即要充分发挥广播电视迅速及时、传播广泛、声形并茂、感染力强的优势，开创出一条适合广播电视自己的发展道路——这可以说是“ 自己走路”方针的补充和发展。

这一系列战略发展构想的提出，极大地调动了中央和地方两方面办广播的积极性，促进了广播电视界的思想大解放，第一次引发了广播电视工作者自发性、群体性的深刻思考，那就是在新时期、新形势下应当如何办台以及如何改革创新的重大问题。[①] 就这样，中国广播就如同当时的中国社会，踏上了一条充满机遇、充满挑战的改革之路。

20 世纪 80 年代初期到中期，虽然大规模的改革还未真正地启动，但“自己走路”的广播已开始发生了某些微妙的变化，呈现出某些积极的迹象与态势。

1. 播出广告

1979 年 3 月 5 日，上海人民广播电台播出了第一条商业广告。1980 年 1 月 1 日，中央人民广播电台也开始播出广告，引起了全国轰动，奏响了中国广播向产业化迈进的序曲，广播开始同时具备了事业和产业的双重功能。

2. 试播调频立体声广播

1981 年 6 月，中央人民广播电台调频立体声音乐节目开始试播，每天播出 5 个半小时。至此，广播传播方式发生了从调幅广播到调频广播的革命性转变，广播迎来了调频立体声广播的新时代，随后调幅广播逐渐地淡出了历史舞台。

3. 举办歌曲评选活动

1980 年 2 月，中央人民广播电台与《歌曲》编辑部共同举办了“全国听众喜爱的 15 首歌曲”评选活动，在短短 20 天里收到了有效选票 24 万张。获奖歌曲《乡恋》和《军港之夜》，由于其优美抒情的特点，引起了广泛的关注和激烈的争论，标志着“ 抒情歌曲”

---

① 参见张斌：《“自己走路”三部曲：从中央台看中国广播改革创新的历史沿革》，载《现代传播》，2007 (4)。

与“革命歌曲”在新时期的彻底剥离。

4. 改进新闻报道

重新提出“自己走路”的办台方针，这一方面强调广播要有“自己的新闻”，另一方面则强调广播“自己的新闻”要有广播“自己的特点”。按照“以新闻改革为突破口，带动整个广播电视宣传改革”的要求，各广播电台的新闻改革走在了前头。

(1) 新闻报道的数量明显增多

改变过去主要依靠通讯社、报社稿件的局面，逐渐增加新闻自采率，中央人民广播电台自己采写的新闻占到播出比例的50%以上。

(2) 报道面有所扩大

具有广播特点的深度报道、批评报道、专题报道、典型报道等得到加强，评论节目开始恢复。

1980年11月20日到21日，中央人民广播电台在联播、报摘和其他新闻节目先后11次播出录音报道《最高人民法院特别法庭开庭审判林彪、江青反革命集团案主犯》，国际广播电台各语言组和中央电视台也播出了有关报道。这是改革开放后广播领域的一次重点战役。

1983年2月9日，中央人民广播电台播出了黑龙江省双城县广播站青年商店青年的来信，揭露黑龙江省双城堡火车站野蛮装卸，严重损坏所运电冰箱的事件。这是中央人民广播电台1983年组织的一次比较成功的批评性连续报道，在铁路系统以及全国各行各业引起了强烈反响。

1984年11月，中央人民广播电台的两名记者作为我国首次赴南极考察的队员参加了新闻报道工作。在赴南极考察的一百多天里，他们通过卫星电话和电报发回新闻消息近50条，现场报道、录音访问等20多个。

(3) 时效性逐渐突出

1982年1月4日，山西人民广播电台开办《今日新闻》，播出本省范围内当天发生的新闻。

1983年1月，上海人民广播电台第一套节目率先开办了全天候正点新闻，加上其他几个频率的简明新闻，全台的新闻节目每天达40多次，极大地加快了新闻流转的速度。

1983年1月1日，中央人民广播电台第一、第二套节目开始实行新的节目时间表，两套节目中新闻节目由每天播出19次增加到24次，大部分新闻节目实现了在整点或半点播出。

此后，许多电台也纷纷开设整点新闻，并加强了重点新闻节目的制作，创办出一大批有影响的新闻节目。

5. 主持人节目崭露头角

在节目播出形式上，广播已经开始颠覆以“编辑为中心”的传统模式，同时开启了以“主持人为中心”的崭新模式，出现了节目主持人和主持人节目。

1981年元旦，中央人民广播电台的对台节目《空中之友》开播，主持人徐曼以柔和的音调、亲切自然的声音服务于台湾同胞，开祖国大陆主持人节目之先河，轰动了海峡两岸。同年 4 月，由广东人民广播电台李一萍主持的《听众信箱》节目开播，她也很快成为广东青年的“知心姐姐”。徐曼与李一萍由此并称“北徐南李”。从此“徐李模式”走向全国，主持人形态的节目大量地涌现。图 2—2 为徐曼近照。

图 2—2 《空中之友》主持人徐曼近照

（二）整体推进

20 世纪 80 年代末，随着平面媒体的锐意改革、电视媒体的迅速发展，刚刚学会走路，“过上好日子”的广播又面临着不改不行的境地。1986 年是广播“自己走路”的关键之年，从这一年到 1987 年年初，广播由单项、个别节目的变革逐步过渡到节目整体改革。在广播业务层面的微观改革进行到一定阶段后，必然走向节目整体结构的全面变革。

1. “珠江模式”

1986 年 12 月 15 日，广东珠江经济广播电台开播，率先推出以主持人直播串联的大板块节目。电台节目内容编排以新闻信息为骨架，每逢半点有简明新闻，整点有经济信息，其他时间则以板块节目为主。每天播出 8 个板块，平均每个板块在 3 小时左右，在固定播出时段，以主持人直播串联的形式，将新闻、文艺、信息、广告、娱乐等若干具有不同特色的小栏目组合播出；同时节目还开通热线电话，听众可以通过电话直接参与节目。

这种大板块节目播出方式的特点表现为“节目内容综合化、节目设置板块化、栏目主持固定化、栏目播出直播化”，也被称为杂志型节目。业内人士把珠江经济广播电台的这种传播方式叫做“珠江模式”。

其在节目内容和形式上的多方面创新，反映出中国广播开始以亲切、平等、服务听众的理念取代以前那种高高在上的广播姿态，开始改变综合台节目不综合、节目内容形式和风格单一的弊端，体现了广播节目制作传播理念的进步。

这种清新、活泼的节目形式给长期接受传统广播风格的听众以全新的感受，很快为广大听众所接受，在社会上掀起了一股“广播热”。在“珠江模式”下，“珠江经济台的收听率长期保持在50%左右，在覆盖广州市和周围地区的近10个电台中高居首位。原来爱听境外电台的听众，很多人改听珠江经济台的节目了，从而扭转了广大沿海地区空中竞争的态势”①。

“珠江模式”的诞生为中国广播注入了新的活力，提供了改革的新思路。在珠江台之后，各地纷纷效仿办起了经济台，如楚天经济台、上海东方广播电台等都开始采用“大板块+主持人+直播”的板块节目形式，根据节目覆盖区域内的居民需要，开办了一些以经济信息为主的热线直播、流行快报、娱乐信息以及新闻等节目，在各个地区均引起较大反响。

“珠江模式”是微观上广播终端产品——单个节目的内容和表现形式上的变革，此外，作为一个专业台，珠江经济台的创建更是对节目组合方式的重新整合，是我国广播频率专业化的一次具体实践。只是从节目架构来看，当初的珠江经济台并没有多少明显的经济类节目，而是以综合节目为主。“事实上，早期的广播专业化更多体现的不是内容专业化，其突破点仅在于直播、主持人、大板块等外在特征。”②

2. 中央台全新改版

1986年，中央人民广播电台也全面启动了新闻、专题、文艺节目的整体改革。

1987年1月1日，中央台新的节目调整方案出台，第一、第二、第三套节目按全新节目时间表运行。以前中央台节目改革多是对单个栏目进行设计与调整，而忽视了对频率进行整体的策划。这次的改革增强了频率的整体品牌意识，整个频率以全新的节目形态出现，这在中央台的历史上还是第一次。

这次节目改版初步架构了以“综合台”为模式的节目内容组合体系。在“加强新闻节目、精办专题节目、搞活文艺节目、扩大服务节目”的总体方针下，确定了“早晨以新闻为主、中午以综合为主、晚上以文艺为主”的编排格局。突出总体布局的同时，又注意系统优化，各个频率间有了“粗线条”的大致分工，形成了相互兼顾、相互补充的节目格局。只是这种“大而全”的节目架构有利也有弊，好处是节目品种多，可以满足广大听众的多种审美需求；弱点是频率定位指向性不明，节目内容的针对性不强，满足了“大众”而忽视了“小众”。③

在对频率进行整体架构的同时，中央台还着力打造精品名牌栏目。其中较有代表性的板块节目有《午间半小时》。这是一个融新闻性、知识性、服务性于一体的新闻板块式节目，它不发布新闻消息，不搞社会教育，而是谈论广大听众普遍关心的热点问题、敏感问题，并采取主持人述评的形式，既有事实又有评论。这样的节目在当时是绝无仅有的，其大信息量的节目内容和错落有致的节目编排形式赢得了听众的一致认同。而《今晚八点半》则采用了综艺节目的设计形式，将娱乐性、知识性、参与性熔为一炉，什么好听就编辑什么，什么好听就播放什么，突破了以往文艺节目品种单调的“单打一”局面。《全国

① 赵玉明：《中国广播电视通史》，368页，北京，北京广播学院出版社，2004。

② 赵多佳、许秀玲：《内容·受众·传播·广播专业化概论》，18页，北京，中国国际广播出版社，2008。

③ 参见张斌：《“自己走路”三部曲：从中央台看中国广播改革创新的历史沿革》，载《现代传播》，2007（4）。

新闻联播》节目由 20：00 提前到 18：30，并改为直播，增强了新闻时效性。

此次节目改革对栏目主持人有着很明确的定位，就是庄重而不严肃，幽默而不调侃，优雅而不媚俗，使之更贴近听众、贴近实际、贴近生活。改革使中央台产生了一批享誉全国的节目主持人，他们亲切自然、朴实大方的播音风格获得了普遍好评。

经过这次节目改革，中央台节目收听率和广告创收额均有了较大幅度的提高，在全国的影响力也有了很大的回升。

此后，中央台并没有停止改革创新的脚步，在 1988 年和 1992 年先后进行了大幅度的节目调整，一方面加强了新闻节目的播出力度和频度，实现整点新闻播报，部分新闻节目实行直播；另一方面设置了一些板块式节目，以提高相关时段的收听率。但总的来说，这些改革都没有突破 1987 版节目的基本样式和频率基本结构框架，以至于形成了长达十多年的“余波荡漾”，也间接影响到了中央台 90 年代在节目改革方面的决策与决心，“自己走路”遇到了新问题。①

三、阔步前行的青年时期：在竞争与挑战中变革

1990 年前后，是中国广播事业发展道路上的一个“交汇点”和“分水岭”。在邓小平同志南方谈话的大背景下，此时的中国广播电视事业正在发生着一场深刻的变革：一方面，由于我国彩色电视机生产能力的提高，电视这一大众传媒迅速走入了普通百姓的家庭，对广播形成了比 80 年代更为强烈的冲击；另一方面，自 1980 年广东人民广播电台创办了中国第一座调频立体声广播电台以来，1990 年后，中央和地方纷纷掀起了兴办调频广播的高潮，全国已有调频立体声电台 30 多座，新技术革命来得正是时候，恰好给处于困局之中的广播带来了一次难得的发展机遇，使广播又一次进入了“自己走路”的新时期。②

（一）第二次创业

在媒介竞争日益加剧的态势下，各广播电视机构纷纷从整体着眼，从听众需要出发，打破各类节目原有的“诸侯割据”局面，重新进行节目栏目的分配和安排，过去的单一综合台传播格局逐步被以综合台为主打，对象化、专业性电台、电视台为补充的多元一体传播格局所取代。珠江经济台出现之后，专业系列台才开始引起广播界关注，以此为契机，各地纷纷涌现出系列台的构架，广播音乐台、文艺台、信息台、金融台、教育台、交通台、儿童台、故事台等系列台、专业台如雨后春笋般出现，大板块结构、主持人直播、听众参与、热线电话、24 小时全天播音、立体声播音等形式的综合运用，使得各广播电台的整体面貌焕然一新。

1987 年 3 月，天津人民广播电台率先将五个频率分别改为新闻经济台、专题服务台、

---

①② 参见张斌：《“自己走路”三部曲：从中央台看中国广播改革创新的历史沿革》，载《现代传播》，2007 (4)。

文艺台、教育台和调频立体声文艺台，拉开了专业系列台建设的序幕。

1987 年 5 月，经中共上海市委批准，上海人民广播电台、上海电视台进行重大体制改革。广播电台分为“上海人民广播电台新闻教育台”、“上海人民广播电台文艺台”、“上海人民广播电台经济台”。

同年 12 月，在广东人民广播电台立体声台开播七周年纪念日前夕，广东省广播电视厅决定将该台改名为广东文艺台，之后广东台逐渐形成六个系列台——新闻、文艺、教育、音乐、经济、金融台并存的格局。

1992 年年底，北京人民广播电台决定创办“ 专业化系列台”，这是北京台历史上一项具有开创性的重大决策。截至 1994 年年底，北京台已先后开办了经济、新闻、音乐、交通、文艺、体育和首都生活等七家“ 专业化系列台”。从此“专业化系列台”的模式逐步风行全国，翻开了从“广播”走向“窄播”的崭新一页。

到 20 世纪 90 年代，省级电台及省会城市电台的频率专业化全面推开。

（二）纵深挺进

1992 年，邓小平南方谈话之后，党中央、国务院宣布开发浦东。在这种形势下，上海市广电局决定在浦东新区设立有独立法人资格、独立建制的事业单位——东方广播电台，在全国率先实行并行运转的双台体制，引入竞争机制。

1992 年 10 月 28 日，上海东方广播电台正式开播。“它将广播经营管理体制改革和节目运营改革都推向了一个更高的水平。”①

在经济上，东方台独立核算、自负盈亏，以广告为收入来源，是市场经济的产物。在用人机制上，也改革了以往做法，从台长、主持人到编辑、记者及其他人员都采取公开招聘、双向选择，人员少而精。

在节目设置方面，提出了“以信息性适应时代，以服务性争取市场，以参与性赢得听众，以明星主持为标志”，在保留大板块形式的基础上，更加注重节目内容的针对性和服务性，使其最大限度发挥社会效益，提高社会影响。为此，东方台开办了大量的服务节目，有排解生活难题的、求购咨询的、求医问药的、心理疏导的、反映呼声的、商品服务的、家教辅导的，等等，这些节目像磁石一样吸引了广大的听众。

东方台继珠江经济台之后，在中国最早采取全天候 24 小时直播的运行模式，运用热线电话办全新的谈话类节目，并提出“直播节目录播化，录播节目直播化”优化节目制作的措施。因此，学术界统称“东广”传播模式为“主持人直播、大时段、开放式”以及“全天 24 小时直播，加强热线电话的运用”的样式，是有其深刻意义的。24 小时处于直播状态，大大增强了新闻播报的时效性，甚至在每天 0 点至 5 点过去的“广播沙漠地带”也安排了谈话类、情感疏导类节目。

东方台成功地把热线点播、热线谈话、热线专访、热线咨询等形式运用到节目之中，掀起了一股听众积极参与节目的热潮。电话介入直播，一改传统的“我播—你听”为“你

① 周小普：《广播新闻与音响报道》，63 页，北京，中国人民大学出版社，2001。

听一我播”，强调了受众第一、全方位为听众服务的全新传播理念，给广播带来了全新的传播效应与传播感受；听众参与节目，则标志着中国广播开始发生从“传媒为中心”到“受众为中心”的根本性转变。

上海东方台所进行的这一系列节目改革，被中国广播界誉为“东方现象”。东方电台的运作模式在全国有着示范作用，带动了中国广播界经营管理体制等方面更深层次的改革。可以说，始于珠江台的一些传播理念在东方台的实践中日趋成熟和完善。

四、稳步推进的壮年时期：在与时俱进中成熟

（一）整合欲突围

作为国家电台，危机感相对不强的中央人民广播电台在坚持所谓“大台风范”的同时，采取了冷静观察、稳步推进的改革策略，所以在1990—2000年间，中央人民广播电台一直处在“自己走路”相对平稳，发展相对缓慢的时期。而2000年以后，电视媒体的日益成熟与互联网等新兴媒体的快速崛起，却“吹皱了一池春水”。双重夹击使中央台乃至全国广播电台处在一个相对困难的发展时期。此时究竟是重走“综合台”全面发展的老路，还是继续走深化专业特色，大力地发展“细分化”、“类型化”电台的新路？这一问题一直深深地困扰着中国广播界。

面对这些新问题和新情况，中央人民广播电台痛定思痛，下决心开始启动新一轮的广播节目整体改革，“自己走路”进入了“与时俱进”的新时代。

2002年以来，中央台提出了“频率专业化，管理频率化”的改革思路，强调要紧紧抓住制约中央台发展的关键问题，即节目布局、节目运营和节目覆盖，全面推进节目改革。就这样，中央台新一轮整体节目改革于2002年2月开始到2005年8月结束，持续了三年多的时间。

中央台此次节目改革是多层次、多角度、全方位的，涉及新闻、社教、文艺、对台港澳地区广播、对少数民族广播、网络电台等方方面面的内容，相继推出了“中国之声”、“经济之声”、“音乐之声”、“都市之声”、“文艺之声”等九套崭新的“专业化”广播频率，开办了中国广播网“银河台”。这些频率与网络广播的出台，使中央台初步形成了“专业化系列台”各自“独立成章”的架构，以及传统广播与网络广播交相辉映的格局，塑造了个性化鲜明的频率整体形象。①

1. 新闻改革有所突破，“中国之声”横空出世

改革后的“中国之声”在频率策划、节目设计等方面都较好地体现了“专业化”的特征：它以整点、半点新闻为主轴，以新闻名牌节目为穿插，以“早、中、晚”三大新闻密

---

① 参见张斌：《“自己走路”三部曲：从中央台看中国广播改革创新的历史沿革》，载《现代传播》，2007(4)。

集区为主体支撑，打造出一个相对“纯净”的新闻频率；通过主持人“全程直播”、现场连线报道、手机短信平台等手段，发挥了广播快捷灵活的优势，加强了与听众的沟通，体现了广播的特色；各时段直播由“分主持人”与“总主持人”合作完成，“分主持人”体现个别节目的风格，而“总主持人”则塑造整体频率的形象。

2. 剥离文艺节目，打造类型化电台

为了适应广播“窄播化”的发展趋势，中央台把音乐从文艺节目中剥离出来，开办了“音乐之声”和“文艺之声”这两个具有鲜明个性与特色的“专业化”频率。从节目定位看，“音乐之声”大胆放弃了一切古今中外的“高雅音乐”，只播出当代时尚流行歌曲，打造出中国第一家纯粹的流行音乐“类型化”电台（format radio）；而“文艺之声”则另辟蹊径，只选择了“说”的艺术形式，主要播出长篇小说、评书、短故事以及都市情景剧等百姓喜闻乐见的文艺形式，开创了中国第一个以语言节目为主体的“故事频率”。

从频率定位看，“音乐之声”和“文艺之声”的办台理念都相当超前，它们都抛弃了传统的办台理念，将节目间彼此独立的“栏目式”电台变革为“流程式”电台。以追求“小众”，服务“大众”为目标，这些都具备了“类型化”电台的基本特征。

3. 融合新兴媒体，开办网络电台

2005 年 7 月 28 日，中国广播网“银河台”正式开播，标志着中央台第一次有了自己的网络电台。广播与网络联姻，使广播呈现出许多前所未有的新特点：其一，网络数字化技术的应用，大大地延长了广播信息的“生命”，在一定程度上弥补了广播稍纵即逝的弱点。其二，网络广播实现了声音、图像与文字“三合一”的多媒体传播效果，弥补了传统广播只有声音而没有图像与文字的缺憾。其三，实现了受众的非线性收听，使受众可以按照自己的需要自由地选择节目。其四，网络媒体的加盟使广播节目的参与性、互动性更强。其五，通过网络使受众可以从网上收听到外地广播，从而大大地拓展了传统广播传播的范围和空间。通过与新媒体的“捆绑”与融合，使广播获得整合后的整体传播效应。

总体来说，2002 年至 2005 年的中央人民广播电台的整体节目改革取得了成功，也给全国各地的广播电台起到了很好的示范作用。在被国家广播电视电影总局定为“广播发展年”的 2003 年，“加快广播频率专业化和节目对象化的转变过程”成为业界的工作重心之一。仅一年之内，全国就新增 34 个专业性广播频率，一些综合频率也纷纷改版，转向专业化道路。

频率专业化不仅使广播的节目形态发生了质的变化，而且由于对受众的细分，广播在市场布局上也更精准、更全面。目前，从全国情况来看，广播专业化频率的类别非常丰富，主要有新闻、经济、交通、音乐、文艺、生活、财经、健康、体育、戏曲、故事、城市管理、农村、老年、儿童、旅游等 20 多种，其中新闻、音乐、交通频率成为专业化的主流。

（二）“造船欲出海”

1992 年 6 月，中共中央、国务院下发的《关于加快发展第三产业的决定》把广播电视业明确列为第三产业。

1998 年，第九届全国人民代表大会第一次会议决定，国家今后对包括广播电视在内的大多数事业单位，将逐步减少拨款，3 年后这些单位要实现自收自支。

2000 年 8 月 11 日，在全国广电厅局长座谈会上，时任中宣部副部长、国家广播电影电视总局局长徐光春同志指出，中国广播电视的改革方向，就是要“着手组建中央一级和省一级的广播影视集团”，“形成一批在国际、国内有竞争力、有影响力的大型广播影视传媒集团”和“全国性的广播影视网”。

2001 年，中共中央宣传部、国家广电总局、新闻出版总署联合下发的《关于深化新闻出版广播影视业改革的若干意见》的通知（即 17 号文件），明确提出了要积极推进媒体集团化改革，组建跨地区、多媒体大型新闻集团的目标。

这些新政无疑更加明确了广播电视的产业属性，以此为标志，广播电视业进入大整合、大汇流的全新产业化发展时期，并成为新兴文化产业的重要部分。

小打小敲、单打独斗已不能适应现实的发展，广播“自己走路”，有了更深、更丰富的内涵。

在政策的支持下，广播电视集团化的进程进一步加快。1999 年 6 月 9 日，全国首家广播电视集团——无锡广播电视集团正式成立。集团以广播电视宣传为主业，拥有报纸、广播、电视、网络等多种媒体，兼营相关的实业，开展多种经营，实行企业核算，自收自支，自负盈亏。

2000 年 12 月 27 日，湖南广播影视集团在长沙正式挂牌成立，这是我国第一家省级广播影视集团。

2001 年 1 月 19 日，山东省广播电视总台暨山东广电网络有限公司成立，将自身定义为多媒体、多渠道、多层次、多功能的综合性传媒集团。

2001 年 4 月 19 日，上海文化广播影视集团正式挂牌成立。

2001 年 5 月 28 日，北京广播影视集团成立。

2001 年 12 月 6 日，经过长时间论证后的中国广播电影电视集团终于挂牌成立。集团由国家广电总局下属的中央人民广播电台、中国国际广播电台、中央电视台、中国电影集团公司、中国广播电视传输网络有限责任公司、中国广播电视互联网六家中央级传媒实体，以及若干科研院所、艺术团体、新闻出版、企业公司等单位组成，集广播、电视、电影、传输网络、互联网站、报刊出版、影视艺术、科技开发、广告经营、物业管理于一体。中国广播电影电视集团成立之初，有员工 2 万多人，固定资产 214 亿元人民币，是中国最大的传媒集团。

新世纪以来，顺应全球化浪潮和现代科技的要求，国家不断调整媒介政策，为广播电视产业发展保驾护航：2002 年，中共十六大明确提出，要积极发展文化产业，并将其视为国民经济结构调整的一项重大战略任务。2004 年，国家广电总局颁布《关于促进广播影视产业发展的意见》。2006 年 1 月，中共中央、国务院发出《关于深化文化体制改革的若干意见》。2009 年 7 月 22 日，国务院常务会议又通过《文化产业振兴规划》，对广播电视产业的重点领域和重大项目给予政策支持。2011 年 10 月 18 日，中共第十七届中央委员会第六次全体会议通过《中共中央关于深化文化体制改革，推动社会主义文化大发展大繁荣若干重大问题的决定》，提出要推动包括广播电视产业在内的文化产业大调整。所有这些，都为广播产业的加快发展和广播体制的进一步改革创造了有利条件。

事实上，在这一系列政策陆续推出的时候，广电人已经有所动作了。2009 年 8 月，国家广电总局下发了《关于认真做好广播电视制播分离改革的意见》，这是首部专门针对制播分离改革发布的指导性政策文件。在政府管理部门的推动下，在业界的强烈呼声中，制播分离改革在 2009 年全面铺开。

2009 年 10 月 21 日，上海广播电视台、东方传媒集团在上海正式挂牌。上海文化广播影视管理局下属的上海文广新闻传媒集团（下称文广集团）更名为上海广播电视台，同时，出资设立上海东方传媒（集团）有限责任公司（下称东方传媒集团）。这是国内首家大型广电传媒集团实现制播分离、整体转企改制的试点。

根据文广集团提交的改革方案，完成转企改制之后的结构是：上海广播电视台由上海市广播影视管理局依法设立，由上海市委宣传部领导，实行事业体制，行政管理。

上海广播电视台出资成立控股的东方传媒集团，属“台属、台控、台管”的控股企业集团，其重大事项的决策权、资产配置的控制权、主要领导干部的任免权、宣传内容的编辑权、各类节目的审查权和播出权都由上海广播电视台把握。不过，东方传媒集团将自主经营，自负盈亏。东方传媒集团将对业务板块进行资源整合，其业务主要包括政策允许制播分离的节目制作和广告经营业务，即原文广集团的主要业务。具体来说，是将从事业体制中剥离出来的影视剧、动画、少儿、综艺、体育、生活、科技、商业资讯数据服务等节目制作部门转制成企业，打造一批具有发展潜力、面向市场的节目制作子公司。

上海广播电视台保留频道频率管理、宣传内容编辑、播出管控、新闻节目制作等部分业务。在内容控制上，上海广播电视台设立专门的“节目编审委员会”，行使对东方传媒集团和各子公司提供的所有节目的最终审核权。此外，东方传媒集团及下属子公司关系宣传导向和文化安全的重大决策，上海广播电视台作为出资和控股股东拥有一票否决权。

方案还提出，上海广播电视台将改变单纯的自制自播模式，确保除影视剧外，从市场购买节目的比例原则上每年不低于播出总量的 30%。

制播分离政策的推出，让众多体制内的广电机构看到了实现产业资本和金融资本融合的可能性，进而推动产业升级发展。被称为“上海模式”的上海文广集团的这次改革拉开了中国广电传媒领域制播分离、转企改制的大幕，全国绝大多数地区都先后启动实施了制播分离改革。

目前，在制播分离改革的潮流中，由于改革进程和阶段的不同，中国的广电媒体形成了三个产业阵营：一是拥有强大资本实力和人才优势的“体制改革型”阵营，以上海、湖南等强势省级广电媒体为代表；二是实施内部机制改革解决人事和财务问题并积极培育市场主体的“机制改革型”阵营，以天津、江苏等东部省级广电媒体为代表；三是进行局部公司化尝试和市场运营的“传统型”阵营，多为中西部省级台和地市级城市台等。①

① 参见李岚：《2009 广电媒体：构建可持续发展新格局》，载《传媒》，2009（12）。

第三节 | 台港澳地区的广播概况

台湾和香港、澳门自古以来就是中国的领土。三地广播的发展是中国广播事业发展的有机组成部分。但由于历史的原因，三地曾长期与内地存在隔阂，其广播发展模式亦与内地有所不同。

一、台湾的广播

台湾的广播事业起步于日本占领时期的20世纪20年代末，是在日本驻台湾“总督府”的控制下发展起来的。1945年日本战败退出后，南京国民政府接管了原由日本人开办的几家电台。当时台湾共有5家11座广播电台，总发射功率不到3千瓦，每天总播音时间约91小时30分钟。

由于军事和电信技术的原因，台湾当局对广播频率一直控制很严。这种状态持续长达30多年，直到20世纪80年代末才宣告结束。现在的台湾可以说是广播林立，百台夺艳。其中有覆盖台湾全省的“中国广播公司”、“中央广播电台”、警察广播电台、汉声广播电台、教育电台等；也有覆盖台湾北区的飞碟、正声、台北之音、人人电台、亚洲电台及北爱乐电台；还有覆盖中区的真善美电台、台湾广播公司、“全国电台”及大苗栗电台；也包括覆盖南区的南台湾之声、港都电台、高屏电台及大众电台等。

与台湾早期的广播相比，现在的广播节目有较大的变化。一是专业电台出现并日益增多，如交通台、农业台等。二是节目形式有较大的变化，如新闻节目在原有的单人播报基础上，大量采用双人播报、录音访问、实况转播、电话访问等多种形式。综合节目采用“明星制”，通过推出名主持人来吸引听众。另外，新闻节目的播出量和时效性也都有明显提高。“中国广播公司”的新闻专业电台24小时播音，每15分钟至30分钟播出新闻一次。

“中国广播公司”是台湾最大的公营广播公司，原隶属国民党政府。“中国广播公司”的前身，即1928年成立的国民党中央广播电台，后改名为“中央广播事业管理处”。1947年改组为“中国广播股份有限公司”，简称“中广”（BCC，Broadcasting Corporation of China）。在调频广播发送、专业电台设置、通信卫星运用等方面，“中国广播”均领先于台湾其他广播电台。

“中国广播公司”的节目，可分为对大陆广播、对海外广播和对台湾省内广播三个部分。其对大陆广播于1950年12月18日正式开始播音，设置专门节目，使用“中央广播电台”呼号，每天播音6小时。1976年12月，“中央广播电台”正式恢复独立建制，成为对大陆广播的电台，隶属于台湾“国民党中央大陆工作委员会”（后直属台湾“国防部总政战部”）。

对海外广播始于1949年6月，呼号“自由中国之声”（The Voice of Free China）。最初只有国语（即汉语普通话）和英语两种语言。1979年还开办了“亚洲之声”（The Voice of Asia）电台，针对东南亚各国和祖国大陆，用中、英、泰、印尼四种语言广播。

对台湾省内广播通过设在台北、台中、台南、嘉义、高雄、花莲、台东、新竹、宜兰、苗栗等地的电台进行，设有若干新闻、农业、交通等专业电台以及调频广播电台。

“军中广播”是台湾当局为配合其政治和军事上的需要，以军队为主要对象进行的广播宣传。“军中广播”开办于1942年，在反共宣传上担当着极其重要的角色。“军中广播”电台自1989年起改称“汉声广播电台”，除“汉声”外，较有影响的还有“空军广播电台”。

二、香港的广播

香港地区最早的实验性广播电台出现于1923年，为无线广播。香港的广播事业始于1928年6月30日香港电台正式播音。自1997年7月1日起，香港共拥有三家广播电台，即香港电台、商业电台和新城电台。除香港电台为政府台外，其余两家为商业电台。回归后的香港保持了原有的广播电视体制框架。

（一）香港电台

香港广播电台简称香港电台，是香港最早的广播电台，也是香港唯一的政府所有的公营广播电视机构。1923年香港市民自发组成“香港无线电学会”，试播一些社会新闻和转播歌剧。1928年6月30日，该学会由港英当局接手经营而成为正式广播组织。1929年10月8日，港英当局正式宣布该台为政府电台。

香港电台现有七套独具风格、各有特色的系列广播，分别用粤语、英语和普通话广播。一台用粤语广播新闻和信息类节目；二台以青少年听众为主要对象，侧重播出流行音乐以及信息、杂志类节目；三台用英语广播新闻和娱乐节目；四台专门提供古典音乐和艺术节目，用粤语和英语播出；五台以播放教育、文化和迎合部分人兴趣的节目为主，如粤剧、地方戏曲等；六台每天24小时转播英国广播公司的节目；七台现在为普通话台，每天播出内地、香港及台湾地区的报章摘要。

（二）“丽的呼声”

1949年3月21日，私营的香港有线广播电台“丽的呼声”面世，打破了香港地区由香港电台一家独占的历史。开播之初，“丽的呼声”设中文、英文两台，分别称为“银色中文台”（Silver Network）和“蓝色英文台”（Blue Network），每天从早7点到夜里12点连续播音，除自制节目外，还转播香港电台的节目。1956年7月，“丽的呼声”开办了第二个中文台，称“金色中文台”（Gold Network），专门播出粤语、潮州话、上海话等方言节目。与香港电台的无线发送不同，“丽的呼声”采用有线传输方式，听众需按月交纳10元费用，才能接通线路收听。1957年5月，“丽的呼声有限公司”开办了黑白电视业务，公司经营重点随即转向电视业务。1973年4月，“丽的呼声”有线广播宣布停业，前后共运营24年。

（三）商业电台

由香港商业广播有限公司开办的香港商业电台，1959 年 8 月 26 日正式开播，1981 年 6 月增加超短波调频广播，1989 年全部改为超短波调频波段。现与香港电台并称为全港收听率最高的电台。商业电台下设三个台。商业一台为全天 24 小时粤语广播的综合性电台，节目以新闻报道、时事和公共事务、综艺节目为主。商业二台也是全天 24 小时粤语广播，主要以学生和年轻听众为对象，播送流行音乐及轻松的谈话节目。商业英文台是纯音乐频率，以信息、清谈和国际流行歌曲为主，收听对象主要是 25 岁以上有较高收入的商务人士及专业人士。

（四）新城电台

香港新城广播有限公司开办的新城电台是经过公开招标，于 1991 年开播的新台。新城电台一开播，即采用“专线节目”策略，宣称大众“广”播的时代已经结束，新城台将突破本地电台既有的节目策略，不是“广”播，而是“窄”播，即每一个台（频率）都针对某些特定听众，推出了“采讯台”、“劲歌台”、“金曲台”三个频率。

采讯台为亚洲目前唯一 24 小时广播的英语新闻台。从 1995 年 5 月 1 日开始，中国国际广播电台在采讯台周一至周五每天播出三小时的特别节目《你好，香港》，以新闻和新闻性栏目为主，向香港听众介绍祖国内地政治、经济、社会发展和文化体育等各方面的信息。

劲歌台和金曲台都是音乐台，前者听众对象主要为 12 岁至 25 岁的青少年，后者听众主要是 25 岁以上的成年人。

（五）英军电台

1971 年开播的英军电台是由驻港英军管理的专为驻守香港的英军及廓尔喀部队服务的电台。英军电台开设有两个台，一个用尼泊尔语播出，另一个用英语播出，影响不大。尼泊尔语台每周播出 90 小时的节目，内容是专为廓尔喀兵团而设的有关音乐节目和特别节目。英语台每天 24 小时播出，内容包括新闻、时事评论、体育、问答比赛和电话节目等。英军电台在中国恢复对香港行使主权前夕关闭。

20 世纪 90 年代中后期，香港的广播电台开始跨媒体发展，纷纷设立自己的网上广播电台，一些主要节目也都陆续上网。2000 年，香港电台全面开拓网上业务，每天的全部电台节目及其黄金时段的电视节目都上网播出。

三、澳门的广播

澳门面积狭小，与香港隔海相望，当地居民多有收听和收看香港广播电视节目的习惯。因此本地广播事业起步晚，发展也受到一定限制。

（一）澳门电台

澳门电台是澳门最早的广播电台，于 1933 年 8 月 26 日开播，是由一些业余无线电爱好者办起来的。1948 年，澳门电台归澳葡当局经营，从而成为官方电台，隶属于新闻旅游处。1982 年 10 月，澳门电台归当时成立的澳门广播电视公司管理。

澳门电台比较重视新闻报道，新闻除自行采制外，还选用路透社、法新社、葡新社和新华社的稿件。专题节目则多为综合性的杂志型节目，由主持人主持，节目内容广泛，谈话和音乐节目兼而有之。听众可以电话参与，或点播，或与主持人交谈。澳门电台下设中文台和葡文台两台，均全天 24 小时播出。中文台以“融入社群，服务人人”为宗旨，节目侧重于本地特色。葡文电台主要以在澳门的葡萄牙人和懂葡萄牙语的人士为对象，内容也是新闻、体育、音乐、文化、娱乐等综合性节目。

（二）澳门绿邨 738 台

澳门第二家电台——商业广播电台开播于 1950 年，创办人为澳门名流、英籍葡萄牙人罗保博士。开播之初，只是每天用粤语和葡萄牙语播放音乐节目，后逐渐扩展出音乐、粤剧、广播剧、儿童故事、谐剧、点唱、赛狗消息等多种类型节目。1964 年起，该台全部节目改用粤语播出。该台自称“不谈政治”，至今没有自制新闻节目，只在综合节目中由主持人依据报纸加插一些听众感兴趣的社会新闻。电台以商业广告和教会赞助作为主要收入渠道。

1994 年 12 月 31 日，该台以“整顿节目”为理由中止广播，并一度易手，最终由澳门赛马会取得经营权，于 2000 年 3 月 22 日以“绿邨 738 台”的名称恢复广播，节目以音乐、资讯和本地的赛马与赛狗赛事直播为主。

思考题

1. 新中国成立前广播事业的创办者主要有哪些？
2. 新中国成立前广播事业的发展主要经历了哪几个阶段？
3. 在我国社会经济发展的不同时期，我国的人民广播是如何“自己走路”的？
4. “珠江模式”有什么特点？它的出现有什么现实意义？
5. 什么是“东方现象”？
6. 台湾、香港、澳门现在分别有哪些主要电台？

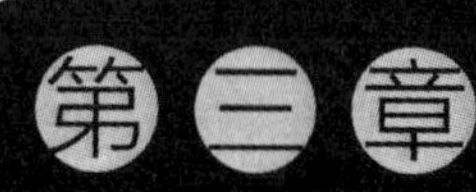

第三章 广播的传播特点

本章学习要点

1. **掌握广播的传播优势**
2. **了解广播的传播劣势**

广播是以电波为手段，以声音符号为媒介来进行传播的，这一传播特色有突出的优势，也有不可忽视的劣势。清醒认识当代广播传播的核心竞争力，知己知彼，扬长避短，扬长补短，广播才能在与其他媒介的竞争中立于不败之地。

第一节 | 广播的传播优势

与报纸、杂志、电视、网络等媒介相比，广播的传播优势明显，主要表现在听觉传播，伴随性传播，立即性传播，存活性高，覆盖面广、受众广泛，参与性强，成本低、回报较高等方面。

一、听觉传播

广播利用声音符号（包括各种音响及有声语言）传递信息，受众通过听觉通道接受信息，这是广播区别于报纸、杂志、电视、网络等的重要特征。

（一）传达情感

广播以声音作为符号，不仅能够传达人类的语言，而且可以再现人类社会和自然界的所有音响，传递出不同的现场感受，具有丰富的直接感受性。特别是在传达人类语言方面，它一方面能够传达有声语言符号所承载的信息，另一方面能够通过停连、重音、语气语调、语言节奏来传情达意，还可以通过诸如笑、哭、叹气、呼唤等副语言，传达出言外之意、言外之情，正所谓“闻其声如见其人”，广播的听觉传播可以将传真、传情、传神的效果开发至极致，使得听众能够从播音员、主持人、采访对象的语音、语调中感知到单纯字面无法表达的内涵。所以广播比起印刷媒介更能在情绪上感染人，一个甜美的、富有磁性或有特色的声音可能激起听众广泛的兴趣和共鸣，激发听众的收听欲望，并促使听众记住他收听的内容。

（二）丰富想象

广播独有的特征就在于它是唯一的非视觉媒体，声音是广播媒体信息传播的唯一载体，具有直接、准确的特点。由于没有其他信息干扰，受众对于信息更易接收与理解。已有研究表明，在信息的传达方面声音往往比画面更易留下深刻印象；没有了画面的束缚，广播可以留给听众充分的想象空间，主持人极富感染力的声音，更易于引起听众的情感认知。

在新闻的具体采录过程中，广播由于是纯声音的传播，较之电视，受现场条件的影响会小得多，能给予受众更真切的现场感受。在 2008 年我国南方雪灾报道中，郴州人民送别唐山 13 名义士的新闻采访中，由于现场过于拥挤，电视和摄影记者在拍摄过程中受到了极大的限制，有的画面拍出来不是角度欠佳就是抖动得厉害。但广播记者这个时候就占据了极大的主动性，在人群中游刃有余地进行采访，并随时采集现场音响，制作出的录音报道呈现出立体感、空间感、画面感，引起听众共鸣，使之产生身临其境的感觉。

（三）解放视觉

在当今社会，视觉形象充斥各个角落，已经形成一种“视觉污染”，给人们的生活带来诸多不便。在“乱花渐欲迷人眼”的多媒体时代，“视觉解放”的口号曾引起社会关注，而唯有广播能够担负起解放人们双眼的重任。

当然，解放视觉仅仅是声音广播的表象作用之一，其实作为大众传媒中唯一的非视觉性媒体，广播媒体的声音魅力在纷繁嘈杂的媒介环境中越发显得弥足珍贵。广播制造了不需要直接交流的话语世界（这里的“直接”可以理解为不用面对面）①，尽管今天的广播节目已经在追求语言传播的互动交流，常见于通过热线电话在广播里请听众与主持人直接交谈，但广播仍然是培植人们倾听的最理想的传播工具。对于这样的倾听，由于它不需要作立即的回复，听者只需接受，不需更多地参与，这就使得人的听觉在聆听的过程中得以正常运作，不会被打断，由此产生共鸣的思维活动也将随着那些从某个深处传出的声音而游走，而不会发生位移，中枢神经得以保持原始延伸，较少产生异化。这就是麦克卢汉所谓的广播的“部落鼓”魅力。在他看来，广播技术作为中枢神经的原始延伸，是一种既深刻又古老的力量，是连接最悠远的岁月和早已忘却的经验的纽带。

二、伴随性传播

广播媒体作为一种声音媒介，最本质的特征是伴随性。广播允许听众不受时间、地点、空间的限制和影响，在任何姿态下收听，散步时、吃饭时、做家务时、开车时、乘车时，我们都可以收听广播，我们甚至可以将广播当做“背景媒介”，边读书边收听，边做作业边收听。这和在电视与电脑前端坐不动的姿势形成鲜明的反差。广播不仅解放了人们的眼睛，还解放了听众的双脚，成为“从不妨碍我们的朋友”。

广播伴随性应该包括两层含义。

（一）移动性伴随

运动状态下的接收，也就是俗称的广播的移动收听，我们称之为“移动性伴随”。广播传播的移动性伴随又可以分为两种：一是在出行状态中的接收，如乘汽车、坐火车、外

① 参见李岩：《广播学导论》，106 页，杭州，浙江大学出版社，2005。

出散步时等；二是在室内流动接收，如从厨房到餐厅、从卧室到卫生间时等，可以边听广播边做其他事情。这时的广播是作为"伴侣性媒介"出现的。"声声相随、时时相伴"的动态收听，使得广播成了一种"弹性媒介"——因为人们可以根据日常生活的安排随时随地地收听。

在电视普及以后，广播的发展曾一度陷入低潮。然而，随着私家车拥有量的逐年上升，在"车轮"的拉动下，各地交通广播如雨后春笋般纷纷破土而出。广播凭借着其伴随性的优势，迎来了发展的又一个春天。据美国某权威机构的数据显示，所有 18 岁以上的美国成人广播听众中，在汽车中听广播的比例达 83.8%。

如今现代生活节奏越来越快，移动人群成了很大的一个群体，移动性的伴随收听无疑成为广播有待深挖的"金矿"。尤其是现在广播的接收装置不断更新换代，网络广播、手机广播等新型媒体逐渐兴起，MP3、PDA 等小型便携设备也都设置了广播模块，这为广播这一可移动伴随性收听的媒体提供了广阔的发展舞台。

（二）情感性伴随

广播可以私人化地贴身收听，可以想听就听，也可以用耳机隐蔽接收，既不干扰别人，又在一定程度上保护了收听者的隐私，这时的广播是作为一种"私人化"的充满情感张力的贴身媒介出现的，我们称之为"情感性伴随"。

广播赋予个人神奇的声音屏障。这种声音屏障使人们能够在社会生活中保持个人对忘却的经验和悠远岁月的回忆，这些经验和岁月属于个人，只需个人来享受和回忆；它还为人们保护了"隐私"——个人思想、思考的隐私，即他人不知道我在听什么，我在听的过程中在想什么。"这是一种向熟人保密向大众开放的隐私。向熟人保密是为了不受到伤害，例如嘲笑、议论等。面向大众，是为了倾诉和获得帮助，例如，广播节目中涉及情感、性问题的节目，一直受到普遍欢迎。"① 伴随性无疑强化了广播的贴身收听的功能。这种零距离的交流，既温暖又贴心。这种人与人、心与心的沟通与交流，可以让人畅所欲言，也使得听众无所顾忌。"通过现代传播技术，口语交流可以跨越时空，使广播成为一种最具人文关怀的媒介。"②

值得关注的是，近年来，随着广播伴随性传播的日益私人化，广播收听对象从群体变为个体。听众收听广播的目的在于寻求一种亲密感和归属感，而本土化的广播媒介恰好满足了听众的这一需要。伴随性某种程度上强化了广播传播的亲密感、归属感。所以海外学者庄克仁在其《电台管理学》中认为，"小功率的电台与社区公共服务性电台未来将更多"，"电台经营者不要羡慕大功率电台"，"小而活"的经营方式符合广播本身"简单"的特征。

三、立即性传播

广播以光速传送信号，信息的传送与接收几乎在同一时间完成，尤其是同步卫星技术

---

① 李岩：《广播学导论》，108 页，杭州，浙江大学出版社，2005。

② 曹璐、罗哲宇：《广播新闻业务》，第 2 版，11 页，北京，中国传媒大学出版社，2010。

的广泛运用，使广播的直播形式得到迅速普及。无论是突发新闻事件的直击报道还是文体活动的现场直播，受众都可以在第一时间触及信息，这打破了信息传播的时空限制，让人们可以瞬间了解大洋彼岸的时事动态，整个世界俨然成为紧密联系的“地球村”。

而且和印刷媒体、电视媒体相比，广播的信息传输、接收的环节较少，节目的制作流程比较简单灵活，往往只需要对声音进行编辑，所以，对于广播来说，打破常规插播各种信息或因为现实需要临时对广播节目的播出计划进行调整都比较方便，现场直播的内容可以随时纳入播出轨道；广播的采录设备更为小巧、灵活，机动性更强，所以一旦有重大突发性事件发生，广播电台最容易在第一时间作出反应，只要记者身边有一部手机就可以在新闻事件现场同步报道新闻事件的最新动态，这时广播可以成为“随时出版”、“连续出版”的报纸，跟踪滚动播出重要新闻事件。这也使得广播成为电子媒介中传播速度最快、时效性最强的大众媒介。

在2008年我国南方雪灾救灾过程中，唐山市玉田县13位农民兄弟自费包车、千里驰援郴州灾区的事迹感动了全国人民，成为各大媒体采访的“明星人物”。在这场新闻大战中，广播再次显示出了无可比拟的优势——快。

唐山人民广播电台新闻综合广播记者胡军和万海亮受台里派遣，第一时间赶到郴州灾区，对13名老乡的事迹进行报道。他们是除郴州本地记者外，全国媒体中最先到达郴州报道这13个农民兄弟的事迹的记者。在保证唐山人民广播电台《唐山新闻》稿件保质保量播出的同时，这家新闻综合广播早6点到晚10点全天13档直播节目也随时和前线记者进行手机连线，第一时间报道了大量鲜为人知的细节和感人的场景。这期间，新闻事实发生的时间与节目播出之间的时间间隔最长不超过两个小时，有时甚至是同步播发。另外，作为唐山电台一档新闻专题节目——《684新闻纵横》的记者和主持人，万海亮也每天和节目部进行电话连线，利用10分钟的时间，详尽报道13名农民兄弟在抗灾一线的工作情况。这样一来，就形成了连续不断的滚动性播出，形成了点面结合、相互补充、彼此帮衬的全方位报道形式。[①]

四、存活性高

传统的半导体收音机依靠电池供电，可以离开交流电源，使人们可以灵活机动地收听，特别是在重大突发性灾难事件中、停电状态下，广播可以依靠自备的发电机供电，保证正常播音，这样就可以依靠广播迅速形成危机预警和社会救助机制，广播的这一特性也使得它成为高存活性媒介，所以业内才有了“车轮子和干电池拯救了广播”一说。

2008年年初，我国南方遭遇雪灾，致使很多地方电力供应中断。在停电的十几天中，这些地方与外界几乎完全断绝了联系。百姓因为没电无法收看电视节目，起初的几天还可以用手机与外界联系，由于充电困难，很快手机也不得不收起来，以备关键时用。报纸、

① 参见《广播具备其他媒体无可比拟的优势》，http：//blog.163.com/tsdt _ hj/blog/static/2704881720082181838862/。

杂志几乎全部停止发行，少量免费在街头派发，但印刷数量毕竟有限，远远不能满足市民对信息的需求。电视方面，由于受演播场地停电的限制，制作的节目也只能通过电台先播出广播音频版。这时，平时被人们称为“弱势媒体”的电台转弱为强，成为最受老百姓欢迎的媒体。电台依靠自备发动机，纷纷开办了直播特别节目，电台记者随时用电话连线播报最新的抗灾救援的信息，由于信息收集非常困难，政府剪报的许多内容甚至都是从收音机里了解到的。小小的收音机让身处电力孤城的灾区百姓消除了恐慌，使当地政府的政令传达顺畅，同时也及时传达了各级政府对灾区人民的关怀。

当前，如何开发广播在突发事件中难以替代的危机预警作用，是广播媒介自身乃至政府和整个社会必须直面的新课题。[①]

2011 年 9 月 1 日，安徽省人民政府将安徽广播电视台交通广播指定为“安徽应急广播”，并正式向其授牌，作为及时预防和应对突发公共事件之用。这是我国出现的第一家省级政府“应急广播”。

五、覆盖面广、受众广泛

一方面，目前广播是所有大众媒介中覆盖面最广、渗透性能最强的一种。借助无线电波，广播的信号可以不受地理因素的局限，跨越高山、湖泊甚至是海洋，传送到世界各地。尤其是卫星技术的发展，更是极大地拓展了广播信号的覆盖范围，打破了空间对于信息传播的限制。目前，广播的信号已经基本覆盖到了世界的每个角落，只要拥有接收装置，无论你身处何处，都可以了解到世界各地的动态信息，较少也较难受到限制。

另一方面，广播节目的收听不受听众文化程度的影响。依靠听觉传递信息的广播，顺应了人类感知信息的规律，最大限度地降低了受众获取信息的难度。无论是儿童还是老人，无论是否接受过教育，人们都可以通过广播来获取信息。对于盲人来说，广播更是他们了解世界的重要渠道乃至唯一媒介渠道。广播是面向全体人民、能适应各种文化程度受众的大众传媒。

六、参与性强

正如前文所述，广播媒体具有“只闻其声，不见其人”的特点，能够给听众提供一个相对私密的交流空间，而且广播口语化的表达方式更贴近于面对面的人际交流，亲切自然，更容易取得良好的传播效果，这都使得广大听众乐意参与到广播的话题交流中。

同时，广播的参与方式灵活多样，听众可以通过读者来信、直播间热线、手机短信、微博、微信等方式参与到节目中来，媒介的参与性较高。中央人民广播电台对伊拉克战争的直播报道《海湾零距离》中，除了有前方记者的连线报道、专家分析，还有大量的听众

---

① 参见曹璐、罗哲宇：《广播新闻业务》，第 2 版，13 页，北京，中国传媒大学出版社，2010。

通过手机短信参与互动，节目播出 35 天，累计收到各种短信 4 万多条，不仅开发了广播媒介参与互动的潜质，也带来了较好的社会效益和经济效益。

七、成本低、回报较高

广播节目的制作成本要比其他的媒介低得多。从广播技术的发展来看，数字技术被广泛应用，广播技术的每一次更新都能带来广播传输、制作成本的降低和收听质量的提高；而制作广播节目所需的人力、设备以及工作人员的劳动时间也比电视节目所需的要少得多。据测算，在我国开办一个电台频率投资 200 万即可启动，并能做到当年赢利。广播以其低成本、高利润率的特点，较之电视、报纸更易形成对各类专业受众的无隙覆盖。[①] 这样的低成本建设，对于电视、网络来说，那是无法想象的。

就中国广播广告的营业额来讲，在报纸、杂志、电视等传统媒介广告收入普遍下滑的情况下，广播的广告却在经历了 2008 年、2009 年两年的平稳增长之后，在 2010 年创下了 25％的增幅。综合 2010 年和 2011 年上半年各级电台广告经营情况来看，随着广播传播形式和受众结构的变化，国内广播已经开始步入高速发展期。目前，国内广播广告市场约占全国广告市场的 2％，相比发达国家仍然较低，加上三网融合所带来的机遇，未来广播广告还将有较大发展潜力。[②]

第二节 | 广播的传播劣势

任何事物都是对立统一的。在广播声音传播的种种优势背后，我们也应该清醒地看到，电子媒介自身所具有的一些先天不足也不可避免地在广播上有所反映。

一、线性传播的制约

（一）保留性差

由于广播的传播载体是无线电波，转瞬即逝，没有给受众留下反复琢磨的时间，听众稍不留神，就有可能听不清、听不懂，从而错过一些重要新闻和感兴趣的内容。尤其是那些抽象的、内在联系复杂的内容，听众往往尚未听清、听懂，就已经消失了，不便于听众

① 参见《北京电台：专业化的四个关键词》，载《中国记者》，2003（2）。
② 参见《2011 中国广播业调研报告之广播广告经营探索》，载《中国广播影视》，2011（12）。

理解和接受。在没听清又不可能重复仔细收听的情况下，信息就可能在人际二次传播中出现以讹传讹，严重影响传播效果。即使广播传播的内容借助某些存储介质保存了下来，但由于存量空间有限、特殊技术保障需求等问题，比起报刊的保存还是更为复杂困难。因此，广播的传播内容要通俗易懂、简洁明了，要尽量避免出现冷僻深奥的专业术语或者枯燥抽象的理论知识，否则将会大大影响信息的传播效果。

（二）选择性差

音频信号是顺序连续传播，不宜选择接收，这是广播声音传播与生俱来的时序性特质。也就是说，对于传统的广播来说，广播节目按照时间顺序进行编排，哪一天、哪一时段、何种节目事先都安排好了，除非发生突发事件临时插播，可以中断正常的节目播出，否则的话，听众只可以选择收听哪个台的哪套节目，但不可以选择在哪一时间段收听什么样的节目，处于一种被动的收听状态，不能像阅读报纸那样在版面内自由地选择想要获取的信息。

为了克服广播线性传播的制约，当今许多广播电台借助网络新技术，开办了自己的网站，让品牌节目上网，实现了声音广播与网络广播的互动，一定程度上弥补了声音广播被动收听的局限。加之数字多媒体广播技术的发展，使人们不仅可以听广播，还可以“看”广播，做到多符号内容显示，这也拓展了数字时代广播的生存空间。

二、伴随性传播的局限

（一）容易使听众产生听觉疲劳

听众对单一的重复的信息必然会产生听觉疲劳，这一点在交通广播上体现得尤为明显。交通广播如果只是单一地播放路况、交通信息及与汽车相关的内容，必然无法满足听众多方面的需求。这就是广播走专业化道路的一种误区。其实车载听众并不是只关心路况和交通信息，在车上的听众的需求是多方面的。而交通广播是根据对象细分的，移动收听的听众有着不同的年龄、性别，所以除了路况外，也不能忽视歌曲、相声、评书和长篇连播等节目。“窄播不窄”正是今后广播专业发展的趋势。

（二）广播伴随性收听的不专注性

听众收听广播时大都处于半注意收听的状态，多数人收听广播是一心两用，是边收听广播边做其他事情，因而听众收听广播时具有不专注性。这种半注意的收听状态极容易错过一些有用或重要的信息，难免产生理解的偏差和误解。

三、听觉传播的短板

诉诸声音的广播通过播音员、主持人的语音、语调的变化可以传递出不同的信息含义，这对听众有效理解信息有着积极作用。但需要注意的问题是，人在信息传递中只有7%用语言，38%用声调（包括高低、快慢、长短），其余55%是靠表情等非语言手段[①]，因而在失去了手势、表情等非语言手段的辅助之后，单纯依赖词语、语音、语调、节奏等传达的信息就可能会产生偏差。

思考题

1. 广播区别于报纸、杂志、电视、网络等的重要特征是什么?
2. 为什么说伴随性是广播媒体最本质的特征?
3. 怎样理解广播的高存活性?
4. 广播的传播劣势有哪些?

① 参见尘元:《在词语的密林里》，169页，北京，三联书店，1991。

第四章 广播节目的基本类型

本章学习要点

了解广播节目的各种基本类型

为满足和适应人和社会的需要，广播自其诞生、发展至今，产生了各种各样的节目，已经逐渐形成了一个要素齐全、结构完善的庞大系统。由于分类的前提条件不同，广播节目基本形态的表现方式也各不相同。本章主要从内容属性、报道方式、结构形式、播出方式等角度来考察广播节目的基本类型。

第一节 | 按内容属性分类的节目类型

目前，我国的广播节目存在多种分类系统，其中最为普遍的分类方式是按照内容属性来分类。

按内容属性的标准，理论界通常将广播节目分为新闻性节目、教育性节目、文艺性节目、服务性节目。

依据节目内容属性划分节目类型与广播传播的社会功能有密切关系。但具体到每一个节目，其节目类别并不能和社会功能简单画等号，相互之间一般会有交叉。一个节目常常会承担多种社会功能，如文艺性节目既可提供娱乐消遣，也可以报道文艺动态，还有文化教育的作用，这就有了新闻传播、社会教育和文化娱乐等多种社会功能。同时，一种社会功能又常常通过多种节目来实现。如思想教育作用在新闻性节目、教育性节目、文艺性节目、服务性节目中都需要有承担。

一、新闻性节目

新闻性节目是以报道和评论新近发生或正在发生的新闻事实为内容的各种广播节目的总称。其内容极其广泛，无所不包，涉及天文地理、社会人生、政治经济、科技文化等社会生产生活的各个领域。其主要功能和任务是宣传政策、传播信息、引导舆论、传播知识等。在广播节目大系统中，新闻性节目一直占据着举足轻重的地位。它既是节目系统的基础，又是广播节目的“龙头”、骨干、主体，新闻性节目的质量决定着整个节目系统的健康运行。

（一）按内容表述形式分

根据对新闻事实的不同表述形式和处理方法，广播新闻性节目一般可分为消息类新闻节目、专题类新闻节目和评论类新闻节目三大类。

1. 消息类新闻节目

消息类新闻节目以报道动态新闻为主，迅速、广泛、简要地对国内外最新发生、发现或正在发生的新闻事实进行报道。节目中一般以动态消息为主，辅以非动态消息，如经验性消息、解释性消息、述评性消息、人物消息等，其中绝大多数的报道是新闻性较高的硬新闻，奇闻逸事类的软新闻不多，一般将数十条新闻消息集中组合，安排在电台每天的黄金时间或正点、半点新闻中播出。

它的基本特征一是时效性强，及时发布最新信息；二是报道简明扼要，直截了当地叙事；三是公信力强，党和政府的方针政策、法令，以及各项重大决定、重要会议的召开等，都是通过这类节目发布的，对社会舆论起着较大的引导作用。

消息类新闻节目是广播新闻实现要闻信息总汇的主要渠道，是整个广播新闻节目的核心，也是广播新闻报道中最常见的。比较典型、具有代表性的节目有中央人民广播电台“中国之声”早间的《新闻与报纸摘要》、晚间的《全国新闻联播》，各省市电台的本省新闻联播节目等，也都属于这类新闻节目。

2. 专题类新闻节目

专题类新闻节目往往围绕一个主题，采用消息、通讯、特写等多种体裁，对新近发生、发现或正在发生的新闻事实进行一次或多次的充分报道，它是广播进行深度新闻报道的一种节目形态。这类节目的特点是节目播出时间比较长，节目内容比较丰富，对新闻事实的分析、解释详尽、有深度。一般来说，其时效性显得稍弱，也不是每天播出。

专题类新闻节目的形式有固定的专栏节目、不固定的专题节目和临时举办的各种特别节目等，节目时长不等，从几十分钟到几小时都有。

固定的专栏节目一般有专项的报道范围，节目对象性较强，有自己一定的受众群。如中央人民广播电台 1949 年 12 月创办、至今仍在播出的国际问题专栏节目《国际时事》，法律专栏节目《法律园地》，1955 年 4 月创办、至今仍在播出的《体育节目》等。

党和政府有重要活动和重要会议，或者有重大节日庆典、全国乃至世界人民关注的大型活动时，为配合宣传，我国的广播电台一般会开设一些不固定的专题节目，这些专题节目对新闻人物、新闻事件做比较详细、系统的解释和分析，往往有特定的内容，也只在特定的时间段安排播出。到了会议或庆典、活动的当天，一些电台还会临时调整固定播出的节目，做报道会议、庆典或活动的特别专题节目。

如在建党 80 周年之际，中央人民广播电台共开设《历史丰碑》、《红色记忆》、《英雄儿女》、《我为党旗增辉》等不固定的专栏专题节目 20 个，短的 3 集，长的达 40 集，每集时间短的 5 分钟，长的达半个小时，集中展现了中国共产党建党 80 周年所取得的辉煌成就。

2001 年 7 月 1 日，中央人民广播电台又推出“七一”大型特别节目《红旗飘飘》，将第一套节目全天 21 个半小时的播出时间全部打通，以统一的形式、统一的设计、统一的制作、统一的片花贯穿始终。整档特别专题中既有全国各地庆祝党的生日的现场报道，也有直播间的专家访谈；既有党史中的重要事件、人物专题，也有祖国现代化建设中的新气象、新面貌。

另外，专访、广播讲话、新闻调查等也是专题类新闻节目的重要形式。

3. 评论类新闻节目

评论类新闻节目又称言论类新闻节目。与消息类、专题类新闻节目主要是用事实说话，通过对客观事实的报道来反映舆论、引导舆论有所不同，评论类新闻节目是以客观事实为依据，通过对新闻事实的理性思考，分析发表议论，阐述道理，以观点和见解来引导舆论，是新闻性节目的旗帜和灵魂。可以说，新闻评论是广播直接发言的主要手段之一，也是公众判断广播电台的政治面貌和衡量广播电台的政治态度和思想水准的主要标尺之一。

广播的新闻评论一般一事一议，以四五百字为宜，浅显易懂，一听就明白。报纸评论的样式，如社论、评论员文章、短评、编后等，广播新闻评论都可以借鉴采用，它还有适合自己传播特性的样式，如口头评论、谈话评论、主持人评论、带音响的新闻述评等。

（二）按内容表现形式分

广播的最大特性是声音传播，因此根据广播新闻节目中有声语言、音响的不同作用和结合方式，我们又可以将广播新闻节目分为口播报道和音响报道（图 4—1），或者更为直白地称为有采录音响的报道和无采录音响的报道。

1. 口播报道

播音员、主持人或记者根据广播文字稿或文字提纲，只用口头语言，而不采用音乐、音响对新闻事件进行的报道，包括消息、通讯、特写、专题报道、新闻评论等形式。口播报道是出现最早、使用最多的广播新闻形式。

2. 音响报道

所谓音响报道，是运用事物或人物自身声音进行报道的一种广播新闻方式，包括语言和音响两种要素，因其是带有音响的报道，通常称为音响报道。应该说，音响报道是广播新闻中区别于那些口播文字报道（只有文字稿而没有采访音响的新闻）的所有带音响的广播新闻报道方式的总称。

由于音响报道可以充分体现广播的特点，它越来越受到广播业界的重视，成为广播新闻中最重要的组成部分。

音响报道根据是否进行后期录音编辑制作，又可细分为录音报道和直播报道。

（1）录音报道

录音报道是记者将实况音响采录后，加上文字解说制作而成的广播新闻报道。它是所有采用录音方式进行报道的广播新闻体裁的总称。① 根据报道内容的构成、时间的长短、新闻事实挖掘的深浅，录音报道可分为录音新闻、现场报道、录音专稿（通讯）、录音专访、录音特写、连续报道和系列报道等。

（2）直播报道

直播报道，简单说就是与新闻同步的报道，具体说就是没有经过后期录音制作过程，直接广播出去的报道。直播报道是近 20 年兴起的一种报道方式，新闻实践中一般有现场访

---

① 参见危羚：《广播音响报道实用教程》，16 页，北京，中国传媒大学出版社，2009。

谈、连续报道、现场报道、现场直播等形式。其中，连续报道、访谈、现场报道既可以是录音报道形式，也可以是直播报道形式，存在一些交叉，也就是说，这几种广播新闻报道形式在实际操作时，既可以进行后期的音响编辑制作，做成录音报道，也可以不加任何的编辑制作，直接播送出去，进行直播报道。

近年来，除去文字评论，广播中带音响的评论节目也越来越多，包括录音评论、录音述评、录音综述等。

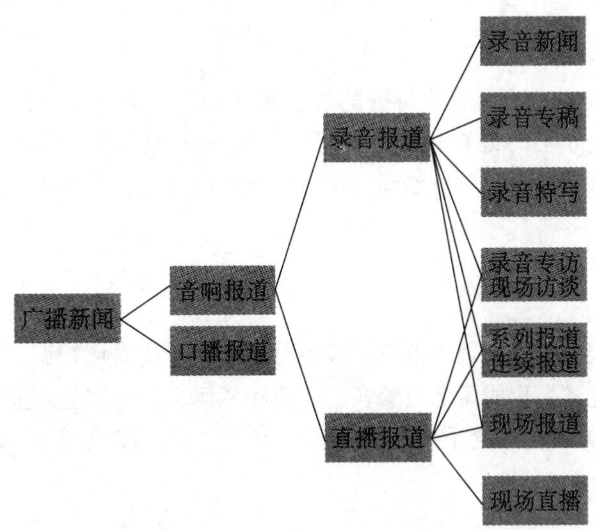

图 4—1　广播新闻的一种划分

资料来源：参见危羚：《广播音响报道实用教程》，21 页，北京，中国传媒大学出版社，2009。

二、教育性节目

教育性节目是指以传播政治、思想、伦理和科学文化知识为主要内容，以推动社会精神文明建设为目的的广播节目。国外又叫“公众利益服务节目”或“公共教育节目”等。

教育性节目虽然比较年轻，但却担负着思想理论教育、政策法规教育、文化知识教育、科学技术教育和职业技能教育等重要任务，成为广播节目系统中不可或缺的组成部分。我国很早就开办了教育性节目。延安新华广播电台就开办了《科技常识》和《革命故事》等节目。1949 年 9 月 1 日，北平新华广播电台开办了《自然科学讲座》节目，该节目后来多次更名，也就是现在中央人民广播电台的《科学知识》节目。

目前我国教育性广播节目一般分为两类：一类是教学性教育节目，一类是社会性教育节目。

（一）教学性教育节目

教学性教育节目是利用广播传播手段，系统传授文化科学知识的节目，教学内容往往与学校教育相对应，有综合教学、专业教学、应用教学等，因此，也有人称其为“电教节目”。

（二）社会性教育节目

日常宣传中最常见的教育性节目是社会性教育节目。按照节目内容，我国通常将社会性教育节目分为理论节目、知识节目、特定对象节目、竞技节目等。

1. 理论节目

它是以讲解道理、阐发论点为特征的思想教育节目，是社会主义广播的一个突出特色。可针对各种理论学习而设置相应的栏目，如理论知识、理论讲座、理论信箱、论坛等。我国中央和省级广播电台的理论节目都有几十年的历史，并在实践中取得了较为成功的经验。

2. 知识节目

它侧重于通过趣味性的节目向群众传授各种领域的科技文化知识。由于内容丰富，依据各种知识门类，它逐渐形成了名目繁多的节目和栏目。如介绍医疗卫生知识的《健康之路》、介绍家庭生活知识的《快乐生活一点通》、介绍旅游地理知识的《世界各地》、介绍科技知识的《科技之窗》等。

3. 特定对象节目

它是指以特定社会成员群体为对象而开设的教育节目。这种节目历来被认为是广播传播的重要手段。如延安新华广播电台 1947 年 9 月就曾开办过《对国民党军广播》节目，为宣传瓦解国民党军队起到了巨大的作用，还有对台广播节目《海峡之声》等。按照职业、年龄、性别、民族、地域等，可开设多种节目，如老年节目、少儿节目、妇女节目、农民节目、残疾人节目，还有特区生活节目、牧区节目等。

4. 竞技节目

它是以人的智力和能力比赛为内容的节目形式，也称益智节目，囊括了竞赛、问答、讨论、辩论、评选和点播等样式。

三、文艺性节目

文艺性节目又称娱乐性节目。它是一个广泛的概念，凡是利用广播媒介传播的文艺节目，或是利用广播塑造艺术形象来反映社会生活的广播节目，都可以归属此类。

从广播诞生之日起，文艺性节目就一直是广播播出的重要内容，是广播节目体系中播出时间最多的内容，堪称广播节目的半壁江山，文艺性节目以其大众化的品位在受众中深受欢迎。

广播文艺性节目包含的内容较多，从不同的角度有不同的分类方法。

（一）按照节目来源来分

广播文艺性节目包括三种来源。

1. 广播独有的艺术品种

广播剧是这类节目的典型代表。

2. 对社会文艺作品进行加工

它是对一些社会文艺作品进行加工使之形成具有广播特点的文艺节目。如电影录音剪辑等。

电影录音剪辑是指采用录音剪辑的方式来处理电影这类视听综合的艺术作品，世界上其他国家没有这一样式，这是中国广播工作者的创造。1950 年 3 月 8 日，中央人民广播电台播出的陈开制作的电影录音《白衣战士》，是中国广播电台播出的第一部电影录音作品。1955 年 11 月，中央电台在《广播节目报》上刊登节目单时，正式采用“电影录音剪辑”这一名称。后来，又生发出话剧录音剪辑、歌剧录音剪辑、戏曲录音剪辑等姊妹样式。

3. 直接取材于社会文艺作品

即把社会文艺作品直接引入广播，基本不做加工或作少许加工播出的节目。如广播实况播出或现场直播的文艺晚会。

（二）按照节目功能来分

1. 欣赏性文艺节目

它以播送各种各样的文艺作品为主，对受众进行审美教育，提供娱乐欣赏。

2. 知识性文艺节目

这类节目主要是向受众传授和普及文艺理论知识和表演技艺。

3. 服务性文艺节目

这类节目主要是向受众提供文艺方面的咨询和服务，解答各种疑难问题，以满足受众的求知欲望和其他各种要求。

4. 评价性文艺节目

这类节目主要是评价、介绍文艺作品和文艺创作者，将艺术评价与艺术欣赏、知识介绍巧妙地结合起来。

（三）按照艺术种类来分

1. 音乐节目

它是广播文艺节目的重要组成部分。除了播出中外各类声乐、器乐曲目外，还可以播出歌舞剧的音乐录音剪辑、选曲等。它在广播文艺性节目中占有极重要的地位，特别是调频立体声广播的出现，使得音乐广播赢得了更多的受众。

2. 戏曲节目

可以说，这是中国特有的广播文艺性节目样式，主要是播送中国独有的各种戏曲剧目。现在有的地方还专门设立了戏曲频率等。

3. 曲艺节目

曲艺是各种说唱艺术的总称，包括鼓书、相声、评书、快板等。

4. 文学节目

包括文学欣赏、小说连播、电影录音剪辑等。

5. 广播剧

主要由播音员或配音演员演出，在广播播送的戏剧。

四、服务性节目

从广义上讲，所有广播节目都是为人民服务、为社会主义服务的。狭义上讲，服务性节目是指那些实用性强，通过传递信息、接受咨询、反映群众呼声等方式，直接为受众解决思想、工作、生活上的各种实际问题，给人们提供具体而实用的服务，为民排忧解难的广播节目。

广播服务性节目的历史也很悠久，延安新华广播电台曾经开设过《社会服务》和《信箱》节目，播送国民党军队俘虏的家信，帮助传递消息，安慰家属。中央人民广播电台也在 1950 年播出过《首都行情》和《听众服务时间》等节目。

1964 年召开的第八次全国广播工作会议明确把服务性节目与新闻性节目、教育性节目、文艺性节目并列为四类节目。改革开放以后，随着思想解放和改革的需要，人们越来越认识到服务性节目的重要地位，服务性节目才得到真正的发展，逐渐形成一个独立完整的节目类型。现在，很多电台都提出“服务至上”的口号，把服务性节目作为节目改革的突破口，一大批优秀的服务性节目脱颖而出。很多服务性节目都在黄金时段播出，拥有大量的固定受众，一些服务性节目的收听率甚至超过了新闻节目。服务性节目是广播节目中前景广阔、发展潜力大的一种节目类型。

我国广播服务性节目名目众多，内容丰富，按照不同的分类标准，可以划分为不同的类型。

（一）按节目内容划分

1. 家庭生活服务节目

即为广大受众的家庭生活提供固定的常规服务的节目，一般是介绍美食烹饪、医疗卫生、美容保健等与人们日常生活密切相关的内容，如天气预报、报时、生活顾问等，目前，此类节目中寻医问药节目尤其引人关注，很多电台都开设了类似于“名医坐堂”这样的节目。

2. 经济生活服务节目

即为个人或社会的经济生活提供各种服务信息的广播节目。如市场信息、投资指南、股市行情、外汇牌价等。

3. 受众咨询服务节目

即为广大受众生产、生活、精神、心理等方面存在的问题排忧解难的节目，多以信箱的形式出现，在服务性节目中影响较大，效果也较突出。

4. 广告服务节目

广告服务节目的地位比较特殊，它既是一个宣传节目，又是一个经营项目。我国早在20世纪七八十年代就陆续开办了广告节目，现在，许多电台的广告节目已经改变了过去那种单纯“叫卖”的面目，更加注重广告节目的艺术性，讲究广告创意，受到听众的欢迎。

（二）按节目形态划分

1. 独立形态的服务性节目

这是一种纯粹的服务性节目类型。它不与其他类型的广播节目相渗透，不借用其他节目形态来达到服务的目的，始终保持一种实用性质的形态。

（1）单项性服务节目

即只为受众提供一个方面或一个问题的具体服务，内容单一而集中。如天气预报、报时、广播体操、节目预报，还有具体介绍烹饪、裁剪等某种技能的节目，提供股票、外汇牌价、交通路况等某类具体信息的节目。其中《天气预报》是每个电台都开办的单项性服务节目。有时电台还为特定对象开设单项性的服务节目。如1984年8月，上海电台开播了一档以轻音乐为主要内容的《祝您晚安》节目，作为晚上不易入睡的老年人的催眠曲。

（2）综合性服务节目

这种节目服务项目多、方面广，更注重受众的参与，常常采用节目主持人的形式，由主持人在节目中回答受众的问题，选播受众的来信，具体为受众家庭生活服务。

2. 非独立形态的服务性节目

这类节目实际上是从其他类型的广播节目中重新认定而来的，如教育性节目中一些专题片、知识竞赛，文艺性节目中的综艺节目等，往往含有一些服务性的因素。如将商品信息融入知识竞赛形式中的大型互动式节目就属此类。

第二节 | 其他分类方式的节目类型

除了可以根据内容属性对广播节目进行分类外，我们还可以用其他多种标准来对广播节目进行分类。

一、从节目的报道方式来考察

（一）组合报道

组合报道是指在同一个节目中对一事件或问题所作的多样式的报道。比如，对同一事件，在同一个节目中，既有消息，又有专稿、有评论、访谈、资料等。这些样式组合在一个节目中，称为组合报道。

（二）连续报道

连续报道是一种紧跟新闻事件的客观进程，以持续报道的方式迅速、及时地反映事件最新态势，让受众全面了解事件及其本质的报道形式。它是以时间顺序为线索的多次报道的集合。在特定的新闻事件冲突过程中，记者不断地以事件变动为新闻根据，分段分次地将事件发展中有价值的新动态及时传递给受众。连续报道是对正在发生发展中的新闻事件及所追踪的事实，进行及时而持续的报道。它所涉及的题材往往是重大的新闻事件。

（三）系列报道

系列报道是围绕同一新闻题材和主题从不同侧面、不同角度做多次、连续的报道，以求对新闻事实作比较系统、全面、有一定深度的报道。与连续报道相比，系列报道时效性较差，时空跨度大；系列报道中每一条新闻都是独立成章的，各条报道之间没有外在的时态连续，却有内在的必然联系；系列报道的题材大多为总结展示有关方面典型经验和反映有关行业重大成就等非事件性新闻。

（四）现场报道

现场报道是报道者（记者、主持人）在新闻现场利用实况音响和报道者的现场解说、述评组合而成的报道形式。它以再现事物及其现场的瞬间状态和情景为主要表现目标，以现场的即时解说和述评为主导，以典型的富于表现力的实况音响为必要条件。现场报道可以是录播，也可以是直播。

二、从节目的结构方式或组合方式来考察

（一）单一组合结构

1. 单一式

指一个具体的节目。小到一则简讯，大到一部广播剧，它们都具有独立的完整的内容与相应的形式，都是一个整体。所以，广播剧、广播新闻里的系列报道和连续报道等即使要分多次播出，但从内容和形式上讲，它们也可以说就是一个单一式的节目。

2. 专题式

指一组内容相对专一的广播节目。因其播出的方式不同，可以分为两类：一种是固定性专题节目，它们具有固定的节目名称和固定播出时间。一种是临时性专题节目，它们是不定期临时设置的，如为重大的政治、社会事件而特办的，像两会专题，党代会专题，奥运会专题，香港、澳门回归专题等。

（二）集合组合结构

1. 专栏式

指将一些有一定的相关性和共同性的广播节目编排在一起播出的一种形式。它有一定的名称、一定的内容、一定的特点、一定的长度和一定的播出时间，可以按节目内容设置，也可以按节目的接受对象设置，如同一主题、同一题材、同一体裁，或者能引起联想、可以比较等。这种专栏式的节目便于节目的总体策划和管理，便于营造出特色鲜明的名栏目。如中央人民广播电台的《今晚八点半》等。这就是我们常说的“节目栏目化”。

2. 综合式

指按照一定的构思、编辑方针和要求，将多种内容和形式的作品有序地组合起来的节目形式，是一个多个节目的集合体。它能把知识性、娱乐性、教育性、趣味性、新闻性融为一体，各种类型的广播节目都可以采用这种样式。如中央人民广播电台的《午间半小时》，就是新闻性综合节目。

3. 板块式

指在一个时段内，一些节目组成一个节目单元，又将若干不同内容和形式的节目单元精心编串，构成一个集合体。板块节目可以使播出时间成为一个整体，时间大都在半小时以上，有的长达两三个小时；可以按照节目的总意图，把不同体裁的新闻、专题、广告综合汇编在一起，互相转换，交替出现；大都采用直播的方式，由主持人组织、串联整个节目。

4. 杂志式

这也是由许多节目组合起来的集合体。它采用杂志式综合编排方式，是一种小节目集纳成一个有机整体的节目样式，设节目主持人，一般长达一个小时，在固定栏目、固定的时间播出，比较适合关注社会热点和焦点问题，容易形成舆论力量。杂志型节目以新闻杂志型节目为典型。

需要说明的一点是，专栏式、综合式、板块式、杂志式等，都是广播节目集合编排的形式，它们中间往往呈现出一种互相渗透的关系。

三、从节目的接受对象来考察

（一）一般性节目

一般性节目的节目内容取向和接受对象都具有较大的容量和一般性。比如新闻节目、广告节目、广播剧、电视剧等，它们的报道范围、创作取材包罗万象，不受什么限制；接受过程中，受众一般是不具有排他性的；表现形式单纯而灵活。它是广播节目的基本类型。

（二）对象性节目

对象性节目是以特定的受众群体为传播对象的节目。它具有贴近性、层次性和介入性的特点，可以为不同国家、地区、民族和不同行业、年龄层次的受众提供专门服务。如各种语种的国际节目、民族节目，以及专门针对农民的《金色田园》，针对妇女的《半边天》，针对青少年的《星星火炬》，针对老年人的《常青树》等。

四、从节目的播出形式来考察

（一）录播报道节目

即先期将节目素材在现场或演播室录下来，记录在磁带或数字音频工作站上，经整理加工后，按编排顺序播出的节目。它利于播出控制，便于重播、复制和保存，但报道的时效性比直播报道节目要差。

（二）直播报道节目

即在现场或直播间，把新闻事实的声音及记者的描述、采访等不经录音，转换为电子信号，直接发射、即时播出的节目。就新闻事件来说，它既是报道方式，也是播出的节目。直播方式有两种：一种是重大事件的新闻现场报道的直播，另一种是在新闻节目播音室里的演播室直播。自珠江经济台开播后，直播节目已经成为我国广播节目的主要样式。

（三）联播报道节目

即在同一时间，全国或某一区域范围内的各个电台同时播出同一内容的节目。

五、从串联节目内容的线索来考察

主要分主持人节目和非主持人节目。主持人节目就是指由主持人主持播报、串联节目内容的节目。这种节目形式的出现打破了广播节目原有的制作格局，使采、编、播得以一体化。

非主持人节目是指主持人节目之外的其他节目。

六、从节目的来源来考察

这主要是从节目经营和管理的角度来划分的。

（一）自办节目

自办节目是本台制作、编排、播出的节目。

（二）交流节目

交流节目是无偿或有偿与台外有关机构交换来的节目。

（三）联办节目

联办节目是电台和别国电台或别台，以及一些企事业单位联合举办的节目。

（四）转播节目

转播节目是接收他台信号，通过本台发射、播送的节目。

七、从播出时间来考察

（一）定期节目

即在固定时间播出的节目，又可分为日播和周播。

（二）特别节目

指为配合节日或其他重要活动特别安排的节目。

（三）插播节目

指打断正常播出的节目，临时插入播出的节目。如 2003 年伊拉克战争爆发时，中央人民广播电台就打断正常播出的节目，临时插播了《美英军队开始对伊实施军事打击》的消息。

思考题

1. 按内容属性的标准，通常将广播节目分为哪些类型?
2. 广播新闻性节目一般可分为哪些类型？它们分别有哪些特点?
3. 为什么说新闻性节目是广播节目的“龙头”?
4. 请结合实例，谈谈广播板块式节目的特点。

掌握广播媒介
——广播新闻的操作实务

广播新闻是通过电子音频技术，运用听觉符号的有序组合，向特定范围的听众传播新近发生或正在发生的事实的报道。

广播新闻报道新近发生或发现的事实，特别是正在发生的事实，这是它与报纸新闻和电视新闻的共同之处；而广播新闻与报纸新闻和电视新闻最大的区别就在于广播新闻的音频化。相对于报纸新闻作为印刷媒体而言，广播新闻是电子媒体；相对于同属电子媒体的电视新闻而言，广播新闻传播的唯一介质是声音。

电子媒介对媒介自身潜能的不断开发，使得广播成了可“随时出版的报纸”。那么要适应这份“随时出版的报纸”，广播记者应该如何有效采集体现广播声音传播特征的新闻信息？如何为听而写，为听而编，为听而制？在具体的实务操作中，我们应遵循广播新闻自身的规律，符合其特殊的要求。

第五章 广播新闻的表现元素

本章学习要点

1. 掌握广播新闻中有声语言的基本形态及其作用
2. 了解广播新闻中音乐的存在形式
3. 掌握广播新闻中音响的各种表现形式及其作用

广播是听觉媒介，声音是构成广播媒介传播符号系统的唯一元素，是广播媒介传递信息的载体，其表现系统主要由有声语言、音乐与音响三部分构成（图 5—1）。其中，有声语言是信息的载体，是广播宣传最主要的手段，音乐和音响是渲染气氛、增加真实感、增强传播效果的辅助手段。

广播新闻的表现元素
- 有声语言
  - 人声语言 —— 语言符号
  - 副言语部分 ┐
- 音乐 ├ 非语言符号
- 音响 ┘

图 **5—1** 广播新闻的表现元素

第一节 | 广播新闻中的有声语言

音量、音调、音色的不同组合作用于人们的心理，使得声音有了丰富的内涵。同样的声音，不同的人听来，往往会产生不同的感受。对喜爱的声音，人们会百听不厌；对厌恶的声音，则会拒之千里，甚至充耳不闻。比如，过去我们的对台广播多用高亢的有声语言来播音，给人一种居高临下、敌对的感觉，后来，中央人民广播电台的《空中之友》改变了播音的调门，主持人徐曼柔和亲切、娓娓道来的声音，极富人情味，很有感染力，吸引了大批的台湾听众。从这一点说，广播就是声音的艺术，所谓以声取胜，以声感人，声音的各种特性为广播利用声音传达信息提供了基础，广播只有充分发挥声音的特色和优势，才会有生命力。

一、什么是广播有声语言

广播语言是指传播者在节目中进行播报、解释、说明等内容的单纯语言表达，是广播运载信息最基本的符号系统。在新闻类广播节目中，语言的基本形态有三种：新闻播音语言、新闻报道语言、实况语言。

我们先来听一听重庆广电集团（总台）采制的广播消息《全国首例农村“地票”被成功竞拍》（获得第19届中国新闻奖三等奖）。

全国首例农村“地票”被成功竞拍

今天上午，随着全国第一例农村集体建设用地复垦项目在重庆市农村土地拍卖会上被成功拍出，一种崭新的“地票”交易形式出现在了人们的视野当中，而这也意味着重庆市迈出了城乡统筹发展、城市反哺农村的创新性步伐。来听重庆台记者邵华发回的报道：

[出现场音]

我们的第一个标的是300亩的地票，我们的起拍价是1 280万，可以应价！……（压混）

听众朋友，现在我就在首场农村土地拍卖会的现场，第一张地票也就是重庆江津区广兴镇集体建设用地复垦项目刚一亮相，就引起了众多竞买人的浓厚兴趣：

[出现场音]

2 200万、2 300万、2 400万、2 420万……（压混）

随着竞买人的竞相举牌，现场的气氛日渐高涨，经过最后的三次报价，拍卖师一锤定音：

[出现场音]

砰！恭喜三号先生以 2 560 万购得我们的第一个标的！（掌声）

能顺利做成全国第一单地票交易，重庆玉豪龙实业集团有限公司总经理鞠再强心情十分激动：

[出录音]

我们觉得这个意义是非常大，充分体现了城乡统筹综合发展的一个重大创举，而且更好地保障农村土地交易的这种权益，保障农民的利益。

地票通俗的理解就是农村集体建设用地经过复垦整理并严格验收后，置换出来的用地指标。竞买人购得这一指标，并不意味着他得到了这块土地，重庆市农村土地交易所总裁董建国说：

[出录音]

得到的土地交易指标，可以拿来征收城镇的集体建设用地，办理相应的征转用手续，最大的意义就是按照十七届三中全会的精神，保证了农村的耕地不减少。

而农村的土地通过"地票"首先转化成可以流动的资本，进而再转变为城市反哺农村的建设资金。中共重庆市委常委、常务副市长黄奇帆解释说，这些资金一部分归集体所有，另一部分则直接补贴给了土地的权益人农民：

[出录音]

明年开始，我们可能有 1 万亩房地产开发的指标是通过这个市场渠道获得的，这样，按今天的价值，就相当于 8 个亿，等于城里边 8 个亿额外增加送给了郊区的农民。

通过这种"地票"交易，实现了城乡建设用地的总体平衡和农民收入的逐步提高，黄奇帆认为，这无疑是重庆在城乡统筹发展道路上迈出的具有创新意义的一大步：

[出录音]

这件事应该说是创新的。远距离的农村地票和主城的土地价值对接起来，实现了远距离交易后必然带来的极差地租的增加，实际上就是大城市反哺大农村找到了一个重要的渠道。

在广播消息《全国首例农村"地票"被成功竞拍》里，我们听到三种广播有声语言：新闻播音语言、新闻报道语言和实况语言。重庆台记者邵华在竞拍现场的口播属于新闻报道语言，她在报道中用的是第一人称，首先向听众交代了"我是谁"、"我在哪里"和"我在干什么"，然后向听众叙述"我"的所见所闻。报道中出现的竞拍师、重庆玉豪龙实业集团有限公司总经理鞠再强，重庆市农村土地交易所总裁董建国，中共重庆市委常委、常务副市长黄奇帆的讲话录音都属于实况语言，是在现场采制的，混杂着许多背景噪音，有的话显然说得不太规范和完整。报道中其他的文字表述则都属于新闻播音语言，是由电台播音员播讲的，语言表达规范，播音也字正腔圆。

（一）新闻播音语言

新闻播音语言，是指广播电台里承担向受众口头传播语言信息（即“播音”）工作的人在播讲稿件时使用的语言，其功能定位是对记者、编辑、编辑部等提供的文字稿的口头再现。作为代言人，播音员对文字稿口语表达的准确性负个人责任；而一般不对文字稿传达的内容信息的正确性负个人责任。其特点就是规范。

新闻播音语言使用的基本条件是其使用时的时空定位与新闻事件不同步，就是一般不采取现在进行时的报道时空定位。时间的滞后是转述的基本前提，因而即便是报道正在发生的事件，也会是这样表述：“截至某时某分发稿时为止，……仍在……”、“据刚刚收到的消息，……正在……”等。

由此可见，新闻播音语言是新闻体裁节目所使用的语言，但并不是所有的新闻节目都使用新闻播音语言。比如新闻现场直播、直播间里的现场采访、电话采访、记者独立完成的采访报道节目等，这些形式的新闻报道一般都减去了播音语言这一中介环节，提高了报道的直接性、真实感、现场感。

1. 新闻播音语言的形态

（1）播报演播室口播新闻

播报演播室口播新闻是新闻播音语言的基本形态。在演播室口播新闻中，播音口语是传播信息的主要途径。

（2）播报报道词口播新闻

播报报道词口播新闻也是新闻播音语言的常见形态。报道词口播新闻一般是伴有新闻事件的音响的，特别是经常连缀被采访者的新闻性现场语言。从理论上说，报道词应该由报道采制者亲口说出，也就是说应使用新闻报道语言，而由播音员代读，使报道责任主体虚化，是会对新闻的可信度产生一定的不利影响的，但由于这种报道形式是录播形态，需在节目制作合成为成品后播出，在实际的新闻报道活动中，因为各种主客观的原因（如对节目的审定与改动，节目采访报道与编辑制作的分工合作，报道者的语言表达水准等），报道者与节目制作者经常不是同一个人，因而在节目制作过程中，便只能由播音员承担报道词的播读任务。这种状况今后或许会改变，但目前有相当数量的此类报道仍是以新闻播音语言承担报道词的播报。

（3）各种特写、专题节目的旁白

这其中包括这样一些情况：受节目制作过程的制约和节目采制者的个人能力制约，有意虚化叙述者的报道语言，再有就是滥用、误用。

（4）新闻节目起承转合的串联

内容提要、串联词、新闻回报，一档新闻节目的整个传播过程，需要新闻播音语言来整合。节目串联体现了编辑部的编辑意图，串联词即便是根据播音者的个性风格来写的，其中涉及新闻内容的引言、结语，也并不代表播音者个人的观点和报道，播音者不过是记者、编辑的代言人而已。

（5）编辑部配合新闻发表的言论

编辑部配合新闻发表的言论也是通过新闻播音语言来传达的。但需要说明的是，播音者是编辑部乃至传播机构的代言人，他发表的言论，除说明来源的，一般都可视为编辑部的观点，而非播音者个人的意见。

2. 新闻播音语言的表达样式

（1）播报式

播报式多用于新闻消息的播音。根据媒介定位的不同，方式上也有不同。强调权威性的，口语偏“读”，强调媒介性的，口语偏“说”。

（2）宣读式

宣读式多用于权力机构发布的意义重大的法令、公告、声明、章程、决议等文件的播音。其特点是语气庄重、内敛，语速稍慢而较有力度。

（3）讲述式

讲述式多用于新闻评论、特写及专题类节目等广义新闻类节目的播音。此种样式的语言表达根据内容和体裁而有丰富变化，包含讲解、说明、叙述、描写、评述等多种方式。

（二）新闻报道语言

新闻报道语言是指广播电台中承担信息采集、编辑报道工作的人（记者、编辑）为报道新闻而播讲报道词、解说词时使用的语言。

从理论上说，它应该是主体语言，即由主持人、记者以第一人称亲自进行播音报道，以明确报道责任，因而在节目中要向受众交代报道者与报道语言的明确关系。

从节目形态来说，新闻报道语言使用的场合既可以定位在传播时空，也可以是事件时空，也就是说，现场报道和以录播形式出现的各类新闻节目，从消息到特写，包括各种新闻专题报道、记者述评、人物专访等，都可以采用新闻报道语言。在表达样式上，新闻报道语言较多地采取讲述式、播报式或谈话式，而一般不采用宣读式，因而它比播音语言更自然。

（三）实况语言

实况语言是新闻事件中或记者在采访活动中发生的语言交流，具有原始的真实性，在三种声音中最为自然。具体地说，在事件发生现场出现的实况语言，有两种情形：一种是事件中人们相互间交流的语言，它不以新闻媒介的采访者及其受众为直接传播对象；另一种是以受众为传播对象的语言，既包括被采访者与代表受众进行提问的新闻媒介采访者进行交谈所发生的语言事实（包括采访语言），也包括被采访者直接以受众为对象诉说的语言。

实况语言又有是否“现场”实况语言之分。从信息传播的角度来说，与语言事实发生直接相关的现场有三种：一种是发生现场，一种是新闻采访活动的现场，一种是传播现场。

事件发生现场和新闻采访活动现场的不同在于，前者是不受传播活动的影响而自发出现的，而后者则由传播活动所引发。由于事件性事实是不以采访活动为转移的，因而采录必须同步一次性完成，在记者未能及时采录下事件发生现场实况的情况下，就只能以知情者的描述等作为事后的间接信息源，而不允许重录造假。观念性事实，采录有两种可能性，第一种是采访本身具有事件性或事件性要素，如新闻现场采访、隐性采访、人物专访等，观念性事实的发生，往往有其特定的背景与环境，处于这种特定语境中，现场状况与采访活动会产生关联乃至互动，这种实况对于信息传播真实性的意义极其重大。第二种是采访活动现场不与新闻事件重合，而且有些采访活动的现场及采访过程本身也不具有重要传播价值。那些仅以语言的信息内容为目的的采访，就采访形式而言，其中心主要在于其实况性，而不是现场性。在此前提下，采访场合是可以选择的，可改变的，不具有情境限定性，就是说语言事实与采访环境一般不存在直接关联和互动关系，这种情况下的语言事实，一般只被称作“实况语言”，如对事实的复述、评论，对观点的阐发等。这种实况语言在采访过程中是可重复采录的，并不因重录而影响其真实性。

一般而言，演播室现场是传播现场，而非事实现场。演播室现场与传播活动同步，但不一定与新闻事实同步。只有在演播室现场采访的情况下，或是在重大事件现场设置演播室的特殊情况下，演播室现场才能与事实现场同一。确切地说，在演播室采访活动中产生的语言事实，应该称作演播室现场实况语言。我们所要采录的实况语言，应该就是事件发生现场和新闻活动现场的具有事实性价值的语言。

实况语言是“原汁原味”地传播的特定语言实况，因此，采取事实呈现方式的新闻节目形态，大多都呈现其中的实况语言，特别是现场实况语言。具体而言，凡带人物语言实况音响的新闻类节目，除口播新闻，其他如新闻现场直播、现场报道、录音报道、主持人或记者访谈及热线直播、人物谈话与对话、专题节目等，都广泛应用实况语言传递信息。

二、有声语言的作用

（一）播报信息

这是有声语言最主要的任务。广播是传播媒介，它们的各类节目每天需要向受众传播大量的确切的信息事实，这些信息显然不能靠音乐、音响等去模糊地表达。如广播消息《中国第二次载人航天飞行获得圆满成功》（获得第 16 届中国新闻奖二等奖）向听众清晰传达了航天员在预定区域顺利着陆、身体状况良好等信息。

（二）串联节目内容

节目与节目之间，一个节目中段落与段落之间，常常有主持人或播音员的人声语言来进行串联、过渡，这样就不会因为节目内容的突然改变，造成理解上的断裂。文艺类节目中的音乐打榜，在歌曲与歌曲之间，就需要主持人用语言来连接；新闻类节目中的直播报道，在直播节目开始时，主持人会反复播报台名、台的频率呼号、节目的名称等，以此来提醒听众，告知现在是什么节目，然后才开始播报实质内容。在节目中如果要进行连线报道，也需要主持人的语言来提示听众节目将过渡到下一个环节。

（三）表达情绪、渲染气氛

特定的语气、语调可以表达出各种情绪，渲染特殊的气氛，使听众产生恰如其分的联想，如身临其境。我们来看一个例子，中央人民广播电台 2004 年 8 月 28 日播出的记者侯艳采制的广播新闻《翱翔雅典　跨越历史——刘翔夺得男子 110 米栏金牌》（获得第 15 届中国新闻奖一等奖）。

翱翔雅典　跨越历史——刘翔夺得男子 110 米栏金牌

各位听众，我现在正在雅典奥运会主体育场为您报道，男子 110 米栏决赛就要开始了，我国选手刘翔在前三轮比赛中一路过关斩将，轻松顺利地进入了决赛。

现在运动员都在起跑线上做着最后的准备，刘翔是排在第 4 道，刘翔做了个深呼吸，给自己鼓了鼓劲儿。

好，现在运动员已经在起跑器上准备起跑。

[出发令枪声]

起跑！第一个栏，我们看到刘翔和旁边的选手并驾齐驱。

第八个栏，第九个，最后一个。刘翔第一个冲过了终点，中国选手刘翔第一个冲过了终点！他以 12 秒 91 的成绩获得了男子 110 米栏的冠军，刘翔刚才的成绩也是平了这个项目的世界纪录。刘翔今天晚上真的太出色了，这个成绩超过了他以往所创造的个人最好成绩。刘翔为中国田径夺得了本届奥运会的第一枚金牌，也为中国田径和亚洲田径夺得了第一个奥运会短跑项目的金牌。

现在的刘翔身披着五星红旗，正在绕场奔跑着，刘翔向场下的观众挥手致意，并不断地把我们的五星红旗展示给全世界的人们。现在刘翔身披国旗绕到了我所在的看台的前面，他自己也忍不住哭了起来，确实太让人激动了！

（观众齐声喊：“刘翔，刘翔！”）

[出录音]

刘翔：根本就没有想到，我自己也没有想到能跑到 13 秒里面。我可以说，在黄皮肤的中国人或者亚洲人来说，我实现了一个不大不小的奇迹吧。

这个现场报道中，比赛刚开始，记者就用语言渲染了比赛的紧张气氛，刘翔夺冠后，记者的语言又显示出掩饰不住的兴奋和激动。节目播出后引起了听众的热烈反响，很多人发来短信：“听着这篇报道，我们也跟着叫呀，跳呀，也忍不住流下了激动的泪水。”

（四）显示个性

不同的人会有不同的语言表达习惯，会有他特有的说话的语音、语调，因此不同的声音是广播节目中区分不同人物的重要手段。不同的语言特点就是受众识别那些主持人的标志，一些受听众欢迎的播音员、主持人也正是利用富于个性的语言来赢得受众的。

第二节 | 广播新闻中的音乐

音乐是通过组织声音（主要是乐音）来表现情感、反映社会现实的艺术，是通过演唱或演奏为听众所感受的非造型表演艺术，它伴随时间不断展示自己。

在广播节目中，音乐的存在形式有三种：一种叫做音乐节目，一种叫做节目音乐，一种叫做实况音乐。

一、音乐节目

当音乐经过电声技术处理，并被列入广播节目序列时，就成了我们通常所说的音乐节目。也就是说，音乐节目是专门提供音乐审美信息、供受众欣赏的节目，它不为广播所专有。

二、节目音乐

当音乐与语言、音响相呼应、相融合，并且从属或服务于某个节目时，它就改变了自己原来的意义和作用，主要担负在节目中配合、辅助其他传播要素的功用，成为某个具体节目系统中的一个组成部分，我们常把这种音乐形式称为节目音乐。

节目音乐在广播中有这样几种表现方式。

（一）标志音乐

大多数电台及其新闻等固定节目都设定了自己的标识，如电台的频率呼号识别片头，节目的开始曲、结束曲以及一些常设专栏节目的题头乐等。这类音乐个性比较鲜明，旋律容易入耳，播出相对稳定，有助于受众识别收听的是哪个电台、哪个节目。

（二）背景音乐

在节目中，为了强化受众对节目内容的理解，往往会配合语言、音响，用器乐形成的无声源背景音乐对受众的思绪进行暗示或引导，以增强传播效果。在综合节目、板块节目，特别是文艺类、社教类等节目中，这类的音乐运用得比较广泛。但在以传播信息为目的的纯新闻节目中，除实况音响里的实况音乐外，一般不配置这类音乐。

背景音乐还具有一定的叙事功能。由于每个时代都有其独具特色的音乐，无论是曲风旋律还是演唱方法都会随着时代的变化而不尽相同，因此听众可以根据背景音乐的时代特色来获取时间信息。此外，背景音乐还可以交代民族、地域等信息，例如高亢嘹亮的陕北信天游、呢喃温婉的江南小调等，通过民族化的音乐语言，听众可以在无形中了解故事发生的地理环境。

（三）主题音乐

这是由声乐形成的插曲、主题歌，以及与节目内容相吻合的配歌、伴唱。如黑龙江人民广播电台曾经录制了一档新年特别节目——《立交桥畅想曲》，其中播放的音乐是在节目构想完成后，请人专为此节目谱写的曲子，曲名就叫《立交桥畅想曲》。这首乐曲贯穿节目始终，渲染气氛。①

（四）间隔音乐

一组广播新闻节目，特别是现在大量的板块节目，都是由一个以上的段落（栏目）编排而成的。不同的广播节目之间或者一组节目内，当节目中的时间、地点、场合或事件发展过程发生转换过渡，往往采用音乐做有效的间隔，起到划分段落、调控节奏的作用，还可以给受众以音乐的享受，舒缓情绪。

（五）补充音乐

广播节目的传播是线性传播，它不仅要求受众按时收听收看，其节目本身也应该是准时、连贯的，不能停顿、中断。但由于各种主客观原因，如播音员、主持人的播音速度不同，播出内容临时有删改，出现播出技术故障，直播节目因时差、传输信号故障等，有时会在节目播出中产生空档，这时候最简单最适合的办法就是选择适当的音乐来填充时间空档，以免“开天窗”。所以，一些电台都会事先准备一些“垫乐”，即一段音乐，为补充播出空白备用。

三、实况音乐

在新闻类节目中，有时新闻现场本身会有一些音乐，这就是实况音乐，如音乐会、演唱会里的现场音乐、一些重大场合里升国旗唱国歌的仪式里的国歌音乐等。这些现场

---

① 参见沈嘉熠主编：《广播学概论》，134页，上海，上海外语教育出版社，2007。

意义很强的实况音乐，和现场环境、气氛或事情的发展情况密切相关，是新闻事实的有机组成部分，因而它要求新闻记者必须在现场及时录音。这里，我们可以以上海人民广播电台记者王曼华采制的广播消息《周小燕与〈长城谣〉》（获得第 16 届中国新闻奖二等奖）为例。

周小燕与《长城谣》

我国著名声乐教育家周小燕教授的 17 位曾经获得国际声乐大奖、现活跃在国内外歌剧舞台的拔尖学生，今天（18 日）晚上在上海大剧院隆重举行了一台“周小燕优秀学生音乐会”，音乐会上周小燕和她的学生再次选择了抗战歌曲《长城谣》。周小燕的一生与《长城谣》这首著名的抗战歌曲紧紧联系在一起，从她几度演唱这首歌曲的经历，我们可以看到她那一颗滚烫的爱国之心。

1937 年，抗日烽火燃遍祖国大地，武汉街头，简易舞台上，一位年轻姑娘深切地唱着：“万里长城万里长，长城外面是故乡……”歌声悲愤苍凉，如泣如诉。

[出录音]（周小燕四十年代唱片《长城谣》……）

这位姑娘就是周小燕，那年她 20 岁不到，正从她求学的上海音乐专科学校回家过暑假。抗日战争爆发了，武汉成为全国抗战的中心，周小燕全身心地投入到抗日救亡运动之中。她和妹妹们帮助母亲为抗敌将士缝制棉衣，去医院护理伤病员，参加武汉合唱团，用她那独特的歌喉，在街头、在学校、在医院演唱抗日歌曲，《长城谣》、《歌八百壮士》、《最后的胜利是我们的》等抗日名曲，都是由她首唱的。

1995 年，抗战胜利 50 周年，长城上，身穿黑底红花旗袍的周小燕，以 78 岁的高龄，再次放歌《长城谣》。

[出录音]（周小燕唱《长城谣》……）

“万里长城万里长，长城外面是故乡。没齿难忘仇和恨，大家拼命保故乡。四万万同胞心一样，新的长城万里长。”歌声中，周小燕想起了自己的弟弟为了抗日，献出了自己年仅 18 岁的生命。无数的先烈为了保卫国家，前赴后继英勇奋战，她的眼眶湿润了。其实，那一天，她的丈夫、著名电影导演张峻祥已经病在床上起不来，为了这次演出，周小燕不顾自己年老体弱，一早从上海出发赶到北京，演出完当夜又赶回上海。今天，抗日战争胜利已经 60 周年，周小燕回忆起当时在长城上的感受时，仍不能平静。

[出录音]（周小燕）

那次在长城上，情绪是很激动的，因为我想到我首唱的时候，是中国最困难的时候，心情是什么呢，就是怕做亡国奴，怕失去自己的祖国。再在长城上唱的时候，我们中国是什么情况，世界瞩目的中国，一个强盛的中国。这一天，烈士们没有看到，我的弟弟没有看到，我的父母也没有看到，我看到了。所以，那时我很激动的。

6 月 18 号，88 岁的周小燕，再次登上上海大剧院的舞台，这是一场她的一些名扬海内外的学生，为庆贺她从教 65 周年而举办的音乐会。周小燕又选择了《长城谣》。

[出录音]（周小燕）

我首唱时只有 19 岁，现在我是向 90 进军了。要听当年的音色没有了，但是当年的爱国激情还是有的。

［出录音］（周小燕领唱、合唱《长城谣》……）［录音压混］

伴着激动的泪水，周小燕诚挚地说："抗战胜利 60 年了，应该再唱一唱《长城谣》，这回不是唱声音，而是要唱精神。"舞台上的周小燕精神矍铄，激情飞扬，她用一个又一个音符和音阶，在"母亲——祖国"这条旋律线上放声歌唱。

这篇作品充分发挥广播声音的特色，在不到 4 分钟的报道中，记者选择了周小燕在 20 世纪 40 年代、90 年代和 2005 年三个不同历史时期演唱《长城谣》的音乐和周小燕感人肺腑的讲话，以及大剧院现场热血沸腾的场景实况，为听众传神地再现了我国著名声乐教育家、女高音歌唱家周小燕的拳拳爱国之心。

第三节 | 广播新闻中的音响

音响在不同的语境中，有不同的含义。就一般意义而言，音响泛指声音。在广播新闻节目中，它被用来指除报道、解说语言（不包括采访对话语言）和音乐节目、节目音乐以外的一切声音，包括自然环境的音响、人的各种动作的声音等。

一、音响的表现形式

广播新闻节目中的音响，从其来源来说，可分为实况音响与音响效果两种，也称为真实的音响和虚拟的、模仿的音响。

（一）实况音响

实况音响是一个特定的称谓，它是来自"新闻事件或新闻人物自身的声音"，是经过记者的选择、采录，并运用到广播报道中，直接或间接表现报道主题和内容的声音。换句话说，一是实况音响只能是自然音响，但又不是随便什么的声音，它必须确实是新闻事件、人物所发出的真实的声音，不能是模拟的、扮演的效果；二是它不是新闻事件中、新闻人物所发出的声音的全部，而只是与新闻报道内容有关的那部分声音，或者说是记者编辑从全部声音中选择出来的一部分声音，它运用在节目报道中必须是能表现新闻主题、有助于表现事物形象特征、传达现场气氛的具有新闻价值的声音。

广播新闻和报刊新闻不同的一个突出特点就是音响的运用。20 世纪 30 年代，随着录音机的发明和使用，在广播新闻中出现了音响报道，最早进行音响报道的是美国哥伦比亚广播公司的记者，其中影响最大的是爱德华·默罗在第二次世界大战中的广播现场报道。

音响报道可以让听众通过新闻事件现场的实况音响、新闻人物的谈话录音来了解新闻，增加广播新闻的真实性和感染力，现场报道还可以大大提高新闻的时效性，这些都使得音响报道成为最有广播特点、最能发挥广播优势的报道形式。可以说，音响报道因采用实况音响进行报道而得名，它的基本特征就是“实况音响”，凡是有实况音响的广播新闻都是音响报道，没有实况音响就谈不上音响报道，实况音响是音响报道的关键部分。

实况音响可从以下不同的角度进行分类。

1. 从内容上分

从内容上可分为人声和物声。

人声又可分为人们说话的声音和人的发音器官或身体活动发出的声音。

物声一是指风声、雨声、雷声等自然界的声音，或鸟叫、虫鸣、狗吠等动物的声音。如广西人民广播电台采制的新闻专题节目《叫声，改写了一个物种“灭绝”的历史》（获得第17届中国新闻奖二等奖）一开始时，记者特意以这种比大熊猫更为珍稀的全球极度濒危物种东部黑冠长臂猿的叫声为切入点，首先从听觉上吸引听众，最后又以这悦耳的叫声收篇，给人一种自然和谐的美的享受。二是指机器、车子等发出的声音。随着科学技术的进步，还有合成语音、航天器的太空音响，等等。

新闻事件离不开特定的时间和空间，这些物声反映的是新闻事件的现场环境，在新闻报道中也称环境音响，它经常被作为一种背景介绍和交代出现在新闻报道中。

2. 从时间上分

从时间上可分为现场实况音响和资料音响。

现场实况音响是指在新闻事件发生的当时当地采录的，或是对某人某事的现状进行的最近一次采访中获得的音响。如北京奥运会开幕仪式的报道、我国第一次载人航天飞机升空的报道，其音响只能是当天当地现场采录下来的声音。

相比较而言，资料音响则是指不是采制于此次新闻事件现场，但与新闻事件有关的音响。它没有时间和空间上的限制，它只要求是所报道的新闻事件、人物曾经有过的音响或只是与此事物、人物有关系，或对报道有帮助的音响。但有一点要求，就是它必须是实地采录的真实的音响，而非人工制作出来的效果音响。如获2000年度安徽好新闻奖一等奖的录音报道《世纪梦想今成真》，在说到当年芜湖长江大桥艰难开工时，用了时任国务院副总理邹家华在开工典礼上的讲话录音，这个录音就是保存多年的资料音响。

再如，北京人民广播电台播出的录音通讯《丰硕的果实——祝贺北京人民艺术剧院建院30周年》中，记者使用了一些著名艺术家演出时的资料音响，来说明30年来人艺的艺术成就。

资料音响都是历史性资料，一般在新闻专题报道中用作背景交代居多，而且使用时要做出相应说明。如安徽人民广播电台播出的录音通讯《小岗村好书记——沈浩》（获得第20届中国新闻奖一等奖），节目音响非常丰富，使用了大量录音采访（资料），包括对沈浩本人、沈浩老母亲、小岗村村民、凤阳县委书记、安徽省委书记、胡锦涛总书记等的采访录音，其中沈浩生前的说话音响，就是音响史料，特别珍贵，具有独家性。

3. 从与采录者的关系上分

从与采录者的关系上可分为主观音响与客观音响。

主观音响是由采录者采访引发的音响，如采访对象与记者的交谈声，或者应采访需要，在现场操作发出的特定的声音。这种音响如果没有记者到场并提出问题本来是不存在的，但其内容应该是客观的，不是人为虚拟制造出来的。换句话说，这类音响它只是形式上有记者采访的主观参与，内容上却是客观的。如中国国际广播电台 1998 年 3 月 19 日播出的《九届人大一次会议特别节目：期望与信心——中国人看自己国家的领导人》中，其中记者对买报人和卖报人的采访内容即为主观音响。

客观音响是指那些客观存在、不以采录者的活动为转移的音响，无论记者是否到场，这些事实及其音响都会出现。如青海人民广播电台播出的广播长消息《让民间艺术品闯市场》（获得第 17 届中国新闻奖二等奖）通过李长春同志视察的片段，即一个“点”，凸显了“让民间艺术品闯市场”这个新鲜而重大的主题。报道中有一段民间艺术品手工艺人与外国游客的对话，不是因记者的采访而形成的对话，就是客观音响。

4. 从在节目中发挥的作用上分

从在节目中发挥的作用上可分为主题音响与辅助音响。

主题音响是能揭示新闻主题、阐明中心思想的音响，是报道中不可缺少的核心材料，一般在报道中要单独突出使用，不作压混使用。如聋哑人经过治疗能够开口讲话了，这个讲话的声音就是主题音响。

如果音响在报道中被用来体现事件发生的现场气氛，只起辅助和陪衬作用，那就是辅助音响了，它是报道中体现事物的场景、交代环境、表现现场气氛以及其他非核心内容的音响。如重点工程开工或竣工仪式上锣鼓喧天声、欢歌笑语声，它给人一种现场感，只为烘托主题服务。如天津人民广播电台播出的广播消息《城际铁路开通一年京津两特大城市“半小时经济圈”效应明显》（获得第 20 届中国新闻奖二等奖）。

城际铁路开通一年京津两特大城市“半小时经济圈”效应明显

今天，京津城际铁路通车运营一周年。一年来，京津城际铁路共计运送旅客 1 870 万人次，京津间的总体客流比开通前增长 86%。巨大客流量不仅带动了京津两地旅游、消费市场，更使得京津两座特大城市“半小时经济圈”效应明显，产业合作增多，资源进一步优化整合。请听本台记者王瑞、范屹、张峥的报道：

[出现场音响压混：各位旅客，您好，城 2015 次列车进站……]

武清是京津城际铁路中途唯一的停靠站。到北京只需 20 分钟，到天津市区才不过 10 分钟，每天仅 6 对停靠武清站的城际列车就给这个天津的远郊区带来了意想不到的机遇。为此，武清区天鹅湖度假村特别投下 4 000 万元改造会议中心。负责人赵凤利对未来的发展充满信心［出录音］：

通过我们数字统计啊，有六成人他是坐城际铁路到武清区看。接待的这个会议呢，今年将近 1 000 个会议以上，70%的来自于北京。

…………

这里火车进站的现场音响只是为了烘托气氛，交代环境，就是辅助音响。

当然，一个声音是不是主题音响，还得看报道中的特定时间和环境，有着相对性。

5. 从声音的地位上分

从声音的地位上可分为主体音响和背景音响。

这主要是看一个声音在报道中是否被突出使用、单独形成报道内容。如果一个声音在报道中被单独突出使用，成为报道的主要表达内容，那么不管它是否表现主题，都可被称为主体音响，而凡是被用于背景压混使用的，都被称为背景音响。

如内蒙古人民广播电台播出的《农民女代表顾双燕对话温家宝总理》（获得第 20 届中国新闻奖一等奖）。

农民女代表顾双燕对话温家宝总理

"总理在《政府工作报告》中说的都是大实话，我也想把我的大实话说给总理听。"

今天上午，温家宝总理在人民大会堂与出席十一届全国人大二次会议的内蒙古代表团共同审议《政府工作报告》。来自通辽市奈曼旗明仁苏木保安村的农民代表顾双燕发言时坦诚的开场白立刻引起了总理的兴趣。

"我就要给总理提几条小建议，供您参考。并不是说要求您怎样怎样。"

"不，你是代表，你有这个权利。"（笑声）

总理亲切的笑容，真诚的话语，让顾双燕彻底打消了顾虑。她把乡亲们托她捎的贴心话一股脑地说了出来。

"我希望国家再下大力度支持一下我们二三产业，也就是养殖业和商业，多支持我们点贷款就可以。金融界能把这个门槛弄得低一点。"

"这说明我们的工作做得还不够。"温家宝总理一边在笔记本上记录一边回答。

"我不用发言稿了，干脆直接和您说吧！"

"第一，家电下乡是不是给农民消费券比较好一点？农民可以拿着这个消费券购他自己需要的东西。"

"我们交流一下，我们搞家电下乡其实是两重考虑。一重是给农民实惠，另外一重是要给企业以支持。"

"我的第二个问题就是农民的养老保险。您在报告当中提到了给了（农民）10%的指标。"

"不是指标。"

"那是？"

"这应该是这次报告中的一大突破。它突破不在于10%的数字，而在于我们开始给农民建立的养老保险制度。现在农民也要有养老保险制度了。有了制度，就有了根本保证。"

"但是，我咋想呢。假如不是10%而是50%，是不是可以提前覆盖全国?"

"这就说，今年我拿不出那么多钱来。我也给你说我的苦处，你有3台拖拉机，我还有13亿人民。"温总理风趣而又实在的话语，引得会场一片笑声。

"哦，那我能理解、能理解。"

"这个10%是开始，以后一定要覆盖全国。"

"那我就知道了。"

"这个意见，你也提得很好。"

"最后一个问题，也是08年当中农民最困难的问题：粮食卖不出去，增产不增收。农民离卖粮点最远的达到60公里，如果是（把粮食）送到指定地点还有运费、押车费，2 500到3 000块钱左右。所以很多农民不得不选择在自己家门口卖粮。"

"我们当时推进粮食价格放开，政策是对的。但是我们应该考虑方便农民，还要有一定的商业网点。如果农民售粮跑很远、交押车费很多，实际挣的钱就会少了。"

"对。按照国家规定，国家国储粮的一级粮保护价是7毛8分钱，但是粮食公司却抬水压价。这样农民卖一吨粮就有200元的差价被公司赚走了。"

"双燕，你回去给农民宣传两条，一是粮食产多了，政府一定得收购上来，不能谷贱伤农。第二，当粮价下降时，玉米、小麦我们推出最低收购价。不能让农民吃亏。"

"总理您这次的报告我听得非常仔细，特别是农民这方面的事。我也将发挥好代表的作用，争取把更多群众的心声反映给您。大家让我给您捎一句话：您一定要保重身体!"

"谢谢"。

"因为农民需要你，全国人民也需要你。"

"谢谢。"（掌声）

在2009年十一届全国人大二次会议期间，温家宝总理与内蒙古代表团共同审议《政府工作报告》时，来自通辽市奈曼旗明仁苏木保安村的农民代表顾双燕与总理进行了半个多小时的真情交流和坦诚对话。记者被生动的对话深深地吸引和感染，敏锐地捕捉到了这次谈话的精彩细节，完成了这篇广播特写，并在对话结束后用最快的时间剪辑播出。在表现手法上，作品实景呈现了农民代表与温总理对话的实况，没有过多的文字介绍，新闻事实的实况音响构成了报道的主体，把广播声音的优势和魅力发挥得淋漓尽致，极具感染力和现场感。这种音响的采制在于当新闻发生时，记者能够牢牢抓住，它需要记者有较强的新闻敏感和过硬的录音技巧。

（二）音响效果

音响效果是信息传播者制造出来的或转借来的声音，或称模拟音响。它与实况音响的区别是实况音响具有客观真实性，而音响效果仅具有真实感，不具有客观真实性。

广播中，新闻类、社教专题类节目以及纪录片，内容都是写实的，其中的音响当然也要求是真实的，要确有其事，确有其声，绝不允许虚构、挪用，因而这类节目更多地采用实况音响，一般不使用音响效果。文艺性节目的音响效果则可以虚构、模拟、制作、移植，只要符合生活真实，得到观众认可就行。因此在非客观再现的情况下可以用它来增强传播效果。例如，在娱乐性的广播节目中，主持人常常运用各种音响效果来夸张语言的戏剧张力，为听众制造笑点；在广播剧中，音响效果常被用来渲染某种氛围以及表现人物的内心情感，如钟表的嘀嗒声表现了时间的紧迫，人物的心跳声表现了紧张的情绪，“咚咚”的敲门声强调了神秘的氛围。

二、广播新闻中音响的作用

作为广播声音重要的组成部分，音响有自己独特的表现形态和作用，与有声语言和音乐相辅相成，共同构建广播的声音美。

我们以曾获亚洲—太平洋广播联盟（亚广联）新闻类节目大奖的广播新闻节目《一场特殊的音乐会》（中央人民广播电台）为例进行说明 。

《一场特殊的音乐会》是1993年制作的节目。节目时长26分40秒，是从600多分钟的采访素材中截取的片断。第30届亚广联评委会为《一场特殊的音乐会》写的评语是：“这个节目良好地运用了新闻性广播特写这一形式，反映了中国音乐教师对音乐和学生的挚爱。无论是以扣人心弦的介绍为先导，具有戏剧性的开头，还是范教授临终前的实况录音，都使得这一优秀节目十分感人。具有同情心的解说，对实况录音和室外录音的恰当运用，使得这一节目更具有吸引力。”

（一）能增强内容的真实感

任何事物都有其独特的声音形象，作为事实自身的一部分，原汁原味的实况音响是直接信息，它可以为受众提供具有现场感的听觉事实，从而能使受众在收听报道时如临其境，很容易地获得事物特定的声音形象，这比文字、语言、音乐更具体、更形象、更真实，有利于受众自己得出对事实的看法、见解和结论。因此，可以说，让受众直接听到新闻事件或新闻人物本身的声音，增加可信性，是运用音响的基本目的。

“在老师家里那段节目中，我选用了老师母亲的一段叹息声和一段笑声。叹息声，是这位母亲说到‘他身体不好的时候就在这儿躺着这么上课，孩子很努力。他在病的时候还在想着自己该做什么事情……非常想再教几个学生，不知道能不能成功’时发出的。笑声，是这位母亲说到老师的床头上，挂着学生在国际钢琴比赛上拿大奖获得的奖牌时发出的，‘这是在西班牙得的奖，西班牙不是斗牛吗？’在这里，叹息声和笑声都是一位母亲的心声。它比任何语言的诠释，来得都更真。”① 作为《一场特殊的音乐会》节目的编辑之一的汪永晨在回顾节目制作过程时这样说。

① 汪永晨：《时空调度通过音响语言来实现——〈一场特殊的音乐会〉的采制》，见中国广播网，2003-12-02。

《一场特殊的音乐会》在制作间制作时，一位路过的编辑曾进去对记者说："听你们的节目有看电影的感觉。"这正是音响的魅力。

（二）能表现时间和空间

音响除了提供现场感受，还能提供对时间和现场空间方面的感觉，如鸟叫声代表清晨，蛙鸣声表明夏夜，汽车轰鸣声表明在路上，声音的远近大小的变化，都可以给人带来一种时空变换的感觉，使声音具有更大的表现力。

如节目《一场特殊的音乐会》中，听众第一次认识范大雷老师是在记者去他家的路上。自行车铃声，楼道里的练琴声，表明了老师生活的环境，说明他是住在居民楼里的一位音乐老师。听众听到老师的声音是在医院里。外面修建房子刺耳的电钻声，使听众对这样一位有着突出贡献的老师所住的病房有所了解。

（三）能渲染、烘托环境气氛

不同的环境会产生不同的音响，而当这些音响被运用到报道中时，其所包含的丰富的声音，无需语言的修饰和渲染，便能准确传达出现场的气氛，迅速唤起受众的相同情感和情绪。另外，通过音响的强弱、节奏的快慢等的变化，配合特定的情节，往往可以营造出或紧张或舒缓、或欢快或哀伤的氛围。

《一场特殊的音乐会》开头，"用音响语言表达了这样一些内容：街上、大雨、出租车。作为记者的我上了车后，雨水声落在车顶上。然后是剧场门口等满了找退票的人。其中一位求我，帮他找张票。这近一分钟的节目，记者只交代了一句：'那天雨真大，我刚刚离开范老师住的医院，赶着来到了剧场。'雨声敲打在伞上、车顶上，出租车在街上疾驶，这些音响是对记者当时的心情和所叙事件开始时的气氛的烘托。等退票的吵闹声及对话，又把这场音乐会引人关注的程度表述了出来"①。

"音乐会结束后，在我们赶往医院的路上，又是雨声、雨声、雨声。接着是医院里抢救病人时各种血压表、心电图及各种仪器碰撞的声音。然后是老师喊着要听'CD……CD'的叫声。再然后是我必须要离开医院回北京，沉重的脚步声在空荡荡的走廊里远去，和一声火车的长鸣。在这种时刻，语言是很难表达人们的心情的，而节目中的雨声和脚步声却会敲打在听众的心上，并从中感受着那份沉重，那份渴望，那份惋惜，那份深情。"②

（四）能够表现人物的思想感情、言行举止、刻画人物心理

不同的音响既是人物年龄、性别、个性等的写照，同时也能表现人物此时此刻的心理状况。音响能够表现出特定人物的心理活动、行动状态。

---

①② 汪永晨：《时空调度通过音响语言来实现——〈一场特殊的音乐会〉的采制》，见中国广播网，2003-12-02。

汪永晨回顾《一场特殊的音乐会》的制作过程时说："走出老师住的病房，我采访了一位老师中学时的同学。他是因老师病重特意从海外赶回来的。他讲述了老师的为人、讲述了老师和老师的父亲在我国钢琴教育史上不可磨灭的贡献，以及老师病重对他的打击后，一个七尺男儿忍不住失声痛哭。当时那哭声搅碎了我和在场每一个人的心。在节目中，我们用不着刻意渲染，其音响语言的感染力已尽在其中。这之后，当孔祥东将要实现老师一生中最大的也是没能实现的愿望——在舞台上演奏拉赫玛尼诺夫《第二钢琴协奏曲》时，我们用了几秒钟的静场。然后轻轻地说：'孔祥东坐在了钢琴前，他半闭着眼睛，把头微微抬起，手指缓缓落下。'话音刚落，琴声突然插入，回荡在整个剧场的四周。这动中有静、静中有动的场面交替出现，使听众通过音响语言，既了解了学生对老师的内心情感，也感受到了音乐会场内场外的气氛。"①

（五）在节目编辑方面发挥作用

如通过音响，突出段落分割，提供节目起承转合的信息，实现转场，使节目承转自然、流畅。

在《一场特殊的音乐会》中，所有的转场都是由音响语言完成的。"开头，音乐会场外转到剧场里的音乐会上，用的是雨声接掌声。音乐会上介绍老师时，节目需要从音乐会上'出来'，于是自行车铃声的音响插入。记者采访完老师又需要回到剧场了，这回则用了琴声。那场音乐会是现场直播，作为记者的我是在剧场里，再次从音乐会上'出来'时，我们用了上午在医院里采访中，医院里修建房子的电锯声。这段音响，起到了从音乐会上转到医院病房里的转场效果。采访中，病房里和医院走廊里的进出，听众是通过在走廊里说话时的空间效果和病人、家属之间的小声交谈感觉出换场的。从医院到老师家的转场，用的是医院走廊里的哭声接上楼的脚步声和楼道里的练琴声。从老师家里出来，再次回到剧场里，是由观众的掌声把听众带回去的。记者离开老师回北京，用的是脚步声连接火车的鸣笛。"②

三、广播新闻节目中各要素的组合模式

作为广播新闻节目的表现要素，语言、音乐、音响在具体节目中有许多种不同的组合方式，这也就形成了广播新闻的不同报道形式。

我们可粗略归纳如下。

（一）纯有声语言的组合模式

这种模式是指在节目中只有有声语言，没有音乐和音响等其他表现要素的参与。根据

①② 汪永晨：《时空调度通过音响语言来实现——〈一场特殊的音乐会〉的采制》，见中国广播网，2003-12-02。

讲话人身份的不同可以进一步分为：播音员播读、主持人讲述、其他广播工作者以及非广播工作者（即非专职媒介人物）的报道或讲话三种。它最常见于口播新闻、广播讲话、谈话类节目、理论节目等。这三种都是只使用语言，而且是在播音室里或其他安静的、适合播音的场所录制或直播的，节目的内容一般比较平实，要求信息传递准确，道理阐述清晰，内容表达权威，无需煽情，无需特别加以渲染。其中主持人播讲不仅指单个主持人的讲述，而且包括两个主持人的对话形式的报道。三种口播形式，特别是播音员播读，适用于各种新闻体裁，如消息、通讯、特写等。口头播讲是出现最早、使用最多的广播新闻形式。

（二）有声语言＋音乐的组合模式

这种结构一般出现在音乐节目、综艺节目以及一些文学性的节目中。根据节目内容的不同，语言和音乐在其中所处的地位也不一样。

如在《金曲排行榜》这样的节目里，节目的重心在榜中的金曲，节目中出现的主持人的语言主要是报榜，对歌曲的情况进行简单的介绍和评析，起承接、过渡的作用，是附属的，有的电台甚至有意压缩主持人在音乐节目中的语言，突出音乐，变“话说音乐”为“音乐说话”。如中央人民广播电台“音乐之声”就规定，在一个小时的音乐节目中，主持人的话语不得超过 7 分钟。

至于一些文学性的节目，如配乐故事、配乐广播小说、配乐散文、配乐诗朗诵等，它们是将一些小说、散文、诗歌等文学作品和音乐相结合而产生的节目形态。在这些节目里，配乐是手段，这些文学作品经过语言录音之后，配上适度、和谐的音乐及一定的音响效果，目的是让节目听起来更加绘声绘色，更加声情并茂。

在广播新闻节目中，这种形式叫做配乐报道，目前很少见，而且较简单。它主要是指为口播的通讯、特写等配上相应的音乐或效果。配乐可以发挥烘托、渲染文字内容的作用，这种形式虽然有它独特的表现力，但由于有时与新闻真实性的要求发生矛盾，并且配乐也会加大节目制作的成本，目前国内外广播界使用都较少。当然现在的广播业界也比较宽容，只要是听众认为好听，且没有太高的时效要求，也可以使用。如中央人民广播电台 2000 年 11 月 19 日《新闻纵横》栏目播出了一篇广播通讯，反映当年 10 月 3 日天津群众抢救落水儿童，就使用了配乐的方式。

（三）语言＋音响的组合模式

顾名思义，这种组合模式是指广播新闻节目中包括了语言和音响两种要素，因其是带有音响的报道，通常又称为音响报道。

根据是否进行后期录音编辑制作，音响报道又可分为录音报道和直播报道。

1. 录音报道

录音报道是音响报道中的主要类别，可以说，出现在广播新闻中的音响报道绝大多数是录音报道，也就是说它是音响报道中一直使用最多的形式，这也是在很长时间内它被作为音响报道代称的一个原因。在我国广播新闻历史上，1949 年以后长达几十年的时间里，并没有音响报道这一概念，在我们广播界比较通用的是录音报道。

录音报道的制作方法是：先采录音响素材，回来写作报道解说词、剪辑音响，再将二者复制合成，形成完整报道。它与一般新闻报道的区别就在于，它不再是一段简单的口播文字，而更多地运用了人物的谈话录音和实况音响；它与现场直播的区别是，录音报道中的音响部分是在录音的基础上，经过编辑、剪辑、合成之后播出的更精练也更有表现力的音响效果，它的音响资料取材于现实，与新闻事实并存，但又与新闻事实不同步发生发展。现在，随着录音采制设备越来越先进，编辑记者拥有现场采录设备也越来越普及，应该说，听众每天都可以在广播里听到大量的录音报道了。中央人民广播电台“中国之声”实现了向“全面广播化”的传播模式转型。其节目表达实现了音响化，音响报道在联播和报摘节目中已经成为主打形式，包括时政报道、新闻专题也都是音响报道，“中国之声”进入了依据音响呈现广播新闻内涵的广播媒介话语时代。①

录音报道的采制周期较长，制作比较复杂，时效性差，但正由于它在采访之后有再思考、写作的余地，节目一般较精致，解说得体，音响精练，容易成功。从解说来讲，录音报道属于书面一事后解说；其音响也可以有较大的选择范围，既能用现场实况，也可以用以前的录音资料，使用后者可使报道更厚实、更有纵深感。录音报道的体裁最多，基本上各类新闻体裁都可使用，如消息、通讯、特写、访谈、短评、述评等。

2. 直播报道

中国传媒大学张舒教授主编的《音响报道教程》一书对这一广播节目形式是这样解释的：“这是一种与新闻事件发生发展乃至结果同步直接播出的新闻广播形式，它以现场的实况为基本内容，一般由记者或播音员按照事件或活动的发生发展顺序，边传送反映实际情况的现场音响，边播报自己的所见所闻，有时还要进行必要的解说。”这是记者在新闻现场边采集音响，边解说、报道的形式，直播报道的时效性是最高的，能以最快的速度将新闻播报出去。直播报道要求记者在现场要反应迅速、判断准确、出口成章，其现场解说的难度较大。

过去，由于技术等原因，进行一场现场直播需要投入大量的人力、物力，综合相关部门的多方力量才能实现，所以搞一次现场直播，对一个台来说，是件大事。但随着传播技术的日益进步，随着传媒竞争的日益加剧，为抢时效，现在电台采取现场直播的方式进行新闻报道越来越多了，这种节目要素的组合形式也正在往常态化播出方向发展。

3. 现场直播与转播、实况转播、实况录音剪辑

关于现场直播与转播、实况转播、实况录音剪辑的区别，危羚在其《广播音响报道实用教程》一书中曾有过这样的表述：

使用其他电台的“录播”信号（即录好的内容）进行播出的方式，叫“转播”。

---

① 参见曹璐、王晓辉：《广播优势的深层次开发与内容拓展创新》，载《中国广播电视学刊》，2006（1）。

使用其他电台的“直播”信号同步播出的方式，叫“实况转播”。

使用的是本台的音频信号，但在现场直播的过程中，不加入任何解说或主持，即没有任何解说的直播，也可称为“实况转播”。

播出的是本台或其他电台的实况，但并非同步播出，而是先录下来，经过剪辑后再播出的，叫“实况录音剪辑”。

对本台的现场直播不经过剪辑，再安排播出的，叫“重播”。

实况录音剪辑可以制成消息体裁，其他实况报道多为专题报道。

如中央人民广播电台 1991 年 10 月 17 日播出的广播消息《钱学森的三次激动》就是一篇实况剪辑报道。它从钱学森 40 多分钟的讲话中剪辑出 4 分钟内容，用做报道，整条消息未打断穿插口播内容，音响一气呵成，有始有终，仅在消息之前有一条关于钱学森的表彰会的口播消息。这种方法的运用表现典型人物既生动又传神，而且十分快捷。

（四）有声语言＋音乐＋音响的组合模式

这种组合模式最常见于广播剧中。但有声语言＋音乐＋音响的组合模式在有些专题性新闻报道中也有用到过，但这种情况相对来说十分少见。中国国际广播电台王丹丹、王小燕、周莉采制的广播专题《白杨树讲述的故事——留在中国大地的日本人墓园》（获得第 16 届中国新闻奖一等奖）就是一例。这个广播专题的第二部分就采用了“有声语言＋音乐＋音响”的组合模式。下面是这个广播专题的部分内容：

白杨树讲述的故事——留在中国大地的日本人墓园（节选）

[公墓现场音效：风声，知了的鸣叫，自然音效]

[现场报道 1] 这里是中国唯一的一座日本人公墓，方正县日本人公墓。1995 年改称为“中日友好园林”。这里除了公墓的墓碑之外，还有纪念馆、和平友好纪念碑等 9 个建筑物。整个园林占地面积约 1 500 平方米，到处绿树成荫。尤其是 1963 年公墓建立当初环绕公墓种下的白杨树林现在已经长成了参天大树。清风吹过，白杨树发出动听的沙沙声，仿佛在对我们讲述着什么。

[现场音效：风吹过白杨树林的沙沙声]

[现场报道 2] 带我们来到公墓的方正县外事办公室的王德君主任，给我们一一介绍了公墓里面各种纪念建筑物的来历。

[王主任话声出，中文] 沿着东西轴而建的都是日本友好团体的纪念物。这个是山梨县出资建立的中日友好往来纪念碑，上面刻的 8 个字是山梨县知事的亲笔。这个是植树纪念碑，它旁边的是和平友好纪念碑，往西那个大的是日中友好世界和平纪念碑。它的东边种的是哈尔滨市的市花丁香，西边种的是日本的国花樱花。其中的 5 棵是 60 年代从日本直接移植过来的，现在都长成大树了。

[现场报道 3]

……（王主任话略）

［录音间现场］

刘（中国对外文化交流协会副会长的刘德有先生）：战败18年后，这些日本平民的魂灵终于有了安息之所啊。不过，中日两国的一般老百姓好像还不太知道这个公墓的事情，小王是什么时候知道的？

王：我是最近偶然在网上看到设在日本东京的“方正地区支援交流会”发布的消息才了解到这个公墓的。关于公墓的情况我们还电话采访了这个交流会的大类善启局长。

［大类善启话声出，日文］

……（大类善启话略）

王：方正县日本人公墓自从建立到现在已经整整42年了，当年的年轻人现在也都成了古稀老人。就在十几年前，公墓的旁边又起了一个墓碑，那是为收养日本遗留孤儿的养父母们修建的，已经故去的中国养父母们都长眠在那里。我们造访公墓的当天刚好有一位老人的安葬仪式在那里举行，周围的人都亲切地称她为“石妈妈”。

［公墓现场］

［音效：长笛《送别》］

［日本遗留孤儿代表话出，女，中文］石妈妈去了，我特别难过。我也是日本孤儿，和我的日本亲人曾经取得过一次联系，但是后来就音讯皆无了。我一直在中国生活，和石妈妈是在红十字会的活动上认识的，她对我特别好……

王：那么，石妈妈究竟是一个什么样的人，她又有着什么样的故事呢？请听石妈妈的三儿子给我们讲述。

［石金凯话出，中文］我是老三，老大是妈妈收养的日本孤儿。……（石金凯话略）

刘：这两位养父母真是伟大啊！后来怎么样了呢？

王：后来，石妈妈生了两个男孩，按照中国的传统，分别给自己的两个亲生孩子依照老大的名字排序，起名为石金民和石金凯。

刘：那，石妈妈有了亲生孩子之后，老大石金峰的处境怎么样了呢？

王：是啊，大家可能都会担心，这个日本孤儿是不是要开始被冷落了呢。让我们听听石家兄弟的讲述。

［老三石金凯话出，中文］

……（老三石金凯话略）

［老二石金民话出，中文］

……（老二石金民话略）

王：1982年，石家的长子石金峰，也就是小林义明跟日本的家人取得了联系，带着妻子儿女回到了在日本熊本县的老家。回国以后他一直通过书信与中国的亲人保持联系，还曾经三次接石妈妈去日本团聚。可惜的是，在石妈妈去世之前他始终没有机会回中国来看看。石妈妈生前曾经多次跟两个儿子说，他也很不容易，你们要理解大哥。虽然如此，两个弟弟还是对大哥在母亲去世的时候没能来为她送行感到十分遗憾。

[老二石金民话出，中文] 我很想我大哥，我想问问他，怎么不回来看看我们。

[老三石金凯话出，中文] ……（老三石金凯话略）妈妈已经走了，你多保重身体。让我们像妈妈期待的那样，永远做好兄弟！

[邻居庞春英话出，女，中文] 我是他们的邻居，我叫庞春英。金峰大哥是看着我长大的。石妈妈是多好的人啊，（哽咽……）她的一生都在为别人着想，从来不考虑自己。石妈妈不仅养大了金峰大哥，还带大了他的孩子。就像刚才两个哥哥说的那样，金峰大哥，你真应该回来看看，看看石妈妈（哽咽……）这是我们大家的希望。

[音效：长笛《送别》]

在这部分的节目内容里，既有主持人在直播间里的主持语言，语言精练；也有记者在采访现场采录的与有关人物的谈话录音音响和来自公墓的一些自然音响，感染力较强；还多次出现了乐曲《送别》的音乐，悠扬婉转，很好地渲染了气氛。整个节目制作精良，收听效果非常好。

思考题

1. 广播新闻中的有声语言有哪些基本形态？它们分别有什么特点？
2. 广播新闻中的节目音乐有几种表现方式？
3. 广播新闻中的实况音响可以从哪些角度进行分类？
4. 音响在广播新闻中的运用可以起哪些作用？

第六章 广播新闻的采录

本章学习要点

1. **掌握广播新闻采访的个性特点**
2. **掌握广播新闻采访的基本技能**

广播新闻的采录，和其他一切新闻采访活动一样，是新闻工作者深入社会发现新闻及其相关的阐明、解释的材料的调查研究活动。因此，新闻采访的一般规律同样适用于广播的采访活动。只不过由于媒介手段的不同，使得广播新闻的采访具有了新的特点和要求。广播记者除了要遵循新闻采访的共性规律，还要努力探索广播这一现代化听觉传媒的特殊规律，特别要培养和树立“话筒思维”和“声音意识”，积极挖掘“声音”的无限潜能，努力驾驭广播新闻的采访规律，以高度的新闻敏感和娴熟的采访技巧，奉献给听众更多更好的广播新闻作品。

第一节 | 广播新闻采访的个性特点

广播记者与报刊记者采访工作本质一样，都是搜集事实以进行报道，但采访的方法却有所不同。尤其是广播记者的音响报道采访，体现出不同于报刊文字记者采访的诸多特殊性来。

一、带机采访

广播采访就整体上说增加了与以往不同的采访形式，即电子媒介记录与采访共生的采访形式。我们称这种采访形式为"带机采访"。特别是在广播音响报道的采访中，脱机采访更多地承担外围性信息的收集任务，而关键性信息的采访由带机采访来完成。

由此，广播记者带机采访的特殊性在于，它不仅要考虑到新闻信息的采集，而且要考虑到新闻信息的传达。因此，它不仅涉及所采集新闻信息内容的重要性，也涉及所采集新闻信息形式的表现性。在这里，记者不仅要考虑问什么问题，还要考虑以什么方式发问；不仅要考虑采录到了什么内容，而且要考虑是以什么方式来采录的；不仅要考虑到被采访者语言内容的准确性，还要考虑到其语言表述的生动性；等等。

二、音响报道的采访有很强的现场性、时间性

广播记者在采录音响报道时一定要在新闻现场。这与文字记者的工作不同。一方面，文字记者采访的目的是写作文字稿件，只要搜集到事实，并做适当的文字记录即可，所以他们有纸有笔即可工作，采访时没有太多的时间、地点、环境上的限制；采访完了回去写稿时发现采访不足或有遗漏，还可以电话补充采访。另一方面，文字记者除了现场采访，还可以通过其他的途径来采访新闻，如事后采访当事人，甚至从电视节目、网络信息中都可以去获取报道的材料；也就是说，他们可以较多地运用第二手、第三手材料。

但广播记者进行音响报道却必须赶到新闻现场。这不仅是与文字记者争抢时效性的需要，也是现场声音采录上的需要。很多新闻的音响只在一个特定的时空存在；时过境迁，条件变化了，你需要采录的声音可能转瞬即逝，不再重新出现了。这时候如果记者不在新闻现场，或是迟到了，那就只有改成口播报道，而做不成音响报道了。越是有特点的音

响，就越是难以预料，就越是受到时间、地点和条件的限制、制约；一旦错过了时机和地点，就可能抓不到能反映客观事物真实面貌的音响。

三、广播新闻音响采录的一次性

这里的“一次性”有两层意思：

一是由于声音的转瞬即逝，广播新闻的音响采录大多要在现场一次性完成，没有反复出现供你慢慢采录的可能。特别是一个事物的典型音响，绝大多数情况下都是不可能补录的。过了这个村就没了这个店，过了这个时间或不在这个地点，都不可能采录到典型音响。即使是有预见性的音响，像一次大型会议、一场重要球赛，记者如果迟到了，也不可能为了录音而使会议、球赛推迟或重新开始。更不用说很多音响是突发的，谈话是即兴的，比可预见事件的音响更难把握，更难采录，更不可能重录。所以记者要确保在事件过程中一次采录成功。

二是广播记者的带机采访捕捉到的音像素材，将以其不可改变的形式直接构成报道作品的一部分；后期的再创作只能决定对素材的选择与使用，而很难对素材本身进行改变。换句话说，广播记者在新闻报道的现场同时要有多种操作：他要观察事实进程，要采录音响，要现场采访当事人，要在现场拿到尽可能全面的报道素材，有些现场报道还要直接播出，等等。这些操作往往都是一次性完成的。采访与部分（或全部）报道是同步进行的，报道在采访过程中体现，是“现在进行时”的报道形态，没有后期加工的条件。所以对于广播记者来说，一定要在现场拿到所需要的音响，这与报刊文字记者的采访工作相比，要求就更高，难度和工作量更大。

四、广播新闻的采访方式直接关系到新闻报道形式

广播的新闻素材可以以原生态形式进入新闻报道，以音响报道等形式进行传播，这样带机采访就不仅仅是获得信息的手段，而且本身就构成信息的显现形式。一般而言，脱机采访所获得的新闻信息只能以口播新闻或记者口头报道的方式来进行，而带机采访所获得的信息则可以采取音响报道的方式来传播。也就是说，在广播新闻的采访中，记者的采访方式将给预见报道形式以重要的限定，以保证传播的可信性与合理性。

五、广播新闻记者的角色定位更丰富

除了调查者和传播者之外，从事现场报道的广播记者同时也是受众观察新闻事件的现场引导者。记者在新闻事件的事发现场为受众进行现场报道的时候，解说新闻事件的背景和新闻要素，并引导受众观察新闻事件的现场、理解其意义，对可能出现的传播障碍加以解释，必要时通过对现场当事人及有关人士的提问来解答受众的疑惑。现场报道当中，对

新闻事件的把握是由受众在对视听信息的整体解码过程当中最终完成的，记者在其中发挥的是引导的作用，而非全权包办；这与以往新闻事件首先由记者理解、消化之后再加以叙述传播的方式有很大的区别，它显得更加客观，对受众更加尊重。[①]

六、广播新闻采访对设备具有较强的依赖性

新闻素材的采访及传播效果，不仅取决于记者的观察、询问、分析、报道，以及被采访者的现场表现，还取决于摄录器材的记录效果。对器材的相对依赖性，是广播电视记者区别于文字记者的又一特点。[②] 熟练地操作录音器材是对广播记者的基本技能要求，而熟练地应用录音器材的传播特性进行报道，也是广播记者所应具备的基本专业素质。

换句话说，使用录音机、话筒等设备进行采访时，对广播记者有两方面的要求。一方面是要求记者会听会录，会使用录音设备，懂得操作技术。另一方面是要求记者懂得设备对采访对象会造成一定的干扰，学会减少这种对人心理的干涉，而不是去加重它，使采访对象在面对录音设备时能放松警觉，减少抗拒，迅速进行心理调试，以使采访得以顺利进行，真正做到“把话筒伸到被访者的心里”。这才是最高的境界，也是广播采访的难点之一。

七、广播新闻音响报道采制的集体性

如果是较大型的报道，广播记者往往需要采取集体合作的方法来采录，多人配合行动。如中国国际广播电台关于“神六顺利安全返回”的报道，对“神六”返回的录音，就要有返回现场、主控室及测控中心等部门的配合；整条录音报道的采访中还需要返回现场、天安门广场等多处报道点记者的配合；节目后期制作时又需要有记者、编辑、录音制作人员等参与，甚至要有司机师傅开车去现场。这就是音响报道采录的集体性。这也与报刊文字记者可以单枪匹马进行采访形成对照。这种采访的集体性，要求记者之间以及与其他工作人员配合协调，共同完成采访任务。

第二节 | 广播新闻的采录技能

原中央人民广播电台高级记者刘振敏曾说过，作为一个广播记者，在每进行一次采访活动之前，都要时刻牢记自己姓“广”，要在发挥广播优势上下功夫。[③] 这就需要我们的广播记者在具体的采访活动中把握一定的广播新闻采录技巧。

---

①② 参见饶立华等：《电子媒介新闻教程——广播与电视》，175页，北京，中国人民大学出版社，2000。

③ 参见曹璐、罗哲宇：《广播新闻业务（第2版）》，32页，北京，中国传媒大学出版社，2010。

一、广播新闻的音响采录

（一）采录的前期准备

1. 前期的题材选择与策划

（1）题材选择

从内容上讲，广播新闻对题材的选择与策划，与其他媒体的新闻选择与策划有着共通之处，都需要收集和研究与选题相关的背景材料、筹划采访预案的案头工作，这包括掌握相关政策、补充相关知识、熟悉采访对象、设计采访问题等，同样要求记者有较强的新闻敏感，能及时准确地发现有价值的新闻信息。关于如何培养新闻敏感，如何发现新闻采访线索，如何选择新闻报道角度，等等，在新闻采访与写作课程里都有详细讲解，在此不再做深入探讨。

对于广播新闻来说，需要特别注意发掘音响，以体现出广播的特点来。因此，除了那些与其他新闻题材处理相同的工作外，它还需要从声音的角度去做独特的题材选择。因为不是所有新闻题材都适用于音响报道。虽然具有较高新闻价值，为广大听众所关心注意的政治生活、经济生活、日常生活中的事件，一般来说都是音响报道这一形式的适用题材；但为了发挥广播特长，提高可听性，受制于“音响”这一特定的表现形式，特别是要根据我国的特定情况，目前对这一报道形式的采用有着一些约定俗成的要求。

广播音响报道的题材选择，其实就是对报道题材声音的要求。归结起来，就是要有声音，这个声音要独特，而且要与报道主题有关，具有较高的新闻价值，还不能有太强的干扰。具备这些条件要求的事物，才能成为广播音响报道的题材。

其一，新闻事件本身要有声音。

不言而喻，广播的音响报道是运用实况音响来报道新闻的，那么新闻事件本身要有声音就是最基本的条件，也就是说它所采访的事件必须是有声的。

但现实生活中，有些人类的活动是没有声音或很少声音的，这些题材就不宜做音响报道。如人的心理活动、脑力劳动。即使从事者脑海里已经是翻江倒海了，即使他可能偶尔用叹息、呻吟甚至哼唱等来释放内心的活动，但这些都很难表现具体内容，不具备表达的明确性，况且大多数情况下并没有任何声音。

再比如医院正在进行的手术。医院是个要保持绝对安静的工作现场，除了手术器械发出的声音，现场的实况音响很少。在这样一个井然有序的现场环境里进行报道就可能会干扰正常的手术操作。

又比如一些大型的公开活动，也是无声的。如建筑、绘画、雕塑等空间艺术，作品本身就都是无声的。而且，多数这样的艺术展览，活动可能会轰动一时成为热点，但展览本身却是无声的，观众也都是静静地观看欣赏，因而没法找到能表现其形象的声音。那些现场的噪音并不能帮助广播报道的受众理解报道的主题和现场。[①]

---

① 参见周小普：《广播新闻与音响报道》，166页，北京，中国人民大学出版社，2001。

其二，声音是具有特定意义的典型音响。

我们知道不可能“有闻必录”，因而也不能“有声必录”，并非有声音就能做音响报道。对音响选择的标准还是新闻价值，这一事件的音响具有新闻价值的就能做报道，否则就不能做。

这就要求记者选择音响报道的事物（事件）题材。其所发出的声音，一要能表现所报道的新闻主题。往往采录时觉得音响很丰富，很多声音都很好，但到形成报道时，就会发现他们与报道的主题无关，因而不能使用。二要具有鲜明的形象，具有独特性，能够帮助人们更深入地理解题材内容。比如，有新鲜独特声音的新事物（如聋哑人经过治疗能开口讲话了），有重要或特殊意义的重大事件（如党代会、两会、大型活动的开闭幕式），有丰富声音、气氛热烈的现场（如重要的节庆活动、大型赛事的比赛现场），一些反映社会现状的现场音响组合（如火车声、汽笛声、建筑工地的声音），等等。

但有一种情况需要注意。有些新闻现场虽然有声响可以交代场景，但这些音响形象模糊、单调重复，没有特点，没有个性化的区别，对报道主题来说不具有表现力，说明不了什么问题，不能吸引听众，也不能构成美感，那它就没有采录的价值。比如，经济报道中关于生产、工作的综合报道仅仅是生产机器的轰鸣声，会议报道中是千篇一律的讲话宣读声，等等，如果一个题材仅有一种声音，就没必要搞音响报道了。①

其三，新闻现场不能有太强的干扰。

有的新闻题材虽然现场很热闹，音响很丰富，但又很嘈杂，非主题音响的音量过大，干扰甚至屏蔽了主要音响，以致无法录到合适的音响，这就不能制作音响报道。如大型市场、有高音喇叭的联欢大会现场等，由于高音喇叭的干扰、市场上人群的过分喧哗，别的声音都听不清楚，这就不具备录音的条件。

还有，现场采访的新闻人物谈话口齿不清，声音过分沙哑，口音难懂，那也难以做出理想的音响报道。

其四，有些特殊题材不宜做音响报道。

有一些特殊的题材是不宜做音响报道的。如交响音乐会之类的活动。交响音乐作品一般都比较长，而且又具有连贯性，除非做现场直播，否则做成现场报道必然会使音乐变得支离破碎，无法收听。如果真要做录音报道的话，那么就要在确定了报道主题后，在选择好那些主体音响的同时，也注意选择背景音响。可以采取少用音响的方法，来避免对音乐乐章的不恰当切割。

（2）采录条件

除了选择恰当的报道题材外，能否进行广播音响报道还得考虑是否具备录音的条件。必须具备一定的完好的录音器材和熟练的录音技术。

广播音响报道的采录是要借助现代化的录音工具来完成的，一旦在采录过程中出现设备不凑手、电池不够、由机器性能或话筒质量等造成的机器临时故障、采访对象拒绝录音等因素，就会影响音响的采录，甚至会使记者的整个采访计划落空。

另外，天气条件往往也直接关系到音响报道的成败。如严寒气候下，野外采访录音机

---

① 参见周小普：《广播新闻与音响报道》，167页，北京，中国人民大学出版社，2001。

会被“冻僵”，不转；酷暑时，室外曝晒也会使录音机不工作；大风天、沙尘暴天，即使带着防风罩，采录的音响往往也不够清晰，会直接导致音响报道的失败。

（3）时效的要求

除了少数不需要复制合成的现场报道之外，一般情况下，形成一篇广播音响报道需要经过采访录音、整理音响资料、写稿审稿、播音员录音、复制合成等环节。尤其是复制合成，一个几十秒的短节目往往要花上几倍的时间来做，要是技术不熟练，那所用的时间就更长了。对此，广播记者应熟练掌握采录技术，录音时心中有数，少录、精录，以便减少制作的工作量，节省时间，尽快出稿。

2. 采访录音前的准备

在选择好报道题材，确定具有采录条件之后，就可以采录音响了。但是由于音响采录具有一次性的特点，不能像录广播剧那样，一遍不行再来一遍，因而录音之前的准备工作就显得尤为重要。

具体的准备工作应该包括相关采访资料的案头准备工作、机器设备的物质准备工作等。换句话说，就是要对采访对象的情况心中有数，对报道有个基本设想，做好采录的机器操作准备。准备得越充分，采访时就会越主动，采访成功的把握就越大。

（1）相关采访资料的案头准备工作

其一，尽量熟悉采访对象。

与报刊文字记者采访前的准备工作一样，广播记者的案头准备工作也是要从已有的相关资料中，尽量多地对被采访对象和事件进行深入了解，熟悉采访对象和所报道事实的背景材料，初步拟定采录方案。主要是要围绕选题内容及采访活动收集一切必要的信息，包括了解与选题相关的政策法规、相关知识、宏观背景等，被采访人物的大致经历、主要成就、爱好兴趣、性格特征等；必要时可以对一些专家、学者和权威人士等进行预先的采访；进一步采访挖掘相关新闻线索和报道角度；寻找、考察和预约最佳被采访对象；等等。

与报刊文字记者不同的是，根据广播的传播特点，在收集资料时，广播记者还要注意发掘音响资料，供制作节目之需，要调查并确定最佳带机采访时机。对于可预见的事件性报道和非事件性报道，在条件允许的情况下，最好尽可能带机到实地勘察，看一下现场情况，熟悉一下现场环境。比如查看电源情况；了解现场用于传稿的电话、电脑等设备是否能正常工作，现场的通信条件是否会对传稿产生影响；查看现场有无高频干扰和噪声源；落实采访许可；等等。

其二，初步拟定采录方案。

在熟悉采访对象的基础上便可以预定报道主题和核心内容，并根据不同的采访方式，初步设计采访问题和行动方案。

当然，制定采录计划并没有固定的模式，要根据采访对象的特点和报道要求而定，但一般应包括采访时间、内容、地点、人物等方面的大致安排，力求务实和可操作。特别是如果被报道的新闻事件音响丰富，那么做准备工作时，就应大致估计一下，哪些音响是不能遗漏的，要注意录好；要考虑采用什么样的方法去录；哪些是可以自己完成的，哪些是需要别人协助的，事先要做好分工，做到心中有数。这样，万一现场情况临时发生变化，记者也能做到处变不惊、随机应变，不至于手忙脚乱、顾此失彼。

在设计采访问题时，要根据采访方式的不同进行设计。脱机采访，与报刊文字记者的采访方式并无区别，这里不再赘述；而带机采访，则不仅要注意问题的内容，还要仔细设计提问的方式。因为记者的提问有可能会被编辑到节目当中，而采访者和被采访者之间的交流的状态及其态度、表现等，也都是传达信息的要素，在特定情况下，被采访者含糊其词或沉默不语，或许正是采访所需要得到的最佳传播效果。因而，在脱机采访情况下不必顾忌的传播效果问题，在带机采访状态下则必须加以高度重视。具体来说，有这样一些基本的原则是要共同遵守的：

一是提出的问题与采访报道内容要有必然的联系，记者要始终掌握话题的主动权，将访谈的内容控制在采访报道题目的范围内，不能信马由缰，漫无边际。

二是记者提出的问题应该是被采访者能够准确无误地理解的。如果提出的问题含糊不清，意思表达不明白，被采访者就会被置于难以回答的尴尬境地。

如：奥运会羽毛球赛张宁夺冠后，绕过了女单主教练唐学华，先跟总教练李永波拥抱，主持人刘建宏在后方直播厅立刻问张宁父母："看着女儿和李永波拥抱是什么感觉?"

又如：2007 年大阪田径世锦赛上，刘翔夺得 110 米栏金牌，央视记者冬日娜问刘翔："你比赛服的号码是 441，4+4+1 等于 9，今天你又在第 9 道，是不是这次 9 是你的幸运数字?"刘翔茫然，答："不是啊!"

这里虽然举的是电视台记者、主持人的例子，但是于电台记者、主持人来说，道理是一样的。

三是记者提出的问题应该是受众能够准确无误地理解的。如果记者与被采访者的交谈多是专业术语，那普通受众听起来就会莫名其妙，即使采访内容再深入、再新奇，也很难收到好的传播效果。因为毕竟采访的目的不是交流，而是传播。

(2) 机器设备的物质准备

除了资料等充分的案头准备，对于广播记者进行音响报道来说，还有一个重要的准备工作，就是设备的准备。

设备的准备要做到"全"和"好"两个字。

"全"就是指设备准备要齐全。采录音响报道，现在要准备的机器设备一般包括采访录音机、话筒、话筒连接线、话筒支架、电池等，必要时还需要准备电脑、移动硬盘、电话（手机、海事电话、卫星电话等）、无线网卡等。有条件的话，这些机器设备最好能带备份，特别是大型活动场面，一般要多带几台采访机，多带几支话筒，防止机器临时出问题影响整个采访。

2008 年，中央人民广播电台曾先后派出三名记者到境外跟踪报道奥运圣火传递的盛况。采访报道的物质保障在整个报道过程中起了很关键的作用。记者王磊曾回忆说："本次圣火境外传递过程经过国家和地区多，移动通信环境复杂。面对不同通信环境下连线和传送稿件的要求，中央人民广播电台的技术部门和前方记者一起制订了多种通信预案。连线多采用手机，在手机信号差或者国内手机漫游无法实现的情况下（如朝鲜）使用卫星电话。由于火炬传递始终在移动中进行，而且飞机起飞距离传递结束时间较近，记者采访之后的录音素材多数通过无线上网卡（GPRS 或 EDGE）在第一时间实现。飞机起飞前没能够传送的官方信号，只能等到飞到下一个城市入住酒店之后依靠酒店宽带网络进行，连线和音频稿件的传递基本顺畅。由于准备充分，前方记者始终和北京保持通畅的联络，不论当地的通信条件如何恶劣，始终能够通过连线进行报道，通过网络及时发回采访的录音素材。”①

此外，在进行突发性事件、灾难性事件报道时，还要考虑记者、编辑日常生活的物质准备。

“好”就是指准备的机器设备要完好。记者应了解、掌握录音机、录音技术，而且在每次采录之前，还要了解一下所用录音机的性能。在出发采录之前，应逐个检查所有机器的工作情况：录音机运转是否正常，带速有无问题？话筒是否灵敏？话筒线是否完好？插头和连线是否适用？电池是否已充电？电池、存储器是否够用？等等。任何一个细节的疏忽都可能造成录不上或是录音效果不理想的问题，给工作带来不可弥补的损失。

（二）音响采录的基本要求和方法

1. 认识音响采录的基本设备

（1）采访录音机

● 磁带采访机

早期记者在采访时大都使用磁带录音机。磁带录音机是利用电磁转换的原理进行声—电—磁的转换。1935 年，德国通用电器公司制成了最早的磁带录音机。20 世纪四五十年代，发明了塑料带基磁带并获得广泛应用。六七十年代，磁粉的研究取得了很大进步，相继出现了铬带、钴带、铁铬带。70 年代后期，磁带录音机最常用的是铁带，又称“普通带”。

磁带录音机有开盘式与盒式两大类。开盘带采访机（图 6—1），业内称之为“背包机”。其特点是录音效果较好。但由于体积较大，携带不方便，所以随着小巧的盒式磁带采访机的兴起而逐渐被淘汰。

盒式磁带采访机由于是袖珍式的，记者外出采访携带较为方便；但录音效果却不是很好，清晰度不够，底噪大，只能满足一般的语言类采访。20 世纪 80 年代以来，人们开始将数字技术应用在传统磁带录音机上，使得磁带录音机不得不被市场淘汰。

● MD 采访机

这是一种使用 MD（MiniDisc，迷你光盘）、可重复刻录的准数字采访机。它是 SONY 公司于 1992 年正式量产上市的一种音乐储存媒体。MD 采访机既具有 CD 的音质和长期保存性，又具有卡带的可录可抹性，是集磁、光、电、机于一体的高科技产品。MD 机起初并非为广播而用，而是 walkman（随身听）的替代品，但由于它轻巧便携、录制方便，有强大的编辑功能，价格上又具有优势，被认为是高品质音频记录的工具，因而逐渐成为广播记者的首选。

按功能，MD 采访机可分为播录型 MD（带有磁头和激光头）和单放型 MD（只有激光头）。

---

① 王磊：《北京奥运火炬境外传递跟踪报道回眸》，载《中国广播》，2008（6）。

图 6—1　国产 610 开盘带采访机

曾经广泛使用的 MD 采访机，因其内部独有的 ATRAC 压缩方式、与主流音频工作站 MUSICAM 编码标准所不同的压缩算法，导致了在录音及上传过程中多余的重复编解码过程。这不但影响了音频品质，而且 1∶1 的拷贝速度还浪费了使用者宝贵的时间。因而在历经数年的运行之后，MD 采访机在广播中的使用已越来越少。

● 数字采访机

普通磁带录音机采用声音的模拟信号处理技术，存在着易产生幅度失真、信噪比低、声音记录存储的动态范围窄等不足。而各类数字化音频设备（图 6—2），包括数码录音机、MP3、MD 等，它们的共同特点是存储的是数字音频信号，音质优于模拟信号，同时易于在各类媒体间传递和进行后期编辑。数码录音机主要有 DAT 和 DCC 两大类。

图 6—2　数字采访机

数字音频磁带机 DAT（digital dudio tape）是以磁带为存储介质，主要用于专业录音的一种数字录音装置，采用了同录像机（VCR）相似的旋转磁头。

数字盒式磁带机 DCC（digital compact cassette）是使用与盒式磁带规格相同的磁带记录信息的数字录音机，与普通录音机具有半兼容性，音质听起来已跟 CD 接近。

（2）传声器

传声器即话筒，也称“麦克风”（microphone），是将声音信号转换为音频电信号的拾音设备。

话筒的种类很多。按工作原理，可以分为电动式话筒和电容式话筒（图 6—3），电动式话筒又分动圈式和铝带式两种。按信号的传递方式，分为有线话筒和无线话筒；按话筒的灵敏度方向性，分为全指向性、双指向性和单指向性话筒；按声道数，分成单声道话筒和立体声话筒；按信号的处理方式，分为模拟话筒和数字话筒；等等。

图 6—3　SONY 907 电容式话筒

● 动圈式话筒

动圈式话筒不需要外部供电，一般灵敏度不太高，适合在比较嘈杂的环境下使用。但需要特别指出的是，动圈话筒多数为单声道话筒，适宜于拾取语言信号，如会场扩音、专业录音等。

● 电容式话筒

电容式话筒需要外部供电，灵敏度较高，频率特性好、失真小、音质好，适合在较为安静的环境下使用，可以在较远的距离录取到被采访对象的声音。缺点是有时底噪会太大；另外还要经常检查电池的电量，电量低时会出现噪音。

● 机身自带的话筒

机内话筒的档次一般不高，灵敏度一般，适合语言录音。利用机内话筒录音时，应使声源对准话筒，并调整好声源与录音机的相对距离。此种方式录制的节目，往往噪音较大，音质不好，容易录到机子本身的机械噪声、手与外壳的摩擦声等。

根据使用的话筒的不同，音响采录方式可分为机内话筒录音和外接话筒录音。机内话筒录音就是用机身自带的话筒直接录音；外接话筒录音就是将一外接话筒的插头插入录音机上 MIC 插口，机内话筒即时断开，话筒远离录音机进行录音，可有效避免录音机的机械噪音。采录音响时选择什么样的话筒，要根据使用的场合和对声音质量的要求合理选择。如果在较小且安静的空间录制采访类的内容，则应选择无指向性或双指向性的话筒；器乐演奏的拾音应优先选择电容式话筒或高质量的动圈式话筒；录制小提琴、小号等乐器演奏，则应选择高频响应好的话筒；录制交响乐或街道、大自然等外景的现场效果声，则要选择频段响应范围宽的话筒。

（3）话筒连接线

话筒与输入设备之间的连接必须用音频屏蔽线。一般话筒可采用单芯金属屏蔽线；高质量话筒应选择双芯金属屏蔽线，双芯金属屏蔽线抗干扰能力强，可进行远距离信号传输。高阻抗话筒输出时输出信号较强、对放大器的要求较低；但如果传输线过长，则易受外界干扰，引起交流声并使高频严重衰减，故通常传输线长度不超过 5 米。低阻抗话筒的信号输出通常借用卡侬插头进行平衡连接，抗干扰能力强，连线可长至 10 到 30 米。

2. 采录的基本方法

（1）传声器（话筒）固定方法

● 手握话筒

用手拿话筒的缺点是易产生摩擦杂音，而且手拿不稳，连接线容易晃动，与采访对象的距离也难固定。所以最好拿块绒布垫在手上，这样能消除很多噪声。话筒连接线如果太长，可折几折握在手里，不要随意抓着或任意甩动连接线，否则会产生咔咔的响声。

● 台式支架固定

这种录音方式下，人在桌子上下的动作所产生的声音都会通过支架传入传声器，而且放稿不方便。因此，可在话筒支架下面垫上橡胶垫，这样容易固定，也可以减少震动。

● 落地支架固定

采取这种固定话筒的方法来录音，改变角度比较方便，放稿也方便。同样，可在话筒支架下面垫上橡胶垫，以减少震动。

● 吊挂式固定

在播音室内可用绳三点固定，外出则可用长杆吊挂话筒，由专人把持。这种话筒固定方法可避免外部震动，也不影响放稿，是较好的话筒固定方式。

（2）基本录音方法

● 单点录音法

这是用一个传声器在一个点上录音的方法，是最简单、最基本的录音方法。大多数音响报道的采录都是使用此法。一般用于声源较完善的录音场合。

● 主辅录音法

这是有多个话筒在同一个现场同时录音，其中一个为主传声器，其他即为辅助传声器。主传声器担任主录任务，负责录制主要的音响；辅助传声器则用于弥补声源个别部分电平的不平衡，或是同时采录环境音响。

● 多路录音法

这是用多个话筒在现场多点录音。可以采录到较大现场各处的声音，如大型座谈会等。多路录音能使在各个方向上发言人的声音很清晰、平衡地录下来。

（3）几种典型场合的音响采录方法

第一类，谈话录音。

在采录谈话时，首先应考虑的是清晰度。说话声具有音量小、方向性强的特点，清晰度好是绝对要求。

因此，从环境选择的角度来说，谈话录音要求环境安静。如果是在室内录音，最好无杂音，隔音好。录音地点不要选择反射音多的场所，比如不选择空荡荡的房间，尽可能不选择靠马路的房间；如果一定要用，要把屋内的窗帘拉上，以防止外部声音混入，同时减少反射音。

从话筒的摆放来说，录制和采访在办公室的单个人，通常以选择清晰度高的单指向性话筒为宜；而在采访当中要反映环境气氛时，可选择全指向性话筒。

● 位置

室内：这是最容易采录的场所。要选择靠近墙角、离墙约 1 米的距离，这样可以避免说话人背后墙壁的反射声。切忌把话筒放在房间的中央。

户外：尽量避免靠近一些噪音太大的地方，比如装卸中的货车、空调机、电机等。如果不是太嘈杂的街道，一般都可以顺利地采录到声音。如果是较嘈杂的场所，如农贸市场，可以让谈话人背向噪声声源方向，用后背挡住强噪声；话筒可以放得近一些。

话筒或采访机拿在手上，位置应在两人之间，高度应在胸部左右，尽量不要动来动去。手上不要拎塑料袋子之类容易产生噪音的东西。

尽量不要用手一直拿着话筒，那样容易采录到手上的杂音。也不要提问时把话筒放到自己嘴边，被访者回答时再“捅”到人家嘴边。可以固定放在两人中间或侧面的桌子或椅子上。

话筒不要靠近扬声器或对准扬声器，应放在扬声器的后面或侧面，以免引起刺耳的啸叫声。

● 距离

在使用话筒时，常发生话筒的“噗”声情况，人们称为“喷口”。这是采访者由于担心采访时录音电平太小，而把话筒伸得距离讲话人的嘴巴太近所造成的，结果录制的声音反而失真严重。“噗”声是人发声时气流和话筒的声轴完全对直冲击话筒振膜时所发出的。通常“噗”声都不能引起大家的足够重视，但足够对节目声音质量造成影响。

为避免这种情况发生，在使用话筒时应将话筒离开说话人嘴部 16～19 厘米，并使气流和话筒声轴稍微偏离一个角度，通常应偏离 9～16°，或者在话筒上加上一层薄的防风罩，以缓冲气流量。

● 音量

在不需要考虑话筒型号与使用方法等因素时，电平宁小勿大。小了，还可以调大；但如果大到失真了，就没辙了。一些喷音和风吹到话筒上的“噗噗”声，只要没失真，都能在后期进行处理。

● 角度

话筒指着嘴，但别正对着嘴。就是说可以从侧面、下面、上面等方向斜着指向嘴巴，而不要放在嘴巴的正前方，这样可避免嘴部的气流直接冲击到话筒振膜上。

在一些采访话筒，如 SONY907 采访话筒上有 120°/90°的切换开关，可选择 L、R 两个声道的有效拾音角度。在录音环境安静、场面较大时，可以选择 120°；环境较嘈杂，采录的音源又不是太宽的时候，可选 90°（图 6—4）。

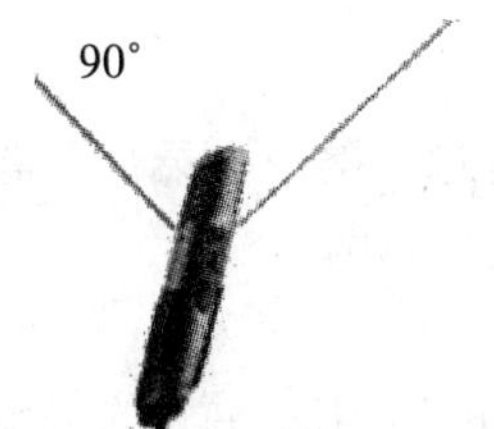

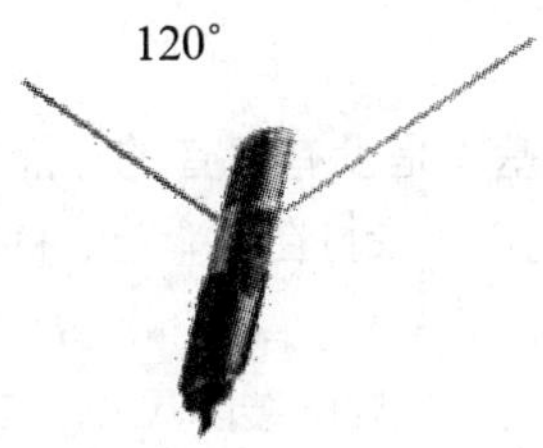

图 6—4 话筒拾音的角度

● 避震、防潮、防风

话筒在使用中应防止敲击或跌倒，不要用吹气或拍打的方法试音，以免损坏内部的振动薄膜；若话筒本身有防风罩（通常是海绵或皮毛制成的），在使用中要正常配戴，以保证音质；日常存放要注意防尘、防震。

外出录音遇到刮风，要注意话筒的防风处理。有条件的可以配备专门的采访话筒防风罩；没有的话，可以用手绢、棉布、海绵等包裹话筒头。

第二类，会议录音。

广播记者如果要对会议进行音响报道，那么一进入会议现场就要寻找有利的录音位置来安置话筒，或摆放采访录音机，用耳朵辨别出哪里的声音音质、音量适中，噪音干扰较小。

● 无扩声的小型圆桌会议（座谈会）

可以把话筒放置在桌子中间，话筒的有效指向端朝向主发言人或者会议的组织者（主持人）。注意，话筒在放置到桌面上时，下面尽量垫上一块手绢或小毛巾，以减小发言者放水杯、书本以及肘部搁在桌面上的固体噪声。

● 有扩声的大型会议

假如可以在主席台上摆放采访机，最好放在台面上，而且最好是放置在台面的中间位置，或者在前排录发言者的直达声。这样放置采访机的缺点是，如果现场其他位置还有人发言则往往录不到。这时候就应另有采访机采录，一台机器则往往会顾此失彼。

也可以在扩声音箱前面找个适当的地方，拾取音箱的声音。这样做的缺点是，如果扩音设备自身质量不好，声音有些失真的话，那采录就会受到连带影响。

如果会议的场面过大，就应该使用多路录音的方法，用多个话筒，使用录音采访车，多人集体采录。当然，在采录时，除了典型声音要清晰突出之外，还要注意各种声音应丰富但不混杂，远近有层次，长短有比例。

第三类，音乐录音。

采录音乐时，要将话筒放置在乐队各种声源比例平衡之处，一般是在乐队指挥的后上方；还应放置在声音直达点和反射点的比例合适之处；距离声源也不太远，以免出现双音。

采录体育场内合唱音响时，最直接的方法是拾取扩音音箱的声音；如果没有合适的扩音音响，可以接近站在一起的某几个合唱成员。

第四类，自然音响的采录。

自然界的声音听起来浑然天成，但采录起来却往往不是很容易，需要我们掌握一定的技巧。

● 雨声

蒙蒙细雨基本是没有声音的；而中到大雨，如果是对着空中去录，则常常是“白噪音”。因此，可以采录打在雨伞上、树叶上、铁皮屋顶上的雨声。

● 风声

采录风声时，一要配装防风罩，二可在与风向形成90°至180°夹角的范围内录，也就是顺风收录。不要顶风或逆风采录，那样风吹话筒，会形成“噗噗”声。

● 流水声

小溪的流水声音量较小，所以要把话筒放得近点；如果水的“潺潺”声不是很明显，录时可以选择有石头的地方或是水流转弯处。

● 野外自然声

野外自然声多数情况下是风引起的空气流动声，混响极少，甚至没有；但有些野外声音属于回音，如雷声在云间回响，鸟鸣在山间回荡等，此时采录的音响应注意远近、强弱的变化。

● 火车声

在火车站站台上采录声音时，应将话筒放在离电铃和广播喇叭较近的地方，在这里可以采录到列车开车后速度逐渐加快的声音、列车开车前的铃声和广播声；另外，不要离火车太远，以免录进太多其他声音。

在路途中采录火车通过的声音，可选择铁路道口处，那里的声音比较丰富，可以录到列车到来前的警铃声，以及火车由远及近、再由近及远的通过声。录时，话筒可用手拿着，与列车行进方向成90°或顺着列车行进的方向，距离火车几米到十几米的地方都可以。

在车厢里采录列车行进的声音时，最好在两个车厢的连接处录音，可录到清晰的车轮声和火车连接处机械的摩擦声。

● 市场

农贸市场里音响一般丰富而嘈杂，采录音响时，可接近某一有特点的叫卖人，让其声音做主声源，其他声音、杂音做背景声。

● 路口

体现十字路口的声音主要有红绿灯变换时汽车停下和启动的声音、车辆驶过的声音等。采录时，可站在十字路口的旁边，手拿话筒，话筒高度应与人耳接近或略低一点。

第五类，体育现场的采录。

体育音响大体可以分为室内音响和室外音响两大类。

● 室内音响

可分为球类比赛音响和非球类比赛音响。球类比赛由于受项目特点、比赛地点条件和比赛规则的限制，场地相对集中，音响源相对固定，音响持续的时间长而且稳定。主体音响和观众席上的背景音响都较有规律，随着比赛的激烈程度，现场音响也随之起伏，易于掌握。非球类比赛，如游泳、跳水、体操、举重等，多是个人单项比赛，其音响持续时间相对较短不稳定，因而较难掌握。多数情况下，这类的比赛音响只能是录一些现场观众的欢呼声、加油声，项目本身声音小，没有多少音响可录。

● 室外音响

可分为室外固定体育场地音响和不固定赛事场地音响。室外固定体育场地音响主要包括足球、田径、大型团体操表演和大型运动会的开幕式、闭幕式等现场音响。足球场场地大、田径场项目多，现场音响都很难反映其典型特点。最能反映主题特点的就是大型运动会的开幕式和闭幕式的音响了。这种现场主题突出，音响持续性长，背景音稳定，是进行现场报道的最佳环境。

室外不固定赛事场地音响包括自行车、摩托车、汽车越野赛、马拉松、滑雪、登山等体育运动的现场音响。这类比赛由于距离长，运动本身声音小，现场音响不容易获取。最能体现越野车类特点的音响，无非是发车时裁判的发车口令和汽车、摩托车冲出起点、冲过终点时发动机的轰鸣声。

第六类，暗访。

暗访，也称“隐性采访”，是指记者在不暴露自己身份的情况下进行的现场采访。对于广播记者来说，采用隐性采访形式有一定优势，特别是在进行批评报道的时候，广播记者往往能采录到比较真实的音响材料，使整个报道更具说服力。但是有时这种采访也有一定的风险性，所以广播记者需要掌握一定的暗访技巧。

● 方法一

可以用内置话筒，开机后把采访机放在衣服口袋里或较薄的手袋里，也可以放在手机套里，别在腰间。注意，为了避免因身体挤压造成采访中途停机，应将采访机侧面的锁键盘功能（hold）键推上。如果要放在衣服口袋里，尽量不要穿化纤类面料的，那样容易产生刷拉刷拉的响声；衣袋、手提袋里也不要同时放容易产生杂音的东西，比如塑料包装袋、化妆盒、成串的钥匙、硬币、手机等。这种方法的缺点是走动时会有响声，所以适合在室内坐下来时使用。

● 方法二

采用微型话筒，将话筒藏在上衣袋口、手提袋拉链外。如果没有这种微型话筒，可以用手机话筒等改造，甚至可以用一般的耳机，插在话筒输入口上来使用。现在人们身上挂个耳机什么的一般不会引起对方怀疑。但这种方法远距离效果较差。

● 方法三

用采访话筒或内置话筒都可以，把话筒或采访机用胶布绑在手臂上，外面穿棉质长袖外衣。用话筒时，采访机可以放在裤兜或腰间。应注意：用外接话筒时，话筒线与采访机的插头处要用胶布固定，避免中途松脱，或出现杂音；把采访机绑在手臂上时，屏幕一侧朝向胳膊，以免屏幕的灯光从衣服袖子处透射出来。

3. 常见的录音问题及处理技巧

音响报道要发挥其生动传真、感染力强的优势，让人能听清音响内容是基础。声音的清晰度是针对听者对某一声音的辨别程度而言的。记者采录的音响必须与录音对象本身的声音特征基本一致，或者说要基本保持所录声音本身的特征，即它所特有的音质、响度和音调，以及人们收听这种声音习惯的方位感、空间感等；如果其间的差别很大，如会场热烈的鼓掌声听起来像哗哗的流水声，运动会上发令枪声像拍巴掌声等，那就是失真。这是最常见的录音问题。

影响采录声音清晰度的因素主要来自几个方面。

(1) 来自采录场所的干扰

首先是录音现场的混响情况。录音房间的混响时间对音质有很大影响。混响时间即声音在室内物品多次反射到达听者处的时间。混响时间太长，声音“空”，混浊不清；混响时间太短，声音“干”而乏味；混响时间长短适合，声音清晰明亮，丰满浑厚，感染力强。对于混响的干扰，可以通过开、闭门窗，采用强吸音材料（多孔吸音板、地毯和厚重的门帘窗帘等）来进行调整。

其次是现场存在其他声源的干扰。现场如有较多的其他声源，肯定会对采录形成干扰，影响采录主体音响的清晰度。但对环境噪声，我们要有一个正确的认识。

第一，新闻采访不同于一般的文艺作品，有一定的环境背景，才更有真实感。尽管现代音频技术可以把底噪声清除或大部分去除，但往往会引入新的噪声和失真，或者去得太干净反而失去了新闻的现场感。所以，前期录音时，要注意语言和环境背景的声音比例，要在保证主体语言突出的前提下，尽量保持一定环境声。

第二，在较为平稳连续的噪声环境中，可以单独录一段纯粹的背景声，最好不要有人声混在里面。一来可以为后期降噪保留一些噪音样本；二来，有时还需要用这样的底噪混在一些没有底噪的采访中，以实现剪接的平滑过渡以及采访段进点、出点的淡入、淡出。

第三，为了减少环境声对采访声音的影响，应尽量录成立体声的。

(2) 来自录音主体的干扰

除了环境影响外，发音体自身也有一些因素会形成干扰。对于语言采录来说，发声主体即说话人除了其发声的频率高低、响度大小、音色是否圆润悦耳等发声条件影响到录音效果之外，其他一些因素，如有无地方口音、口齿是否清楚、表达是否流畅连贯、语气是否丰富生动、语言是否通俗易懂等，都会影响到音响的清晰度。

(3) 来自记者采录的干扰

出现声音失真情况的原因还有采录的位置、角度不合适。有的时候，记者总是担心声音录不下来，把话筒或采访机摆得距离声源太近了，反而造成声音变形。适当的距离是保持声音传真的第一要求。第二要注意话筒的高低左右的位置，一个声音在不同位置角度听起来音色差异大了，就会影响到音质。第三要注意把话筒或采访机调校到音色饱满、圆润的位置，以便采录到高质量的真实的音响。还有一点需要注意的就是话筒或采访机的固定问题，如果固定得不好，或者固定处出现其他不必要的噪音，也将会极大地影响采录效果。

(4) 来自设备的干扰

录音设备不良，如采访机或话筒的性能不好、杂音太大，也有可能造成声音走样、失真，录出来的声音时大时小，时慢时快。

有些录音机有录音电平指示表。录音时，表头指针指示录音电平，即送给录音磁头线圈的音频电信号强度。通常，表针不超过 0 或不到达红线（或绿线）区域，工作正常；当声源离采访机近时，录音电平高，信噪比好，即声音信号与噪声信号的强度比高，但失真增大；声源离录音机远时，录音电平低，失真小，但信噪比差。所以，从录音电平的角度来看，宁小勿大。

二、广播新闻的采访

通过问答的方式从知情者口中获得与报道相关的信息，是记者常用的信息收集方式。国外新闻学者杰克·海顿曾说，大约有99%的新闻是部分或全部以访问——也就是向人提问题——为基础写成的。这说明了访问这一采访形式对新闻报道成败的重要性。

对广播记者来说，访问这一形式更是有着与文字记者采访活动相区别的特定内涵。在广播的采访中，记者和采访对象形成直接交流访谈的格局，记者与采访对象的访谈内容以有声语言为符号，直接或剪辑复制后出现在广播节目中。文字记者的访谈在新闻稿件中通过文字符号来表现，因而他们采写的稿件推敲修改的余地相对来说比较大，因此一般来说比较精练；而广播记者与采访对象的访谈在传真、传神、传情的程度上，往往是文字不可比拟的。①

在音响报道过程中，如何做好采访呢？除了前面所述的进行充分的前期准备和问题设计以外，还要在采访对象的选择、采访环境的选择、采访方式的选择以及随机应变的现场处理等各环节、各方面都处理得当。

（一）选择合适的采访对象

采访首先要确定被访问者。广播记者要善于发现、选择合适的谈话对象，这是访问谈话成功的基本条件。完成一篇新闻报道，可能要采访许多人物，但并不是所有的被访问对象都有必要在音响报道中出声。什么样的人最适合作为被访问者呢？根据传播目的的不同，选择的标准也不一样。有的被访问者由于掌握着核心的新闻信息，是无可选择的、唯一的被访问对象，如某机构组织的新闻发言人、新闻事件中的唯一新闻人物、唯一当事人、唯一现场目击者或知情者、灾难的唯一幸存者等；然而，在许多情况下，被访问者是可以被选择的。

总体概括起来，合适的访谈对象就是那些大家愿意倾听、为广大听众所关心、关注的人物，或者是对听众所关注的问题了解透彻、其发言有权威性的人。选择的思路有两种情况：一是因事选人；一是因名选人，包括因新闻事件而一时成名的人物，也包括本身名声在外的领导、专家、学者、演艺明星等。

1. 新闻事件的中心人物

这是指新闻事件的中心人物或一段时间内引起社会广泛关注的人物。如参与重大事件的代表人物或者组织者、领导者，像中国加入世贸组织的谈判代表；又如韩国前总统金大中和朝鲜前最高领导人金正日，因为韩朝会谈而成为世界关注的新闻人物。对那些重大的新闻事件，人们往往给予更多的关注；与事件相关的人物，人们想要更多地了解。对于新

---

① 参见曹璐、罗哲宇：《广播新闻业务（第2版）》，65页，北京，中国传媒大学出版社，2010。

闻事件的中心人物的访谈，有助于听众更深入地了解新闻事件及相关材料。对这类人要抓住时机及时采访。他们的讲话引人注意的程度是与新闻事件发生的时间是联系在一起的，时过境迁，错过了报道时机，就不能引起人们强烈的兴趣了。

2. 新闻事件的当事人

这是指新闻事件的直接利益方，比如案件的受害人、灾难的幸存者等。当事人的视角是别人所不可替代的，其切身体验是别人所无法代言的。

3. 新闻信息的知情人

在无法采访到当事人的情况下，采访对象的选择可以以新闻事件为核心向外辐射开来，如现场目击者或知情者。特别是在突发事件中，这些人往往是在记者得到消息赶到现场之前就率先到达的，他们能提供最接近事实的信息，因而也是被采访者的当然人选。需要注意的是，在知情人当中，应当优先选择那些没有利害关系因而更能讲真话的人，如儿童、目击的路人等。

4. 与新闻事件有相似经历等相关性人物

这主要是从传播效果出发所作的选择性考虑，目的是加强受众的认同感，增强传播效果。例如，假设在某次空难中没有幸存者，记者就可以选择在其他空难中的幸存者作为采访对象，从其口中了解相似的问题。

5. 权威人士

相关专家、政府官员等，因自己的特殊地位而使谈话具有特定的代表性、权威性，能提供相对权威与独立的见解，也容易引起听众的关注。

6. 典型人物

这些先进典型人物是在各条战线、各自岗位上做出突出成绩的工作者，他们并非因新闻事件，而是因作为社会价值的集中体现者而为世人所瞩目。

7. 选择最好的合作者

对于广播音响报道来说，采访对象除了要符合一些基本的要求，还要能说、能说好并愿意说。

(1) 善于表达

因为是广播音响报道，采访对象应有较好的语言表达能力，能较清晰地说明被访的内容。这就要求被访者要有较强的阐述问题的能力、话筒前从容不迫的本领。如果表达能力不尽如人意，记者应该尽量帮助、提醒。有的实在是表达困难，同时又不是关键人物，就要考虑换人了。

(2) 能较好地说普通话

采访对象应使用规范的语言，最好是会说普通话，较少地方口音。当然，不会说的，只要是事件的核心人物，也不可更换，记者必须采访。采访时，记者首先自己要听懂谈话内容，然后要用一定的处理方法，如重新配音、记者旁白等，来弥补这个缺陷。如果不是核心人物，方言太重的，就要考虑换人了。

(3) 较少不良语言习惯

要尽量选择没有语言或行为上的不良习惯的采访对象，如有过多固定的口头禅，或总要发出特别的声音等，这会干扰收听。除非不得已，否则不要选择这些人作为访问采访对象。

(4) 愿意合作

采访对象要愿意与记者配合、愿意谈论记者采访的内容。因为采访对象如果对记者的观点、主张不同意，勉强作答，那他的回答往往就会不连贯、不流利，从其语言和语音语调中听起来也不可信；所以不如放弃这种人，另外找那些观点一致者，使采访容易成功。但如果采访对象是新闻事件的重要知情人，即使他有顾虑或不够配合，记者也应努力打消对方顾虑，循循善诱，力争形成良好的访问气氛。

（二）创造良好的谈话条件

音响的采录有一次性采录成功的特点。很多广播记者都有这样的经历：由于机器故障等原因，第一回采录没能成功，第二回再去录，采访对象便再也没有了当初的饱满情绪。去的次数越多，情况会越糟。所以人们有了经验：如果必须去第二次，干脆换一个记者。

为了能保证一次性成功采录音响，就要讲究访谈的技巧。

1. 选择恰当的访谈时机

采访对象因社会角色、思想感情、生活方式等方面的差异，对记者的采访，反应是不一样的。记者要以采访对象感到方便自如为出发点，在约定采访时间、地点时尽量尊重采访对象的意愿，在不影响时效性的前提下，使采访对象乐于配合并主动投入记者的采访活动。当然，事与事之间存在差异，访谈时机的选择没有一定的规律，需要记者细致观察、精心选择。

首先，从新闻事件发生发展的角度来看，一些完美的音响一般都是在事物发生某一新变化时开始采录的，因为只有在这种时候，人物的心情表达是最具典型性的。在整个事件发生过程中，一旦有发展的转折点、有特点的瞬间或发展的高潮点，都是谈话采录的最好时机。

如果事件已经过去了，也得争取在事件仍然新鲜的时候就适时采访；否则的话，越往后，采访对象对事件的新鲜感没有了，谈话就不那么吸引人，而且还有可能看法发生了转变，已经没有第一反应的真实了。

其次，从被访人的角度来看，要选择他情绪较高、愿意交谈的时候来进行采访。比如，去采访的时候，可能采访对象正因某件事而发火、懊恼，情绪低落或不稳定，这时候去采录音响显然不合适；如果他刚刚打了一场胜仗，十分兴奋，此时去采录音响，与他一起分享胜利的喜悦，他有可能会敞开心扉，你的访谈或许有意想不到的效果。

再次，带机采访时要精心选择开机时机，不要因开机干扰采访对象的表达。过去记者在录音采访时，有一些程序化的准备工作：向对方交代注意事项，然后用话筒试音，确认机器没有问题了，就一点头或一招手，示意采访对象“正式开始”。其实这一套程序会一下子使录音气氛紧张起来，采访对象不但不会说得很自然、流畅，反而在人为制造的紧张气氛下难以进入佳境。正确的做法是，记者应事先准备好机器，到采录时不用打招呼，看谈话进入主题了，就悄悄地开始录音，把握时机，适时录音，减少干扰。

最后，很多采访，尤其是一些重要人物和场合的采访，还需要记者去发现和创造采访时机，而不是被动等待。2004 年春节前夕，中央电视台驻欧盟记者王银桩成功采访时任意大利总理、欧盟委员会主席普罗迪一事，便值得广播记者借鉴。2004 年春节前，王银桩了解到普罗迪大年三十的前一天晚上要到中国驻欧盟使团大使的官邸做客。这是普罗迪上任五年来第一次接受中国大使的邀请到大使官邸做客。这个信息表明，中欧关系已经开始进入一个新的阶段。王银桩立即向中国驻欧盟使团提出采访愿望，但普罗迪拒绝接受正式的采访，只是没有拒绝拍摄造访活动。记者并没有放弃，并请使团进一步沟通，请他通过电视镜头向中国人民问候新年。普罗迪高兴地接受了这种采访方式。而王银桩正是抓住这次机会，促成了对普罗迪的采访。王银桩在欧盟所在地布鲁塞尔驻站三年多来，比较有效地利用了中国春节这个由头，促成欧盟首脑人物连续三年通过中央电视台向中国人民拜年。①

2. 营造融洽的访谈气氛

在访谈采录过程中，要注意掌握与采访对象信息交流与情感交流的方法，营造良好的访问气氛，以消除对方紧张心理，激发交谈的欲望。正如前面所述，广播录音对采访对象会形成一定的干扰，容易引起心理紧张。这时候，记者除了在动作操作上不必有明显提示外，还需要会做心理调试的工作，善于抚慰、安定被访对象，用提问激发他尽早回归自然的状态。对于不善于和人交谈的采访对象，应多给予鼓励，可以先提一两个有启发性的问题，为采访搭桥，使对方渐渐进入话题；这一两个问题一般应较简单，有的能用在报道中，有的可能没用。对于不愿意接受采访的人，则应该以诚相待，讲清采访意图，使对方尽快消除顾虑。在一些批评性报道中，被访者可能极不配合，直奔主题的采访提问往往会激起被访者的对立情绪，这时候记者不妨以退为进，先放弃自己需要的提问，首先从对方的立场来考虑问题，等对方情绪平稳了，并在一定程度上和记者达成共识后，再逐步抛出问题。

要专心倾听采访对象的谈话，在谈话过程中要进行适时反馈，与采访对象平等交流。记者在采访过程中，应始终以普通人的眼光、以“平视”的角度面对被访者，不论是对普通群众，还是对政府官员，记者都应该始终保持平等的姿态与之坦诚交流。

应尽可能地消除现场的干扰因素。如适当减少采录人员的数量，在场者也应注意尽量减少自己存在的痕迹，话筒尽可能不要干扰采访对象与记者的交流视线，无线话筒的效果会更好。

---

① 参见王银桩：《驻外记者与采访国际政要》，载《中国广播电视学刊》，2008（2）。

还要注意选择采访对象熟悉的场所。有不少人在陌生的地方谈话很紧张，特别是那些性格内向、较少处世经验的人，会感觉不自由，过分拘束。因此，选择他感到熟悉、亲切、愿意交谈的环境，如家里、工作单位，可使他轻松自然。另外，有时当着在场的同事、家人，采访对象有些话不好说或说不出口，这时候，记者要能照顾采访对象的感受，一般应寻找一个相对安静，使谈话者能畅所欲言，又具有较好录音条件的场合，创造一种单独交谈的气氛和现场条件，使他有安全感。

如吉林人民广播电台播出的新闻访谈节目《一碗热馄饨，温暖众人心》（获得第 22 届中国新闻奖三等奖）。这期访谈节目的新闻事件是长春市一位行乞老人经常在一家馄饨小店吃饭时错把“游戏币”当硬币付钱，而店主始终没有拆穿他，坚持以热腾腾的馄饨维护老人尊严的感人故事。因为访谈主嘉宾馄饨店主不擅言谈，主持人特意把访谈地点定在了他熟悉的馄饨店里，也正因为如此，主持人的提问都得到了真诚、质朴的回答。

3. 记者应保持良好的态度

采访的成功与否、高下优劣，不仅取决于记者的提问是否到位，还取决于记者提问的态度。访谈中记者的态度会对对方形成影响，进而影响报道质量。

总的来说，记者在访谈中应该持以下态度。

（1）以诚相待

对被访人要友好互信，谈话中适当表示赞同以鼓励对方，建立相互信任、和谐融洽的气氛。

（2）积极热情

记者在访谈中应自始至终兴趣浓厚，积极热情，主动回应对方的谈话，形成共鸣。

（3）态度平和

尊重对方，态度谦逊，不乱插话，不抢话，不装懂。对于广播记者来说，不怕不懂，就怕不问，因为装懂往往会付出更高昂的代价，有时甚至是要适时地装傻，以引导被访者说出记者想要采录的内容。

（4）不掺杂个人情感

访谈中要冷静客观，在心理上要与对方保持一定距离，做到不卑不亢，既不盛气凌人，也不唯唯诺诺，不崇拜也不厌恶。这一点，在一些直播室请明星嘉宾访谈时，特别要注意，记者千万不要把自己置于粉丝或狗仔队的地位。

（5）穷追不舍

记者要始终牢记采访目的，围绕主题提问，要有一种不达目的誓不休的劲头，对关键问题要能穷追不舍。

（三）访谈中的若干提问技巧

音响报道的提问不仅要像之前讲的那样，要认真进行内容的准备，还要注意提问的语言、用词的选择。

1. 语言要规整

很多音响报道中，采访提问与回答一样都要出声播出。特别是那些提问中包含记者观点和提供对方背景内容的，这样的提问一般较长，记者要有一个叙述、阐述的过程，这时候语言要规整。其他提问，也要注意语言完整明确，不能用意会、省略的方法来表达。提问后，记者与采访对象的交谈不应有过多的应答，如“啊”“嗯”之类的声音，交谈中也不要插话，以免声音重叠，后期无法剪辑制作。

2. 提问要简洁

提问要简单明确，一次只问一个问题。如一次提问包含两个问题，其中一个等于没问，因为对方在回答时往往只回答其中一个问题，而且往往还是比较容易的一个。

问题要长度适中。一般情况下，问题越长，回答越短，问话长到一定程度就会使人很难回答，会“有去无回”。

一般不假设提问，对棘手问题更是如此，特别是对身居要职的采访对象，因为他们往往会拒绝回答这类问题。

3. 提问要具体

提问不宜空泛、笼统，要善于把一个问题分解为若干具体的小问题。尤其对于缺少被采访经验或不善言辞的采访对象，提问更应具体化。

4. 提问要有逻辑性

提问要由易到难，由近及远，由此及彼，由表及里，便于采访对象回答。

5. 提问要因人而异

访谈中，要根据不同采访对象的特点，设计不同的问题。特别是开头的提问，要因人而异。如对于非公众人物、与事实本身没有责任关系的一般群众，可以先提几个过渡性的问题，让他放松心态；对名人的采访，则可以从被访者最近的情况、活动入手，以拉近双方的距离；对批评性题材的采访，提问就可以开门见山，出其不意，在被访者仓促应对之际，抓住其真实的想法、情感和态度。

6. 提问要新颖

提问要新颖、有个性，尽量不要提老一套的问题。有些记者由于准备不足，提出的问题本身就含糊不清，令人无法作答；有的记者不分场合和对象，千篇一律地问“当时你是怎么想的?”“你感觉如何?”之类的问题，人家一个“很好”就会让记者无功而返。所以记者要多动脑子。

7. 问法应多样

在访谈的不同阶段，应恰当穿插不同类型的问题，如开放式问题与闭合式问题的穿插。正像原经济日报社总编辑艾丰所说，只提开放性问题的记者，是低水平的记者。

开放式问题是指记者仅提示某一话题或访谈的范围，让采访对象自由发挥、畅所欲言，如“您对这件事有什么看法?”等。对于社会经验丰富、善于表达的采访对象，或访问渐入佳境之后，可适当采用开放式问题。

闭合式问题是需要采访对象明确回答的特定的具体问题，甚至有的只需要回答“是”或“不是”，如：“这件事是什么时候发生的?”“您看到他是拿着枪吗?”等等。闭合式问题适合挖掘典型的情节、细节和核实材料，对于不善言辞的采访对象或访问的初始阶段，可适当采用闭合式问题。

8. 提问中不要包含答案

重要的事实、意见要让对方自己说出来，所以提问中不要包含答案，以避免对方仅以“是”或“否”来回答。只有在一些特殊的必要情况下，如重要的责任认定等，才可以提能以“是”或“否”来回答的问题。以冬日娜的采访为例，其一些经典的提问就犯了此大忌，如：“你是不是在比赛前对自己特别有信心?”“你昨天的比赛是不是感觉非常完美?”“经常参加国际大赛对提高你的心理素质是不是非常有帮助?”“你的教练是不是给了你很大的帮助?”“如果将来有新人上来，你是不是会更刻苦地训练?”“你得了冠军是不是特别高兴?”“请问这枚金牌对你来说是不是意味着一个新的开始?”“你在落后的时候是不是没有放弃?”“你是不是很感谢自己的教练和父母?”等等。这种独创的“是不是”体的疑问句，导致刘翔的回答总在“是是是……”或者“不是不是……”之间徘徊。这其中的教训值得广播记者吸取。

9. 适当沉默

哥伦比亚广播公司的资深记者华莱士说过，提一个巧妙的问题，在对方答复之后，停上三四秒钟，好像你在等待他再说点什么。对方会觉得有点窘迫，于是谈出更多的东西。①

思考题

1. 广播新闻采访有哪些特殊性?
2. 广播音响报道在题材的选择上有哪些要求?
3. 什么样的采访对象才是广播音响报道中好的采访合作者?
4. 结合所学的知识，选择一个主题，进行一次实地的广播新闻采访。

① 参见［美］约翰·布雷迪：《采访技巧》，113页，北京，新华出版社，1986。

第七章 广播新闻的文本特点及写作要求

本章学习要点

1. **了解广播新闻的文本特点**
2. **掌握广播新闻写作的基本要求**

依靠声音传播信息，是广播区别于报纸、区别于电视的一个最突出的特点。声音符号的转瞬即逝和听众的伴随性收听状态，形成了广播新闻特殊的文本写作背景。有声语言的不可见、不可逆、不易储存，要求记者时刻考虑如何在转瞬即逝的同步理解状态下，帮助听众瞬时理解领会甚至记住传播内容。由此，也就形成了广播新闻独特的听觉文本特点。基于此，广播语言具体应该如何写作，才能符合广播“听”新闻的要求呢？

总的要求，就是广播新闻要写“语”，而不是写“文”。

第一节 | 语言表达清楚明白，严谨规范

广播语言是介于口头语言与书面语言之间的一种交流性语言。这就要求广播新闻既要有有声语言通俗生动的口语特点，还要有书面语言的严谨、规范、紧凑的特点。

口语，就是接近生活，播来上口，听来顺耳，明白易懂，自然易记。声音是转瞬即逝的，听众如果有一个词没听懂，就会影响对广播内容的理解。同时，广播的收听对象很广泛，不论男女老少，不论文化水平高低，都是广播的收听对象。这决定了广播新闻语言只有通俗化、口语化，让受众听得见、听得懂，才能更好地起到广泛的宣传作用。而且作为一种大众传播媒介，广播的地域覆盖范围以及受众的分布非常广泛，规范化的语言表达，有助于消除地域差异所带来的信息解码误差。

显然，口语化和规范化是广播新闻写作所有要求中最重要的、也是最基本的两点。

一、用词要求——使用适合听的词汇

在广播新闻的写作中，要注意避免使用书面语的词汇，多使用口语词汇。

（一）多用双音词

书面语言和口头语言的一大不同就在于单音词和双音词的使用上。单音词是指在汉语中以一个字作为一个完整表义单位的词汇，双音词则由两个以上音节构成。单音词汇广泛存在于书面语、特别是古汉语中，但在日常口语中，大家更习惯听说双音词。这是因为，汉语中有很多音同字不同的情况，这样的字词写出来，意思表达很清楚，但读出来却不但拗口，还容易让人感觉不知所云。双音节词因为两个字之间可以相互说明、印证，不容易让听众因混听而产生误解。如书面语中说“我已吃过饭了”，口语中则常说“我已经吃过饭了”；书面语中说“我曾到过此处”，口语中则说“我曾经到过这里”等。

在广播新闻稿中常见的单音词应该改成双音词的有：

现—现在	今—今天	昨—昨天
前—以前	曾—曾经	已—已经
后—以后	时—时候	可—可以

即—就是	如—比如	但—但是
并—并且	或—或者	虽—虽然
因—因为	仍—仍然	

单音词改成双音词也要视具体情况而定，并不是所有词汇都要改成使用双音词，不能绝对化。很多使用已经很固定的单音词也不需要再改成双音词，否则反而很不自然了。如“他询问了孩子”，就没有说“他问了孩子”来得更自然、口语化。

（二）不用书面词汇

有些词汇，虽然是双音词，但并不是口语词汇，属于半文言，文白夹杂。对这些词汇要少用慎用，有相应口语词汇的就要选用其他口语词汇。这些词汇如：

如何—怎样	即将—就要	所致—造成
日益—越来越	宜于—适合	故而—所以
该—这个	分赴—分头到	是否—是不是
及—跟	与—跟	上述—上面提到
数日—几天	致函—写信	故里—故乡
系—是	日—号	建构—建设
为宜—比较合适	允许—让	参与—参加
与会者—到会人员	上述—上面这些	据悉—据了解

比如，在报纸的报道中这样说：“这次会议的主要议程有……”而在广播中同一消息则这样说：“会议的主要任务是……”

再比如，报纸新闻稿中这样写道：

> 部队出发了，副指导员检查纪律，楼上的东西丝毫未动，那只钢壳表依然放在桌上，滴滴答答地走着。

而广播新闻稿中写道：

> 部队出发了，副指导员检查纪律，楼上的东西一点儿也没有动，那只钢壳表还是放在桌子上，滴滴答答地走着。

两稿中，报纸的书面语与广播的口头语，其词汇使用上的不同是显而易见的。

（三）慎用简称

日常生活中，对一些较长的名词会采用简称，如“三个代表”“三贴近”“十二五”等。这些大家非常熟悉的事物，经过规范的在社会上具有通用性的简称略语，在不易发生歧义或是在特定范围内可以用简称，这可以使语言简洁、生动，不至于因句子过长，而显得啰唆、累赘。

而在事物不太熟悉，或者一些不同的名词可能会出现相同的简称的时候，就要用全称。如“广院”，会让人难以确定是广安门医院，还是广播学院；“人大”，指的是人大常委会还是中国人民大学；等等。遇到这种情况时，需要注意表达的语境，最好能在第一次使用时采用全称，然后再使用简称；或者在报道的开头和结尾时使用全称，中间部分使用简称。

对于那些只在局部地区或少数人使用的简称略语，如把“严厉打击现行犯罪活动办公室”简称为“严打办”，把“打击拐卖妇女儿童办公室”简称为“打拐办”，把“规划委员会”简称为“规委”，等等，这些人们不太熟悉或者尚未得到广泛认可的简称，应尽量避免使用。

再如“纪委”这一简称，用在报纸上，人们可以理解为纪律检查委员会。如果在广播里使用，听众的脑海里就会出现问号：是纪律检查委员会，还是经济计划委员会？抑或是计划生育委员会？稍一沉思，好几句话过去了，必然会影响收听效果。

（四）避免同音异义词

写广播稿件时，稍不注意，同音词就可能产生意义混淆，造成误听误解。在一篇通讯中有这样一句话：“每到三月桑事繁忙。”就有听众来信询问：“为什么每到三月就丧事繁忙呢？”一篇消息说：“我国青少年选手在梅纽音小提琴比赛中获得优异成绩。”就有听众问：“什么是没有音的小提琴？”

现代汉语中有许多同音异义词，有的意思相近，如：情谊—情义、权利—权力 、考察—考查等。这类同音词，因词义相近，如果听混了，只影响对词义的精确理解，大概意思还对，理解问题还不算大。

还有一类，语音相同但语义不同，各自表达一种概念，互相没有联系。如：沉寂—陈迹、清洁—轻捷、饭厅—泛听、终生—钟声、著名—注明、魄力—破例等。

这类同音词，如果听混了，会造成对语意的不理解或错误解释，给交流带来不好的影响。如“他是持不同证件者”还是“他是持不同政见者”，“我们正在对这个项目进行攻关”还是“我们正在对这个项目进行公关”，“我今天要去听越剧”还是“我今天要去听粤剧”，在这里，如果不对同音不同义的词进行解释，就会造成误解。

再有一类，语音相同，但词义却是相反或相对的。如：切记—切忌、全不—全部、偿命—长命、报酬—报仇、治贫—致贫、治癌—致癌、期中—期终等。

这类同音词如听混了，意思整个是反的，那问题可就严重了。如“这种食品吃了能致病”和“这种食品吃了能治病”，听众听完以后就不知道到底是该吃还是不该吃；“我要报仇”和“我要报酬”，更让人不知道是要钱还是要命。

所以，写广播新闻稿时，记者要注意选择用词，尽量避开可能造成同音相混的词。一是广播记者在写作时试着“听”一下所写出的语言，如果出现同音相混的词，不妨改改，如把“产品全部合格”改成“产品全都合格”，把“期终考试”改成“期末考试”等。

二是可以在稿件中用上下文来限定词的涵义，让听众在具体的语言环境中，联系上下文，正确判断词义。如权利—权力，可用正当权利、民主权力等。

三是对有些容易造成同音相混的词，还可以加以解释，说明是什么字组成的词。如："现在播送《十叟长寿歌》。叟是指老年男人的意思。"

（五）慎用代词

在现代汉语中，第三人称代词"他""她""它"，在发音上是完全一样的，如果在广播新闻稿中使用了多个第三人称代词，我们无法正确区分。即便是同性，当两个"他"或"她"同时出现在同一篇报道中的时候，听众很容易由听觉上的混乱造成理解上的偏差。

因此，广播记者在写稿时，使用代词时要格外注意，不妨自己先读一读，看看会不会带来理解上的问题。

（六）少用方言土语

方言是现代汉语的地域分支，只在一个地区适用。我国地广人多，方言现象很突出，甚至同一个省同一个市，不同区域的人语言也不一样，连交谈都很困难。一般来说，我们在写作广播新闻稿件时，并不完全排斥方言土语的使用，但要尽量避免使用。如果记者对报道使用的方言土语进行了大众化的解释，听众能够正确理解，还是可以使用的；而且如果报道使用的是听众耳熟能详的方言土语，还能够使新闻报道更加轻松活泼，容易让听众产生亲切感。但如果是听众不太熟悉的方言土语，如"旮旯""唠嗑"等，大多数人不这样用，那就会产生理解上的困难了。如："他老妈儿到部队来看他。"这句话，东北人听了知道"老妈儿"是"老母亲"，而某些南方人听了就会有理解上的歧义。

（七）尽量将数字具体化、 形象化

广播新闻中数词的使用很有讲究。使用数字对很多问题都有较强的说服力，但收听广播的听众无暇思索，所以新闻写作最好将一些重要的数字具体化，如："南海某岛在涨潮时的面积仅为 490 平方米，相当于半个篮球场大小。"这样人们就会有一个直观的印象。

（八）删除冗语

使用套语、多余的话、乱贴标签、说教的，在广播新闻中屡见不鲜，特别是一些地方台，此类现象还处于"当家"地位，没有引起足够的重视，以至于代代相承。诸如"在……的领导下""发扬……精神""为了……"。中央提出"建设社会主义新农村"思路后，广播新闻中只要与农村有关的消息就冠上"新农村"的美名；纪念红军长征胜利七十周年，就扣上"红军精神""长征精神"帽子；提倡树立"科学发展观"，许多经济报道也都贴上"科学发展观"的标签。那些缺乏信息的套话、多余的话、说教的宣传腔、"巨大""极大"等绝对话，甚至不吸引人的导语，都有可能让听众随时关掉收音机。

广播语言要简明、准确，那些重复啰唆的内容要尽量省去。如：女性少年，生存在下层社会的人，著名科学家、顶尖科学家、著名政治家，安全的避风港，重大成果（除非旁边还有一个渺小的成果），重要讲话，从来没有的第一次，等等。

（九）少用关联词

在书面语言中，会经常使用承上启下的关联词，例如："虽然""但是"，"因为""所以"，"不但""而且"，"与其""不如"，"于是"，"因而"，等等。这些词表达和强调上下句之间的逻辑关系。但在口头语言中，很少有使用关联词引导的复句，而是多用并列句；分句之间的关系是靠语调来表示的，省略去了关联词，反而更合乎口语习惯。如：

"因为你不去，所以我也不去。"改为："你不去，我也不去。"

"既然你一定要走，那么我也不强留了。"改为："你一定要走，我也不强留了。"

"由于这座水库位置较高，而且沟通官厅、密云两大水库，所以不仅有防洪、拦沙、灌溉、养鱼、发电、旅游等多种作用，并且还是合理调配首都水资源的重要枢纽。"改为："这座水库位置较高，它沟通官厅、密云两大水库，能够防洪、拦沙、灌溉、养鱼、发电，还可以发展旅游事业。这座水库是调配首都水资源的重要枢纽。"①

显然，去掉了关联词，没有了咬文嚼字的学究腔，句子之间的关系表达得也还是很清楚的。

（十）多用响亮的字词

字音响亮，声调和谐，这是口语化的又一个要求。广播语言是有声语言，字音响亮才能听得清楚，声调和谐才能扣人心弦。要做到这一点，就要注意把不响亮的字换成响亮的字。如：把"与"换成"和"，把"至"换成"到"。

二、句子要求——使用语法简单的句子

在句法上，口头语和书面语也有一些不同的用法。一般来说，书面语常常把相互关联的意思组成较为复杂的语句，附加、修饰成分多，复句多，句子较长。而口头语的句子则简短、结构单纯，附加成分少，复句比较短，基本成分相隔较近；即使表达较为复杂的意思，也是采用短句加短句的形式，很少用结构复杂的长句和关系复杂的复句。这是因为人们说和听的习惯。从说的角度来看，一面想一面说，要想迅速组织结构复杂的长句子是很困难的。一般广播新闻稿要念得通顺，每句平均约在 8 到 12 个字左右。从听的角度来看，

① 饶立华等：《电子媒介新闻教程》，160 页，北京，中国人民大学出版社，2000。

一般听众在收听 17 个词左右的普通句子时没有什么困难。

美国的专家学者认为，写新闻稿时使用的词汇，应以不超过初中三年级学生在课本中所读到的生字为原则。美联社曾经为记者提供了一个句子用词平均长度的表格，内容大致如下：

最易读的句子——8 个词以下；
易读的句子——11 个词；
较易读的句子——14 个词；
标准的句子——17 个词；
较难读的句子——21 个词；
难读的句子——25 个词；
很难读的句子——29 个词以上。

（一）用最简单的陈述句

广播记者在新闻报道时要使用简单的陈述句，尽快交代清楚“谁”“在什么地方”“干了什么”，可以使听众在最短的时间内掌握核心事实和观点，方便听众获知信息。早在 1947 年，新华总社对广播稿口语化提出的要求中就指出：尽量用简单句，文字广播稿中复杂句式要改成两句以上的简单句。

（二）多用短句，少用长句

长句子和短句子相比，所传达的信息复杂，容易形成信息间的相互干扰。所以广播记者要在保证句子结构完整的情况下，尽量把复杂的长句变短。怎么变呢？方法如下。

1. 把长句子的附加成分变成独立的短句①

如：

“公报说，两位国家元首对非洲存在紧张地区，在非洲国家间关系中越来越经常地使用武力，以及越来越多地搞颠覆国家的活动表示极为不安。”改为：“公报说，两位国家元首对非洲目前面临的一些问题极为不安。这些问题是：非洲存在紧张地区，在非洲国家间关系中越来越经常地使用武力，以及越来越多地搞颠覆国家的活动。”

把原句中的定语提出来，变成独立的短句，句子结构变简单了，也符合口语的习惯了。

2. 采用外位复指句式

完整的句子要具备主语、谓语和宾语，起码要有主语和谓语。一个长句只有一个主

① 参见饶立华等：《电子媒介新闻教程——广播与电视》，160～161 页，北京，中国人民大学出版社，2000。

语。当长句子的附加成分变成独立的若干短句子时，一般来说，句子要保持完整，每个短句子都要有自己的主语，这就要采用外位复指句式，重设主语。如：

“今天我向大家介绍几本可能会对你们有所帮助的书。”改为：“今天我向大家介绍几本书，它们可能会对你们有所帮助。”

长句变短句，句子的基本成分不能少，短句的主语是对前句的复指。如：

“当中国大陆的中小学生们结束寒假生活迈进新学期时，伴随他们的还有各传媒关于‘端正教育方向’‘加强思想教育’‘减轻学生负担’的密集宣传。”（《参考消息》2000 年 3 月 20 日刊登的报道《中国教育改革任重道远》的导语）改为：“寒假生活结束，中国大陆的中小学生们迈进新的学期。这时，各传媒正在对于“减轻学生负担”等话题展开密集宣传。”

这句就是先将前面原来的时间状语短语变成一个句子，再使用“这时”一词复指这一内容。

3. 一个长句子改成几个短句

过于复杂的长句，常常同时表达了两个以上的内容，如果把复杂句中每一个内容成分拿出来，一句话改成几句话，一句话就只有一个内容，每个句子就都短了。如：

“由美国众议院前两任议长、现任美国亚洲及太平洋关系委员会主席、太平洋开发集团公司国际投资顾问主席沃尔夫先生率领的美国高级商务考察团，挡不住中国西部丰富的自然资源、高科技优势和庞大市场的诱惑，昨日与成都技术产权交易所、四川融信投资有限公司、四川华西证券公司等签订了一系列有关科技、金融和商务合作的协议。”改成：“一个美国高级商务考察团受中国西部丰富的自然资源、高科技优势和庞大市场的诱惑，昨日在成都与成都技术产权交易所等单位签订了一系列协议，内容涉及科技、金融和商务合作等。这个美国高级商务考察团由沃尔夫先生率领，沃尔夫先生是美国众议院前两任议长，他现任美国亚洲及太平洋关系委员会主席、太平洋开发集团公司国际投资顾问主席。”

再如：

“1985 年全国高山滑雪赛 12 日结束。解放军队的李光全、通化市的王桂芝、吉林市的杨文彬、解放军队的李晓冬，分别获得成年男子、成年女子、青年男子、青年女子四个组的综合成绩第一名。”

这段话的第二个句子主语和宾语都很长，作为书面语言很是精练的，但在广播里就不容易听明白。应当把它改成四个短句："解放军队的李光全获得成年男子组综合成绩第一名，通化市的王桂芝获得成年女子组第一名，吉林市的杨文彬获得青年男子组第一名，解放军队的李晓冬获得青年女子组第一名。"这样一改，句子短了，节奏感加强了，听起来也就清楚多了。

（三）避免被动句式

一般来说，被动句式没有主动句流畅，而且打破了事件的内在联系，易使听众找不到重点，影响到其对新闻内容的理解。

（四）尽量避免倒装句

我们说话通常是按照正常的语序，先说主语，后说谓语，有宾语就放在谓语的后面，定语和状语放在被它们修饰的成分前面，等等。但书面语言中，句子有时会变化词序，采取倒装句的形式，特别是一些欧化的句子，常常采用与中文汉语不同的语序。如：

这种事情，我认为他这个人不至于干出来。
你这是明知故问，我认为。
"……"我说。
"……"他说。
"……"我接着说。

这样的倒装句在书面上没有问题，直接引语借助标点符号也不会发生歧义。但在广播新闻的写作时，这种语序就不符合人们的思维习惯了。一般来说，新闻文本中句与句之间最好是递进关系，先提出说明对象，再加以说明，然后说明结果。主语在前，谓语在后；动词在前，宾语在后；复合句的中心语在前，偏句在后。如上面所举的例子应改成：

我认为，他这个人不至于干出这种事情来。
我认为，你这是明知故问！
我说："……"
他说："……"
我接着说："……"

（五）多用设问句

在广播语言中可以多用设问句，以发挥口头语言语调生动的优势，起到强调和转折的作用，以便听起来层次分明。如：

俗话说：河有头，江有源，那么长江的源头在哪里呢？

在这样的冰雪世界里，这些动物为什么能生存，而且还有这样大的能量呢？

设问句自问自答，语调相对比较活泼，容易引起思考，符合人们的思维和说话习惯。

三、引言、出处的使用要求

所谓“引言”，就是报道中引用他人所说的话。在广播新闻报道中，引言一般有两种情况：一是作为直接引语的采访对象的同期声，二是作为间接引语的记者归纳总结过的采访对象的语言。所谓“出处”，简单讲就是引言的来处。在“他说：‘……’”句式中，“他”是出处，后面的“……”是引言。在文字表述中，出处可以放在引言的前面、中间或后面；但在广播新闻中，从符号停止注意和收听习惯的角度出发，引言和出处的使用还应该注意以下几点。

（一）出处要放在引言的前面

人们一般是习惯在听到人名后，再去留心他所说的内容；因此，先交代引言的出处，可以帮助听众更好地把握和理解信息。如：

沈浩并没有被眼前的困难吓倒。他一方面召集村两委干部开座谈会，了解小岗村方方面面的情况；一方面起早贪黑挨家挨户走访，在近一个月的时间里，沈浩访遍了全村每一个家庭。

村民韩庆江回忆说：［出录音］“听说财政厅调一个沈书记来，这个人一开始来呢，在村民开会的时候就讲：‘我争取在每家都吃一顿饭，就是了解群众生活情况，把小岗搞好。’”

（二）引言要简洁具体

听众在收听广播节目时基本是处于非专注收听状态，且单独诉诸声音的内容不容易理解和记忆。如果引言过长，或者过于复杂，听众很容易产生听觉疲劳，或者因为不好把握语言重点而造成理解上的偏差。因此，对于那些不得不使用的长篇引言，如重要的领导人讲话等，可以采用多次说明出处的办法，将长篇引言分成若干个段落，或者采用直接引语和间接引语相结合的方法，既可以将大段内容分割，又能够通过记者的归纳总结，帮助听众更好地理解新闻信息。间接引语的内容可以通过“说”“指出”“强调”“表示”“赞同”等引出。如：

国务院总理温家宝出席中印商务合作峰会并讲话

中央台消息：温家宝总理昨天（15 日）出席中印商务合作峰会并向 600 多位中印企业家发表讲话。

近年来，中国和印度经济快速发展，成为世界经济增长的重要引擎。有些媒体把中印看成经济领域的竞争对手，把两国的发展进步比作“龙象之争”。

温家宝表示：[出录音] 我不同意这种看法，我想在座各位企业家更不会认同。中印是互利共赢的合作伙伴，不是竞争对手，世界完全有足够空间供中印发展，也有足够空间供中印合作。作为全球最具活力的经济体，我们两国只要相互开放市场，就能为双方经济增长提供强有力的支撑。

温家宝指出，中印两国产业各有特长，可以优势互补，相互促进；两国致力于深化改革开放，可以在扩大交流和合作中相互学习、相互借鉴；两国在国际经贸体系中拥有广泛的共同利益，在许多重大经贸问题上都持相同或相近立场，可以加强沟通协调，维护共同利益。

温家宝：[出录音] 我这次访问印度，既是友谊之旅，也是合作之旅。我们要充分挖掘两国贸易潜力，努力营造良好的投资环境，拓展两国合作领域，鼓励企业界加强交流。

四、标点的使用要求

广播新闻稿虽然是说给人听的，但对标点符号的使用却马虎不得，因为标点符号在稿件中都有其特定的作用、意义，如果不注意的话，往往会使播音员错误理解稿件内容，把意思弄错了。

如：

他表示说什么都不要。

参加会议的有学生家长、职工家属。

他告诉你这样做是不对的。

这些句子由于缺乏必要的标点符号，导致意义不甚明确。

一般来说，各种标点符号在报纸上怎样使用，在广播稿里就怎样使用。但是，由于广播新闻稿最终要变成有声语言播出，标点符号的使用与书面的用法还是有一些区别。

（一）仍能很好表义的

逗号、句号、问号、感叹句，这几种标点符号仍能很好地传达表义功能，它们可以在播出时以语音语调的变化来实现。

（二）失去表义功能的

1. 间隔号、冒号

间隔号、冒号在广播声音中没有办法表达，它们只能在字面上发挥标识作用。

2. 括号

括号里的词语是带注释、说明性质的，不是正文，在广播中有的可以不念，有的则必须读。后一种情况的就要将其改成正文，并对内容进行调整。如：

目前，我国电视领域从中央到省、市（地）三级电视台都进入了“频道时代”。

其中“市（地）”是指的“地级市”，在播出时就无法表示其含义，所以要将括号去掉，改成“地级市”来播。

3. 破折号

如：

1976 年—1980 年，我们村的粮棉都取得了丰收。

这里的年代之间的破折号就很难听出来，所以就要加字处理，都要改成从某年到某年。还有类似的像人物、事件的时间、年代表示，如“鲁迅（1881—1936）”，播出时就要加字来说明括号中的内容，改成“鲁迅生于 1881 年，死于 1936 年”。

（三）要小心使用的标点符号

1. 顿号

一些词汇在播音时如果放在一起而仅用顿号隔开，其语义与表达仍然很难清晰，容易造成误解。在这种情况下就要将语言、词汇本身加以改变，以使表达清晰。如“学生、家长”“水果、罐头”“鸡、蛋”等，在播出时，文字上最好用连词“和”“跟”“同”“以及”等来代替顿号，或者将词序倒过来，才不至于造成误会。

2. 引号

引号的使用要视具体情况而定，如果是表示引用原话或所引内容是需要强调的词语，播音时可以用语调变化和加重语气来表达。但如果引号内的内容是表示否定、讽刺或反义的词语，就不易表达了，如果原封不动地广播出去，就可能引起误解。对这种情况，在广播中必须用词语加以说明，如在引号前加上“所谓”“什么”“自称”“标榜”等词，或改变句式，从正面来说。

3. 书名号

书名号在使用时得区别对待。大家熟悉的书名或作品名，在广播新闻稿写作时加上书名号就可以了；但如果是不熟悉的和容易产生误解的，就还得加上说明的词语，如“高尔基的《童年》”，就要改成“高尔基的小说《童年》”。

4. 省略号

省略号在表示列举省略时，播出时就得加上“等等”，或是口语中的“这些”“什么的”“之类的”等词来代替。如：“工具房里，放着锄头、铁锹、镰刀什么的。”

五、表达要求

广播语言除了在遣词造句上的要求外，在表达上也还有一些特殊的要求。

（一）通俗易懂

广播语言是口说耳听的，广播的服务对象在年龄、文化上是多层次的，因此要通俗易懂。

广播新闻稿的通俗化要求，是指用明白易懂的语言深入浅出地报道事实、评价事实，切忌用艰深的词语、专业术语，要尽量用群众自己的语言——群众自己熟悉的语言，用明白通俗的比喻和简单明了的事例来说明复杂的主题。比如，2005 年 7 月 21 日，中国人民银行发布公告，宣布“为建立和完善我国社会主义市场经济体制，充分发挥市场在资源配置中的基础性作用，建立健全以市场供求为基础的、有管理的浮动汇率制度”。中央电视台《新闻联播》全文播发了央行公告。但是央行公告采用的是严格的金融术语，很多专有名词，没有专业金融知识的一般人可能完全不懂，如“浮动汇率”“一篮子货币”等，《新闻联播》在报道中未做任何解释，就简单地照搬了央行公告，没有将公告的文件语言转化为老百姓能够听懂、看懂的新闻语言。广播也是如此，如果直接把央行的公告全文照播，那老百姓就没方法也没兴趣听下去了。

但通俗化不是简单化，不是浅薄，不是停留在事物的表面现象或枝节蔓叶上，而是要深入浅出，从纷繁复杂的事物中抓住关键点，条理清晰地分析问题，讲明那些深奥的道理。

通俗化提倡用群众语言来进行表达，但也不能哗众取宠，绝不能使用那些未经提炼加工的、粗俗的、模糊的语言。如果日常生活口语气息太浓或不够规范，就不通俗了。

如：

一个三十多岁的妇女走过来，拿着她孩子画的一幅国画说：“你们看我女儿画的国画，层次分明线条清晰，蛮像回事的吵！”

“蛮像回事的吵”虽然具有浓厚的生活气息，在报纸新闻中使用还可以，在广播新闻中使用就不适合了。

（二）具体形象

广播新闻中叙述事情，讲解道理，语言表达都要形象化，都要有实感。这是因为广播新闻面对广大的、不同文化程度的听众说话，面对专注程度不同，有时处于半收听状态的听众说话，对新闻的具体形象就提出了更高的要求。

首先，在广播新闻中，要善于用具体的事实、生动的材料代替笼统的叙述，来说明抽象的道理。例如北京人民广播电台播出的新闻《香港热土祭洒社稷坛》（获得第 8 届中国新闻奖一等奖、全国优秀广播新闻一等奖）。

香港热土祭洒社稷坛

本台记者文立军报道：

今天上午，在中山公园社稷坛这个祭祀国家土地山河的地方，90 岁高龄的文物专家单士元和侯仁之、张开济、罗哲文等，把一罐从香港带回来的热土轻轻地洒在了五色土祭坛上。单老边洒边对身边的小学生们说：“香港之土已经融于祖国大地了。”

香港回归，普天同庆。首都文物界的老人们不会忘记 136 年前在九龙尖沙嘴举行的一个仪式。当时英国驻广州领事巴夏里从地上抓起一把泥土，放在一个袋子里，交给在场的清朝官员，然后，再强迫这些官员把这些泥土交给英国人。屈辱的场面深埋在中国人的心里。

7 月 1 日香港回归以后，参加香港交接仪式的中国政府代表团成员带回来了香港的热土。今天上午，单士元等文物专家在首都各界人士的热烈掌声中登上社稷坛。在社稷坛的东南端，单老伸出颤抖的双手，慢慢躬下身去，从一个精致的木罐中捧出了香港的热土，凝神注视了一会儿，然后，和两名小学生一起把这些热土一点一点地洒在了五色土祭坛上。

这条新闻的主题可谓重大，但记者报道时通篇没有发一句议论，而是通过对“交土”和“带回热土祭洒社稷坛”这两件事进行具体和白描式的描写，并让这种描写形成鲜明对照，进而反映出了中国人民经过几代人的努力已经站立起来，雪洗百年耻辱这样一个主题。表面上看，这条消息反映的是“祭洒”这一具体的事实信息，实则用这一具体的事实与听众在感情上产生共鸣，寓观点和倾向于事实之中，将这一活动所包含的潜在意义与价值不动声色地反映出来。

其次，广播新闻还要善于形象地描摹事物，避免平铺直叙和数字堆砌，让受众能够感受得到、触及得到，如身临其境一般，形成鲜明的印象，留下深刻记忆，产生情感的共鸣。也只有这样的节目，受众才容易理解和接受。

中央人民广播电台播出的新闻述评《扫除形式主义》（获 1992 年中国新闻奖一等奖）语言精彩、形象，把形式主义写得活生生地跃入听众大脑。“社会生活当中，人们总能感觉到有这样一个影子吸附在一些工作上，推不开、挥不去，今天赶跑了它，明天又冒出来，这个影子就是形式主义。”其语言既自然晓畅、平实无华又精彩到位，听了这一段，就有了非听下去不可的欲望。尤其是其中的“吸附”二字，可谓画龙点睛。[①]

（三）语言规范

一方面，广播新闻中的内容完全要靠词语来说清楚，语言不规范就会妨碍人们对信息的接收和理解；另一方面，广播的语言具有非常广泛的影响和示范作用。人们在听广播的过程中，都会有意无意地在学习节目中的语言。因此，广播应以自身的规范化来带动全社会语言的规范化。

1. 语音上：表达准确

广播新闻的语言表达要求真实准确。一是新闻报道对象要确有其事，构成新闻的基本要素、过程细节、引语、资料等都应是准确的，信息是相对完整的。二是广播中人声语言必须采用规范的普通话语音、准确的读音，特别要避免语言中的方言痕迹，避免语音的错读和误读。

2. 词汇上：用词规范

广播节目的传播对象是全社会，因此其语言的用语用词需要考虑共性，应尽量使用统一的、规范的、广泛被接受和理解的、大家都听得清听得懂的词汇。少用方言土语、文言词语，少用只有内行人才懂的专业名词、行话，慎用不常用的简称略语、生造词，不用“洋文”。对于一些尚未被普遍接受的外来新词、网络用语，应尽量用汉语中对等的词来代替。

3. 语法上：避免语病

大众口语中，语法上的错误是极容易出现的，如句子成分残缺、词语搭配不恰当、语序安排不恰当、结构混乱、语言啰唆等。这些语病在广播节目中一定要避免。

（四）声音和谐

广播新闻在写作时要注意协调音节、和谐声调，使广播的声音听起来抑扬顿挫、优美悦耳。

1. 应尽量选用响亮字眼

汉语发音的响亮程度，主要取决于韵母的发音。开口呼（a，o，e）的字，发音时嘴巴张得大一些，声音就响亮，如“排山倒海”“高大”“南开”“欢畅”等；齐齿呼（ī）、合口呼（ū）、撮口呼（ü）发音时嘴巴张得小，声音相对就要弱一些，如“礼仪”“崎岖”“突

① 参见陈定川：《广播语言更须讲究精彩》，见中国广播网，2007-11-26。

出”“军旅”“迂回”等。如果一句话里，没有响亮的元音，只是一串浊音，那听起来就显得沉闷。所以遇到声音不响亮的字，可换成意义相同声音响亮的字眼，如“与”换成“和”，“于”换成“在”，“至”换成“到”，“希冀”换成“希望”等。

2. 应尽量选用双音词

单音词音节短促，音感较弱，双音词音节拉得长，音感较强。而且从音节的角度来看，现代汉语本身就具有音节匀称、成双成对的特点，音节整齐匀称，句子的节奏才能鲜明和谐。如“停止使用”，我们不说“停止用”，要想简单只能说“停用”；“互相帮助”，我们不说“互相帮”，要想简单只能说“互助”。

3. 应尽量选用平音词

汉语讲究平仄。平声字余音绵延，容易听清楚；上、去、入等仄声字比较短促，没有余音，不够响亮。如果一句话的最后一个字是平声，整个句子就响亮些。

4. 适当选用双声词、叠韵词、叠音词

如“流连”“慷慨”“辉煌”“澎湃”“汪洋”“妖娆”“婉转”“香喷喷”“亮晶晶”“红扑扑”“郁郁葱葱”等，可以增强语言的韵律感。

5. 适当注意韵脚

广播新闻稿虽然不是韵文，不必像韵文那样严格按格式押韵；但适当注意韵脚，可以使语言浑厚有力、优美流畅。

6. 平仄搭配，抑扬顿挫，才能悦耳动听

一句话里，字调的平仄要交错搭配，语调才能悦耳动听；一顺的平声和一顺的仄声都不上口入耳。如：“打立夏起断断续续地下雨”，12 个字都是仄声，改成“从立夏以来就不断地下雨”（平仄仄仄平仄平仄仄仄仄），平仄交错，听起来就舒服一些。一段话里，上下句字调也要抑扬顿挫，尤其是句末字声调不宜一顺。如：“在办公室里，你说一句，我说一句，一声比一声响，一声比一声高。”改成：“在办公室里，你一言，我一语，一声比一声大，一声比一声高。”这里的“言”“语”“大”“高”，平仄相间，听起来就顺畅一些。①

7. 长短句式相间使用

广播新闻语言要多用短句子，但也不是一概都短，要根据内容和表达的需要，灵活地交错使用长短句。变化的句式可形成参差错落的节拍、起伏跌宕的语言节奏。

（五）适当重复

广播人经常说，广播不怕重复。这是因为人在听广播的时候，往往注意力并不会时时

---

① 参见饶立华等：《电子媒介新闻教程——广播与电视》，169 页，北京，中国人民大学出版社，2000。

刻刻都那么集中，而常常会是处于一种注意转移、注意涣散的状况。在这种时候，人们对正在收听的新闻会没有听到或听得不完全。当他注意到所播的新闻与他有关系的时候，这条新闻的一些关键部分，如谁说的、在哪儿发生的、什么单位等等，可能已经过去了，他就只能等待新闻再一次重复它们。所以，为了让人们能很好地接收，在广播新闻中至少要对所涉及的关键人物或事物的名称重复一次，一般至少是在新闻的开头提到一次，在新闻的结尾再重复一次。

第二节 | 结构安排主线集中，层次分明

广播线性传播、稍纵即逝的传播特点，决定了广播新闻不适合过于复杂的文本结构。结构安排上应主线集中，层次分明。

报刊的新闻报道可以根据新闻主体和新闻价值的需要，自由地安排报道叙述结构，如双线索并列发展、自由式或散文式结构、放射状排列事实等。读者阅读时，即使第一遍没太看明白，也还可以反复地去读。但如果广播新闻的线索过多，或者内容有跳跃，就会使听众难以在第一时间理解新闻报道的内容。这就要求广播新闻在结构安排上要有一条主线，顺着这条主线来安排材料，切忌在一条广播新闻报道中几条线索并列。

广播新闻特别讲求段落层次上的衔接和过渡。这是由于听众在收听广播新闻时往往处于半接收状态，如果广播新闻报道内容在层次衔接处不做必要的处理，那么听众在注意力不集中的状态下就可能听不懂事实之间的关系，对新闻的主体信息较难形成较为完整的印象。所以，在各层次内容的转折过渡上，广播新闻文本往往会以过渡句、过渡词或者片花等不同的手段，给听众提供听觉准备。①

另外，因为广播节目除了连续不断的声音符号之外，在这个“听觉版面”上没有其他辅助符号的提示；所以，为了使听众对无形的流动的“时间版面”内容能够心中有数，广播还需要进行适时的“导听”，包括对正在播出的节目名称、部分关键人物、事件、地点等要素应及时提示关照，以及对将要进行的节目进行预告。曾获得第14届中国新闻奖二等奖的广播新闻作品《美英军队开始对伊拉克实施军事打击》在这方面做得就比较好。

美英军队开始对伊拉克实施军事打击

中央人民广播电台！

中央人民广播电台！

现在播送刚刚收到的海湾局势的最新消息！据报道：北京时间今天上午10点40分，美英驻海湾军队开始对伊拉克实施军事打击！

---

① 参见曹璐、罗哲宇：《广播新闻业务（第2版）》，105页，北京，中国传媒大学出版社，2010。

中央人民广播电台！

中央人民广播电台！

现在播送刚刚收到的海湾局势的最新消息！据报道：北京时间今天上午10点40分，美英驻海湾军队开始对伊拉克实施军事打击！

此前已有报道说，大批美军战机已经开始从科威特飞向伊拉克边境。目前战斗仍在进行。我们将在稍后的报道中详细介绍情况，同时我们将滚动报道战场最新动态。请您锁定中央人民广播电台第一套节目。

[推出《海湾零距离》大型直播节目的开始曲]

这条消息是中央人民广播电台2003年3月20日临时插播的。2003年3月20日，是美国给出的对伊拉克动武的最后期限。此前中央台在人员、通信、技术手段等多方面上做了充分准备，开通了境内外多路信息渠道。上午10点，最后期限已过，前方仍没有动静，只传出消息，11点白宫将举行记者招待会，10点30分，中央台得知美国战机已飞离科威特。相关情况不断汇集而来。10点37分许，国际最权威的媒体传来信息，爆炸声和硝烟在巴格达上空升起，伊战爆发。当班主任初步核实后，迅速改定播出稿，并交由直播间待命的播音员即刻播出。

这条消息包括标点在内，只有165字。作为第一时间抢发的“急就章”，其特有的“原始”韵味，言简意赅、富于动感的叙述，让人领略到新闻快讯独具的魅力。诸如“刚刚收到”“最新消息”“战斗仍在进行”“战场最新动态”等字句，至今仍能让人感受到大战爆发时的紧张和震撼。特别是，在这不长文字里，它还用一定的文字适时进行了导听。对正在播出的消息内容、部分关键人物、事件、地点等要素及时提示关照，对将要进行的《海湾零距离》大型直播节目进行预告。在近乎白热化的媒体大战中，这条快讯为广播抢得了先机，也为日后中央人民广播电台成为公众了解伊战的主渠道开了个好头。

第三节 | 语态体现同步化、现场化

有人称广播是“立即媒介”，指的是广播的即时传播速度可以实现新闻的同步或几乎同步报道，从这个角度来讲，广播新闻报道态式不是事后总结式，而应是“现在进行时”，其文本上的现场感、即时性是广播的优势特征。由此，语态上呈现出同步化、现场化，应是广播新闻文本写作的一个基本要求。

那如何最大限度地再现现场，如何更好地体现正在进行的事件呢？这一方面要求广播记者在第一时间出现在新闻现场，增加现场报道的次数，进行现场追踪报道、连续滚动播出；另一方面也要求广播记者在文本完成的过程中要注意体现现场感、即时感。

如海峡之声广播电台播出的《7·23动车事故大救援》（获得第22届中国新闻奖二等

奖）就是一组“正在进行时”的连续报道。下面是其中的三篇报道。

报道之一：

温州双屿路段发生动车事故　温州消防第一时间投入救援

逸舟：这里是海峡之声新闻广播正在为您播出的《海峡广角镜》，现在是北京时间21：00整。听众朋友，现在插播一条突发新闻。今晚20：40左右，由北京发往福州的D301次动车发生了严重车祸，本台记者洪涛就在这趟列车上，他刚刚爬出车厢。接下来我们来连线洪涛，了解现场的情况。

洪涛：这趟列车是从北京开往福州的D301次。我是今天下午14：11左右从南京上车，现在车行驶到达的是浙江温州的双屿境内。刚刚这趟列车突然发生翻车事故，前几节车厢冲破了高架桥的轨道，掉到了地面上。前三节车厢基本上已经粉碎，我所在的第四节车厢正好是架在天桥和地面之间，我往下看，原来是平行的通道已经（变成）向下的很深的通道了。我当时已经进入梦乡，突然间，车发生很大的摇晃，然后所有的电都停了，我也不知道发生了什么事情，然后用手机打开亮光，找到我的鞋，找到我的旅行包，然后把（包厢）门推开、（用旅行包）架住，看到下面有一些旅客自行把车玻璃敲碎，然后从底下两节车厢连接的折断处爬出来。我也顺着平时（过道）边上的观光扶手爬下来，然后从底下钻出来，看到地面上已经有一些躺着的人，可能会有一些伤亡数字，因为现在场面特别地混乱，还不太好确定这些。120急救车马上就赶到，现在消防车已经到达了，现场聚集了很多围观的周围的群众。目前我掌握的情况就是这些，因为现在我的情绪可能还有点波动，我的腿还有点发软。

逸舟：洪涛，你刚才说救护车很快就会到了，那目前还有其他一些救助力量到达现场了吗？那么，现在现场的其他乘客，他们情绪怎么样？

洪涛：后面的车厢都在铁轨上，没有动，所以后面的旅客应该是比较安全的，现在最主要的就是一、二、三节车厢和第四节车厢。前三节车厢，我看粉碎比较大，三四节车厢的连接处可能有人员困在中间出不来，我出来的时候看见有一位妇女，脚可能受伤，走不动，里面可能有她的亲戚，她在哭喊，孩子也一直跟妈妈说：妈妈，对不起！对不起！我现在身旁就抬过来一个大哥，浑身是血，还有一位女士。现在救援的人员正在陆陆续续（赶来）。救护车还没有到，温州消防的人员正在把里面的伤员一个一个往出抬，目前情况就是这些。

逸舟：洪涛，你在那边一定要注意安全，和我们保持联系，注意安全！

报道之二：

医疗救护力量到达　救援人员全力救人

逸舟：这里是海峡之声广播电台新闻广播正在播出的《海峡广角镜》，现在是北京时间晚上21：15，我们继续来关注温州动车事故的消息。据刚才本台记者洪涛的连线报道，温州消防官兵已经在第一时间展开现场救援，大型破拆设备和周围部分群众也投入了救援。现在再次接通洪涛的电话，了解现场的最新情况。洪涛，我现在听到你身边有救护车呼啸的声音。

洪涛：对，现在温州市急救中心的好几辆（救护）车已经赶到了，现在救援工作基本上是在顺利地展开了，受伤的人员正被陆陆续续地往车上运。我现在还在事故的现场，最新了解到的情况是，事故发生的原因是两辆车相撞，一辆从温州开往杭州方向的动车正好停靠，我所乘坐的从北京到福州的D301次没有注意到这辆车，所以撞上，导致我所乘坐的D301次前三节车厢从高架桥上摔了下来，第四节车厢横跨在高架桥和地面之间。前三节车厢伤亡的情况可能会比较严重，我刚才在第一现场看到的情况，受伤的人还比较多，有些人可能（已经去世），我现在没法判断他们到底是不是已经没有生命体征，因为他们没有任何动作。包括刚才我旁边的一位大姐，躺在地上，呼吸非常微弱，旁边一些好心人在给她按压胸腔，大喊救护人员，后来是被消防的救护人员抬上了救护车，祝愿这位大姐能够挺过这一关。还有一些小孩也受了重伤。

逸舟：洪涛，你刚才提到，从第四车厢往后，其他乘客目前是安全的，那么，现在这些乘客有没有相关部门来对他们进行一些帮助或者安置？

洪涛：（D301整列车）一共16节车厢，从第五节车厢往后，后面的旅客还是比较安全的，因为列车还在铁轨上，就是没有电了。他们说，第四节车厢，我所坐的这节，虽然斜跨了下来，是竖的，目前也比较安全，不会发生倾倒或者火灾或者爆炸这类的事故。在后续安排方面，目前还没有进展到这一步，他们都在忙着救人。因为车厢摔下来以后，有的地方封闭比较严密，他们在敲啊，打啊，把人往出拉，确实救援工作也比较艰难。

逸舟：谢谢洪涛给我们带来最新的消息，你在那边还是要注意安全，跟我们保持联系。

报道之三：

坚守在现场　守护住希望

（救援现场）

听众朋友，今天下午5点多，温州消防的搜救人员在对高架桥上的损毁车厢进行清理时，发现了一名幸存的小女孩。

解放军118医院应急医疗分队队长、五官科主任罗光华：［出录音］当前方的清理队发现了她以后，我们医疗队非常快地跑到高架桥上面，马上就到了现场，帮助工作人员把她抬出来。当时，她被夹在钢板里面，把缝撬开以后，慢慢移出来，发现小女孩生命体征还比较平稳，我们对她进行了简单包扎，立即就转送到了我们医院。

这名被救的小女孩名叫项炜伊，今年只有两岁多。据医生介绍，孩子的伤势比较严重，但暂时没有生命危险。她现在正在解放军118医院的抢救室接受手术治疗。

由于距离事故发生已经过去了将近21个小时，所以，孩子在被发现的时候，现场的医疗救援队只剩下了解放军118医院的应急医疗分队，他们第一时间的医疗救助为孩子的治疗赢得了宝贵的时间。

解放军118医院应急医疗分队队长、五官科主任罗光华：[出录音] 当时天气也很热，说实在话，我们已经坚守了将近20个小时，身体也相当疲劳。

动车事故发生一个多小时之后，距事发现场有40分钟车程的解放军118医院才得到消息，与此同时，有事故伤员也陆续被送到他们医院。解放军118医院立即启动了战时应急预案。

罗光华：[出录音] 一个方面，把所有科主任以及医疗骨干全部集中起来，对在院的（伤员）进行抢救；另外一方面，就是组织20人的应急医疗分队奔赴现场。

在接到消息5分钟之后，解放军118医院的应急医疗分队就赶往了事故现场。但到达现场后，事故的紧急救援已经结束，这让他们有些懊恼。

罗光华：[出录音] 我们得到消息相对比较晚，我们医院距事故现场也比较远，去了以后，没有能够救助到事故现场的伤员。但是院长、政委讲：只要在清理现场，可能就有希望，我们就是要坚守。所以，我们坚持了下来，而且等到了希望。

由于目前事故现场的清理工作已经基本结束，项炜伊很可能会成为这次动车事故救援当中获救的最后一名幸存者。解放军118医院的官兵用军人的坚守，守护了这最后的一丝希望。祝愿孩子早日康复，希望为她铺就了生命通道的橄榄绿让她的生命更加翠绿。

海峡之声记者洪涛温州采访报道。

这是一组记者亲历式的报道。2011年7月23日，海峡之声记者刘洪涛乘坐D301次动车回闽，晚上20：40左右，该车在浙江温州双屿路段与D3115次动车追尾。这次重特大动车事故发生后，20：58，刘洪涛在悬着的车厢里，从十几米高的半空中成功自救。在自救成功两分钟之后，他不顾内脏的剧痛和身上的擦伤，边与电台联系，边立即展开现场采访，在21：00播出的《海峡广角镜》节目里发出了全球传统媒体中的第一条温州动车事故报道，也是来自“7·23动车事故”现场的第一条详细报道。随后记者以自己的亲眼所见、亲身感受，对事故救援进行了连续跟踪报道，既有记者惊心动魄的现场亲历、事故的原因分析、现场的描述、典型细节的抓取，也有现场救援的艰难、民众的温情、心理的救助……详尽反映了救援工作的全貌。连续报道脉络清晰，前后呼应，结构完整，紧跟救援进展层层递进，全景式展现了动车事故发生后的救援现场，极大地满足了受众的信息渴求。

尤其是这组连续报道采用记者直播连线和现场录音报道的形式，报道与救援同步，报道的语态呈现出极大的同步化和现场化。如第一篇里，报道一开始，主持人就报告说：“听众朋友，现在插播一条突发新闻。”介绍到记者时，也是说：“本台记者洪涛就在这趟列车上，他刚刚爬出车厢。”记者洪涛的报道就是一种同步现场直播的状态：“刚刚这趟列车突然发生翻车事故。”“120急救车马上就赶到，现在消防车已经到达了，现场聚集了很多围观的周围的群众。目前我掌握的情况就是这些，因为现在我的情绪可能还有点波动，我的腿还有点发软。”“我现在身旁就抬过来一个大哥，浑身是血，还有一位女士。现在救援的人员正在陆陆续续（赶来）。救护车还没有到，温州消防的人员正在把里面的伤员一个一个往出抬。”在第二篇报道里，主持人与现场记者连线时，一开头就说了：“洪涛，我现在听到你身边有救护车呼啸的声音。”记者也还是现场同步报道：“我现在没法判断他们到底是不是已经没有生命体征，因为他们没有任何动作，包括刚才我旁边的一位大姐，躺在地上，呼吸非常微弱，旁边一些好心人在给她按压胸腔，大喊救护人员。”“他们都在忙着救人。……他们在敲啊，打啊，把人往出拉，确实救援工作也比较艰难。”这种报道让听众听来就如身临其境，现场感强，充满感染力，给人震撼，让人窒息，令人回味。

第四节 | 语义呈现多维联想空间

优秀的广播新闻报道能使听众产生如闻其声、如见其人、如临其境的感觉。这是因为，声音虽是一维传播，但在文本的语义呈现上却可以是多维的，除了听见的，还可以是看见的、闻见的、感受到的，其传真、传情、传神的感染力可以大大拓展听众的听觉联想空间，做到“听到的比看到的更美好”。

实际上，要反映出一个场景，仅仅运用某一种官能是不够的，人们心中那些深刻的印象并不只是从视觉中得来的，也不仅仅是从听觉得来的，它们还来自人们的触觉、嗅觉、味觉等。所以，广播新闻报道中，记者只有将所见、所闻、所感真实生动地刻画出来，才能唤起听众经验范围内的记忆储存，使之产生身临其境的感觉。

这就要求广播新闻要多角度、全方位地展现新闻事实，正如李向明在其《广播新闻创优谈》一书中所指出的：“在取材上有画面，有情节，使平面文字变成立体图像，使逻辑思维尽可能变成形象思维；在写作上有动有静，使文章跌宕起伏、掷地有声。”

如福建省广播影视集团福建新闻广播播出的《大爱无声——一位记者眼中的特殊馒头店》(获得第22届中国新闻奖三等奖)。这篇广播专题讲述的是福建石狮的一家非常特殊的馒头店——永恒阳光馒头店，这个店只免费送馒头，拒绝卖馒头，而且馒头店的伙计从不接受记者的采访，没有人知道店主是谁，为什么要出资开这样的特殊馒头店。

大爱无声——一位记者眼中的特殊馒头店（片断节选）

2011年12月16日，我一早来到石狮，我用采访机录下我看到、听到的情况。

记者：现在是早晨5点30分，伴随着这个冬天的又一次降温，现在石狮的温度也只有8度。我现在是在石狮增坑社区“永恒阳光馒头店”门前，现在这个时间馒头店三扇铁门还都紧紧关闭着，透过大门上方的玻璃窗，可以隐约看到馒头店里有一间屋子透出昏黄的灯光，在馒头店的招牌下方，写着“传递绵薄之爱，温煦风雨之人”这句话，给这个冬天增添了几分暖意。

…………

早上6点43分，在我守候了一个多小时后，馒头店里的黄色灯光熄灭了，亮起了日光灯，这是一个多小时里，馒头店第一次向外界发出的信号和动作。随后，一名年轻的男子利索地打开了三扇大门的中间的那扇，并搬出了两套桌椅和一个红色广告牌放在门口，广告牌上写着："本店所有馒头免费送给各种贫困人群，不对外售卖，请谅解。如果您是生活困难的下岗职工、收入低微的贫寒家庭、正在为找工作奔波的毕业生、无助老人、流浪者、拾荒者，欢迎您来免费食用。"

我没有进店打扰伙计，也知道他们不接受采访，只在一旁默默地观察起来，店里只有两个年轻人，其中一个年纪较小的，打开蒸馒头的机器，开始给已经做好的馒头加热，而另外一个开始动手做馒头，只见他挥舞着双手，从已经和好的面团中抓出一些面来放在桌上，将面团拉成条形，然后双手不停地拍打着，手起刀落的工夫，一排排馒头已经放在了蒸板上，我粗略地数了一下，一共是11板，这一切都井井有条。

7点，永恒阳光馒头店里推出了高高的两行大蒸笼，一股股蒸汽从蒸笼的四面八方透了出来，同时又有一名从外面赶过来的男子进店帮忙。这时候，这个馒头店对面的早餐铺生意已经红火起来，有来买油条的、也有买包子和馒头的，其中不乏身上布满灰尘的建筑工人，他们都是选择了到街对面花钱买馒头。

[出录音] 像我们这样的人去了他也不给。上面不写着了嘛，对贫困、吃不上饭的、残疾人、没有劳动能力的。[压混，录音止]

7点18分，一位白发苍苍、走路有点跛脚的老人成为馒头店的第一个客人，老人径直走到馒头店门口儿，店员迅速打开蒸笼，递过用袋子装好的两个馒头，老人接过热气还在空气中打转的馒头，一跛一跛地，渐渐消失在了街角，整个过程，没有我预先想象的诸如谢谢等语言上的交流。

…………

作品以"日记体"的方式用记者的声音讲述了新闻现场记者所见、所闻、所思、所感。报道开篇是记者的所感："伴随着这个冬天的又一次降温，现在石狮的温度也只有8℃。""可以隐约看到馒头店里有一间屋子透出昏黄的灯光，在馒头店的招牌下方，写着'传递绵薄之爱，温煦风雨之人'这句话，给这个冬天增添了几分暖意。"然后是记者的所见："馒头店里的黄色灯光熄灭了，亮起了日光灯，这是一个多小时里，馒头店第一次向外界发出的信号和动作。随后，一名年轻的男子利索地打开了三扇大门的中间的那扇，并搬出了两套桌椅和一个红色广告牌放在门口"，"只见他挥舞着双手，从已经和好的面团中抓出一些面来放在桌上，将面团拉成条形，然后双手不停地拍打着，手起刀落的工夫，一排排馒头已经放在了蒸板上"。再接着还是记者所见所闻："7点，永恒阳光馒头店里推出了高高的两行大蒸笼，一股股蒸汽从蒸笼的四面八方透了出来。"这些细节的描写极具画面感。此外，报道中还有"一位白发苍苍、走路有点跛脚的老人成为馒头店的第一个客人"，"其中一位阿姨，带着头巾，满是皱纹的脸庞加上皴黑的皮肤让我猜不透她的年纪"，"黑黑的脸庞透着饱经风霜洗礼后的沧桑"，等等，这些人物肖像的描写，无不极大地调动起听众的视觉色彩感官。

第五节 | 篇幅设置短小精悍

新闻要写得短，广播新闻更要写得短。据统计，20世纪80年代，中央人民广播电台的《新闻与报纸摘要》节目30分钟的节目，每条新闻平均时长1分30秒；1995年，同一节目每条新闻只用39秒，缩短了将近一半。为了鼓励和提倡写短消息，从1997年开始，在一年一度的广播电视新闻奖的评选中设立了“短消息”的奖项。目前，中国广播电视新闻奖对消息的划分是：1分30秒以内的为短消息，1分30秒到4分钟的为长消息。

广播新闻在篇幅上要求短小精悍，这是由广播新闻的时效、容量、传播方式和传播对象的特点所决定的。一方面，广播本身在诸多媒介中就时效性最强，只有短才能快；另一方面，广播的听众广泛，这要求节目的信息量要大，报道面要宽，只有短，才能容纳下尽可能多的内容。而且报道篇幅短小，有利于听众听清始末；篇幅长的稿件增加了收听的困难，特别是对于半途开始收听节目的听众来说，往往会听得没头没脑的。

事实上，大多数广播新闻要比报社、通讯社的新闻稿件在篇幅上短小一些。如：获得第16届中国新闻奖一等奖的广播作品《历史性的握手》，在中央人民广播电台2005年4月29日播出时，全篇只有966字、3分45秒；而新华社通稿，包括中央电视台的播出稿则是1 417字。中央电台在重大新闻事件尽可能“短”这个方向走得比较远。

特别是这篇广播新闻改变了过去重大时政新闻采用新华社通稿的做法，这也为广播新闻的“短”提供了条件。在报道重大新闻事件中，新华社发通稿，《人民日报》第二天见报，中央电台和中央电视台当晚《新闻联播》播出，已经成为一个惯例。但这篇广播报道却先声夺人，对现场音响的大胆剪辑也改变了重点新闻事件惯以长篇幅来表现的状况，在众多媒体报道中可谓独树一帜。

历史性的握手

中共中央总书记胡锦涛在人民大会堂与中国国民党主席连战进行了历史性的握手，两党最高领导人举行会晤，就促进两岸关系改善和发展的重大问题及两党交往事宜，广泛深入坦诚地交换了意见。

请听中央台记者郭亮、赵雪花、李涛采制的特写：历史性的握手。

[现场杂音，压混]

记者：2005年4月29日下午2点58分，中共中央总书记胡锦涛沿着红地毯，走到人民大会堂北大厅中央，向等候在这里的中外记者挥手致意。

2点59分，中国国民党主席连战乘车来到北京人民大会堂。他走下车，拾级而上，迈进向他敞开大门的人民大会堂北大厅。在这里迎候的中共中央总书记胡锦涛微笑着，向连战伸出了手。

3点整，在海峡两岸中国人期盼已久的目光中，中国共产党和中国国民党的最高领导人终于见面了，他们的手紧紧地握在一起。

[出掌声，出胡锦涛录音]

胡锦涛：连主席你辛苦了，我也非常热情地欢迎你。

记者：在如雨般的拍照声中，胡锦涛和连战互致问候。胡锦涛热情欢迎连战来访。

这是历史性的时刻！

这是跨过了那道浅浅海峡的握手，这是穿越了半个多世纪纷纭历史的握手。

握手后，胡锦涛和连战表情轻松，并排走过红地毯，步入人民大会堂东大厅。这是两党启动正式交往、面对现实、开创未来的一次最重要的会晤。

[出掌声]

胡锦涛总书记首先致欢迎辞。[出胡锦涛录音]

胡锦涛：四月的北京春意盎然，在这美好的季节里，我们迎来了中国国民党主席连战先生率领的国民党大陆访问团。今天的会见是我们两党主要领导人历史性的会见。你们的来访是中国共产党和中国国民党关系史上的一件大事，也是当前两岸关系当中的一件大事。从你们踏上大陆的那一刻起，我们两党就共同迈出了历史性的一步，这一步既标志着两党的交往进入了新的发展阶段，也体现了我们两党愿共同促进两岸关系发展的决心和诚意。我们共同迈出的这一步，必将记载在两岸关系发展的史册上。我相信，国民党大陆访问团的这次访问，以及我们两党的交流对话，已经给两岸关系的改善注入了春天的气息。[出掌声]

记者：中国国民党主席连战发表答谢。[出连战录音]

连战：我也很坦诚地来跟各位提到，那就是这一趟来得并不容易。我一再讲台北、北京，台北、南京距离不远，但是因为历史的辛酸，让我们曲曲折折，一直到今天才能够见面。所以我说，有点相见恨晚的感觉。当然，中国国民党、中国共产党，我们过去曾经有过冲突，我们都知道这些历史的过程。但是历史毕竟已经是过去的事情，我们没有办法在此时此刻再来改变历史，但是未来却是掌握在我们的手里。让我们把握当前，让我们共同来开创未来。[出掌声]

当然，广播新闻要写短，不是简单的量的压缩，更主要的是质的精练。这对广播新闻的写作提出了更高的要求。

首先主题要集中。一篇广播新闻一般只报道一件事，说明一个问题。如果觉得还有另外的内容可写，可以放在另一篇报道中去介绍，不要面面俱到。什么问题都想在一篇报道中写，结果就会一个问题也没说清楚，还会把报道的篇幅拉长。

在主题集中的基础上，广播新闻选材要精。要选择最新、最重要、最动人、最富有特色、最为听众关心、最能说明问题的材料来写新闻，那些详尽的分析、论证，过多、过细的数字等，都应该酌情放弃。

在精选的基础上，广播新闻要抽象和具体相结合，点和面相结合。点详写，面略写，详略得当。

思考题

1. 广播新闻语言的特点是什么?
2. 广播新闻语言的规范是什么?
3. 你是怎样理解广播新闻语言要通俗这一要求的?
4. 结合实例，谈谈你对广播新闻要写短的理解。

第八章 广播新闻的编辑

本章学习要点

1. 掌握广播新闻文字稿的基本编辑要领
2. 掌握广播新闻音响剪辑和合成的基本手法
3. 掌握广播新闻节目的基本编排原则和方法

从新闻编辑业务的共性方面来看，不同类型的媒介，其新闻编辑工作一般应该包括如下内容：新闻信息载体设计、新闻报道的策划与组织、新闻作品的修正与把关、新闻信息的整合与展示、新闻互动与公共交流的组织与引导。① 换句话说，具体的编辑工作既有宏观层面的，也有中观层面、微观层面的，主要包括：制定编辑方针；策划新闻报道、制订报道计划；组稿、选稿与改稿；撰写评论；制作新闻标题；组织版面；审读、校对、检查；等等。

微观的新闻稿件处理是新闻编辑日常最主要的工作，这项工作比较繁杂，总起来也可以归纳为以下几个方面：选定值得发布的信息；组合准备发布的信息；配置即将发布的信息；优化已经选配的信息。

① 参见蔡雯：《新闻编辑学》（第二版），21页，北京，中国人民大学出版社，2010。

广播的新闻编辑工作在总体结构上与报刊新闻编辑是一致的，但由于广播的技术特质，其工作流程、工作职责，与报纸杂志又有所不同。

在总体流程上，广播新闻的编辑大致包括以下几道环节：制定报道方针（即频率栏目的总体定位）；设计报道方案和节目类型（即如何实现定位的内容框架结构）；组织协调日常报道和节目时间的填充；内容的编辑加工（即对送到编辑部的、采集到的内容进行进一步的加工，包括对节目内容和传播样式组合进行修改和处理）；审定节目内容和最终播发传输；播发时的实时监测；播发后反馈信息的收集和消化吸收；等等。一般来说，一个编辑要负责一个栏目的节目编排工作，不仅要对单篇报道进行编播，更要考虑栏目的整体播出效果，包括内容的搭配和播出顺序的安排。

在微观编辑环节上，报纸新闻编辑只需直接对文字稿件进行修改，制作或修改标题，补充采访，完善素材，配置图片或评论。而广播新闻编辑的工作，除了要对文字稿件进行编辑之外，重点是运用电子编辑设备对前期采录的音响素材进行选择、剪辑、组合等处理，再配以解说词、音响效果、音乐等制作成一个完整的节目。可以看出，广播编辑工作的结束，不是在文字稿编排结束以后，而是在播音员播出、录制完毕时。

在编辑岗位的设置上，在其新闻的制作和播出阶段，广播新闻编辑人员区分为现场编辑和播前编辑，实际上包括了新闻总监、监制、责任编辑、策划、编辑、统稿、编务、录音师、导播、音频切换等多工种所承担的工作，分工非常细。

特别是由于广播新闻对现场声音的重视和记者、技术人员、设备配备的复杂性，要求事件发生前，编辑必须对记者采制新闻有较全面的安排，编辑对报道线索的依赖，远远高于传统的报纸媒体。因此，广播电台的编前会一般安排在当日新闻播出之后立即进行，对次日的报道进行策划；尤其是现场直播，往往需要提前数日甚至几个月就开始制订方案、做好准备。

第一节 | 文字稿的编辑

每天社会上存在大量新闻素材，大众传媒的新闻报道不是也不可能是“有闻必录”，它得有所取舍选择；而且时至今日，面对丰富的稿件与有限的传播空间的矛盾、无针对性来稿与媒体既定编辑方针的冲突，任何一家新闻机构都必须根据自身的实际情况去粗取精，选用适量的、符合自身编辑方针的稿件。

仅就一家广播电台来说，其稿源广泛，有本台记者采写的稿件、通讯社供稿、通讯员来稿或特约稿件、读者来稿，还有来自其他媒体各类转载的稿件、简报、宣传品、文件资料等，稿件内容涉及各个领域，有着不同的观点和角度，写作水平参差不齐。广播编辑要在其中决定：哪些该取，哪些该舍；哪些要抢先处理及时发出去，哪些可以压一压、往后放；哪些稿件须进行必要的核实、校正、修改润色。

一、认真选择新闻稿件

一个高明的编辑善于在众多值得刊播的新闻中选出最值得刊播的新闻。在选择新闻稿件时，要从新闻价值、社会效果和适用性三个方面进行分析。首先要进行新闻价值分析，看其值不值得刊播；其次是社会效果分析，评估其刊播后将可能产生的社会影响；最后是根据媒体的特点进行分析，看其是否符合本媒体的编辑定位。这是任何一家媒体的新闻编辑都要遵循的选稿原则，广播新闻编辑也不例外。

（一）选稿标准之一：新闻价值

新闻稿件的选择标准，首要的一条就是所选稿件必须是真正意义上的新闻，也就是要求稿件报道的内容一是要确有其事，二是要具有新闻价值。

1. 稿件的真实性

作为需要把新闻信息传达给受众的编辑来说，真实准确是选择新闻稿件所要遵循的最基本原则。编辑对新闻稿件所反映的事实要做到要素真实、细节真实、总体真实、本质真实、历史真实。

但由于编辑选择稿件一般时间比较紧，没条件对每篇稿件的事实进行逐一核对，因此一些媒体将对稿件真实性的把关留到修改稿件的时候进行。

2. 稿件的新闻价值

新闻稿件的取舍还取决于报道的内容是否具有新闻价值，即所报道的新近发生的事实在传播过程中所履行的能满足人们知晓、认识、教育、审美等诸种需要的功能[①]。通常情况下，新闻价值的要素包括一个新闻事件是否具有时效性、重要性、接近性、显著性、异常性、冲突性、人情味、趣味性等。

（二）选稿标准之二：宣传报道价值

具有新闻价值的新闻稿件并不是都能被采用，因为新闻传播媒介作为舆论工具所担负的社会责任，决定了它不可能无条件地发布任何新闻。

编辑在选择新闻稿件的时候，必须把稿件的新闻价值与宣传报道价值结合起来进行考虑，全面预测其可能产生的社会效果，包括：考虑稿件是否符合政治标准和法律、经济、文化、道德等方面的标准。

（三）选稿标准之三：媒体适用性

编辑在选择新闻稿件时还必须考察新闻是否符合本媒体的定位。这是根据媒体自身特点进行的分析，是区别于前两类分析的一种个性化的分析。

适用性分析主要包括：媒体的性质、任务；听众定位；同类媒体或自身已做过的报道；自身近期的报道情况；等等。

由于不同广播频率的受众定位、自身功能、性质、所处地区等均不相同，同一篇稿件，适合刊发在此广播频率，却不一定适合彼广播频率。特别是媒体间的竞争日益激烈，编辑在选择稿件时更要对媒体自身特点予以充分考虑。

另外，编辑选择的新闻稿件最终要落实到节目里，因此选择稿件时稿件的数量、长短、体裁形式等还必须配合媒体容量的要求。

二、仔细修改新闻稿件

从整个新闻编辑的流程来看，新闻稿件的选择是一种粗选，而新闻稿件的修改则是一种精选。

在编辑的眼里，入选的稿件只是从稿件的主题、内容、事实等大处去看具有意义，但它还只是原料、半成品，并不完全符合播出的要求，要播出还必须进行“再创作”，从宏观的观点、事实到微观的文字、标点，都需要精心提炼、加工，去粗取精、去伪存真、锦

---

① 参见雷跃捷：《新闻理论》，86 页，北京，中国传媒大学出版社，1997。

上添花、画龙点睛，方能成为编辑意义上的“成品”。

一般需要修改的稿件有两种情况：一种是绝对性修改。主要是指原稿在思想内容、基本事实、基本观点或材料运用、文字表述等方面有某些欠缺，比如文字上还有些毛病，或者表达的思想不够完善、引用的事实不够准确等，这些差错都必须经修改后才能发表。

还有一种是相对性修改。主要是指为了符合广播电台的特殊需要，凸显其特色而对稿件进行修改，从电台的栏目要求出发作适当的精简、扩充、合并、分篇等。

（一）修正内容

广播编辑对新闻稿件的内容修正，主要从两方面着手：一是对新闻事实的核实和订正；二是对新闻稿件中思想观点的订正。修正的范围包括稿件中的事实、观点、语法、修辞、逻辑等各个方面。

1. 事实的修正

新闻事实的修正包括内容和表述两个方面。订正新闻事实的基本要求是：真实、准确、科学、统一、清楚。

需要注意的是，新闻报道的失实，并不限于无中生有、虚构；更多的情况是虽然基本事实存在，但是局部和细节与真实情况有所出入。大多数新闻都是真假掺杂，这种失实往往更难以被发现，这就要求编辑要习惯于用质疑的眼光去审读审听，工作细致到位，对稿件进行核实修正。

判断事实真实性的一个重要途径就是考证其消息来源。对于不明消息来源、匿名来源、权威性不够的消息来源、转载其他媒体的新闻，甚至是记者采写的新闻稿件都不能轻易忽略询问其信息来源。

要查证新闻要素，推敲核实内容的逻辑性。对于情节离奇又过于巧合的稿件，文艺色彩极浓、文字过分生动的稿件，赶浪头、时效性特别强、报道口径特别准的稿件，来自基层作者写的全局性稿件，语意含含糊糊、口气吞吞吐吐的稿件，转抄、转载甚至反复转抄、转载的稿件，搁置了一段时间的稿件等要特别警惕。

要注意细节准确，包括“五 W”（时间、地点、人物、事件、原因）以及具体的数据、计量单位、译名、图表等，都要格外留心，防止“夹带”错误。

要把好文字关，稿件中词、句的运用要恰如其分；语法和逻辑上要没有错误。表述不当、表述前后不统一、表述含混、笼统或残缺，不但不能反映客观事物的真实情况，甚至还会造成政治差错。

对于广播新闻稿来说，编辑要特别注意文字是否口语化、通俗，是否简练，是否适合于听。必要时应把长句改成短句，把倒装句改成陈述句，把复合句尽量改成简单句，把欧化句改成符合我们中国人用语习惯的句式。

2. 观点的修正

经过选择的稿件，在原则和大方向上一般不会有什么差错，但在某些具体的观点或提法上则可能有失准确、恰当。对其进行修改，是修改新闻稿件的另一重要方面。

对于稿件中涉及这些敏感性政治问题和政策问题的文字表述，编辑要特别仔细审查；不能为了强调矛盾的一方，忽略甚至否定另一方，犯片面性的错误；应该避免出现“媒体审判”，以维护司法的独立、公正；不能过分地渲染格调低下的内容，以迎合一部分受众的低级趣味；应该加强保密观念，明确保密范围。

（二）修改稿件

广播编辑通常采用的改稿方式主要有精简、增补、改写几种。

1. 精简

精简就是根据广播节目容量和报道需要，删除、压缩稿件中的某些部分，使之结构紧凑、重点突出。它是新闻编辑修改稿件最基本、也是最重要的方法之一。

我们知道，新闻稿一般由两部分组成，一部分为事实性信息材料；另一部分为议论性信息材料。前者又可以细分为“新闻事实”和“非新闻事实”（指背景材料、事实发生的一般过程等）两类；而后者也可细分为“新闻议论”（指对新闻事实进行的议论、分析）和“非新闻议论”（指空话、废话等）两类。对于“新闻事实”，按其新闻价值的大小，又可分为不同的层次；而“非新闻事实”按其与新闻事实或主题的关系，可再分为“有用非新闻事实”（即新闻背景材料）和“无用非新闻事实”（即与新闻事实或主题无关的其他事实材料）。“新闻议论”按其与新闻事实或主题的关系及其重要性，可细分为“第一重要新闻议论”、“第二重要新闻议论”等；而对于“非新闻议论”，由于它与新闻事实或主题无关，属空话、废话、套话，无须留用，可全部删去。

由此，对于新闻稿件的精简，我们可以从两个层次（或称两个步骤）入手。

(1) 对新闻稿进行“新闻性删削”处理

也就是“删意”。就是对稿件中过载的或非重要的内容进行删削，使稿件主题鲜明、信息精练。这种精简可按如下步骤进行：

删去“非新闻议论”和“无用非新闻事实”——删去“有用非新闻事实”和一些有用但并不必要的新闻议论——删去那些重要程度较低的新闻议论和新闻事实。

摘取精华的方法可以是取局部而舍其余。如：

××市文化体制改革路子越走越宽充满活力

安徽广播网10月28日报道（安徽台记者：××）现在在××皖西演艺传媒集团有限公司向你报道：张宝顺同志在省第九次党代会作报告时说：“深入推进文化体制改革，着力构建充满活力、富有效率、更加开放、有利于文化科学发展的体制机制。”说到了××皖西演艺传媒集团有限公司董事长陈席的心中。一年前由皖西庐剧团和皖西大戏院成功改制的××皖西演艺传媒集团有限公司，正是进行文化体制改革，才迎来了文艺发展繁荣的今天。

陈席表示：“只有改革才能激发出文艺工作者的极大热情，经过改革，我们自己创作的舞蹈、小品一类的剧目78个，这是过去皖西庐剧团历史上没有的”。“通过改革，员工的收入增加比过去原单位人均增长500元左右，文化体制改革焕发的是精神，解放的是生产力，得到的是实实在在经济的和社会的效益。”

此稿可改成：

改制后的××皖西演艺传媒集团有限公司获得经济、社会双效益

安徽台记者××报道：

由皖西庐剧团和皖西大戏院成功改制的××皖西演艺传媒集团有限公司，获得了实实在在经济和社会的效益。改革激发了文艺工作者的极大热情，一年来他们自己创作了舞蹈、小品一类的剧目78个，员工的收入也比过去原单位人均增长了500元左右，这是过去皖西庐剧团历史上没有的。

也可以是取概要而舍详情。如：

中国首届“徽杭古道文化旅游节”在××举行

安徽广播网9月27日报道（安徽台记者：×××、通讯员：×××）　今天（9月26日）上午，记者从××市旅游部门获悉：由皖浙两地共同主办的“中国首届徽杭古道文化旅游节”，于昨天在徽杭古道终点站浙江省临安市十门峡景区隆重举办。皖浙两地首次官方发布徽杭古道精品旅游线路。共50余家媒体记者云集文化旅游节，浙江电视台、××市旅游局官方微博作现场直播。

当日，皖浙两地党委、政府、旅游部门负责人共同按动“徽杭古道权威线路发布”启动球，权威发布两条线路。徽杭古道西入线：西起安徽绩溪县胡雪岩故居、经龙川景区、江南第一关、蓝天凹后进入浙江的浙川村，终点站是十门峡，这是一条徒步经典线路。徽杭古道东入线（野趣经典线）：东起临安义干村（现名杨溪村）、进入频口村、路口村、山边村，而后是狮门、剑门、虎门、龙门，这是一条山水野趣味经典线。

“中国徽杭古道文化旅游节”为皖浙两地旅游区域合作经典节庆活动，现场原汁原味展演了具有皖浙两地特色歌舞，昌化民歌、徽剧、黄梅戏、滚灯等民间文艺节目，使用VCR浓墨重彩地介绍了徽杭古道自然风光、历史文化和民间旅游产品，将皖浙两地文化与旅游的进行深度结合，挖掘和弘扬中国第三大古道——徽杭古道的深厚文化，着力组合跨省特色旅游产品。

徽杭古道西起安徽省宣城市绩溪县伏岭镇，东至浙江省临安市清凉峰镇（原马啸乡），位于清凉峰国家级自然保护区北侧，北靠黄山，南依天目山，全长17公里，是古时联系徽州与杭州的重要纽带，是我国继“丝绸之路”“茶马古道”之后的第三条著名古道。徽杭古道是一条自然风光最壮观、文化最神秘的走廊，保存最完整的一段是绩溪县境内的盘山石阶小道，是徽杭古道的精华所在。徽杭古道沿途山势险峻，怪石嵯峨，溪流奔泻，飞泉瀑布，构筑了一幅美丽的立体画卷。徽杭古道更是一条文化内涵深厚的徽商古道，现存众多的古村落、古桥、古茶亭、古树等，抗倭名臣胡宗宪、红顶商人胡雪岩、一代文豪胡适就是从这条古道上走出山门。徽杭古道现已成为中国十大徒步旅游最佳线路之一、华东精品徒步旅行线路排名第一，近年来越来越受到旅游探险者的青睐，尤为“驴友”们的首选去处。

节庆期间，皖浙两地旅游部门还就徽杭古道文化旅游节举办的长效机制、徽杭古道旅游线路服务体系建设等进行了广泛和深入的交流座谈。浙江省临安市还举行了十门峡景区开业庆典。十门峡景区位于徽杭古道东入口，集“绿”“秀”“清”“奇”“幽”“旷”“古”特色于一身，由狮门、剑门、虎门、龙门、象门五个风格各异的功能景区组成，景区内风景如画，令人有世外桃源之感叹。

此稿可改为：

中国首届“徽杭古道文化旅游节”昨天开幕

安徽台记者×××、通讯员×××报道：

由皖浙两地共同主办的“中国首届徽杭古道文化旅游节”，昨天在徽杭古道终点站浙江省临安市十门峡景区开幕。皖浙两地首次官方发布徽杭古道精品旅游线路。

还可以是取要点而舍说明。

有的稿件在一个大问题下列举了多个要点，都很重要，缺一不可，这时候就可采取取要点而舍说明的方法，将主要的信息传达出去。如每年的全国“两会”上总理所做的政府工作报告，方方面面涉及的工作内容很多，党委机关报可以全文刊登，但电台则通常是摘取各要点来报道。

(2) 对新闻稿进行“非新闻性删削”

就是对新闻稿件中的冗长语句、文字进行精简，也就是进行语言表达上的精简压缩。一般可以采取删字、删句的方法。对于那些叙述啰唆、描写不当、议论失衡、违背情理、解释多余、陈词滥调之处，以及重复的字词、可有可无的字词、太多的数字等，都要毫不吝惜地删改掉。

2. 增补

增补就是为原稿增加它所缺少而又必要的内容。增补主要有两种情况：一种是对稿件的内容做一些必要的资料性的补充；一种是对最新报道的事实的前况做一些必要的复述。

前者包括增补背景、增补注释、增补必要的事实细节、增补议论等。后者主要方法是增补回叙。回叙是对近期已经报道过的新闻的简要复述。由于广播是线性传播，对前一次报道、前一天的节目内容做适当的重复回叙，有助于听众了解整篇报道，关注以下的报道。特别是在连续报道中，对已经报道过的重要内容做适当的回述，可使听众尽快进入节目，使他们对事件的发展过程有比较全面的了解，也为新加入的听众做好提示。结尾处要写上下次节目内容的预告以及重播时间，让听众产生“约会意识”，做好收听的准备。

3. 改写

遇到新闻素材很好，但写得不好的情况，编辑就需要在原稿的基础上重写。改写常用的方法有多种，如改变主题、改变角度、改变导语、改变体裁、改变结构、改变篇章等。

其中改变篇章是广播编辑在修改稿件时经常用到的一种方法。由于声音广播线性传播的特性，每一条信息就要短些、明了些，所以无论是拆分还是合并，都是想在有限的“时间版面”上容纳更多的信息内容，而且让听众容易接受。改变篇章可以分为将新闻稿件“化整为零”或“化零为整”。

(1) 化整为零——分篇

即将一篇内容重要、面较多、篇幅较长的稿件化整为零，分成几篇来发表，每篇集中于一个方面、一个问题。这样做可以突出重点，满足读者的不同需求。一些领导人的长篇重要讲话或者政府在某方面的长公告，内容重要，要点又相对独立，适合用分篇的办法进行处理。

(2) 化零为整——综合

与分篇正好相反，综合就是编辑将几篇反映同一题材，但报道角度不同的稿件放在一起，各取所长，各取所需，相互补充。编辑收到的稿件中，常常会发现多篇主题相同或相关的稿件。这些单独的稿件既重复又单薄，如果把几篇稿件整合起来，集中编写成一条综合消息，不仅增加了信息量，还能增强稿件的表现力。

如 2013 年 2 月 10 日正是蛇年大年初一，在这举国欢庆的时刻，中央人民广播电台“中国之声”《新闻与报纸摘要》节目的编辑把《各地过年方式多种多样　甘肃首届农民春晚乡土气息浓郁》《武警战士、消防官兵及普通劳动者除夕夜坚守岗位》和《北海舰队远海训练编队及苏丹维和部队坚持训练不放松》三篇报道编排在一起，围绕着“如何过节”这个主题组成一个小板块，而其中的每一篇又都是一篇综合消息，内容是来自不同地方的老百姓用自己独有的方式庆祝节目，来自不同岗位的人们坚守工作岗位，来自不同部队的战士守护着和平，三条新闻有点有面，组合在一起，形成了很好的宣传效果。原文如下：

各地过年方式多种多样　甘肃首届农民春晚乡土气息浓郁

如今，人们对于如何过春节有了更多选择。既可以遵循传统，逛庙会，跑竹马，敲钟祈福；也可以跟随潮流，像甘肃的农民一样，办一场属于自己的春晚，最重要的就是心里乐呵。

金蛇迎春，鸣钟祈福。农历除夕 23 时 59 分，虽然深夜承德的气温降至零下 14℃，来自全国各地的近千名游客却早早地在普宁寺大钟前排起了长队，齐声倒数，等待着蛇年的到来，等待着在新的一年里鸣钟祈福。

零时整，浑厚清亮的钟声准时敲响，中外游客僧侣云集的普宁寺顿时成了欢乐的海洋，平安钟声、快乐笑声、热烈的掌声此起彼伏。

游客修嘉珩：首先祝愿祖国繁荣昌盛，另外希望我们每一个小家庭能够和谐美满。

在泰山极顶的弘德楼，农历蛇年正月初一的零时整。在这里，来自全国各地的近千名游客一起撞响了新春祈福迎祥的第一钟。在辞旧迎新的吉祥钟声中，送上新年最诚挚的祝愿：

游客：希望所有的人都能够心想事成。

红红的灯笼，红红的剪纸，甘肃首届农民春晚乡土气息浓郁。没有了明星大腕，草根农民成为晚会主角，第一次站在了属于自己的舞台上。

今年68岁的杨天仁，是一位地地道道的农民，也是村里的文艺骨干，这次能最终入选，让他有些喜出望外。

杨天仁：高兴地，那一晚上都没有睡着觉，能参加这样一个大型的文艺晚会，我们确实感到高兴，当时回家跟孩子也说，跟朋友也说。

南梁说唱、肃北呼麦、庆阳荷包、临夏砖雕等极具甘肃民族民俗文化特色的元素十分抢眼。天祝藏族群众表演的原生态情景舞蹈《富民赞歌》歌颂了全面小康、共同富裕的中国梦。

天祝藏族群众：这个节目主要体现的是生活在藏区的农民群众生活发生了翻天覆地的变化，从而我们用歌舞表达喜悦的心情。

武警战士、消防官兵及普通劳动者除夕夜坚守岗位

春节期间，当很多人与家人团聚、享受天伦之乐时，有这样一群人，他们默默坚守在岗位上，用辛勤的劳动，保障着更多人能顺利地过一个喜庆、祥和的团圆年。

除夕夜晚上10时，在芜湖火车站站台，记者看到了正在疏导旅客的刘琦。今年20岁的刘琦服务于芜湖火车站客运2班，是全站年龄最小的站台客运员。今天刘琦已经上了一整天的班，她用嘶哑的嗓子说：

刘琦：工作的时候说的话都会有重复，然后引导这些旅客进站出站，经常连续站很长时间，时间久了，腿跟腰受不了，很辛苦。

夜间芜湖的室外温度很低，在送完列车和旅客后，刘琦裹紧了大衣回到了值班室。与外面此起彼伏的爆竹声相比，现在候车室里显得空空荡荡。趁着休息时间，刘琦端起了妈妈给她准备的爱心“宵夜”。

刘琦：下午在家跟爸爸妈妈吃了一顿提前的除夕饭，晚上还要上夜班，妈妈就比较担心我晚上会饿，带了很多点心跟吃的给我做夜宵。

对于20年来第一次离开父母在外面度过除夕夜，刘琦觉得这是一个让她难忘的新年。

刘琦：在车站为旅客带来方便，让他们回家过年，自己的心里还是感觉到比较欣慰的。

下午1时，在长春朝阳热力安达服务站，简单吃了几口饭的维修工李保江就忙着去入户维修了。下午一共有6个维修单，第一家位于安达小区。入户检查后，李保江发现，住户家中的管道出了问题。

李保江：他那个水是黢黑的，里边都带着泥浆出来的。看它这个水。

住户：老黑老黑了。

管道疏通完毕，暖气恢复正常，住户吴先生露出了笑容。

吴先生：非常高兴、感谢了，咱们过年在家休息了，他们还正常工作。

处理完手中的维修单，已经是晚上 6 点多了，李保江在返回单位途中，又顺道来到住户万金红家查看供暖状况。老万是名残疾人，去年供暖期开始前，李保江把他家里锈蚀堵塞的暖气管全更换了，老万家的温度照往年一下子提高了七八度。

万金红：从打换暖气管子，这屋里可热了。非常感谢这个老哥呢。

李保江：他这样热了，他高兴了，比我吃顿饭还高兴。

除夕夜，岛城烟花璀璨，洋溢着喜庆团圆的气氛。昨晚，山东省委常委、青岛市委书记李群走访慰问了仍在一线值守的武警、消防官兵和公安干警。

在公安市南分局八大关派出所，李群通过视频查看了街面社会治安情况，并拿起对讲机向正在巡逻的民警通话：

李群：感谢你们，守护着平安，也守护着幸福。你们辛苦了。

民警：我们一定坚守岗位。

虽然没能回家过年，但战士们可以通过视频问候家人。在青岛武警青岛支队一大队二中队，李群与刚入伍的新兵关宝石一道，在摄像头前向小关远在辽宁本溪的家人拜年。

关宝石：爸妈，这是书记。

李群：欢迎你们来青岛，春节愉快，全家幸福。

北海舰队远海训练编队及苏丹维和部队坚持训练不放松

让我们把目光投向北海舰队远海训练编队和我国第十批赴苏丹维和部队，除夕夜他们怎么过？能不能吃上热饺子？请看记者发自现场的报道《守护和平、祝福祖国》：

在西太平洋上的预定训练海区，编队始终持续进行着高强度的训练。大年三十，这里没有组织会餐，没有举办联欢会。下午，舰载直升机照常起飞，展开演练。

舰载直升机飞行员张科言：军人的职责就是保家卫国，只要记住自己的职责、使命，在哪儿过年都是一样的。

第一次在海上过年的副炮火控手、中士刘长青必须在战位上吃年夜饭了。

记者：你们现在吃的这是什么？

刘长青：这是海军单兵自热食品，放一些凉水进去，七八分钟就可以吃了，我这是雪菜肉丝面。本来想着能吃个饺子，不过吃这个更有意义，吃这个方便，是更贴近实战需要。

除夕夜零点的钟声被战斗警报所代替，官兵身背防毒面具，全副武装，迅速到达战位。

编队参谋长王大忠：就是要强化官兵的实战观念，使官兵们始终做到箭在弦上，在任何时候、在任何情况下，都能让祖国和人民享受和平与安宁。

在非洲南苏丹，275 名维和工程兵大队的官兵们坚守在维和一线。

队员赵波：第一次在国外过春节，要说不想家，那是假的，但是维和这种经历毕竟不是每个人都能拥有的。今年的春节将会使我们每个人记忆深刻。

春节期间，维和工程兵大队的各项工程作业任务继续进行。

中队长东野长运：我们现在所修的这条道路，是瓦乌市区连接汽车站的主要道路。在我们修路的过程中，每天都有不少的民众围观，有的用汉语“你好”“谢谢”等表达他们的感激之情。

得知中国维和官兵将迎来传统新年，当地民众送上了他们的祝福：“中国，新年好！”

官兵们也通过中央台向祖国人民拜年：

中国赴南苏丹维和工程兵大队全体官兵，祝伟大祖国繁荣富强，人民生活幸福安康！

第二节 | 音响的编辑

广播是只有声音的一种传播媒介，广播的音响报道就是将有声语言、音响、音乐等声音元素组接在一起，所以说到底，广播就是声音与声音的连接。但是在这个组接的过程中，音响编辑除了要考虑连接方式和连接技巧的问题，还必须考虑连接的效果问题。不同的组接方式会产生不同的传播效果。中国传媒大学的张舒教授曾在其《音响报道教程》一书中谈到，音响报道中存在着“1+1=3”的现象，为什么会出现这样的溢出效果？关键就在于如何组接音响。对于广播音响报道来说，音响中的新闻内容固然重要，但巧妙的组接往往会达到意想不到的效果。

所以，在采制一篇音响报道的时候，面对一堆音响素材，如何将之有效地组接在一起，广播新闻编辑必须有所构思。

一、音响编辑中的蒙太奇构思

“如何使各种声音元素之间合乎逻辑、富于节奏地重新组合，使通过各种声音元素之间相辅相成的关系，产生连贯、呼应，构成一个连续不断的声音统一体，条理贯通、自然顺畅地表达思想内容？……这种广播制作中的声音组接技巧，我们把它称为‘声音蒙太奇’”①。

换句话说，声音蒙太奇，就是“在音响报道中，借用电影艺术中的‘镜头与镜头连接’的表现手法，将一个个精心选择的音响，按照一定的外在或内在联系连接起来，使之分别产生连贯、断续、对比、重复、隐喻、象征等效果”②。

---

① 王雪梅：《广播剧艺术》，见张凤铸主编：《中国广播文艺学》，366页，北京，北京广播学院出版社，1994。

② 危羚：《广播音响报道实用教程》，211页，北京，中国传媒大学出版社，2009。

蒙太奇，是法语 montage 的音译，它原是建筑业的一个术语，意思是“装配”和“构成”，即将个别材料根据总体装配组合起来。法国电影艺术家很贴切地将这个建筑学上的术语引申到电影创作镜头组接这一环节上来，蒙太奇于是成了“镜头组接”的代名词被广泛使用。其作用就在于，一个镜头说明一种含义；两个镜头接起来，会发生另外一种效果；许多镜头连接起来成为组合或系列，又会产生一种新的效果。镜头的组接能产生它们独立存在时所没有的意义，或具有了更为丰富深刻的意义，对观众有着一种特殊的感染力。

同样，在广播音响报道中，运用蒙太奇构思，可以省略掉一些烦琐的文字叙述和解释，使新闻内容在看似“跳跃”的连接中出现神奇的组接效果，增强音响报道的思想性和艺术性。

正因如此，近年来蒙太奇的连接手法越来越为广播节目所接受和应用。人们通过对声音元素的创作和组合，以及对声音元素的想象和联想，去表现听觉空间的人物感情、环境气氛及故事发展过程，使声音形象更具镜头感和画面感。

如获 1999 年第 36 届亚洲太平洋地区广播联盟信息节目大奖的广播特写《走向正在消逝的冰川——寄自长江源的家书》，在结尾处，当滴水声、流水声、浪涛声等处于不同地理空间的声响接连响起来的时候，听众所感知到的绝不仅仅是那水滴声，而更多的是对未来的思考。这就是“广播蒙太奇”的魅力。

再如荣获 2002 年第三届东方畅想广播创新节目擂主奖的《声音周记》。作品选择一幢居民楼下早市的叫卖声、一名转岗开出租车的司机的感慨、一家 KTV 此起彼伏的迎客送客声、一个看电视的人频频换台最后无奈地关机声、一对新人结婚典礼的同期声等，再辅以主持人的旁白串编和简练的评点，构成了“广播蒙太奇”，用原汁原味的“声音”来记录生活场景，讲述社会生活，展示了平常人真实的生活状态，让人感觉亲切自然。评委的评价是：“用人们生活中最典型的声音，配以妥帖的音乐，构思比较奇特，极富表现力。”①

从大的方面来讲，广播音响报道中的蒙太奇可分为“叙述蒙太奇”和“表现蒙太奇”两大类。②

（一）叙述蒙太奇

叙述蒙太奇是按照事物的发展规律、内在联系或时间顺序，把不同的声音连接在一起，形成一种连贯或间断的效果。它又可以分为连贯蒙太奇和断续蒙太奇。前者是通过一个连贯的动作给听众一个完整的信息，这是音响报道中最常见的连接；后者是打断本来可能是连贯的音响，在其中加进一些内容，对前后的音响进行补充、引导、点睛。

如中央人民广播电台“中国之声”2011 年 7 月 12 日播出的广播消息《陈炳德马伦纵论中美军事关系》（获得第 22 届中国新闻奖二等奖），这则新闻立足中美两军高级将领的一场记者招待会，以此生动反映了中美两军当前在一系列重大问题面前的交锋与共识。其中

---

① 李启高：《广播新闻：应让听众“看得见”》，载《新闻实践》，2004（1）。

② 参见危羚：《广播音响报道实用教程》，212 页，北京，中国传媒大学出版社，2009。

通过记者编辑的精心捕捉，将中美两国两位高级将领现场问答音响做了“断续式蒙太奇”连接，精练地呈现新闻要点，编排紧凑巧妙，人物谈话生动传神。整篇报道可听性很强，成为同类报道中的佼佼者。

陈炳德马伦纵论中美军事关系

男主持：今天（7 月 12 日）是美军参谋长联席会议主席迈克尔·马伦海军上将来华访问的第三天。

女主持：昨天（7 月 11 日），中国人民解放军总参谋长陈炳德和马伦进行了两轮会谈，并和他一同出席了记者会。来听中央台记者梁永春发来的报道。

[现场音响]：尊敬的各位记者朋友，大家好！……［压混，出记者播报］

在现场 40 多家中外媒体面前，迈克尔·马伦像一位文质彬彬的学者，而陈炳德总长的言谈之间，则更鲜明地显露出职业军人特有的直率和坦诚。

[出现场录音]

我对马伦将军的访问表示热烈欢迎！

在小范围会谈中，我们主要谈了四个问题。我谈的第一个问题是南海问题，第二个问题是美国政要对华态度问题，第三个是网络安全问题，第四个是中国军力发展问题。

我与马伦将军在许多方面达成了重要共识，当然，也存在分歧！

[录音止，出记者播报]

记者会上，80%的记者提问都没有离开南海问题。有记者问美国在南海的战略意图，马伦重申了“确保南海航行自由”的理论。

[出马伦及翻译录音，压混]

南海地区有很多商业活动的运输航道都通过这里。我们的原则是：在世界各地，我们都应当有自由航行的自由。

[录音止，出记者播报]

陈炳德的回答针锋相对：[出录音]

现在，南海航行自由没有任何问题。因此，美国朋友对这个地区的安全和航行自由不要操心，更没必要担心！

[录音止，出记者播报]

马伦再次表示，美国在南海局势当中要保持中立：

[出马伦及翻译录音，压混]

在如何解决南海争端问题上，我们不会偏袒任何一方。

[录音止，出记者播报]

陈炳德指出，美军其实已经在积极介入南海争端了：[出录音]

美国总表示：我们美国无意介入南海问题。话是这么说的，实际上已经在介入了。美方在南海与菲律宾、越南在这个时候搞军事演习，那不叫“介入”又是什么呢？马伦将军说，这是惯例，我们过去也这么做。起码在这个时候，我们和周边国家有矛盾的时候，你们举行这样的演习，是极不妥当的！

[出记者现场提问录音]

您好，我是中央人民广播电台的记者。请问马伦将军：在您这次来中国访问前夕，曾经对新闻媒体说，美军要在南海地区“保持长期军事存在”，美军将以什么形式在南海地区“长期存在”？是要在南海周边建设军事基地吗？

[马伦及翻译录音，压混]

关于我们的军事存在，我想再澄清一下。这些军事存在，并不是说我们将会在这里建立军事基地，我们还有部队在这里过往，这些军事存在，实际上是指进行一些军事演练。

[出陈炳德谈话录音]

美军在南海的长期存在，实际上已经是客观存在了。问题是，我回答不出来：你的“存在”需要多大兵力？“存在”是干什么的？频繁地搞演习又是针对谁的呢？我衷心希望，美军在南海的存在，能为和平和发展做出贡献，不要带来不愉快的事情。

[录音止，出记者播报]

关于美国军舰和飞机对中国沿海地区进行频繁抵近侦察的问题，陈炳德总长直言，美军的这种侦察行动非常危险，也非常不友好：[出录音]

美国“全球鹰”无人机对中国的侦察，离中国的边境线只有16海里，已经很近很近了。这实际上对中美两军的友好合作不是促进，而是增加了种种困难和阻力。

[录音止，出记者播报]

而马伦并不肯做实质性让步：

[出马伦及翻译录音，压混]

实际上，在这方面确实存在一些挑战，我们双方也在就这个问题进行讨论。我们今后将继续进行这样的讨论，以便使我们能最终走向理解。

[录音止，出记者播报]

陈炳德的总结谈话为这场记者会上的交锋画上了句号：[出录音]

发展健康、稳定、可靠的中美两军关系，关键是要互相信任，前提是互相尊重。我衷心地希望美国朋友，待人要谦虚，行事要谨慎！

（二）表现蒙太奇

表现蒙太奇是根据不同音响的内在联系，通过声音与声音之间的连接与变化，造成单个音响本身所无法产生的概念与寓意，使听众产生联想。一般它可细分为平行式、交叉式、对比式、重复式、隐喻式等。

1. 平行式

这是一种很古老的蒙太奇表现形式。即在广播音响报道过程中，将两件或三件内容性质上相同，而在表现形式上不尽相同的事并列，这些事互相呼应、联系，产生出一种很有气势的效果，或给人一种“大家都持这种观点”的效果。如“中国之声”2013年3月16日播出的《2013，我离梦想有多远》第十一篇《起点的公平》，报道的一开头就出了几段并列的音响：

“国务院举行常务会议，研究部署深入推进义务教育均衡发展、规范农村义务教育学校布局调整。”

“财政部教育部日前联合出台规定，对我国农村义务教育学生的营养改善计划的专项资金的管理和使用进行规范。”

“最近，教育部发布了3～6岁儿童学习发展指南，5～6岁的学龄前儿童在数学认知方面进行10以内的加减运算即可。”

、　2012年，中国教育改革步伐稳健。这一年，国家正式启动面向贫困地区定向招生专项计划，贫困地区上一本院校的考生同比增长10%；这一年，教育部首次面向海内外公开选拔直属高校校长，被外界解读为“激活高校人事制度改革的一池春水”；这一年，一个里程碑意义的数字值得铭记——年度财政性教育经费支出总额占GDP比重首次达到4%。

2. 交叉式

这种剪辑方法，是把同一时间在不同空间发生的两种音响交叉剪接，构成一种强烈的不同或紧张的气氛和强烈的节奏感。

3. 对比式

这也是一种很古老的蒙太奇的形式，表现富与穷、强与弱、文明与粗暴、伟大与渺小、进步与落后等两个音响的对比，形成巨大的反差，给人留下深刻印象。

4. 重复式

这是指从内容到性质完全一致的音响反复出现，构成一种强调。有时只有这样，才能够突出主题，感染受众。如《一场特殊的音乐会》里，拉赫玛尼诺夫的《第二钢琴协奏曲》在不同段落多次出现，而每一次出现都带给听众越来越强烈的心灵震撼。

5. 隐喻式

这是指按照音响报道的需要，利用音响，而不是语言文字来反映报道中主题和人物思想活动。或者是不直说而让音响含蓄地暗示某种意味，或者是在连接中产生某种带象征的新意，往往可以达到“只可意会不可言传”的效果。隐喻式蒙太奇“是音响使用中内涵最为丰富的一种连接，也是最能产生出一加一大于二效果的连接。它或者发人深省，或者激动人心；听众往往能够从音响的连接中，体会到更为丰富和更为深刻的含义”①。

二、音响剪辑与合成的基本手法

经过音响编辑的主题构思后，采录回来的音响就需要我们对之进行复制合成操作了。

---

①　危羚：《广播音响报道实用教程》，226页，北京，中国传媒大学出版社，2009。

这个音响编辑的过程一般来说包括两个过程：剪辑和合成。

（一）剪辑

音响剪辑是否合理，是否恰如其分，会直接影响到报道的效果。所以在剪辑音响之前，首先应熟悉全部音响素材，充分考虑你的节目要求。一般来说，在采录时，记者就应该做一些简单的内容记录；但在选择剪裁之前，编辑还应该对这些音响进行认真的整理、审听，根据报道主题，找到其中采录清晰又能表达中心内容的部分，并标记清楚，以保证采访所得不会在忙乱中被轻易遗漏，优质的音响不被不适当的剪辑处理毁坏掉。具体剪辑时，应注意以下几点。

1. 音响长短适宜

音响的长度应至少保留 10 多秒，不能太短。过短的音响容易让人觉得突兀，也不容易听清，往往一滑就过去了；当然，过长的音响则降低了报道的信息量，会使听众出现“听觉障碍”或“听觉疲劳”。

2. 音响要完整

音响要完整，就要注意音响的剪辑点。

一方面，要保持音响内容的完整。不能将内容剪辑得支离破碎，更不能断章取义。如果要剪掉一个人谈话的某些部分，可以顺序删去其中的某句话，但不能把谈话内容剪开后打乱顺序，重新安排，这样会在打破话语连续性的同时带来意思的改变。另外，可以剪掉没有声音的空白段，去掉啰唆和复杂的句子；但由于语气、语调、语气词、说话的速度、说话的节奏都能传递出一个人对新闻事件的看法、情绪和人物本身的性格、气质、人格魅力等，音响剪辑时应尽量保留这些声音元素，以增强音响的可信度和感染力。

另一方面，还要保持音响形式上的完整。一般情况下，应在音响的自然停顿处进行剪辑。一定要找一个停顿符号、一个较长的换气或一个结束音处来剪辑，不能从一个断语的中间部分切断一个人的谈话。要注意保留“气口”。“气口”就是人讲话时的停顿，如果把“气口”都剪了，听起来会很别扭的。

在剪接点、出音响和音响结束之处应有半秒左右的间隔，然后再接解说或下段音响；不要因为一味追求“精练”而将音响剪辑得过紧，使前后句的某些字被“吃”掉，让人听起来感觉很“秃”，不舒服。音响的最后一个字也不能出现突然地停顿或呼吸“气口”，否则会使原本流畅的语言有被硬生生卡断的感觉。

3. 音响要保持感情的连贯

有些时候，采录来的音响内容上不是完全符合语言规范；但如果剪切掉这些内容，反而丧失了贯穿于话语中的情感的连续性和感染力。这时候，那些似乎不完整或略有重复的内容，也应当予以保留。

也不能在一个人说话情绪上升或话停留在一个升调的时候剪断它，这可能会让听众觉得你想“扣下”什么东西。

4. 灵活处理残缺音响

如果采录来的音响本身不清晰、不完整，或者说话的人语言不容易听懂，而你又必须使用这些音响进行剪辑的话，通常的做法是用混播，或称“压混”的方法来处理，把音响压低，再由记者或播音员进行解说。也可以先放一段音响，然后改由记者或播音员代说，进行解释和补充。

（二）合成

经过剪辑后的音响要重新进行组接，根据体裁内容的需要，对它们重新排列组合，建立新的内容结构。

1. 合成的基本方式

在广播新闻报道中，音响的组接包括音响与背景音响的合成、音响与音响的组接、音响与文字解说的组接、为文字解说配背景音响等。基本的组接方式有以下几种。

(1) 切换

即前一种声音结束，然后即刻出现后一种声音的组接办法，两组音响不重叠。这种转换方法比较易于操作。音响与音响、音响与文字解说的组接都会使用这一方法。这里又可以分几种情况。

● 前后强强组接

就是前一个音响正常音量结束，后一个音响正常音量开始。这种组接方式在广播新闻报道中最为常见，具有紧凑、自然的特点。如：

> 实现教育公平，还要紧扣“质”的提高。长期以来，国家围绕实施素质教育先后推出一系列重大举措，但是，总体来看，素质教育仍未真正“破题”。
>
> 河北代表金春梅期待考试评价制度的彻底改变：[出录音]“现行考试评价制度，还是过于注重对学生基础知识的测试，缺乏对综合素质的考查。要变为为考试而学，为选才而考。”
>
> 山东代表孙明波和张淑琴认为，实现素质教育，学校、家庭还要协力共推：[出录音]“学校要改变办学理念，家长要树立正确的教育观念，社会的用人机制、评价机制都要跟着改。”

● 前弱后强组接

就是前一个音响音量渐弱直至结束，后一个音响才在此之后开始。这样的连接会产生比较强的终止感，常常用在一个段落的结束，一个新段落的开始。

● 前强后弱组接

就是前一个音响音量不减正常结束后，后一个音响才弱起渐入。这样的连接可以是新段落的开始，也可以是一种情绪的转换。

● 前后弱弱组接

就是前一个音响音量渐弱直至结束后，后一个音响才弱起渐入。这样的连接不是很常见。

(2) 叠加

也称“压混”或“混播”。就是两种不同声音，如文字解说和音响，或两个音响，声音重叠甚至同时播出，造成一种立体的音响效果，给人一种现场感。

无论是文字解说和音响，还是两个音响的组接，两者之间在内容上都要互相有联系，在音量处理上有主次之分，一为主音响，一为背景音响，主次音响可互相转换，但叠加的时候，一定是主音响音量大于次音响。具体哪个压混哪个，得视音响和叙说的内容而定。一般有下面三种形式。

● 弱强式组接

就是一段讲话，或一段音乐、一段自然音响渐弱，不等音响消失结束，马上后一个音响正常音量进入。

● 强弱式组接

这种组接方式，前面正常结束的常常是讲话，后面弱入的常常是音乐歌曲。它常用在动情之处的烘托。如《一场特殊的音乐会》的将近结尾处：

记者：几天以后，我接到朋友来信。3 月 14 日和 15 日交接的时刻，弥留中的范大雷突然喊出：“拉二，拉二……”昏迷中的范大雷两手不停地动，像在弹琴，嘴里哼唱着拉赫玛尼诺夫的《第二钢琴协奏曲》第一乐章的钢琴声部，声音是那么微弱、含糊。

[拉赫玛尼诺夫的《第二钢琴协奏曲》奏出悠长和悲壮的旋律，混响]

记者报道与后面的钢琴曲的组接就采取了强弱式组接，钢琴声是压着记者的报道弱起进入的，待前面记者的话说完，后面的音乐声再扬起。

● 弱弱式组接

就是前一个音响渐弱结束，后一个音响渐强开始，两个音响当中有一段声音的重叠。这种组接方法常用于两段音乐的连接，两段讲话之间这样组接则比较少见。

需要说明的是，一般来说，一篇音响报道中，常常会把切换和叠加这两种方式混合使用，既有语言和音响、音响和音响的交替切换出现，也有语言和音响、音响和音响的不断压混使用。

如北京人民广播电台播出的广播消息《申奥成功　北京沸腾》(获得 2001 年中国广播奖一等奖)。整篇报道里，人们的呼喊声、江泽民的讲话声、街头的各种欢庆声、采访对象的说话声等，根据报道内容，有的是切换出现，有的是压混使用，非常有现场感。

2. 合成的基本要求

对于两种声音的组接，要特别注意接合处的处理，要保持“六个一致”[①]：

---

① 参见周小普：《广播新闻与音响报道》，254 页，北京，中国人民大学出版社，2001。

第一，音量大小一致。不要让人感觉声音忽高忽低的。

第二，音色一致。同一个人物、事物的声音前后不能有太大的变异。

第三，音调一致。声音的高低要一样，不能有粗细的变化。

第四，节奏一致。不能因合成而使节奏出现变化。

第五，录音速度一致。不同的录音机采录的音响可能会出现录音速度不一致的问题，如果要用在一篇报道里，就要注意这个问题。

第六，背景噪音一致。

三、运用音响的技巧

广播新闻编辑制作中，在遵循真实性原则的大前提下，一般说来，音响的选用和合成应注意以下一些要求和技巧。

（一）尽量早出音响

在报道中，如果要用音响的话，就不要“皮太厚”，不要在报道开始半天还没出现音响；应尽量早点出现，以音响独特的声音形象吸引听众，引起注意，增强报道的生动性。特别是音响较多时，大场面的报道最好在一开始就出声音，然后再用解说解释所报道的内容，如重大建设工程的开工、竣工报道等，可在报道的开头首先出现场的声音，先声夺人。

（二）积极使用音响

在报道中，能用音响说明的主题和事实，在采录到质量较好的音响的前提下，尽量使用音响。

如有可能，解说时最好也有音响作为背景，使报道中的现场音响不中断，声音场面持续相连，形成强烈的现场感。但背景音响的运用也有讲究，何时进、何时出，背景音响的进和出都要自然。混音时要注意主要音响与次要音响的比例，次要音响不能过多，音量不能过大，否则就喧宾夺主了。

（三）音响不能游离报道主题

不要将音响置于可有可无的地位。它不是用来装饰、点缀的，不能游离于主题内容之外。音响要与所报道的内容形成有机、内在的联系，成为报道中不可替代的一部分，才能切实起到表现和烘托主题的作用。

（四）音响与文字不能 “两张皮”

一篇完整的音响报道包含音响与解说两个部分，且不可分割，二者是相互印证、相辅相成的关系，不能离开音响而单独完成稿件的写作。有时音响的安排甚至是一篇报道中首要考虑的因素；只有把生动、鲜活的音响配以精准的文字说明，才能再现新闻事件的原貌，让人听后如身临其境，增强报道的可信性和感染力。但是，有时会出现音响与解说衔接不自然的情况，两者之间或者是重复，或者是脱节。例如文字稿中记者在解说时提到“某某兴奋地说”，可在随后的录音中并没有让人听出兴奋的感觉，这样听众会感到言过其实，对新闻的真实性产生怀疑。再有，一件令人悲伤的新闻事件，用过于亢奋的语言情绪表达出来，也是不合适的。

（五）背景音响要防止喧宾夺主

背景音响如果没与报道主题相契合，就会削弱主题的主体性。新闻事件一般都有一个主基调，高兴、悲伤或是中立性。在选择背景音响时，就要考虑到这些因素，并积极营造氛围。一件令人高兴的新闻事件，就不能用消极情绪的背景音响。背景音响只有和主体音响配合得天衣无缝，才能起到揭示主题、增强录音报道真实性和感染力的作用。

（六）不要滥用音响

注意不要滥用音响，音响过多过杂会淹没精彩的典型音响。应以使用的质量取胜，而不以数量取胜。音响是要为内容服务的，不要为用音响而用音响，可有可无的音响不要用。不要把音响灌得太满，没有起伏，不讲节奏；尤其是在声音质量不好、不够清楚的情况下，音响不仅不能起到画龙点睛的作用，反而会冲淡主题，减慢节奏，成为一大累赘。音响过多不仅使新闻报道篇幅过长，还有可能干扰内容的表达。要果断地忍痛割爱，以免新闻冗长、拖沓，使听众失去收听兴趣。

（七）最佳位置安排音响

根据报道内容不同，把音响安排在最合适的位置。音响与文字的穿插要有一个最佳的频度，不能文字部分过多，说了半天才出一段音响，否则容易使听众产生听觉疲劳。注意保持音响在报道全篇中的平衡，不要集中在某一部分一起出，也不要间隔很久才有新的音响出来，最好均衡分布，形成一定的节奏感。

（八）流畅组接音响

音响的衔接讲究技巧，要注意避免“硬切”，一般来说，硬性切换音响应该是一种硬伤。还要注意“气口”，要自然、流畅。

第三节 | 广播新闻节目的编排

广播节目编排有两种含义。一种是广义上的编排，指一个广播频率的节目播出安排，通常由这个频率的负责人统筹规划，人们常见的节目播出表是其表现形式。另一种是狭义上的编排，就是某一套节目体现的编辑思想以及运用的编辑手法。这里所谈到的编排是指狭义上的节目编排。

广播新闻节目编排的思路和方法会因人而异，编出的节目也可能会有不小的差别，但是总体上应当遵循新闻规律。一套好的节目编排应当展现节目鲜明的主线，清晰的层次，顺畅的串联、转折或者是过渡，丰富有效的信息以及背景介绍，等等，能够给人们留下深刻的印象，让人体会到编辑的匠心，从而产生共鸣。

提到新闻节目编排，可能有人会认为主要是指怎样把各种消息归类，如何按照新闻事件或新闻人物的重要性来排条。实际上，排条只是节目编排中的一个环节，而且是比较靠后的一个组装环节。“新闻节目编排是指新闻节目播出前的一系列具体编排工作。主要包括筛选新闻稿件和确定节目的内容布局，组合与排列顺序，编写节目提要、结束语、串联词，选配恰当的音响材料，计算稿件字数与节目时间等。”① 有时还需要为新闻稿件配发编后话或短评。随着编辑过程的前移，现在有些节目编排还包括策划选题、组织采访等内容，编排手法也多种多样，包括提炼、集纳、对比、搭配、串联等。所有这些，对于更好地发挥广播新闻的传播功能，增强广播新闻节目的可听性，提高广播新闻的收听率，办好广播新闻节目都有着重要的作用。

由于广播声音的线性传播的特性，其新闻节目的编排原则、编排方法有许多独特的要求。

一、广播新闻节目编排的总体要求

同报纸新闻版面编排一样，广播新闻节目的编排是编辑部意图的体现，也是主编者思想倾向的体现。编排过程中，总体上要遵循这样一些要求。

（一）要有大局意识

从宏观上说，编辑要有大局意识，要对国际、国内的总体形势，党的基本路线和重要的政策法令以及受众的舆论和愿望等有全面的认识。稿件的重要性要放在当前的大局里来衡量，符合大局利益的稿件就是重要稿件。要牢固树立政策观念，提高政策水平，避免一概而论和片面性，使节目编排既体现党的大政方针，又切实反映社会的方方面面，传达社情民意。切不可带有个人成见，更不允许以个人意愿代替党的政策。

---

① 吴飞：《新闻编辑学》，418～428页，杭州，浙江大学出版社，2004。

（二）要持有全面客观的观点

在编排新闻节目时，要全面衡量利弊得失。既不能只看到稿件中积极的一面而忽视了其中可能存在的消极的一面，也不能只看到新闻消极的一面而忽视了其中可能转化为积极一面的因素。

编排新闻节目时，编辑还要考察新闻报道是否反映了正反两方面的意见。编辑选取新闻稿件，必须本着对听众负责的原则，如实地呈现正反两方面的意见。如果只有一方的声音，听众完全有理由怀疑报道的公正性。

（三）要体现节目意图

一个广播频率的新闻节目，少则十几次，多则几十次，虽然都是播报新闻信息，但在内容分工上应该是各有侧重，都有自己既定的节目编辑方。这个方针，是编排各次新闻节目时，需要首先遵循的要求。

要体现节目意图，应做到以下几点。一是要符合节目的既定方针，符合节目的既定目标和内容取向；二是要符合新闻发展规律，尊重客观实际，包括新闻本源的实际和社会舆论重心等；三是要符合本次节目的实际，包括拥有多少新闻、什么新闻，还可能获得什么新闻等。

（四）要考虑听众的收听心理和要求

听众既是节目的传播对象，又是检验者和评判者。要注意收集节目的反馈意见并及时调整，改进节目的编排思想，以突出和强化栏目的特点和风格。

二、广播新闻节目编排的具体原则

新闻节目是一条条新闻的组合。它以节目整体面貌而不是以零散的单个新闻面向听众，而听众也通过接收整套节目了解每条新闻的内容。对于任意一家广播电台，新闻节目编排的系统优化与单个节目的成功有着同等重要的作用。单个节目收听率再高，如果整体节目编排不当，也无法实现优势竞争的合力。为此，编辑编排新闻节目时要遵循一些原则。

（一）新闻价值原则

编排新闻节目，要遵循新闻价值大小的原则。新闻价值高的，往前排；新闻价值低的，往后排。这是国内外广播电台新闻节目的编排都采用的一条原则。

（二）突出重点原则

按稿件的性质和重要程度，安排适当的时段，显出轻重的区别。因为是线性声音传播，广播只能按时间的先后次顺排列，重点稿件靠前排，次要稿件靠后排。一次节目的头条应该是同次节目中最重要的。当然，排在后面的稿件不见得就不重要，有时是出于政策、策略的考虑，把某篇稿件排在了后面。

（三）适当平衡原则

在新闻节目时间固定的情况下，编辑选稿还要有平衡的观念。

首先，编辑应照顾到报道面与报道内容、对象的平衡。要注意稿件所反映的地区、领域、行业及其构成要素的平衡，在力求扩大报道面的同时，也要兼顾不同的报道对象、单位、地区、行业等报道面，切不可过分偏重某地区、某行业。

其次，编辑要注意报道中心与报道面的平衡。在综合新闻节目的编排时，要优先选用和报道中心有关的稿件，突出重点，还应保证报道面的宽度。既要有重点，又要照顾一般，以使刊播的内容轻重分明，做到新闻主题、体裁的多样化。

再次，要注意稿件反映内容的倾向之间肯定与否定的平衡。在我们的社会，先进的、光明的、积极的因素是主要的，报道应该以肯定这些因素为主；但是，也不能因此而放弃那些落后的、阴暗的、消极的因素，要开展必要的批评。

（四）效益原则

节目编排是编辑工作的最后一关，不容失误。编辑的注意重点应向报道效益转移，在以新闻价值衡量稿件同时，要更看重稿件发表后可能产生的社会效果，力争有益无害。

（五）单元配套原则

这是指在一次新闻节目中，把反映同一方面题材、同一内容或同一范围的几篇稿件集中编排成一组，不搞插花编排。这样的编排适合听觉习惯，听起来主题内容集中，整体收听效果好。

（六）新闻排列次序原则

长期以来，在我国的广播新闻节目中，国内新闻排在前面，国际新闻排在后面；国内新闻中，一般情况下，经济新闻排在前面，教科文卫、体育等新闻排在后面，其他如政治、军事、外事等新闻，大多数排在经济新闻和教科文卫、体育等新闻之间；外事新闻的排列，一般应以我方为主，我方的排在前面，对方的排在后面。如遇突发重大事件，也可靠前编排。

当前，随着广播节目的深化改革，这种传统的先国内后国际的编排原则正在受到冲击。一些率先改革的地方台，对于无论是国内新闻还是国际新闻，都正在尝试完全按照新闻价值的大小来确定新闻的排列次序。

（七）群稿比较原则

新闻节目经过编排后，无疑会体现出每篇稿件的不同价值和它们之间的关系，所以编排新闻节目时还需要进行稿件之间的横向比较。稿件的第一次选择往往只是孤立地衡量了单篇稿件是否能用，接下来还需要与其他稿件联系成一个有机整体来考虑。各节目时段的内容和形式所体现的立场观点、对稿件的评价要口径大体一致，报道风格协调，不能自相矛盾。

（八）缓急原则

当天的来稿不可能全部刊播，要分急用和缓用来安排。新闻稿件，尤其是重大新闻，时效性要求很强，编辑在选择稿件时要有意识地分秒必争，争取让新闻在适宜的时机发布，达到最佳传播效果。

如中央人民广播电台“中国之声”2011 年 11 月 1 日播出的《新闻与报纸摘要》（获得第 22 届中国新闻奖广播节目编排一等奖）就有很强的时效性。凌晨 5 点 58 分“神舟八号”飞船发射，半小时后《新闻与报纸摘要》节目就第一时间全方位展现。从发射现场原音重现、指挥中心记者实时连线，到发言人百米之外“穿针引线”的生动背景介绍，广播的时效性、现场感，媒体的优势、特质发挥得淋漓尽致。而节目中的国际新闻也全都是凌晨发生的，对其他媒体而言时差上的劣势，有效转化为广播首发的优势。

三、广播新闻节目编排的方法

许多新闻在内容上存在某种相关因素，编排就是要通过恰当的组合使这种联系明确地体现出来，并通过新闻之间的联系和撞击产生新闻事实以外的意义。如果编排结构不合理，新闻之间的联系就可能被忽视和割裂，削弱整体报道和实际效果。因此，广播编辑要讲究编排艺术，充分运用各种编排方法。常见的方法有以下几种。

（一）同类编排

把题材相近或内容相同的新闻排列在一起播出，如相同的主题、相同的报道对象、相同的特点等，突出其中同一的方面。比如北京人民广播电台 2001 年 7 月 14 日《北京新闻》

“新北京新奥运”特别节目的编排（获得第12届中国新闻奖一等奖）。这组节目着力突出对2008年奥运会举办城市——北京的报道，强化了新闻的地域性。编辑分别围绕着“北京获得2008年奥运会主办权，首都各界欢庆北京申奥成功，江泽民等党和国家领导人参加群众联欢活动”、“北京今夜无眠”、“全球华人共庆北京申奥成功”和“国外各大通讯社对北京获得2008年奥运会主办权作出报道”四个主题，将同类报道内容分别编排在四个小板块里，极简练地集纳了来自世界各地、祖国各地对北京申奥成功的反应。这样的组合报道，形成了很好的宣传效果，造成一种声势，给受众留下了深刻的印象，也提高了报道的深度。

《北京新闻》“新北京新奥运”特别节目串联单

一、《北京新闻》开始曲

二、内容提要

三、北京获得2008年奥运会主办权，首都各界欢庆北京申奥成功，江泽民等党和国家领导人参加群众联欢活动

1. 录音报道：中华世纪坛庆祝申奥成功现场实况，江泽民讲话

2. 录音报道：80岁的体育收藏家张万金畅谈申奥成功

3. 录音报道：体操运动员桑兰为申奥成功喝彩

4. 电话采访：远在莫斯科的女学生丛欣竹为北京申奥唱歌加油

5. 录音报道：高级建筑师王冰表示要把2008年奥运会体育设施建设得更完美

6. 录音报道：北京市民争相表达为2008年奥运会出力的心愿

四、录音报道：北京奥申委代表团在莫斯科举行新闻发布会，承诺将扎扎实实进行奥运会的各项筹备工作

五、国家主席江泽民致信国际奥委会主席萨马兰奇，表示中国政府和中国人民将全力以赴支持北京办好2008年奥运会

六、中共北京市委、北京市人民政府电贺北京申奥成功

七、录音报道：北京今夜无眠

1. 录音报道：首都大学生为北京申奥成功纵情欢呼

2. 录音报道：天安门广场歌如海，人如潮

3. 录音报道：体育工作者们抒发心中感慨

4. 录音报道：数以万计的社会各界人士汇聚天安门广场观看升国旗仪式

八、本台述评：新北京拥抱新奥运

九、全球华人共庆北京申奥成功

1. 消息：2008年奥运会协办城市天津昨晚沸腾了

2. 消息：奥运会冠军王军霞为申奥成功流下热泪

3. 消息：西藏各族群众载歌载舞，表达心中喜悦

4. 消息：香港各界人士热烈欢庆北京申办2008年奥运会获得成功

5. 消息：澳门市民用最激动的语言和歌声祝贺北京

6. 消息：台湾各大电视台对在莫斯科举行的申奥投票活动进行连线直播

7. 消息：中国留美大学生为北京申办获胜举杯同庆

8. 消息：法国 63 个华侨华人社团和企业电贺北京申奥成功

9. 电话采访：海外华人纷纷表达对祖国的祝福

十、国外各大通讯社对北京获得 2008 年奥运会主办权做出报道

1. 消息：法新社认为北京申奥成功表明世界承认中国的发展进步

2. 消息：路透社报道说，申奥成功对中国具有里程碑式的意义

3. 消息：美联社报道说，2008 年奥运会举办城市产生后莫斯科投票现场充满祝贺之声

十一、北京市市区空气质量日报、预报

（北京人民广播电台 2001 年 7 月 14 日）

（二）对比编排

把几篇内容有对比性的稿件组织到一起，或集中到同一个标题下，通过对比，把事物的矛盾性质凸显出来。这种方法要比单条稿件更具说服力。通过对比，扬善抑恶，肯定一方，否定一方，使受众认识事物的过程由渐进的变成跳跃的，更清楚地看到问题的本质。

例如，2007 年 6 月 12 日，德国和日本两个国家对二战劳工赔偿问题表现出了截然不同的两种态度。北京新闻广播第二天播出的《新闻大视野》节目，在国际新闻部分先是报道了“德国完成对纳粹强制劳工赔偿工作，共支付赔偿金 43 亿多欧元”，接下来的消息串联词是这样的：“与纳粹强制劳工相比，被侵华日军强行征召的中国劳工至今仍然处于获赔无望的境地。就在同一天，面对战争期间犯下的罪行和幸存劳工的诉讼请求，日本最高法院做出了与德国政府截然相反的决定，驳回原中国劳工刘宗根等 6 人要求日本政府对战时他们被绑架到日本大江山矿山当劳工给予总额约 1 亿 1 千万日元赔偿的上诉请求。”编辑将这两条消息集纳在一起，通过串联产生了强烈的对比效果，让人们对二战那段历史以及两个国家对待历史的态度一目了然。①

（三）组合编排

把同类题材或主题相近、有内在联系而体裁不同的几篇稿件组合编排在一起，稿件之间互为补充，互相印证，形成一个小板块。

如湖北人民广播电台在编排三峡大江截流当天的新闻时，就将与三峡大江截流相关的新闻编排在一起，组成一组报道，全方位、多角度地报道了大江截流的盛况及影响。

现场报道：三峡工程胜利实现大江截流

三峡工程大江截流在三峡工地隆重举行

① 参见景兵：《浅议广播新闻节目编排的创新》，载《中国编辑》，2008（5）。

本台评论：三峡截流，迈向新世纪的里程碑

综合消息：江泽民、李鹏等党和国家领导人在三峡工地接见建设者并参加植树活动

大江截流后，三峡工程导流明渠流量增大，通航正常

汉川今天撤县设市

京广线上百年老站江岸与京九线连通

（四）配合编排

把两种体裁以上的稿件配合排列在一起，一般以新闻为主，然后配评论，链接新闻背景资料等。这样做有利于扩展新闻的内在力量，充分展示新闻价值和新闻社会意义，从而使整个节目能实现更好的社会效果。这种编排方式现在在各家电台比较普遍。

（五）栏目化编排

近年来，国内不少家电台，按照新闻报道的内容，都在新闻节目中设置了相对固定的若干栏目，用栏目将节目划分成若干相对固定、各具特色的单元。如“中国之声”的新闻节目大部分都是以栏目板块的形式出现在听众的面前。比如《直播中国》节目就分为“新闻导听”“热点直击”“天南地北”“特写中国”“各地简讯”等多个小板块，每个板块侧重点都不一样。再比如常态新闻播报节目《央广新闻》，也是分为四个小板块，分别是“导听”“资讯播报”“重点关注”“气象信息播报”“连线报道”。“资讯播报”板块又分为“综合资讯播报”和“财经资讯播报”或“文体资讯播报”。在各板块之间插播十几秒到一分钟不等的广告。这样就使得《央广新闻》节目的整体感十分强，层次也很清楚。板块与板块之间插播广告，也不会给听众以突兀之感。

四、新闻节目编排需要注意的问题

我们可以看到，有一些广播新闻节目的编排形式略显单一，通常是以新华社的通稿加上报摘，再加上一两条本台记者的文字报道组成。这种编排方式固然规范整齐、节奏一致；但由于偏重于消息条数，没有对重大事件进行主动整合和延伸报道，节目缺少重点、高潮与思考，稿件之间关联度不高，如果稿件内容再缺乏思想性、可听性，那就很容易显得热闹有余，回味不足。那么，在具体的广播新闻节目编排过程中，我们需要注意些什么问题呢?

（一）新闻节目内部板块的设置和编排

在一个新闻节目内部，要根据需要设置一些小的板块。有相对固定的板块，有类似

"建党 80 周年特别报道""时代先锋"等临时性的专栏。但在设置这些小的板块时要注意，不能太多太滥；太多则节目支离破碎，很难让听众对节目有一个整体的印象。栏目板块的设置贵精不贵多，每个板块必须有它的特点，有它的存在价值，不要什么内容都可以往里装。而且，每个板块都要有它自己的位置，比如排在节目的开头还是结尾，要根据内容相对固定。

（二）选好头条

对于广播新闻节目来说，最大的卖点无疑是头条新闻。好的头条可以第一时间吸引听众的注意力，激发听众收听的欲望。有了一个好的头条，整个节目才会显得有神采，像"龙头"一样使一条龙活起来。一些电台的新闻节目把头条单列出来，专设一个板块，这足以证明头条新闻的分量。如"北京新闻广播"《新闻大视野》每天节目一开始有一个固定栏目就叫"头条新闻"。这个栏目一个目的是让听众及时从节目一开始就知道刚刚过去的 24 小时当中发生的最有分量的新闻是什么；另一个目的就是时刻提醒编辑在处理稿件的时候脑子里一定要有"头条意识"，什么稿件是最重要的，什么稿件应当放在什么位置，在选稿的过程中要捋出节目编排的大致脉络。

要想精心编选好头条，就必须纵观全局，高屋建瓴，深刻理解和领会党的路线、方针、政策，随时掌握各种新动态、新形势。头条新闻选取的原则就是它的重要性、关注度、独特性以及时效性（包括突发性），正如中广协会专家组成员、原中央人民广播电台高级编辑曹仁义所说，这次节目头条选得准不准，要看"是不是当天最重要的，是不是能统领起来的，能压得住的"。

这里需要注意一点：头条新闻不见得就只能一条，我们可以把与这一事件相关的专家评论、听众反馈、相关信息等适时地添加进来，组合成综合的新闻报道。

比如，2007 年 6 月 13 日，"北京新闻广播"《新闻大视野》节目头条新闻采用的是一组报道《今年新学期全国中小学生将跳校园集体舞》。第一条是新闻广播记者的口播，内容是从 2007 年 9 月 1 日起教育部将面向全国中小学生正式推出校园集体舞。第二条是一篇文字消息，题目是"调查显示：我国喜欢和比较喜欢校园集体舞的学生占到总数的 72.3%"，这是学生的反应。第三条是新华社的消息"教育部有关负责人表示，学生跳集体舞不会导致早恋"，这是教育部官员针对有人质疑高中学生跳华尔兹是否会导致早恋现象增多，就校园集体舞特点和学生早恋问题进行的解释和表态。一项简单的集体舞活动，通过这三篇不同视角的报道，不仅涉及了艺术问题、教育问题，还涉及情感问题、社会问题，加强了报道的力度和深度，引人思考。①

（三）写好内容提要

人们在读报纸时，不是先看新闻内容，而是先看标题，然后根据标题所反映新闻内

---

① 参见景兵：《浅议广播新闻节目编排的创新》，载《中国编辑》，2008（5）。

容，按照自己的需要和兴趣去选读。由此可见，报纸是靠标题来引导读者阅读新闻的。广播靠什么来引导听众收听新闻内容呢？这就要靠新闻提要。提要是指出现在节目开始部分、用于提示随后播出的新闻主要内容的部分。每一条提要都是对新闻稿件的高度概括和浓缩；有了提要，听众就可以根据它了解新闻的大概内容，即使没有收听整个节目，也能够对新闻的内容有一个大致的了解。听众就可以根据自己的兴趣爱好作出选择，哪些内容细听，哪些内容可以粗听，或者是虽已听过，但还想再听一遍，等等。据调查，收听提要的听众数量比收听节目的听众数量还要多。[①] 所以，提要的作用不可小视。

2009 年改版后的“中国之声”的新闻节目一般都设置了新闻提要。以《央广新闻》为例，每一档的《央广新闻》都对接下来半小时的主要内容和“中国之声”全天重点关注的内容作了提要。央广新闻自身内容的提要一般是在 4～6 条，对“中国之声”全天重点关注的内容的提要一般是 2～3 条，此外还有一条本时段的气象信息的内容提要。如 2009 年 4 月 1 日八点到八点半档的《央广新闻》的提要是这样的：

> 接下来半小时您将听到：
> 胡锦涛离京出席二十国集团领导人金融峰会；
> 英国开始从伊拉克全面撤军；
> 封闭半年多，北川县城再度解禁，记者现场报道解禁后的第一天；
> 外交部就中印和网络间谍问题回答中外记者问；
> 气象信息本时段为您带来今天全国天气趋势。
> “中国之声”今天还将重点关注：
> 评奖为假，敛财是真，五花八门的评奖活动何时规范有序？
> 世界经济危机持续蔓延，金融峰会能否承载全球期待，记者直击，专家解析。

这段提要共提供了七条信息，其中四条为《央广新闻》的提要，一条为气象信息提要，两条为“中国之声”全天重点关注的新闻提要，字数为 163 个，持续时间为 40 秒，多采用主动句式，显得十分精练简洁。但是听众能够从提要中了解这档新闻的大致内容，而且能够了解到最近的新闻焦点，那就是金融峰会。因为在这一段的提要当中，金融峰会不但出现在了《央广新闻》的提要当中，还出现在了“中国之声”重点关注的新闻提要当中。[②]

写好内容提要需要注意以下几点。

1. 要选取合适的新闻稿件

目前国内一档 30 分钟的广播新闻节目一般会播出 40～50 条新闻，新闻提要的数量在 15 条左右。因此在写提要之前，得先确定哪些报道上提要。

“内容决定形式”，哪条上提要哪条不上提要，主要是依据稿件的内容。当天节目中的

---

① 参见陈红梅：《试论广播新闻节目编排的“版面效应”》，载《当代传播》，1999 (3)。

② 参见易贵明：《广播新闻节目编排特点分析——以中央人民广播电台“中国之声”为例》，见 http://wenku.baidu.com/view/84c694bac77da26925c5b002.html。

要闻、重大突发性事件，还有那些百姓关心、关注的新闻，或者时效性强、听众渴望了解的新闻，自然是提要的首选。

2. 要突出稿件最吸引人的地方

在根据稿件内容写提要时，要突出稿件最吸引人的地方，在准确、生动、简洁、清楚上下功夫。因为提要往往很短，短短的一两句话不可能把事件的主要新闻事实都展现出来，这就要求编辑在撰写新闻提要时准确地抓住事件最吸引听众的点，把这个点突出出来。当然，提要也不能为了吸引听众而太夸张，用所谓爆炸性的语言来误导听众。

3. 要注重形式

比如“中国之声”在预告提要时常用第一时间、第一现场、第一人物、第一真相、第一评论，更加突出新闻的特点和分量。

（四）选择好新闻稿件

无论是哪一类型的新闻栏目，在选择新闻稿件的内容时，都要增强与民生有密切关系的题材的报道，争取播报更贴近民生、更新鲜、更深入细致的新闻。同时，新闻稿件的报道形式也要根据内容的不同而采用相应的报道形式。比如，对重大时政消息的报道，可以采取邀请相关专家对新闻事件加以解读、邀请特约评论员加以评论、邀请听众讨论的方式，从多个角度对新闻事件进行全面的分析；而文体新闻也可以创新报道方式，如播出现场录音等，以增强节目的现场感，增强广播的感染力和可听性。

（五）增加评论

编辑的创造性不仅体现在稿件处理、节目编排、策划以及采访等方面，还包括评论的撰写。编辑可以利用短评、编前话、编后话、述评、本台评论等多种形式，也可以借助特约评论员，来对某一新闻事件或某类新闻事件、相关新闻事件进行评论，进一步阐明编辑的观点，深化新闻主题。不过，在撰写评论时一定要注意，在听众的心目中，编辑的观点就代表其任职电台的观点，所以撰写评论要吃透稿件，充分理解新闻事实。

（六）做好新闻节目的串联

“串联”是指将节目内容以合适的方式连接起来，以使各部分内容形成统一整体的一种编排技巧。在节目编排中，如何串联好各部分的内容也是十分重要的。只有将各部分内容串联好，节目才会给听众以较强的整体感。

以 2006 年 1 月 1 日“北京新闻广播”的《新闻大视野》节目为例。当天国内新闻第一条是“中国政府网今天零点正式开通”，第二条是“上海市出台新规定，企业裁员不能老总一人说了算”，第三条是“山西省将实行新的《城市房屋权属登记条例》”。编辑在串联时将

第一条的落脚点放在政府网开通的意义上，结尾是这样说的："它的开通对于促进政务公开，改进公共服务，便于公众知情、参与和监督，将具有重要意义。"接下来的串词是："好消息不止这一个，对于上海市民来说，今后，企业老总因为个人不满而迁怒员工，'不由分说'突然通知某员工'明天你不用来上班了'的做法，将成为违法行为。"下面是介绍相关法规。第三条的串联是："除了就业，房屋产权也是老百姓非常关注的问题，由此引发的纠纷并不少见，山西省建设厅从今天起将实行新的《城市房屋权属登记条例》……"经过编辑的串联，三条互不相关的消息前后之间有了衔接和呼应，整个节目编排上也显得自然流畅。①

节目的串联既包括各篇稿件的串联，也包括一个新闻栏目内各个子板块之间的串联，甚至是整个电台各个栏目之间的串联。

那么究竟如何进行串联呢？"中国之声"在节目中运用多种手段对节目进行串联，使得其节目给人以浑然天成的感觉，值得学习借鉴。

1. 运用语言进行串联

主持人的语言是"中国之声"对节目内容进行串联的重要手段。如在《央广新闻》中，主持人在提要部分会用"接下半小时您将听到"的串联词引出本档《央广新闻》的提要部分，用"'中国之声'今天还将重点关注"引出"中国之声"全天重点关注的新闻内容提要。这两句串联词有效地将两个部分的提要串联起来。在播完提要部分后，会有一小段的广告；广告完之后，主持人不是直接播新闻，而是先向听众播报自己的名字，他们在播报新闻之前会说"各位听众，我是×××""我是×××，现在在为您报告新闻"，然后才会进行新闻播报。这样就会显得广告与新闻之间的过渡十分自然。在"中国之声"的新闻节目当中，"一段广告之后，我们将会进入到的是××××（板块名称）""稍后您将听到""30 秒的广告之后，马上回到节目当中"等主持人经常用到的一些串联词。这些串联词看似简单，却有效地将各部分的节目内容很自然地串联起来。

2. 运用片花进行串联

片花是"中国之声"对节目进行串联的另一重要工具。"片花"是指用来对频道、节目进行介绍推广的一种小宣传片。"中国之声"制作了大量的片花，这些片花除了作为宣传之用外，还有一个重要的用途，就是对节目进行串联。比如在《央广新闻》开始之前，先会播两个片花，一个是"中国之声"的频率片花，这个片花在"中国之声"的整点报时之后都会出现，相当于"中国之声"的呼号，是必须要播的。但是如果播完这个片花之后直接播《央广新闻》，就会显得有些突兀。而"中国之声"的做法是，在这个片花与《央广新闻》的提要之间插播一个《央广新闻》本身的片花，这样一来，就显得过渡十分自然了。

（七）把握好节奏

新闻编排中一个值得重视的问题是，要把握好蕴涵在相对时空中的"节奏"。新闻节

---

① 参见景兵：《浅议广播新闻节目编排的创新》，载《中国编辑》，2008（5）。

目编排必须讲究节奏，切忌单调、刻板、平白，没有变化。一次精心的编排要跌宕起伏，错落有致。

具体来说，广播新闻编辑在编排节目中，可以将录音新闻和口播新闻恰当混排，长短新闻相互调节，解说与同期声协调统一，营造出鲜明的节奏感，不断地对听众进行新闻刺激，促使他们饶有兴趣地听下去。在以语言为媒介的基础上，灵活运用栏标、标题、广告、音乐、片花、结尾等形式，使节目之间衔接自然，张弛有序。

（八）注重文体的多样性

在广播新闻节目的编排上，要注重文体的多样性，有机组合简讯、短消息、广播述评、录音报道、现场报道、广播特写、电话传稿、记者说新闻、评论、编后话、新闻故事等；尤其要发挥广播“音响”的功能，力求节目风格上有一个整体的基调，使其珠联璧合，浑然一体，如行云流水，使人欲罢不能。

思考题

1. 广播编辑通常采用的改稿方式有哪几种?
2. 广播音响报道中为什么存在着“1+1=3”的现象?
3. 广播新闻节目编排时为什么要重视选好头条?
4. 广播新闻节目有哪些基本的编排手法?
5. 假设你是某省级电台的新闻编辑，请为五一劳动节编排一档早新闻。

第九章 不同体裁的广播新闻报道（之一）：广播消息

本章学习要点

1. 熟练掌握完整规范的广播消息各要件
2. 熟练掌握广播录音新闻的采制

走过百年历史的广播，其新闻报道的体裁和形态已经发生了很大的变化，特别是在"自己走路"口号的引领下，广播在遵循一般媒体新闻报道的普遍规律，保留新闻报道基本体裁样式的同时，也努力突显自己的声音优势，运用新的传媒技术手段，不断创新新闻报道样式，从最初单一的文字口播报道，发展到现在，带"响"和不带"响"报道样式并存，文字报道和音响报道在形态上多有交叉，呈现出众多各具特色的新闻报道体裁样式，可谓异彩纷呈。

正因如此，专家学者们对广播新闻报道的体裁描述不尽相同，尚没有一个统一、科学的归类标准。这也在客观上造成了广播业界在新闻报道中，不但名称表述混乱，更成问题的是由标准和要求的模糊不清而带来的新闻报道在体裁上的"非驴非马"。

虽然在我们日常的广播新闻报道实践中，仍存在大量的文字报道，由报纸沿袭下来的新闻报道样式大都仍然适用；但如果仅仅按照传统纸媒对新闻报道体裁的分类方法，显然已经适应不了广播的发展了。而如果按照有否音响录音来分，文字报道和音响报道在体裁上又多有交集。即使是音响报道中，也还有录播和直播的分别。另外，还有一些约定俗成的分类和习惯叫法，尽管可能不太合理，但也被保留下来广泛使用。所以在这个动态发展的过程中，究竟应该怎样合理分类，有待于进一步地探讨。

我们这里暂且参考中国新闻奖广播作品评奖里对新闻报道作品的分组设置方式，按照广播消息、广播专题、广播直播、广播评论、广播访谈、广播系列（连续）报道的分类，来分别介绍不同体裁的广播新闻报道。

消息是以简短篇幅迅速报道事实信息的一种新闻体裁，是报纸、通讯社、广播、电视、网络等媒体发布新闻资讯最常见的方式，常常被人们称为“新闻”①。广播消息就是指在广播电台中播出的简明新闻信息。

作为一种运用最多、最普遍的广播新闻报道体裁，广播消息首先是新闻消息，其次才是广播消息。也就是说，广播消息的制作首先要遵循新闻报道的基本要求，在文本写作上与报刊消息的写作具有很多的共同点，如用事实说话、新鲜及时、客观真实等，报道的基本结构也有相同之处，如倒金字塔结构、金字塔结构等。其次，广播消息还要服从广播传播方式的特殊要求，无论它带不带音响，因其都是在广播中播出，就得符合广播的声音传播特点。

广播业界对广播消息的分类有多种标准。比如按照时间长度，分为长消息、短消息；长消息一般是四分钟以内，短消息一般在一分半钟以内。按照内容，可分为时政报道、经济报道、科技报道等。按照播出形式，可分为口播新闻和录音新闻。这些都是广播业内的一些习惯叫法。

我们这里侧重于按照是否带有音响来分类，分别介绍口播新闻和录音新闻。

---

① 新闻有广义和狭义之分。广义上的新闻指包括消息、专稿在内的各种新闻报道体裁，狭义上的新闻指的就是消息。

第一节｜口播新闻

口播新闻是指广播中那些以文字稿为基础的消息报道，单纯运用有声语言，没有音响效果。所以对口播新闻的制作只涉及文字稿的写作。但由于媒介不同，受众接收方式不同，在口播新闻文字稿的写作中，有一些区别于报刊消息写作的要求，这将是我们下面要着重探讨的内容。

一个规范完整的消息应该包括消息标题、消息头、消息导语、新闻背景、消息主体和消息结尾等部分。广播口播新闻亦不例外。

一、消息标题

有人说，广播消息写标题作用不大。其实它的作用非常大。广播的标题和正文从声音上是难以区别的，人们将广播的标题处理成简要新闻（一句话新闻）的样式，放在提要里播出。正因如此，消息标题就是提供给编辑看的。编辑依据标题来选择稿件是采用还是不用，或者缓用；编排新闻节目时，编辑还会依据它写内容提要，这个内容提要是给听众听的，如何吸引听众，抓住听众的耳朵，就要看消息标题做得好不好了。所以，一定要重视标题的制作，切不可麻痹大意。

但是，广播消息标题和报纸新闻标题是完全不一样的。报纸标题很讲究对仗；报纸消息标题有肩标（也叫“眉标”）、主标、副标，有的还写出内容提要。这样的标题适合阅读、浏览。而广播的消息标题就不能这样做。

（一）要以“主语＋谓语＋宾语”的句式一句话表达

要把广播消息内容概括、浓缩后，用一句话，以“主语＋谓语＋宾语”的格式表达出来。这一句话是全文要点、信息精华。这样表达，符合听觉逻辑和听觉思维规律，适合耳朵收听。

比如这样一组《全省新闻联播》的提要：

安徽打造融资平台，发展文化产业；

专题报道“民生工程在基层”：困难学生资助政策帮我圆了求学梦；

“一升一降”扶持政策助推黄山经济企稳回升；

淮水北调工程正式调水；

马鞍山市被命名为全国知识产权试点市。

这些提要标题都是以“主语＋谓语＋宾语”格式表达的，播起来朗朗上口，听起来动听顺耳、好懂易记。而下面这些标题就不是“主语＋谓语＋宾语”结构，让人听起来非常费解。

今年暑假期间肥西、常青工业游。

这个提要（标题）不成话，既看不懂又听不懂。如果写成“今年暑假期间肥西县和合肥市常青镇为中小学生推出工业旅游项目”，就明白了。

我省天然动物王国现在开始对游客开放了。这个动物王国到底在哪里呢？在宣城。

这不叫提要，也不是标题。如果写成“宣城市天然动物王国今天起正式对游客开放”就像提要了。

（二）避免使用倒装句、对仗句、欧化语言、评论式语言、模糊抽象语言、统计报表式语言等

下面一组标题五花八门，杂乱无章，难以让听众听懂、听明白，难以做到“同步理解”“即时明白”：

油价补贴 08 年全年，具体分配标准有定论；

动车牵引未来，安徽发展驶入“动车时代”；

土地流转必须依法规范，切不能当作时髦；

淮北：融入长三角需要“实打实”，出台文件也要“实打实”（“淮北”后面加个冒号，是电视新闻标题常用的形式）；

滁州一司机，126 次违法 74 次未缴，罚款已达 8 万元。

二、消息头

广播消息都要表明来源，就是要有“消息头”。消息头看起来简单，但一定要做到准确表达、规范表述，否则就可能闹出各种笑话来。

（一）应直呼台名

报纸、电视和广播在消息头、消息来源表达上是有区别的。

报纸应该用“本报记者”。因为报纸醒目的报头印在上方，人们拿来读时就知道是什么报纸了。如果在报纸上，比如在《人民日报》《安徽日报》上，再看到署“《人民日报》记者报道”“《安徽日报》记者报道”，反而会感到画蛇添足了。电视和报纸一样，它的台标固定在左上角，观众听到“本台记者报道”，不会感到茫然的。

而现在电台林立，听众收听广播又大多是伴随性的，如果各家电台都用“本台记者报道”“本台消息”，听众稍不留意就搞不清楚是哪家电台在播新闻。所以，“本台记者”已过时，直呼台名比较合适。

广播进行重大新闻直播时，消息头就要这样说：“我是××台记者×××，现在正在××现场给您报道”，表示记者在向听众发布“同步新闻”“即时新闻”。这种消息头只有听觉文本才有，视觉文本是没有的。

（二）规范新华社电稿、报纸和网络文稿的消息头表述

在采用电稿和文稿时，编辑、主持人一般都会对它们做一些删改。特别是新华社的电稿，有时只用消息的一个导语，这时消息头再用“新华社消息”或者“新华社报道”，就不规范了。

对电稿和文稿，凡是删改过的，都要加“据”。比如“据《人民日报》报道”“据《新安晚报》消息”“据人民网消息”等。这里的“据”字，不作“根据”解释，只表示你对采用的电稿或文稿作了删改或删节的意思。没有删改过、全文照发的，就不要加“据”。比如“《人民日报》报道”“《新安晚报》消息”“人民网消息”。

（三）学会使用双重消息头

双重消息头一般这么表述：“××台消息：据新华社报道”。双重消息头的前面是表示消息来源，后面是表示对新华社的稿子（或者其他媒体的稿子）不仅做了删节，甚至在内容和结构上都做了改动、调整和增减。

（四）正确表述境外新闻的消息头

国内电台是接收不到境外通讯社的电稿的，在援引国外媒体的报道时，应改为“据新华社援引法新社报道”“据新华社援引美联社报道”等。

（五）不要把消息头放错位置

比如，有一档《报刊浏览》节目的内容提要是这样写的：

> 我们来关注一下今天安排了哪些内容：
> 《农民日报》消息：暑假中农民工子女需要关爱；
> 中央电视台《致富经》消息：苗高端嫁接换优搞活梨园；
> 《农民日报》消息：种豆没得豆，损失谁来赔？

这些提要一听就知道，有的是消息，有的不是消息。编辑不能把它们都变成消息。另外，“消息头”，顾名思义，是放在消息导语前头的，不是放在提要（标题）前头的。显然，这档节目把消息头放错位置了。

应改为：

> 我们来关注一下今天安排了哪些内容：
> 《农民日报》的一篇述评（或者“《农民日报》的一篇评论文章”）：暑假中农民工子女需要关爱；
> 中央电视台《致富经》专栏的一篇报道：苗高端嫁接换优搞活梨园；
> 《农民日报》的一篇专稿：种豆没得豆，损失谁来赔？

三、消息导语

新闻写作首先是写导语。口播新闻与报纸消息一样，也要有导语。这是新闻报道体裁的一般结构，自不用多言。

随着生活节奏的不断加快、传播技术的不断进步以及媒介竞争的不断加剧，消息导语写作也经历了从第一代全要素导语，到第二代部分要素导语，再到第三代丰富型导语的转变。广播消息适应线性传播、听众伴随收听的特点，其导语的文本写作有以下一些基本要求。

（一）开门见山，开宗明义

请先看下面这条安徽台的广播消息，导语是这样的：

> 北京奥运会女子体操团体决赛昨天中午 12 点 15 分结束，中国队战胜各路强队，第一次夺得奥运会的团体金牌。安徽队选手邓琳琳在比赛中发挥出色，为这枚金牌立下汗马功劳，这也是安徽选手继 1984 年洛杉矶奥运会之后时隔 24 年又一次站在了奥运会领奖台的最高点。（120 个字）

这条短消息的导语，在如何做到“开门见山说话”上，还有很大的提升空间。从新闻心理学角度讲，越具有接近性的新闻越具有亲和力，人们对它的关注度就越高。安徽听众听奥运会新闻，最关注的是有没有安徽运动员拿到金牌，因此就要从这个听知心理去写导语。要把“安徽运动员登上金牌领奖台”这个第一“新闻元素”“信息精华”开门见山地告诉听众，而不能把它淹没在其他新闻信息里面。这条新闻把“安徽运动员拿金牌”这个第一“新闻元素”放到导语的后面，似乎欠妥了。

所以我们可以把它改写为：

听众朋友，一名安徽女子团体操运动员，刚才登上了奥运金牌领奖台。她就是阜阳选手邓琳琳。（主导语）

这是继1984年洛杉矶奥运会之后，时隔24年，安徽运动员再一次问鼎这个大奖。（副导语）

这一个导语，由主、副导语组成，只用了70多字，开门见山，就把新闻的精华信息表达出来了，比原来的导语还省了50个字。不仅符合听觉文本要求，更能先声夺人，吸引住在收听奥运新闻的安徽听众。

（二）多采用将核心事实置后的“延缓式”导语

先做个比较。《参考消息》刊登的消息《乌干达邪教组织大规模集体自杀》的导语是这样的：

乌干达警方今天说，一个信奉世界末日来临的邪教组织有多达230名成员用火把自己活活烧死，从而酿成了世界上第二大邪教集体自杀事件。

如果改成广播消息导语，则应为：

乌干达警方今天说，世界上第二大邪教集体自杀事件发生，一个信奉世界末日来临的邪教组织有多达230名成员用火把自己活活烧死。

这里，导语有两句话的内容，报纸和广播的区别就在于这两句话的先后位置不一样，也就是核心事实的摆放位置不一样。为什么？报纸消息的导语强调，最重要的信息要尽可能早地出现，以便读者在第一时间看到新闻的核心和精华。所以一般报纸消息，特别是在事件性报道中，使用的都是“硬”导语，开门见山。

而广播新闻虽然也讲究“开门见山”，广播消息的导语当然也会包括消息中的最有新闻价值的内容；但其表达方法与报纸略有不同。即使在突发事件报道中，广播消息一般也不会像报纸消息那样使用简约、直接的“硬”导语，而是用将核心事实稍微置后的“延缓式”导语，或称“软”导语。也就是说，消息中最核心的事实并不急于马上出现，而是常常被放在第二句话或导语的后半部分出现。这是广播消息与报纸消息的不同。

这是因为，新闻内容本身是多种多样的，在看报纸的时候，读者有一个心理调试的过程，他可以先浏览一下标题，再选择自己喜欢、关心的内容来读。而听广播则没有这样的

"调适"时间。广播新闻是线性传播的，每条新闻之间只有很短暂的间隔，而听众一般又都是处于伴随性收听状态，如果在第一时间播出新闻的核心事实，如果听众还没有做好收听的准备的话，就会被动地错失重要的新闻事实。为此，广播新闻的导语往往被用来为听众做心理调整，让他将注意力转移过来。所以广播新闻的第一句话应该是提示内容方向的。在这种导语中，新闻的主要事实不是在一开始就被报道出来的，而是放在导语的结尾处。它就好像好戏开场前的一连串的锣鼓声，其作用是让人们调动感觉对即将开始的内容产生注意，是对后面内容的铺垫。

广播消息的这种导语重心后置处理，目的就是提醒听众注意。广播消息导语常见的提醒手段有：直接提醒注意，强调新闻价值，交代新闻来源、新闻发生地点和新闻背景等。① 如以下几个例子：

非常重大的新闻事件，可呼叫台号，强调即将播出重要新闻的"最新消息"：

中央人民广播电台！

中央人民广播电台！

现在播送刚刚收到的海湾局势的最新消息！据报道：北京时间今天上午 10 点 40 分，美英驻海湾军队开始对伊拉克实施军事打击！

比较重要的新闻，可直接强调"一条重要新闻"：

听众朋友，现在临时插播一条重要新闻，齐齐哈尔市昨天发生了一起芥子毒气泄漏伤人事件。请听本台记者和齐齐哈尔台记者的现场报道。

交代新闻背景，强调其"异常性"，以引出核心事实，如前文的例子：

我国空冷机组技术、设备依赖进口的历史将彻底改变。作为我国百万千瓦机组空冷技术装备自主国产化示范项目，全球首个百万千瓦超临界空冷发电机组——华电宁夏灵武发电有限公司二期工程于今天投产发电。

（三）以实为主，兼具标题的功能

从内容上看，报纸消息首先是标题，它的导语是与标题相配合，共同完成对核心事实的叙述的。有时，标题中已经包含了最新、最重要的事实性消息，这时的导语内容就会侧重于新闻事实的意义，或者补充相关事实。而广播消息的标题在播报时是不播出的，消息的提要在新闻节目的开头播出，离新闻具体内容又有较大的距离。所以，广播新闻的导语要兼有报纸新闻标题的功能，用精练的文字概述新闻的最主要的内容，最重要的任务就是

① 参见曹璐、罗哲宇：《广播新闻业务（第 2 版）》，118 页，北京，中国传媒大学出版社，2010。

交代有新闻价值的事实性信息，以实为主。

比如，报纸消息是这样的：

> （引题）**经胡锦涛主席批准**
>
> （主题）**中央军委印发《军队党组织实施党内监督的规定（试行）》**
>
> （导语）新华社北京12月29日电 经胡锦涛主席批准，中央军委日前印发《军队党组织实施党内监督的规定（试行）》（简称《规定》）。《规定》的发布实施，是贯彻党的十七大和十七届四中、五中全会精神，加强和改进新形势下军队党的建设的重要举措，也是构建军队惩治和预防腐败体系的重要制度成果，对于坚持从严治党、从严治军，发展军队党内民主，促进各级党组织能力建设和先进性建设，具有重要作用。
>
> （人民日报2010年12月30日一版）

广播消息的导语则是这样的：

> 经胡锦涛主席批准，中央军委日前印发《军队党组织实施党内监督的规定（试行）》。
>
> （中央人民广播电台2010年12月30日《新闻与报纸摘要》）

显然，在报纸消息中，新闻的核心事实性信息在标题里就已经体现了，所以在导语中强调的是意义；而广播消息的导语就是核心事实性信息的陈述，起的就是报纸消息标题的作用。

（四）只突出一个事实要素， 避免信息模糊超载

人们在接受外来信息的时候，“读”和“听”在对抽象信息的接受能力上是有区别的。“读”报纸可以通过反复阅读来理解报道内容；而广播则由于是线性传播，具有不可逆的特点，“听”起来就不容易理解抽象的报道内容。所以传播广播信息时特别强调要点要具体集中，避免信息表述模糊或超载。具体在广播消息导语的写作上要注意以下几点。

1. 尽量只突出强调核心要点信息

构成新闻事实的要素有“五个W”和“一个H”，就是何时、何地、何人、何事、何故和如何。在这些要素中，广播消息的导语更突出“何时”和“何事”，对“何人”和“何地”两要素根据题材特点来安排，而“何故”和“如何”两要素则一般放到消息主体中去交代。

如湖北人民广播电台2003年6月24日播出的消息《三峡发电啦》，其导语就两句话，把“何时”“何地”“何事”交代得清清楚楚。

> 各位听众，今天晚上7点30分，三峡电厂2号机组开始并网调试。开工十年的三峡工程第一次发出的强大电流，正源源不断地送入华中电网。

又如，安徽人民广播电台播出的消息《合宁铁路今年开行首列动车组列车》。导语是这样写的：

> 今天上午 8 点 24 分，合宁铁路首列动车组列车风驰电掣驶出合肥车站，59 分钟后，列车到达南京，“安徽速度”掀开新的一页，真正进入“动车时代”，从此，安徽东向发展又有了一条新的快速通道。

这个导语讲了两件事情：“安徽速度”掀开新的一页，真正进入“动车时代”；为安徽东向发展、融入“长三角”经济圈，又增添了一条新的快速通道。这两件事必定有一件事与新闻事实关联度不大。哪个是信息精华？应该是第二件事。因为导语里讲了动车“59 分钟以后到达南京”，实际上就是告诉听众动车一会儿就到了“长三角”经济圈。根据逻辑思维，引出第二件事是顺理成章的。这样把第一件事删掉，留下第二件事，就做到开门见山、凸显信息精华了：

> 今天上午 8 点 24 分，合宁铁路首列动车组列车缓缓驶出合肥车站，59 分钟以后到达南京。这为安徽东向发展、融入我国“长三角”经济圈，又增添了一条新的快速通道。

2. 要点信息表述中去掉次要的琐碎细节

大多数的新闻事实是以“何事”为核心构成的，以“何事”为主写导语，可以让听众在消息的开头就把握住最新事实。但在写“何事”的时候，要注意在导语中突出最主要的事实，次要一些的琐碎事实应放到消息的主体中再做交代。例如：①

> 本台消息：
>
> 11 月 22 日，在省政府召开的新闻发布会上，副省长王建功向到会的 86 家新闻单位及中央农业、科研等机构的代表宣布：桓台县 39.4 万亩良田今年每亩单产达到 1 048.6公斤，每亩平均收入达到 1 020 元，实现了由“吨粮”到“双千”的跨越，在我国长江以北建成第一个“双千县”。

这条广播消息导语里就容纳了不少次要的琐碎信息，如“在省政府召开的新闻发布会上”这个地点信息，“向到会的 86 家新闻单位及中央农业、科研等机构的代表”这个对象信息，等等。可改成：

> 本台消息：
>
> 副省长王建功 11 月 22 日宣布：我省桓台县全县良田今年每亩单产超过 1 000 公斤，每亩平均收入超过 1 000 元，实现了由“吨粮”到“双千”的跨越，在我国长江

① 参见曹璐、罗哲宇：《广播新闻业务（第 2 版）》，120 页，北京，中国传媒大学出版社，2010。

以北建成第一个“双千县”。

修改后的导语删去了次要的材料，自然就突出了“每亩单产超过1 000公斤，每亩平均收入超过1 000元”这个核心事实。

3. 简化数字，或将绝对数字变为约数

在前面的“桓台县实现了由‘吨粮’到‘双千’的跨越”的原稿中，数字过多，也影响了听众对要点信息的即时理解。所以编辑对出现的几个数字也进行了处理，删掉了全县良田的总亩数，将每亩单产和平均收入的绝对数字改成了约数，方便听众理解。

4. 少用复合句，不用倒装句

广播消息的导语往往是一句话。一般来说，广播消息的导语最好用简单句，即主语、谓语加宾语的句式，而不要使用复杂的复合句。

如《人民日报》的这条新闻导语：

本报西安12月8日电（记者白天亮）　我国首批85个创业型城市，目前已受理创业贷款申请72万笔，累计发放贷款资金288亿元，扶持自主创业总人数达68.4万人，带动就业238万人。这是人力资源和社会保障部副部长信长星7日透露的。

作为报纸消息，这条导语引语出处后置，是可以的。但如在广播上使用，则容易使听众误以为是记者在发表意见，表达新闻传媒的观点，这是违背使用引语的初衷的；所以就必须调整语序，将主语放在前面，宾语放在后面。

5. 开头尽量不要使用名字、数字

广播消息的开始部分应该给听众一个准备收听的时间，等到他关注了以后，再告诉他关键的名字和数字。

（五）保持滚动更新的意识，突出最新事态

由于广播在传播速度上的优势，广播新闻和报纸、通讯社相比，更强调新闻的时效性。而且，从技术支撑上看，广播新闻本身也有滚动播出、即时跟踪播出的特点。这就要求记者在撰写新闻导语的时候也要有滚动更新的意识，力争在导语中就能体现出对同一事件的报道“正在进行”的直播状态，突出最新的时间、最新的事态，以强化消息的新鲜感，提高消息的新闻价值。在报道突发性事件时，特别需要有这种滚动更新的意识。

1. 强调最新的进展①

在报道突发性事件时，广播记者通常会随着事件发展进程或调查情况，不断向编辑部

---

① 参见曹璐、罗哲宇：《广播新闻业务（第2版）》，121页，北京，中国传媒大学出版社，2010。

发回稿件，或直播连线报道，稿件通过整点新闻或插播新闻随时播出。这时记者写的消息导语就应始终是最新时间、最新结果。

比如，2007 年 4 月 16 日，美国弗吉尼亚理工大学发生校园枪击案，造成 33 人死亡，震惊世界。世界主要媒体都聚焦于此，不断跟进报道。广播电台在各时段滚动播出这则消息的时候，就根据事件发展的最新进展而改写导语。如：

本台最新消息：

当地时间 16 日 7 点 15 分，北京时间 19 点 15 分，美国弗吉尼亚理工大学发生恶性校园枪击案，造成 33 人死亡，枪手本人开枪自杀。

本台最新消息：

北京时间 19 点 15 分，发生在美国弗吉尼亚理工大学发生恶性校园枪击案，枪手为韩国人，是这所学校的学生，名字叫赵承熙。

本台最新消息：

根据美国警方最新调查，发生于 19 点 15 分的美国弗吉尼亚理工大学恶性校园枪击案，枪手赵承熙 9 分钟打出 170 发子弹。

第一条消息的导语主要告知听众的是枪击案、死亡人数等最初获得的信息；第二条消息的导语告知听众的是枪手的身份得到确认；第三条消息的导语则在死亡人数、枪手身份之后，将最新获得的信息——行凶细节告知了听众，每则消息的导语都有最新的时间、最新的结果。

2. 强调不同的角度

在无法获得更新信息的时候，可以在每一次滚动播出过程中，寻找不同的侧重点放在导语中加以突出强调，这样可以有效地避免内容完全相同的导语反复出现而造成的单调。如在报道“美国弗吉尼亚理工大学发生校园枪击案”事件时，广播新闻报道时，每一条导语出来都有所区别：

本台最新消息：

当地时间 16 日 7 点 15 分，北京时间 19 点 15 分，美国弗吉尼亚理工大学发生恶性校园枪击案，造成 33 人死亡，枪手本人开枪自杀。

本台最新消息：

3 个小时前在美国弗吉尼亚理工大学发生一起恶性校园枪击案，造成 33 人死亡，据警方称，枪手为亚裔男子。

本台最新消息：

今天北京时间 19 点 15 分，美国弗吉尼亚理工大学发生一起恶性校园枪击案，造成 33 人死亡，警方称，目前还不知枪手的动机。

三则广播消息的导语分别强调不同侧面：第一条强调的是突发事件的结果，第二条强调的是枪手身份，第三条则关注的是杀人动机。

四、新闻背景

新闻背景是对新闻事实为什么发生做出解释性的内容（也有人称它为“解释性材料”）。它不是新闻事实的现实组成部分，而是新闻事实的从属部分。新闻背景材料大体可分为三种：

对比性材料——过去和现在，正面和反面，甲地和乙地做对比。

说明性材料——新闻的政治背景、历史演变、地理人文环境等。

注释性材料——名词解释、人物介绍、知识解答、政策解读等。

比如：

季羡林同志遗体在北京火化

新华社北京 7 月 19 日电　中国共产党优秀党员，北京大学资深教授，国际著名东方学家、印度学家、梵语语言学家、文学翻译家、教育家季羡林遗体，19 日在北京八宝山革命公墓火化。

季羡林因病于 2009 年 7 月 11 日上午 9 时在北京逝世，享年 98 岁。

季羡林病重期间和逝世后，胡锦涛、江泽民、吴邦国、温家宝、贾庆林、李长春、习近平、李克强、贺国强、周永康等，以不同方式表示慰问和哀悼。

19 日上午，八宝山革命公墓礼堂庄严肃穆，哀乐低回。礼堂正厅上方悬挂着黑底白字的横幅“沉痛悼念季羡林先生”，横幅下方是季羡林遗像。季羡林遗体安卧于鲜花翠柏丛中，身上覆盖着鲜红的中国共产党党旗。

上午 8 时许，温家宝、贾庆林、李长春、李克强、王兆国、刘淇、刘云山、刘延东、李源潮、韩启德、陈至立、马凯、杜青林、张梅颖、郑万通、万钢和彭珮云、胡启立、罗豪才缓步来到季羡林遗体前肃立默哀并鞠躬，做最后送别，与亲属一一握手，表示慰问。

季羡林的生前友好和各界人士也前往送别。

季羡林逝世后，以各种形式表示哀悼、向其亲属表示慰问的还有：王刚、王岐山、回良玉、汪洋、张高丽、张德江、俞正声、徐才厚、李鹏、万里、乔石、朱镕基、李瑞环、刘华清、尉健行、李岚清、曾庆红、吴官正、罗干、令计划、王沪宁、路甬祥、何鲁丽、丁石孙、许嘉璐、蒋正华、盛华仁、唐家璇、肖扬、韩杼滨、贾春旺、钱伟长、宋健等。

季羡林 1911 年生于山东省临清市。1950 年加入中国民主同盟，1956 年加入中国共产党。他学贯中西，汇通古今，在语言学、文化学、历史学、佛教学、印度学和比较文学等诸多领域建树卓著，堪称我国学术界的一代宗师。

文内第二、三、七、八自然段四段文字都是新闻背景。它们都不是在遗体告别和火化现场发生的新闻事实。

这个电稿，广播电台采用时，最好把第八段放到第二段前面，先介绍季羡林的出生年月、巨大学术成就，后介绍他病故时间和地点，以及党和国家领导人在他病重和逝世后以不同方式表示的慰问和哀悼。这样更符合听觉逻辑和思维，听众听了之后，就会明白为什么遗体告别仪式那么隆重。原来，季羡林学贯中西，汇通古今，在诸多领域建树卓著，是我国学术界的一代宗师。这四段背景材料，把新闻事实发生、发展的历史和现实原因交代得清清楚楚，使听众听了对这样一位建树卓著的大家肃然起敬。

五、广播消息的主体结构

消息的主体是指导语之后的内容，是对导语内容的补充、拓展和解释说明。其结构形式与通常的消息结构基本是一样的。

（一）常见主体结构形式

广播消息的常用结构有倒金字塔式结构、时间顺序结构、逻辑关系结构和金字塔式结构。

倒金字塔式结构：导语之后，新闻主体按新闻事实的重要程度或受众的关心程度排序的一种结构。特点是头重脚轻，短小精悍，断裂行文（用段落之间的逻辑联系来行文，不用过渡段）。优点是重点突出、成稿快、行文干练，有利于受众迅速把握报道重点，也有利于后期编辑控制报道时间。缺点是程式化。适合于时效性强、事件单一的动态新闻。

时间顺序结构：导语之后，主体根据新闻事件发生、发展直至结束的先后顺序来安排层次，展示事件的进程。这种结构保持了新闻事实原貌和进展的完整性，行文自然、线索清楚，符合受众接受信息的习惯。不足之处在于，最重要的事实在报道中间或结尾，容易被淹没。

逻辑关系结构：导语之后，主体部分根据事物的内在逻辑或问题的逻辑性来组织材料、安排层次。主体可依据事实之间的因果关系、对比关系、并列关系、递进关系或主从关系等安排层次段落，表现事实。

金字塔式结构：报道将最重要、最精彩的事实放在最后，按照新闻事件的发生顺序或事件的因果关系等来安排组织材料。适用于趣味性或反常性较强的题材，具有悬念感。

（二）广播消息的主体结构与报纸的不同

在具体写作时，广播消息的主体与报纸消息的主体，在篇章结构上的要求还是有较大不同的。这些要求包括以下内容。

1. 结构线索单一

广播新闻的结构要适应线性传播的特点，力求线索单一、结构单纯，让听众在几分钟的时间内掌握报道要点。

(1) 内容头绪简单化

报纸新闻如果有几个人讲话的内容，可以穿插介绍，形成一种对话的格局；对谈话是以内容来划分段落的。而广播则是以人来划分内容的；不在一个人的讲话之中穿插另一个人讲的同样内容，而是把一个人的话介绍完了再介绍另一个的。内容线索的单纯化，可使听众不会误把另一个人的讲话也当成这个人的讲话，听起来更清楚明白。否则的话，来回穿插，容易让人听得一头雾水，弄不清是谁说的话。

(2) 顺序叙述，逐步深入

线索单一还包括在新闻报道结构中。广播往往要按照新闻事件发生发展的顺序结构来报道，也就是按照事实形成的历史逻辑来逐步切入主题；或者顺着正常思维逻辑来组织新闻内容。这种逐步深入的报道方式，更符合听众对客观事物的认识规律。

因此，广播新闻稿的主体最常用的结构是时间顺序及层次单纯的逻辑顺序，一般不用倒叙和插叙。因为后者不符合人们听的思路和习惯。人们总是习惯于按顺序听，如果几次转换角度，就会让人搞不清头绪。

2. 总分结构

广播新闻行文结构是“总分式”，就是先“交底”，一开头就要开宗明义，让人有一个清晰明确的概念，然后再将这个内容具体化。这也是符合听的规律的。人们听什么事情的时候，都要先搞清楚事情总的是说什么，才会听下去；否则就会不得要领，更不知道在什么内容上应集中注意力，结果往往是听完了才知道应该着重听什么，而这时内容也播完了，留下的就只有遗憾了。

如《人民日报》刊登的一条消息：

（主题）**人大常委会举行第三十一次会议**

（副题）**万里委员长主持　审议八届人大一次会议议程草案等**

本报北京 3 月 9 日讯　记者苏宁报道：七届全国人大常委会第 31 次会议，今天上午在人民大会堂举行。

万里委员长主持了会议。

这次会议的主要议程有：审议八届全国人大一次会议议程草案……

今天上午的会上，委员们首先听取了全国人大常委会副秘书长曹志作的……

会议还听取了……

会议还印发了……

会议从下午开始进行分组讨论。

出席会议的副委员长有……

如果按这条消息播出去，听众可能就会对会议内容感到糊涂，弄不清这次会议到底干了些什么。而中央人民广播电台的消息则在一开头的导语里就开宗明义：

本台记者刘振英报道：

七届全国人大常委会第31次会议昨天上午在北京开始举行。会议的主要任务是为了即将召开的八届全国人民代表大会第一次会议做准备。万里委员长主持了会议。

全国人大常委会副秘书长曹志在会上作了《关于八届全国人大一次会议主席团和秘书长名单草案》的说明。……

代表资格审查委员会主任委员倪志福在会上作了《关于补选的八届全国人大代表的代表资格的审查报告》。……

出席会议的副委员长有……

广播的新闻稿一语中的，文中加点部分一句话就清楚交代了这次会议的主要任务，让人一下子就能集中注意力，听会议都为此做了哪些具体工作。

3. 层次清楚

在叙事繁简适宜、详略得当的基础上，应做到事实之间相互照应、环环紧扣，段落之间过渡自然、步步衔接，成为层次清楚的有机整体。

在材料组织的整体构思上，广播消息是由多元素组成的，要求从整体出发，对文字解说、音响、音乐等诸元素进行合理安排，使它们和谐协调，取得理想的整体效应。

在核心信息处理上，广播消息对核心信息要加以强调和突出，如：对核心信息进行适当的重复，在主体部分巧妙强化核心信息，围绕核心信息选择材料和突出主干材料，等等。

4. 行文简练

一般来说，广播消息主要体现“速报”的功能。这是因为听众不能选择收听内容，如果过多地在一条消息上花费时间，就可能会使另一部分听众感到厌倦；所以广播消息会比报纸消息短近一半，大多数广播稿比同样内容的报纸报道都要粗略一些，只告诉听众大概是怎么回事，将事情脉络讲清楚就行了。这些就要求广播记者在写稿时要尽量言简意赅，一般采用粗线条叙述；不必像报纸那样，去承载更多的内容，方方面面都去涉及。

六、广播消息的结尾

广播消息写出结尾，是为了深化新闻主题、强化新闻价值或扩大消息的信息容量。它通常是消息的最后一段或最后一句话。广播消息的结尾宜紧扣新闻事实，忌套话空话；宜增添新闻信息，忌同义反复；宜启发诱导，忌生硬说教、强加于人；宜精粹有力，忌拖泥带水、絮絮叨叨。

第二节 | 录音新闻

产生于 20 世纪 30 年代的录音新闻，是广播媒介特有的新闻报道形式。

录音新闻是运用现场音响报道新闻的广播消息体裁。既为消息，它就具有广播消息的基本特征——有标题，有导语，有新闻主题，有新闻背景，有新闻的基本要素，呈现出倒金字塔结构，或是时间顺序结构、逻辑顺序结构等，而且还具备篇幅较短、一事一报、题材比较重大等“快、真、短、新”的特点。

由于音响的运用，录音新闻又具有和一般口播的广播消息不同的一些特点。

录音新闻主要运用现场音响来反映和揭示报道的主题。其音响的真实性和实证性减少了信息的不确定性，使得录音新闻比口播的文字新闻具有更强的真实感和可信性。这个特点在批评报道中体现得最为充分。

录音新闻与口播的文字新闻相比，增加了现场音响的运用，可以通过声音出气氛、出感情，让人如身临其境，更具感染力，更有可听性。

一、录音新闻的音响运用

理论上说，各种事件性、非事件性新闻，只要声音形象突出、典型，都可以做成录音新闻。也就是说，是否做录音新闻报道主要看两点：一是题材上是否具有重要的新闻价值，二是是否具有丰富的、能有效运用的音响素材。这里就涉及对音响素材的选择和运用的问题。这也是我们在介绍录音新闻时需要重点讲解的内容。

广播新闻中的音响具有两重属性：既有内容属性，就是声音以其表现的内容直接成为作品组成部分的性质；又有技术属性，就是声音以其物理特性成为作品评价标准的特性。

需要强调的，一是音响并不是广播新闻报道必不可少的构成因素。是否在报道中使用音响，既取决于内容和主题的需要，也取决于题材本身是否伴随音响，以及音响的清晰度、表现力等。如果音响运用的基本条件不具备的话，那就只能做口播新闻了。二是广播新闻采写中，应该注意尽量选用有效音响。所谓“有效音响”，是指与广播新闻报道内容相关、内容真实并有助于突出和深化主题的典型音响素材。音响有效性的高低直接影响到广播新闻的质量。广播新闻只有充分利用有效音响，才有生命力，才能带给受众身临其境的真实感、亲切感，增加报道的可信度、生动性和感染力。

因此，在采用音响之前，记者要先对音响进行评价和取舍，以决定是否制作带“响”的报道。

（一）音响要真实

广播是听觉的艺术。语言表意、音乐表情、音响表真。真实性是广播新闻音响的首要特征。导演、模仿等手法可以用在文艺性节目中，但不可用于新闻性节目。无论是现场实况音响还是音响资料，无论是主观音响还是客观音响，都必须是真实的，不能有任何的虚构；不能是模拟、扮演的，而必须是新闻人物或新闻事件发出的真实音响。

现在有一种倾向值得警惕，就是音响合成。一些广播新闻制作时，为了追求音响的丰富，调用音响素材合成现场音响，甚至在房间里用素材合成记者在新闻现场的音响。新闻的本质是真实，作为广播新闻构成部分的音响同样必须真实。音响选用的原则应是宁缺毋滥，宁缺毋假。①

此外，还要注意不能对音响断章取义或移花接木，否则都有可能造成音响的失真。

美国新闻学教授安德鲁·博伊德在他的《广播电视新闻教程》一书中曾写过这样一个例子，原话为：

记者：你赞成死刑吗？

被采访者：这很难说。是的，我想在某种情况下应该判死刑，但是不管那人做了什么事，夺去一个人的生命总是令人难受的事。如果你处理的是一经释放还可能杀人和强奸的杀人犯和强奸犯……我不知道，也许应该把他们处以极刑。但是总有一些人，他们确实痛悔自己的所作所为，而且也在坐牢——只要活着就有希望，他们有可能改变。但是另外一些人，那些控制不住要杀人的狂热症患者——他们威胁到我们每一个人的安全，但是，话又说回来，设立监狱不就是为了这个？

结果经过编辑剪辑之后，变成这样：

被采访者：是的，一经释放还可能杀人和强奸的杀人犯和强奸犯，应该把他们处以极刑。那些控制不住要杀人的狂热症患者——他们威胁到我们每一个人的安全。

显然，经过编辑的断章取义，原话中犹豫不决、左右为难的态度，变成了立场坚定、旗帜鲜明的支持。这是不符合原意的，造成了新闻的失真。

所以，记者根据自己的意图，不顾人物讲话意思的完整性，任意截取其讲话内容，甚至有意无意地扭曲讲话的原意，完全可能造成音响报道的失实。

（二）音响要可信

音响的可信性是指新闻音响被人们信任的程度。一般而言，人们可以根据音响的音色、音质、音长等物理特性的差异，语言表达的流畅程度，表达内容的适宜程度等因素，判断音响是否虚假、是否可信。

音响的可信性与真实性有密切关系，但又不是同一个概念。客观真实的新闻音响并不一定能让听众主观地认为是可信的。比如有的时候，一篇报道中，讲话的人是真实的，语言也是真实的，但听完之后总有不实之感。为什么？是记者过分的“导演”消解了新闻的

① 参见杨沼畔：《广播新闻有效音响浅议》，见中国广播网，2007-11-29。

可信度。比如说采访一些工人、农民，他们口中说出的话若完全是书面语言，文绉绉的，这就让人觉得不可信。

（三）音响要典型

音响的典型性，不但指与典型事件和典型人物相关的背景音响，而且还指典型事件和人物在特定空间、特定场合、特定环境、特定行为所产生的音响。也就是说，记者采制选取的音响要既有鲜明的个性特征，又有高度的概括力，能直接阐明报道的主题。

在习惯上，我们常常将主题音响或主体音响称作为“典型音响”。显然，典型音响指的是那些能够提供事物、场景独特声音形象，人物独特表达方式、内容的音响。它往往是与新闻报道的主体事实共存，可以展现一个典型的场面、一个重要的时刻或者一个事物（人物）的典型特征，起到文字表达难以达到的效果。在一篇音响报道中，如果没有有特点的、能反映报道主题的或反映新闻基本事实进程的典型音响，那就不能构成一篇音响报道。比如，在新中国成立的开国大典报道中，有军乐声、礼炮声、国歌声、欢呼声等，但对于这一新闻事件的录音报道，最重要的主体音响显然是毛主席庄严宣告：“中华人民共和国中央人民政府成立了！”“中国人民从此站起来了！”如果没有这一音响，这个题材的音响报道就是失败的。

那么哪些音响是典型音响呢？大概是指这样一些情况下的音响。

1. 典型形象

理论上讲，任何事物都有其独特的声音形象，都有它自己的“声音名片”，这是它区别于其他事物的主要特征之一。如：中央人民广播电台播出的录音新闻《一场特殊的婚礼》(获得第 20 届中国新闻奖一等奖)，报道的是 2009 年 7 月 12 日，即乌鲁木齐“7·5 事件”发生后的一个星期，乌鲁木齐市维吾尔族和汉族的两对新人在同一家酒店举办婚礼，在婚礼进行中撤掉屏风将婚宴合二为一，变成了一场喜庆热闹的民族大联欢。报道中，蒙古族新娘的母亲琪琪格，新郎的同事、维吾尔族小伙子阿里木的话都是用本民族的语言来说的，不同语言具有独特的形象特征，汇集在一起，正好突显了民族大团结的主题。

2. 典型瞬间

在地震发生的瞬间、工程完成的瞬间、竞赛取得成绩的瞬间、历史某个珍贵瞬间等发生的无可替代的音响，都能最好说明事物本身，也是记者应该捕捉、采录的。如中央人民广播电台播出的录音报道《喜看我国运载火箭水下发射的壮观景象》中，选用了大量典型瞬间的音响：潜艇发射前操作的声音、指挥员下达的口令声“十、九……三、二、一，发射”、火箭发射时的一声巨响、火箭出水后升空时的呼啸声以及人们的欢呼声、汽笛声等。这些典型音响的运用，为听众勾勒出一个生动鲜活的“运载火箭水下发射成功”场景。

3. 典型内容

体现事物的主题、谈话发言的中心的，往往就只有一段内容，甚至是一句话、一个词。这种内容就是典型内容，而这个内容最好是用音响来表现。

4. 典型方法

人的好与坏、意见的正确与否、事情的成功与失败，往往与形成这些判断、结果的不同思考、表达方式、语气、态度等有关，这也是应该抓住的关键。

5. 典型场景、气氛

不同的群众场合，与不同的人、物打交道，都会有独特的声音或气氛，这也属于典型音响的范畴。

（四）音响要紧紧围绕主题

记者采录到的音响可能很多，应该从众多音响中选择最有特点、最能说明主题的音响。如果运用的音响游离于报道的主题，或与报道的主题格格不入，那就要坚决舍弃，不能为使用音响而使用音响。也就是说，新闻音响的选择运用一定要扣紧主题，为表现主题服务。要选择运用那些能反映人物的心理、个性、激情、精神境界的音响，使听众在感情上产生共鸣、引起兴趣、留下深刻印象的音响。获得亚广联大奖的广播特写《沙漠人家》就很能体现这个特点。稿件一开始，“沙特”和“阿拉伯”小兄弟的对话初听上去似乎显得琐碎，细细品来，每段音响都不是“闲笔”，而完全是为了突出和深化主人公夫妻治沙这一主题，称得上妙手天成。

（五）音响要清晰可辨

新闻音响的清晰与否，直接关系到新闻报道的效果。如果出现在广播新闻中的音响嘈杂混乱，那势必会影响到新闻主体信息的传递，破坏听众的听觉美感。“可辨”是指音响应让绝大多数听众分辨清楚。如果自然音响不能体现音源特点，或者采访对象言语不清，就都不应视为有效音响。好的广播新闻记者要对赋予现场特点的实况音响和有说服力、有烘托作用的背景音响具有迅速的鉴别力和捕捉能力。有的时候，记者不能完全控制现场音响的清晰度，这时就应尝试多种方法，尽量使采录的主体音响基本清晰。

（六）音响要与文字语言表述相配合

在一篇录音新闻里，文字语言和音响的关系是相辅相成的。音响的使用要与记者、编辑、主持人的文字语言表述协调一致，相得益彰，有机地交织在一起，不能各唱各的调，更不能互相矛盾。

因此，在广播新闻节目中要处理好二者的关系。一方面，文字语言通常起到叙述事实，说明音响、补充音响、概括提示音响、连缀音响组成报道的作用。另一方面，语言要从总体上把握新闻事件，兼顾音响内容，合理安排音响，对音响做必要的补充和说明。凡能用音响表现的，就不要语言文字；凡音响已经表达清楚的，语言文字就不要再重复。

两者是否协调配合，有一个简单的检验方法：一篇录音新闻，如果把音响抽去，文字可能是不连贯的；而加上音响，录音新闻中的文字和音响才构成一个有机的整体。这就是录音新闻与一般的口播文字新闻最不同之处。

与此同时，音响要能反映新闻的特点，对于那些缺乏特点的音响不如代之以记者的语言表述。

（七）音响要形式多样

一篇好的广播新闻稿件，音响形式应该具有多样性。如果几段音响都是人物讲话，甚至是一个人物的讲话，那么，无论音响反映的内容多么深刻，听觉效果也是不好的。有效音响的选用同样需要避免同质化。中央人民广播电台播出的录音报道《河南农民的 NBA》是一篇小中见大的稿件，音响运用也极有特点。稿件中共选用了 8 段音响，有比赛现场对球队的介绍、哨声、叫好声，还用了 5 段人物音响。稿件不长，但由于所选人物音响简洁、角色多变，听来节奏明快，丝毫没有沉闷的感觉。

再如获二十届中国新闻奖三等奖的广播专题《敖鲁古雅，永不沉寂的鹿铃声》，它记述的是传说中的中国最后一位女酋长、原始丛林的最后守望者、鄂温克民族的活化石——老巴姑的故事。记者和人物在一起生活了 6 天的时间，从而得到采访对象 60 多个小时淳朴自然的音响，精编浓缩，最后形成了这篇纪实报道。在报道的一开头，就有鹿铃声、脚踩厚厚积雪声、人走路的喘息声、族人与记者的对话声、人们呼唤老巴姑的声音等，呈现出丰富多样的音响，一下子就吸引住听众。

提倡音响形式多样性是有前提的，不能只追求形式而忽视内容，更不能把音响当成“味精”，在报道中随便放一点，仅仅为了变换一下“花样”，而必须时刻遵循形式服务于内容这一基本准则。①

（八）音响要完整

无论是哪一种音响素材，在使用时都要注意它的完整性，要能鲜明地表达一层意思、一种气氛；完成表达后，要渐小隐去，不可戛然而止。在音响报道中，为了保持音响的完整，经常采用淡入淡出或压混的方式。

（九）音响要层次分明

当录音新闻中使用了多种音响素材时，要突出主体音响，背景音响不能喧宾夺主。当背景音响比较复杂时，也要有层次，可通过录音制作技术手段突出其中某一种音响。

---

① 参见杨沼畔：《广播新闻有效音响浅议》，见中国广播网，2007-11-29。

（十）音响要精练

因为录音新闻本身时间有限，长则不超过四分钟，短则不超过一分半钟；所以在运用音响时就一定要精练，那些无关主题的枝枝蔓蔓都应剪去。大段的讲话音响要避免，尤其是讲话者有口音或讲得不够清楚的时候，否则就变成广播讲话了。有些报道如关于某人的新观点的，可能只需用他对这个观点的一句表述就够了。剪去关系不太大的枝蔓，可以使观点更突出，内容更集中，音响也更生动。

（十一）切勿音响艺术化

有些广播新闻作品听上去声音层次清晰，艺术性很强，也富于感染力；但细细品味，总使人感觉多了些匠气，少了些真实感。广播新闻通过音响表现新闻事实，不同于广播文艺，不能用艺术性冲淡真实感。因此，广播新闻中的音响应尽量多地保留“原生态”，宜“糙”不宜“精”。

二、录音新闻一般结构方式

录音新闻的采制，从文字稿的写作来说，其要求和口播新闻是一样的；但因为要在报道中加入音响，就得考虑在整篇报道里，音响放在什么位置出，才能和文字有效配合，达到最佳传播效果。

在文字与音响的配合上，最容易出现的问题是“失衡”：或者是头重脚轻，音响都集中于开头，或者是“皮太厚”，半天不出音响，音响都放到后面结尾处了。录音新闻里的音响集中或分散，要根据音响的特点来配合安排，并且使文字语言的风格与音响保持协调。

一般来说，从安排的位置上看，录音新闻报道的音响可以放在录音新闻里做导语，大多是放在新闻主体里，还有的仅引用一小段音响对所报道事实做例证或印证。

音响在录音新闻中的具体使用有这样一些基本结构方式。

（一）音响做由头，引出报道

这是现在各家电台普遍采取的一种方式。这种音响导入的方式，就是先出音响，然后压混，录音新闻的主体从音响开始。采取这样的结构方式，往往先声夺人，开门见山，一下子就把听众带进新闻现场，所以很适合有新闻现场的录音报道。如北京人民广播电台播出的录音新闻《申奥成功　北京沸腾》，报道一开始就出了时任国际奥委会主席萨马兰奇宣布北京获得第29届奥运会主办权的现场音响，以及现场中国代表团人员的欢呼声，一下子就把听众带到那一刻的现场环境里，感同身受。

（二）文字播报导入，再接音响

就是在正文中先由文字开头，由播音员播出文字稿，然后才插进音响。这也是较多采取的一种音响进入方式。

如天津人民广播电台的广播消息《城际铁路开通一年　京津两特大城市“半小时经济圈”效应明显》（获得第20届中国新闻奖二等奖）

今天，京津城际铁路通车运营一周年。一年来，京津城际铁路共计运送旅客1 870万人次，京津间的总体客流比开通前增长86%。巨大客流量不仅带动了京津两地旅游、消费市场，更使得京津两座特大城市“半小时经济圈”效应明显，产业合作增多，资源进一步优化整合。请听本台记者王瑞、范屹、张峥的报道：

[出现场音响压混] 各位旅客，您好，城2015次列车进站……

（三）音响做结尾，结束报道

就是用一段音响做录音新闻的结尾，就此结束整篇报道。采取这样的结尾方式，最后的一段往往具有很好的概括总结作用，或者是有耐人寻味的地方。

如广东人民广播电台播出的录音新闻《教育资金滞留挪用严重　财政局长却在全省教育会议酣然入睡》（获得第16届中国新闻奖二等奖）：

教育资金滞留挪用严重　财政局长却在全省教育会议酣然入睡

广东不少地方教育资金滞留、挪用严重，但在省政府今天（23日）召开的“全省解决农村教育重点难点问题工作会议”上，有的财政局长却酣然入睡。请听报道：

会议准时在上午9点开始。9点48分，省教育厅厅长郑德涛正在分析农村教育存在的突出问题，抬头一看，会场竟然有几个人睡着了：

[出录音] 这后边的同志还有睡觉的，我说你如果觉得这个会不重要，你们就可以出去，不用在这儿浪费时间，因为省政府召开这个会是很重要的，如果不感兴趣，可以自便！

记者对照座位表名单，发现睡着的是几个市的财政局长、人事局长。汕尾市的财政局长背靠椅子、耷拉着脑袋，郑德涛的话还没能把他叫醒，旁边的人捅他一下，他才猛然觉醒。

财政局长酣然入睡，郑德涛却指出：

[出录音] 教育专项资金滞留情况也比较严重，湛江、汕尾、清远、汕头等市资金使用率低于50%。我们就很难向省政府汇报了，钱给你了，你没有用好啊！

几位教育局长对这种行为表示了不满：

梅州教育局长翁永卫：

[出录音] 这个会上有人睡着，我是不可理解的。

揭阳教育局局长蔡佑南：

[出录音] 教育的重视要体现在行动上，而不能光停留在口头上。

对某些局长的心不在焉，副省长宋海的责问很沉重：

[出录音] 你对得起当地的老百姓吗？你对得起学校吗？对得起孩子吗？

报道最后的三个“对得起”的追问音响无疑震聋发聩，发人深思，整篇无需更多的言语，就此打住，干净利落。

（四）“三明治”式

就是由解说一音响一解说组成，像个“夹心饼干”，音响是穿插在其中的。至于夹一层，还是多层，得由新闻报道的内容来决定。但从目前的实际情况来看，夹一层的做法现在不多见了，大量的是多段式音响的录音新闻。

思考题

1. 下面这组消息标题是否有问题？如果有，请改正。

(1) 毒贩年轻化，新型毒品多，合肥中院通报近年毒品案件特点；

(2) 农行农户小额贷款明年网上审批；

(3) 全国交易额过亿元的农产品批发市场逾 800 家；

(4) 在伏天出现凉爽天气，未来一周我省天气仍然舒适。

2. 广播消息的导语有什么特点？

3. 广播录音新闻应该怎样运用音响？

4. 请试写一条广播消息稿。

第十章 不同体裁的广播新闻报道(之二)：广播专稿

本章学习要点

1. 熟练掌握广播新闻专稿的采制特点
2. 熟练掌握广播新闻特写的采制要求

广播专稿是运用广播手段，深入、具体、详尽地报道某一重大新闻事件或某些具有新闻价值又为广大听众关心的典型人物、典型经验、新出现的社会现象等题材的新闻报道形式。

广播专稿，是专稿体裁演进的产物。① 专稿从消息报道中分化出来后，逐渐形成了多种新闻报道样式；后来随着广播的出现，专稿被应用于新闻广播，专稿体裁在广播领域又有了新的发展。这个发展的过程，也是广播专稿逐渐得到认识，逐渐适应广播传播特点并不断完善形态、努力规范操作的过程。所以在业界，广播专稿还有很多别称，比如“广播通讯”“新闻专稿”“新闻专题”“专题报道”等，有些别称由于习惯的原因，在有些地方一直保留着。但是不管怎么称呼，大致都应该包括通讯、特写、访问等新闻报道样式。

① 参见曹璐、罗哲宇：《广播新闻业务(第2版)》，146页，北京，中国传媒大学出版社，2010。

就目前中国广播界中最习惯也最常见的分类方法而言，多按其新闻性强与不强分类：新闻性比较强的一般被称为“新闻性（类）广播专稿”，新闻性不强的一般被称为“社教类广播专稿”。

就新闻性广播专稿而言，又可按多种标准分类，比如：按照是否应用音响，可分为口播专稿和录音专稿；根据内容性质来分，分为人物专稿、事件专稿、风貌专稿和研究性专稿等类型；按照形式来分，又可分为深度报道、纪实、调查、侧记、散记、游记、巡礼、故事、特写等。

第一节 | 口播专稿与录音专稿

口播专稿也称“口播通讯”，是指单纯运用语言反映实现社会生活的广播专稿形式。录音专稿，简单地说就是带音响的通讯，也称“录音通讯”，是与口播专稿相对应的广播专稿形式。除了语言表达以外，录音专稿还将音响作为表现新闻事实、表达思想情感的重要手段。

一、定义

口播专题虽然以文字稿为基础，但不是报刊文字专稿的简单搬用，不是专稿和广播的简单叠加，而是文字专稿在广播条件下的具体运用。它遵循并体现着一般文字专稿的采写规律；又因为是为听而写，所以又要适应广播传播的特点，按照有声语言表情达意的要求，将记者的所见所闻写成可以口说耳听的文字。

中央人民广播电台播出的《孤岛守塔人》（获得第5届中国新闻奖一等奖）就是一篇口播专稿。它是中央人民广播电台《新闻与报纸摘要》“中华英模”系列报道中的一篇。报道用千字的篇幅，采取白描的手法，用质朴的语言，为听众讲述了灯塔工叶中央的故事，情景交融，颇有感染力。

与广播消息相比，无论是口播通讯还是录音通讯，不能是简单动态，而须是对事件较深入、全面的报道，在主题开拓的深度和广度上具有优势。因为比广播消息有更多、更丰富的音响素材，有情节，有细节，表现手法灵活，所以一般篇幅较长，容量更大，内容更详尽、具体。按照日常的播出要求，一般短一些的广播专稿可以在5到6分钟之间，长的可以达到20到30分钟。目前中国新闻奖的评奖要求是广播专稿的长度不超过30分钟。多数广播专稿的时效性不如消息强，但事件性的专稿通常也应该尽量追求在最短的时间内播出。

与报纸通讯一样，广播的通讯专稿也是融叙述、描写、抒情、议论于一体的报道体裁，两者的区别主要在内容的表现形式和篇章的结构形式上。无论是口播专稿还是录音专稿，都要依照听觉文本规律，从更生动、更丰富、更深刻的信息层面展现新闻人物或事件，也可以说是用听觉形象展现主题。这是广播专稿与报纸通讯在内容表现形式上的不同。适应这种听觉文本的需要，广播专稿的篇章结构与报纸通讯就会有所不同。

二、表现形式特点及采制要求

无论是口播专稿还是录音专稿，在采制方面都要既符合专稿的普遍要求，又体现广播的特色。一方面，广播专稿在文本写作上要遵循一般报刊通讯的规律和要求——这是新闻写作课程里的重点内容；另一方面，文本又要符合广播声音传播要求以及音响的选择和运用，关于这一方面，本书前面相关章节里已经有所涉及，所谈及的一些带规律性的要求也都是广播专稿应该遵循的，这里就不再赘述。下面将着重探讨的是广播专稿区别于报刊通讯、区别于广播消息的一些表现形式和结构形式的特点，这也是广播专稿采制上的具体要求。

（一）内容表现情节化

一方面，广播专稿必须做到可听、好听，才能将听众的注意力从半收听状态引导到专注性收听状态；另一方面，广播新闻专稿篇幅一般较长，也便于故事的从容展开，所以它可以突破单纯的信息传播，在讲述一个事件发生、发展的过程或是一个人物的经历时，常常通过设置悬念、气氛烘托来叙述一个跌宕起伏的情节，由情节构成引人入胜的故事，吸引听众收听。广播专稿的这种“新闻故事化”特质符合当今世界“新闻就是讲故事”的报道新理念，因此也越来越受到人们的关注。从近年的中国新闻奖获奖作品来看，广播专稿都突出表现出内容情节化、故事化的特色，在自觉地实践“新闻故事化”。如天津人民广播电台播出的录音专稿《离家百年，钟回故里》（获得第 16 届中国新闻奖一等奖），流失海外 105 年的大沽钟一波三折，艰难回归故里的故事情节很能吸引听众。山东人民广播电台播出的录音专稿《爱心编织的谎言》（获得第 15 届中国新闻奖二等奖），围绕着儿子是否给母亲捐肾、如何捐肾的故事展开，在儿子一个个善意的谎言中，周到、细致而又很圆满地展现了一个孝子为母亲捐献肾脏的曲折过程，情节感人。

（二）听觉表达手段多样

相对于广播消息而言，广播新闻专稿在表现手段上更为灵活多样。可以有恰当的描写、适当的抒情和议论，又可以大量使用其他符号手段，如音乐、音响、特效等，以对播、交谈、问答或听众参与的方式播出。在新闻专题中适当采用这些手段，与内容协调，能起到烘托内容、激发受众情感、引起共鸣的作用。如中国国际广播电台播出的录音专稿《白杨树讲述的故事——留在中国大地的日本人墓园》（获得第 16 届中国新闻奖一等奖），采取直播间和新闻现场交替，直播访谈与录音报道穿插的方式，有场景描写，有情感抒发，也有嘉宾访谈议论，还运用了大量的音响，特别是穿插其中的《送别》乐曲，悠扬的长笛声中，无需更多的语言，报道所要表达的主题尽显无遗。

（三）脉络层次清晰

为了让听众听得清楚明白，广播专稿一般以单线结构为基础，讲究循序渐进。也就是说，广播专稿的结构方式很注重所报道事物的联系，强调内容之间的联系。要按照时间顺序、空间顺序、逻辑顺序或者情节发展的顺序，集中讲一件事，避免两件事交叉叙述。这样安排材料、叙述事实，合乎逻辑，有利于人们听前想后、边听边想，更好地理解事情的来龙去脉、前因后果。

如中央人民广播电台播出的新闻专题《玉树地震：无论你在哪里我都要找到你》（获得第21届中国新闻奖一等奖）：

玉树地震：无论你在哪里我都要找到你

今天（15日）中午12点，中国国家地震灾害救援队在青海玉树地震灾区一处废墟成功救出了4名幸存者，这是救援队开赴灾区以来最成功的一次救援行动，中央台记者王亮记录了救援全过程。

记者：今天一早呢，中国国家地震救援队是兵分两路来展开救援，现在我跟随其中一个小分队，所处的位置就是玉树县城的有一个叫做西北牛宾馆的位置。这个宾馆现在还没有开始启用，在地震的时候，有一支施工的装潢队伍，（在这里）被掩埋了。现在呢，在半个小时之前，已经听到了里面有微弱的敲击的声音。

…………

记者：现在搜救队员开始用声波探测仪，还有蛇眼探测仪。蛇眼探测仪就是一个很长的内窥镜似的摄像设备，伸进去来寻找里边的生命迹象。

…………

[同期声：（搜救队员向废墟下喊话）老哥，我们现在马上就要挖到你们一层了，你们现在的位置是在什么位置？也就是说你这个房间，你是在中间，还是在后头，还是在门口？啊？墙角，对吧？然后你的墙角是前墙角，出门的墙角，对吧？靠近门口，对吗？靠近门口吗？什么？……]

搜救队长：好！对啦！就这个位置！上几个比较灵活一点的！现在就要动主体了，随时咱们要逃生的。

…………

记者：越接近被困者越难。

搜救队长：越难，对，因为现在就和绣花一样了，真的，关键时候就这样了，就得和绣花一样了。

搜救队长：问他看见亮了没？

搜救队员2：能看见光了吗？好嘞！马上到了！

搜救队长：好嘞！稳住！稳住！安慰两句，安慰两句。你跟他说让他稳住，他有时候激动啊，一见光了，就激动了，一激动血压就升高。

搜救队员 2：哎，大哥，你不要着急啊！马上就通了啊！我们是国家救援队的，相信国家救援队马上把你救出去了啊！一会儿你们从里边出来的时候把眼睛闭上，外面的光线特别强。

搜救队长：走，来劲儿了！兄弟们！担架先送上一个来！

搜救队员 2：看见他了！看见他了！好嘞！

搜救队员 3：马上就要出来了。

…………

众人：出来了，出来了！担架，担架！好！好！慢点，慢点！把眼睛挡着，眼睛挡着，把眼睛捂上！架起来，架起来！这边，这边！上担架，躺着！好，走！好！好！

众人：下一个，下一个！不要着急，队员不要撤，队员不要动。

记者：现在 12 点整，第一个被困的群众已经安全从洞口里边爬出来了！现在是 12 点 02 分，第二个也已经出来了，他能够自己主动地爬出来，而且还能够站立起来，感觉他的状态很不错。

众人：趴下，趴下！好，不错，不错啊！第三个，第三个。

记者：现在第三个群众已经出来了！现在出来的三个群众都是自己爬出来的，而且他脸上还带着微笑，还能挥手！你太棒了！

众人：别激动，小伙子！慢点，慢点，闭上眼，闭上眼。

记者：现在第四位，第四位已经出来了！

众人：担架，担架，快上担架！第四个。

记者：现在第四位被困的群众也已经救出来了，他的身体状况相对于前三个可能稍微有点差，可能是有一些受伤。现在用一个简易的担架把他固定在上面，现在他已经被成功地抬出了废墟。

今天，五个小时之前，探测到的四个活生生的生命现在已经被全部救出来了！而整个从洞口被抬出来的时间只用了五分钟。尤其是最后，马上还有三分钟就要出口的时候，一次非常强的余震，所有的人都往外撤。我们看到洞口里边拉着被困群众手的这个搜救队员非常勇敢，他心理素质也非常好，他一直待在里边，一个一个地把里边的四个被困的群众救出来，他可以说是冒着生命危险。现在搜救队员就在我的旁边，我们来让他说两句。

搜救队员 6：我们在五个小时内打通了四层楼板，当我的手跟下面幸存者的手握住的那一刻，我的心情特别激动。这就是我们的职责，我为我的工作感到自豪！

这篇七分多钟的报道记录了五个多小时的整个惊心动魄的救援过程，见证了一个“生命的奇迹”。篇中按照救援的推进过程，记者不断地向听众报告时间，使听众不仅能够非常清楚地了解这个救援过程，更能感知到现场的紧张气氛，感染力极强。

当然，广播专稿的这种顺序特点并不是完全排斥倒叙、插叙等叙述方式。倒叙式的结构，就是先讲故事的结尾，然后再按照时间先后的顺序，从头讲起。这种结构比较适用于时间跨度比较大的新闻事件。记者为了体现时效性，也便于叙述，往往会把新闻事件的结尾提到前面来叙述。像前面提到的录音专稿《离家百年，钟回故里》就是这样的倒叙结构。

（四）过渡合乎逻辑

强调顺序，就意味着在结构形式上要讲究过渡。过渡是强调段落、层次间的联系，通过过渡，形成顺当、连续的听觉效果。广播专稿有多种过渡手段，如借助如关联词、语气词、过渡句、过渡段等。

如新疆人民广播电台播出的新闻专题《新疆好巴郎阿里木》（获得第 21 届中国新闻奖二等奖）。阿里木是从新疆走出去的一个普通个体劳动者，他在贵州省毕节市生活的 8 年间，用卖烤羊肉串赚得的十多万元资助了当地上百名贫困学生，他的事迹在网络评选活动中引起热议。作者通过体验式报道将一个真实、善良、朴实的阿里木介绍给听众，作品以阿里木的内心独白和维吾尔族古语作为上下文的间隔和过渡，提炼出每一小节的主题思想和阿里木的思想境界，同时配以特色浓郁的民族乐曲，让作品既有思想深度，又充满温情，手法新颖，感人至深。

广播新闻专稿除了常用的过渡手段外，还有特殊的层次标志：片花。片花有总片头和分片头之分。所谓“总片头”，是广播节目栏目标志后出现的关于报道的介绍性内容，在广播报道中表现为音乐＋解说词（或音响），不但起到导入的作用，还有广告的作用。所谓“分片头”，是在报道中间出现的承上启下的介绍说明性内容，既可能是上一节内容的精华回放，也可能是下面的内容介绍，它通常是作为报道层次的标志，起到转折过渡、上下连贯的作用。[①]

如安徽人民广播电台播出的录音通讯《小岗村好书记——沈浩》（获得第 20 届中国新闻奖一等奖）就设置了片花。

> ［片花］
> 他，一名普通的选派干部——
> “沈浩同志是我们安徽省下派干部的优秀代表，是基层干部的学习楷模。”
> 他，深深热爱这片土地——
> “我对这块土地也怀着深深的感情……”
> 他，用生命在群众心中树起永恒的精神丰碑——
> “这给你立的是墓碑，但是你在我们心中永远是丰碑，沈书记安息吧！”
> 请听安徽人民广播电台记者黄美娟、黄铮采写的录音通讯：
> 《小岗村的好书记——沈浩》

这个片花既作为总片头，出现在报道的开头，起到广告导入的作用；也在报道中间出现过，起的是转折过渡的作用。

---

① 参见曹璐、罗哲宇：《广播新闻业务（第 2 版）》，160 页，北京，中国传媒大学出版社，2010。

（五）精心剪裁，繁简得当

广播专稿虽然比广播消息篇幅要长，但毕竟广播节目时间有限，篇幅也不宜过长；而且从收听的习惯和心理来看，要在有限的时间里让听众能够有效收听，广播专稿就不能不分主次地罗列所有事实，而要集中笔墨表现主体事实和骨干材料，注意剪裁，该详则详，该略就略，才能收到预期的表现效果。

第二节 | 广播新闻特写

特写，严格地说，并不是一个单独的分类，而是从消息和通讯中细分出来的一个分支。正因如此，有人认为，广播特写与广播通讯一样，都属于新闻性广播专稿。[①] 这是国内一些专家学者基于我们对广播特写的一贯理解来做的归类。

还有的专家学者参考了国际一些通行的对广播特写的理解，结合业界实际操作情况，将广播特写分为两类：一类是新闻性的广播特写，我们将之称为“广播新闻特写”；一类是非新闻性的广播特写，为区别于前一种特写，简称“广播特写”。非新闻性的广播特写应该是一个“舶来品”，它是“一种充满想象、有特点、有趣，主题有相当深度，表现手段没有任何限制，音响、语言和音乐很有感染力的信息传达方式”[②]。这种广播特写是一部音响作品，音响是特写不可缺少的一部分，甚至是主要的一部分，它推动着、指引着整个作品向前迈进。[③]

我们这里主要探讨的应该是新闻性的广播特写——广播新闻特写。

一、广播新闻特写的基本概念

广播新闻特写是运用语言和实况音响，以类似特写镜头的方法，真实、突出地再现客观事物、人物及其活动场景某一局部的广播新闻形式。

“特写”作为一个专有名词，最早源于电影界，是指电影摄影中“放大了的近影”。它选择拍摄对象身上最为典型的部分加以突出，从而造成视觉上的特殊效果。特定镜头比一般的镜头更生动、清晰、富于感染力。后来，人们把这种手法引进到新闻写作和广播新闻报道中，用特写手法来表现新闻事实，抓取新闻事实或报道对象富有本质特征的片断或瞬

---

① 参见李岩：《广播学导论》，268 页，杭州，浙江大学出版社，2005。

② 危羚：《广播音响报道实用教程》，246 页，北京，中国传媒大学出版社，2009。

③ 参见上书，247 页。

间，通过音响、语言进行生动、形象的描写，“放大”片断，鲜明地再现典型事件、人物和场景。

特写不是非报道不可的新闻，但是它的出现却会使人们产生浓厚的兴趣。随着新闻事业的不断进步，受众在广泛获取各种媒介带来的密集的新闻报道时，对报道的要求也在发生着变化。人们不仅想知道世界发生了什么，还想知道为什么发生；不仅想知其一，还想知其二、其三，甚至多数情况下，其二比其一更能吸引听众。因而，最近十多年来，广播新闻特写这个灵活、轻松的新闻报道体裁逐渐成为一种普遍运用的形式。一篇广播新闻特写往往会成为一档新闻节目的亮点，会提高节目的整体播出效果。

广播新闻特写，短的可以不超过四分钟，长的则可以运用录音通讯的结构方法和篇幅要求，形成类似通讯专稿的广播新闻特写。而事实上，在中国新闻奖的奖项评奖中，参评的特写一般都篇幅较短，往往获得的是消息类奖项。

比如中央人民广播电台播出的广播特写《求知于实践，问计于群众》，就获得了第17届中国新闻奖广播消息一等奖。

求知于实践，问计于群众

3月4日下午，胡锦涛总书记来到全国政协礼堂，和民盟、民进的全国政协委员亲切见面，共商国是。经济学家厉以宁委员第一个发言，他对建设社会主义新农村非常关注。

厉以宁：[出录音] 在建设新农村过程中，一定要明确农民是新农村建设的主体。农民中蕴藏着巨大的潜力，政府要善于把农民中的这种潜力调动起来，使它们发挥出来。

胡锦涛听得很认真，不时地做记录。他在讲话中对此做了回应。

胡锦涛：[出录音] 我注意到，刚才厉以宁老师就谈到我们新农村建设，强调的就是新农村建设的主体是农民，我们政府呢，应该是做引导者，做服务者，在这方面更多地发挥作用。

胡锦涛进一步提出，全面建设小康社会，也只有依靠更广大人民的共同努力才能实现。

胡锦涛：[出录音] 作为一个领导者，你有没有能耐，这就要看你能不能调动广大人民群众的积极性、主动性、创造性，也就是说你能不能为人民群众服务得好，把大家的积极性调动起来，把我们的国家建设好。

胡锦涛强调，要牢固地树立人民群众是真正的英雄的观点。

胡锦涛：[出录音] 这句话现在好像是不是讲得少了？我觉得我们确实还要树立这个观点，要深刻认识脱离人民群众我们将一事无成。要尊重群众的首创精神，要大力发展人民民主，要求知于实践，问计于群众。

胡锦涛要求坚持把实现好维护好发展好最广大人民群众的根本利益，作为做决策、办事情、做工作的根本出发点和落脚点。

胡锦涛：[出录音] 凡是符合人民群众利益的事情，就千方百计地去加以促成；凡是违背人民群众利益的事情，就旗帜鲜明地加以反对。尤其要着力解决人民群众最关心最直接最现实的利益问题，使人民群众不断得到实实在在的利益，使全体人民共享改革发展的成果，朝着共同富裕的方向稳步前进。

记者通过时任总书记胡锦涛与经济学家厉以宁的对话，提炼出精彩的一句话："求知于实践，问计于群众"；反映出一个重大主题："全面建设小康社会，只有依靠更广大人民的共同努力才能实现"。特写总时长只有 2 分 10 秒，用于报道总书记讲话内容的篇幅也就是 1 分 30 秒，但作品选播的总书记的讲话录音高屋建瓴，句句精到。

二、广播新闻特写的采制要求

广播新闻特写具有广播消息的某些特点，比如时效性强、短而精等；广播新闻特写也具有广播通讯的某些特点，大多数特写采取记者现场叙述、现场录音的手法、十分重视细节的运用等。但是，广播新闻特写既不是广播消息也不是广播通讯，它被称为特写，说明这种报道体裁在采访的要求、取材的角度和表现的手法等方面都有不少"特别"之处。

（一）选材注重片断性

"这一类特写，新闻性和时效性很强。但它不只注重'新闻事件'的介绍，而且注重再现'新闻现场'、再现'新闻细节'；而这些新闻细节之中，又都饱含'意味'。这就是新闻特写与一般录音新闻和一般新闻专稿的不同。"①

一般的通讯重在报道新闻事件的始末，强调的是事件的完整性，所以它往往时间跨度较大，材料丰富完备。而广播新闻特写则不必展现新闻的全过程，而是截取现实生活中人或事最富有特征、最具表现力的一个侧面或片断，以达到让听众"窥一斑而知全貌"的效果。换句话说，无论事情多么繁杂，范围多么广泛，事件经过多么曲折漫长，广播新闻特写总是写事情的关键、情节的高潮处，比有头有尾、有因有果、有低潮高潮的广播通讯更加凝练。

如河南焦作广播电台的录音特写《挤水分》（获得第 10 届中国新闻奖一等奖）。在为期两天三夜的会议上，针对各县市不切实际的汇报，有关部门和领导进行了反复的论证，帮助他们"挤水分"。记者录了整整 17 盘磁带的素材，但没有把全部内容都一一报道出来，而只是选取了其中的沁阳县这个"断面"，用代表性的几段对话，将几个人的对话、口气、神态、会议现场气氛等描述得栩栩如生，生动反映了焦作市新任领导班子认真执行《统计法》、实事求是抓经济这个大主题。

再如，新闻特写《农民女代表顾双燕对话温家宝总理》。内蒙古代表团当天的审议讨论，肯定不止半个小时，但这篇半小时的特写却只抓取了一位普通的农民女代表在全国人代会期间面对面地给总理提建议、总理坦诚回应的过程。在表现手法上，作品实景呈现了农民代表与温总理对话的实况，没有过多的文字介绍，把广播声音的优势和魅力发挥得淋漓尽致，极具感染力和现场感。作品以小见大，彰显了中国民主政治建设的进步。

（二）表现手法注重描述性

虽然广播新闻特写只报道现场单一的事件或场面，但对于捕捉到某个片断或细节，需

① 危羚：《广播音响报道实用教程》，245 页，北京，中国传媒大学出版社，2009。

要集中笔墨进行细致的描述。在语言表达上，会更多一些“描写”，多一些“文学色彩”，让“瞬间形象”鲜活起来，增强新闻报道的感染力。这比以概括见长的消息更形象生动，给听者留下的印象更鲜明深刻。正如美国学者丹尼尔·威廉森说：“消息只关心报道事实，而特写则允许采用讲故事的技巧。”① 可以说，广播新闻特写中如果缺少了丰富生动的细节描写，就不是一篇成功的作品。

如广播特写《求知于实践，问计于群众》，作者在精选事实、凸显细节上就很见功力。记者很善于抓住有代表性、最能说明问题的事实展开报道。首先是场景描写的精妙。“胡锦涛听得很认真，不时做记录，他在讲话中对此（指厉以宁的话）做了回应。”在整篇特写中，记者有五处简短的串词，只有这一段是描写现场的。看似忠实的记录场景，却是作者的精心选择。没有渲染，更没有评论，白描式的串词起到承上启下的作用，在不经意间既反映出总书记以人为本、严谨认真的一贯思想和作风，又为总书记下面的讲话起到自然的很好的过渡和铺垫作用。其次是精致的“抓拍”。这就是紧接上一段串词之后，总书记讲话的开篇：“刚才厉以宁老师谈到我们新农村建设……”一句“老师”，把总书记平易近人、亲切和蔼的形象鲜活地展现出来。在短短两分钟的特写中，记者在此不吝笔墨，使领导活动的消息成为一条厚重又鲜活的报道，可见其匠心所在。②

（三）音响采集注重真实传神

广播新闻特写的采制者要懂得和音响交谈。广播新闻特写不需要记者大段的文字叙述，凡是能用音响表达的就用音响来表达。

如中央人民广播电台播出的广播特写《中国珠峰测量队成功登上“世界之巅”珠穆朗玛峰》（获得第16届中国新闻奖二等奖）：

中国珠峰测量队成功登上“世界之巅”珠穆朗玛峰

中国珠峰测量队今天（2005年5月22日）上午11点成功登上“世界之巅”珠穆朗玛峰，对珠峰高度进行了1975年以来的首次精确测量。请听中央台特派记者郎峰蔚从登顶现场发回的录音片断。

[现场声，喘息声]

记者：中央人民广播电台，中央人民广播电台！我是记者郎峰蔚。现在是北京时间11点08分，队员们成功登顶了！

[指挥部同期声]

指挥部：加布，听到没有？请回答。

登顶队员：听到了，我们成功了！[喘气声]

指挥部：好！祝贺你们！到达顶峰几个人了？

登顶队员：10个人。

---

① 转引自丁文奎：《新闻广播谈艺录》，178页，北京，中国广播电视出版社，1990。

② 参见朱惠民：《引人注目的广播特写——谈广播特写写作艺术》，见广东广播在线，2008-5-16。

指挥部：10个人！

[开香槟声、欢呼声]

记者：队员们终于到达峰顶，指挥部里一片欢腾。

指挥部：现在赶快帮助测绘队的把仪器架设起来。

记者：现在是上午11点50分，测量指挥岳建利一声令下：[出录音]

岳建利：登顶队员注意，峰顶测量开始，请检查所有指示灯……

[渐弱混入]

记者：刹那间，峰顶觇标的透镜将彩虹一样的光芒，发射到海拔5 200米到6 300米的6个交汇测量点的仪器上。

[出录音]

测量队员甲：气压？

乙：5 400。

甲：温度？

乙：102.2。

[渐弱混入]

记者：现在是中午12点15分，珠峰复测总指挥张燕平欣喜地接过我的话筒：

[出录音]

张燕平：现在觇标已经屹立在珠穆朗玛峰的峰顶，正在不间断地进行48小时的数据记录。珠穆朗玛峰登顶测量取得初步成功。下一阶段，我们将全力以赴地进行数据整理分析和计算。多种测量手段的配合使用，将有可能使测量精度在1975年的基础上进一步提高。8月份，中国将向全世界宣布珠穆朗玛峰的新高程！

这篇利用当今最前沿的64K宽带海事卫星音频广播技术，在普通音频传输设备完全不能到达的珠峰地区同步传回的第一时间的广播新闻特写，是中外媒体中唯一一篇来自测量一线现场的广播录音报道，是宣布测量成功后发出的第一篇新闻，也是中国广播史上海拔最高、条件最为艰苦的一篇现场新闻。整篇特写里，记者的叙述作为串联，只有四句话，其中的音响占据报道的主体，听众通过电波能够听到10级大风的呼啸，听到队员沉重的喘息，听到测量指挥的每一个细节，逐一表现了记者和各方人士的紧张、疲倦、激动、关切、兴奋等各种情绪，生动真切，使人如身临其境，真实可信。

思考题

1. 与报刊通讯相比，广播新闻专稿在采制上有哪些不同的特点？
2. 广播新闻特写有哪些采制的基本要求？
3. 请试写一条广播新闻特写。

第十一章 不同体裁的广播新闻报道(之三):广播现场报道

本章学习要点

1. 了解广播现场报道的播出方式和特征
2. 熟练掌握广播现场报道的基本采制要求
3. 掌握广播现场直播的定义、形式和基本采制要求

这里是——伦敦……

我现在站在屋顶上,俯瞰伦敦全城……我想大概不出一分钟,在我们附近,就会听见炮声了。探照灯现在就是向着这边移动。你会听到两颗炸弹的爆炸声。听,炸弹响了!……过一会儿,这一带又会飞来一些弹片。弹片来了,越来越近了。

飞机还是飞得很高。刚才我们也能听到一些爆炸声,——又响啦,那是在我们上空爆炸的……你们马上又要听到两声爆炸,而且是在更近的地方。听,又响了!声音是那样冷酷无情……

这是第二次世界大战期间哥伦比亚广播公司记者爱德华·默罗手拿话筒，站在德军轰炸的主要目标之一——英国广播公司——的楼顶上进行的现场报道。他那使人犹如身临其境的现场报道不仅让广播的社会影响力达到了前所未有的高峰，而且从那时起，他所创造的这一广播新闻的新的报道形式——现场报道——便以其最快的传播速度、极具现场感的独特优势在广播新闻报道中占据了重要的地位。在西方广播界甚至有一条不成文的规定，凡是适合于现场报道的新闻，绝不采用其他形式报道。时至今日，现场报道已经发生了很大变化，录播的、直播的、单篇连线的、整场直播的，等等，但无论哪种形态，对于广播记者来说，没有比事件发生时自己能够手持话筒，在现场发回一篇篇关于事件的报道更令人激动的事了——现场报道已经成为一种世界性的风潮了。

第一节 | 广播现场报道

现场报道是广播电台独具媒体特色的报道形式，它是广播在与报纸、电视等媒体展开竞争时“自己走路”迈出的重要一步。如果说，录音报道发挥了广播声音优势，那么现场报道则在声音优势的基础上，更凸显了广播的快速、即时性优势。

一、广播现场报道的基本概念和播出形态

广播现场报道“是记者的现场口述和现场实况音响相结合的一种报道形式”①。从字面上简单地理解，广播现场报道就是从新闻事件发生的现场发回的报道，过去叫做广播记者的现场口头报道，是一种记者在新闻现场边采录音响边采访边解说的融采、录、播为一体的新闻报道形式，国外或称之为实地报道。

广播现场报道减少了一般新闻广播节目的中间环节，当广播记者利用一个移动通信设备口述所目睹的事件时，电台就已经将口述的现场报道的内容传播给了听众，迎合了听众“先听为快”的心理。在时效方面，其他媒体因为设备的限制，是无法与广播记者的现场报道竞争的。即使是电视台可以和前方记者进行连线直播，但如果它的转播车没有开到新闻现场，那记者发回的报道也只能是口头的声音报道，没有画面，体现不了电视的优势。

现场报道更是广播对自身新闻报道潜力的挖掘。作为广播新闻表现元素之一的有声语言有三种形态：新闻播音语言、新闻报道语言和实况语言。过去，广播新闻中对这三种语言的运用是不均衡的。一段时间以来，我们的广播过多地依赖新闻播音语言，记者习惯将新闻写成文字稿，然后由播音员来播报，尽管后来有的播音员改成说新闻，播报形式改变了，新闻的可听性增强了，但还是在文字稿的基础上进行的报道；录音新闻中则更多运用的是实况语言，即采访对象的语言，用新闻播音语言来串联，而往往却忽略了记者的声音——新闻报道语言的使用。现场报道无疑凸显了对这种有声语言的运用。来自新闻现场的记者的声音可以用直观的语言把现场发生的情景报告给听众，准确、细致、生动、形象，与听众的交流感强，可信度高，感染力强，最能发挥广播声音传播的特色，展示了平面媒体无法比拟的传播魅力。

与欧美国家相比，我国广播界开始运用现场报道的时间并不长。1967 年 2 月 26 日，

---

① 曹璐、罗哲宇：《广播新闻业务（第 2 版）》，189 页，北京，中国传媒大学出版社，2010。

北京电台记者左辛曾现场报道了北京市第一条无轨电车通车的消息。1978 年 4 月，中央人民广播电台记者张小平随中国、伊朗联合登山队采访攀登珠穆朗玛峰的活动。他一手持冰镐，一手拿着小型采访机，在海拔 6 000 米的冰峰上，一边攀登一边报道登山队员向“天险”攀登的情景。[①] 此后，随着广播技术的发展，现场报道越来越多地出现在我们的广播里。

现在广播现场报道通常有两种播出形态。

（一）录播形态

录播形态即将现场录音经过剪辑后播出，报道与播出是不同步的。这是广播现场报道的传统形态，而且在过去相当长的一段时间内，国内的广播现场报道都属于这种形态，以至于有的专家学者曾把现场报道看做录音报道的一种。

如在前面第六章中我们提到的中央人民广播电台播出的现场报道《翱翔雅典，跨越历史——刘翔夺得男子 110 米栏金牌》（获得第 15 届中国新闻奖一等奖），整篇报道都是在现场完成的，记者的情绪紧扣现场气氛，完整、流畅、生动地记录了我国田径选手刘翔在雅典奥运会上夺得男子 110 米栏冠军的全过程。但是这场比赛是在北京时间凌晨进行的，当时中央台没有直播节目，记者仍然在现场举着话筒不停地描述，用话筒记录下那一刻的真实场景，事后通过录播的方式在中央人民广播电台反复播出。

其实，很多吸引听众的录播型现场报道，其线索及题材都是在非常突然和偶然的情况下得到的。比如，北京电台记者所做的北京隆福大厦发生大火、消防人员紧急出动扑救的录播型现场报道，就是记者在编辑部从一个临时打进来的电话中得到这一重要线索的。

（二）直播形态

直播形态即报道内容在新闻现场直接播出，报道与播出是同步的。这是随着通信技术的发展而出现的一种现场报道方式，应该说，它才是真正意义上的“现场报道”。这种直播形态的现场报道在现在的各家广播电台新闻报道中越来越多。

如中央人民广播电台播出的现场报道《挺进映秀》（获得第 19 届中国新闻奖一等奖）。

挺进映秀

主持人：现在我们中央台的记者王亮已经进入了汶川映秀镇的灾区最震中的地方，我们马上接通王亮的电话，因为连日来他不断地跟我们连线，他的电池已经不多了，赶快接通王亮的电话。王亮，赶快给我们介绍一下前方的情况。

记者：好的，我们已经到达了这次地震的最震中的部分，也就是汶川县的映秀镇。冲锋舟登陆之后我们又徒步前行了两个多小时，这两个多小时确实特别艰难，可以说一路上只要稍有不慎，我们就可能掉到岷江里边，岷江河流特别湍急。在前往映

① 参见张舒：《音响报道教程》，69 页，北京，中国广播电视出版社，2001。

秀镇的路途当中，我们的右侧就是贡嘎山，左侧就是岷山，整个山体滑坡已经把公路全部覆盖和掩埋了。而且桥梁呢，我们看见有一座大桥，叫做百花大桥，也已经整体地坍塌了。我们就是从夹缝当中、从峡谷里边爬过来的。

现在我们浑身都是泥，而且有的战士陷在泥潭里边，这个泥已经都到了他腰的这个地方，我们一起把他拉上来。如果再陷下去的话，他可能生命就保不住了。这一路确实是非常非常地艰难。

总而言之，不管有多么艰难，现在我们已经到达了这次地震的震中的中心区，就是汶川县的映秀镇。我们看到这边有很多房屋已经倒塌了，而且地上躺着很多伤员。就在我们到达映秀镇的同时，我们看见有两架陆航的直升机也已经飞到了映秀镇的上空，而且在映秀镇开辟出了一块比较空旷的场地划出了两个直升机的停机坪。两架直升机都已经降落，而且拉走了第一批伤员，所以说我们看到了希望！

很显然，这个现场报道是在直播形态下进行的。“5·12”汶川特大地震发生后，由于道路中断、通信中断，震中汶川成为与世隔绝的“孤岛”，记者王亮冒着生命危险，于2008年5月14日13时到达受灾最严重的震中汶川县映秀镇。在初步了解灾情后，他于13时47分18秒通过海事卫星电话接通中央电台直播间，用急促、疲惫的嗓音直播报道了这则在所有媒体中最早从震中现场发出的消息。记者的播报准确到位，一气呵成，传递所见、所闻、所感，其中救援部队驰援映秀、震中灾情、直升机开始转运伤员……这些信息“含金量”极高，既有对现场环境的准确描摹，又有对新闻细节的到位捕捉，包括记者口述报道时的语气、语调，都让听众“身临其境”。

二、广播现场报道的主要特征

从前面所举两篇现场报道中，我们可以看出，广播现场报道有这样一些主要特征。

（一）同步性和不可分割性

现场报道是由记者在事件发生的现场一次性完成现场采访、现场解说、现场录音，稍加剪辑就播出，或直接就播出了。这其中减少了诸多程序，三个“现场”使得广播现场报道的新闻信息传播与新闻的发生在时间上是同步的。这也是这种报道形式区别于其他报道形式的最根本的一点。所以现场报道的报道一定是“现在进行时”，报道的开头一般记者会向听众报告“现在的时间是几点几分”，“我现在正在某某地方”，这也成为现场报道的一种标志性的语言；而且，无论这条新闻何时播出，主持人在导语中说“请听记者昨天（或今天刚刚、上午等）发回的现场报道”，后面记者在报道中依然是说“现在”、“正在”。

由这种同步性又带来了广播现场报道的另一个特征——不可分割性。“无论是在现场报道中的主观音响——记者说话的声音，还是客观音响——新闻现场的背景音响，这两者必须都是同步的，是不可能剥离开的，也不可能一会儿有一会儿无的——除非现场的音响本身就是时断时续的。”[1] 这一点，在录播形态的现场报道中尤其要注意。像《翱翔雅典，跨越历史——刘翔夺得男子 110 米栏金牌》中记者的口述里就始终伴有比赛现场的背景声音。

（二）直观性和现场感

在现场报道时，新闻现场的记者可以很方便地进行观察，这时候，他就是听众的眼睛、耳朵、鼻子，他要用直观的语言把他在现场所看到、听到、闻到的情况描述给听众，把现场的感受传递给听众，使听众产生身临其境的感受。

（三）时序性

现场报道所反映的新闻事实是正在进行状态下的，记者必须也只能按照事情发生发展的前后顺序进行描述，不能采用倒叙的方式，也不能用剪辑的方法把后面的情形提前播出去。如果在导语中已经获知了结果，那这种报道只能是结束采访后经过加工整理的录音报道，而不可能是现场报道。

三、广播现场报道的采制

广播现场报道将采、编、播合为一体，同步进行，所以它采制的难度就在于如何在复杂的现场环境下将观察、采访、录音、解说很好地结合起来，这就使得对它的采制与其他新闻样式有所区别。

（一）现场报道与录音新闻的区别

通过与录音新闻的比较可以发现，广播的现场报道，特别是现场报道的录播形态，与录音报道在一些方面有着相似的地方，如一般来说都是消息，且一事一报，所用音响都要求真实、典型等，但现场报道毕竟不是录音新闻，其区别包括以下几点。

1. 新闻现场的不同

现场报道要求一定要有新闻现场，这是不言而喻的，否则就不能称其为现场报道了。而且这个新闻现场只能有一个，基本就是一个地点一篇报道，地点具有不可变性，是相对固定的。这是由现场报道的同步性决定的——一名记者是不可能在同一时间，或者是在极短的一两分钟时间内出现在两个新闻现场的。当然类似从现场的台上走到台下、从车内走到车外，这样的空间位置变化是可以的，边走边观察边说，这是真实的[2]，但绝不可能是

---

① 危羚：《广播音响报道实用教程》，61～62 页，北京，中国传媒大学出版社，2009。
② 同上书，67 页。

大跨度的地点变化。

而录音新闻则不要求一定有新闻现场，如果有新闻现场，也不要求新闻现场固定不变。如中国国际广播电台播出的《中国第二次载人航天飞行获得圆满成功》，就有三个新闻现场——北京航天飞行控制中心、飞船着陆地点、北京天安门广场，而且彼此距离遥远，所以它没法做成现场报道，而是用录音新闻的方式做总串联，其中穿插了两个现场报道的音响。

2. 采制过程的不同

录音新闻一般是由记者先进行采访录音，写成文字报道，再由播音员在播音间播读，最后合成。

而广播现场报道首先是没有写作这个环节，没有了写作环节也就没有后面的播音员在播音间播读和合成这些环节。无论是当场解说、当场录音、事后剪辑录播出去，还是当场解说、直接播出，现场报道都应该是在新闻现场“边看边说”出来的，而不是“读”或“念”出来。①

当然这对现场采访的记者有着较高的要求，很多记者为了达到良好的报道效果，会提前做一些准备工作，包括准备一份新闻草稿，但这份新闻草稿只能是报道的主题、思路和结构大纲等，不可能是详尽的文稿，更不可能是照本宣科。如果记者缺乏对现场的观察和把握，一味按照事先准备的文字草稿进行播读，就很容易出现稿件与现场事实的脱节。

3. 报道者身份的不同

录音新闻可以是记者本人解说，也可以在记者采访回来之后写好文稿，由播音员或主持人来播，所以它既可以是记者的“说”新闻，也可以是播音员的“播”新闻，报道中都是第三人称——记者。但现场报道的口述人，其身份必须是记者，不可能由别人来转述，所以他都是在“说”新闻，报道中都是用第一人称——“我”。

4. 音响使用的不同

录音新闻里的音响使用起来比较灵活，根据需要，可断可续，可“压混”。但现场报道如前所述，具有不可分割性，所以背景音响不是“压混”出来的，它一直存在，不能时断时续。

出人物采访录音时，现场报道常采用这样的方式来突出现场感：“某某现在就在我的身边，我们就来采访一下他（她）……”或者“某某现在就在我的身边，我们请他（她）来介绍一下情况”。而录音报道出采访录音时则比较灵活多样。

（二）现场报道的题材选择

自身体裁的特殊性也使得现场报道在题材选择上自然区别于其他新闻报道样式的要

---

① 参见危羚：《广播音响报道实用教程》，67页，北京，中国传媒大学出版社，2009。

求。除题材本身要重大、要与公众休戚相关、是具有较大新闻价值的典型性事件以外，作为广播现场报道的题材还要求有比较集中的现场空间、适当的时间跨度和一定质量的现场音响等。

1. 现场时间、 空间相对集中

现场报道的新闻事件应该符合现场报道采、录、播同时进行的特点，所以一则内容较单一、现场事态发生发展的进程对观众具有吸引力的事件性新闻题材比较适合进行现场报道，二则现场的时间、空间要相对集中，以便记者能在一定时间里，集中于一个主题、一个场面、一个事件，通过自己在现场的采访和报道活动，展现事件的发生、发展和来龙去脉。一般来说，事件性题材比非事件性题材适合做现场报道；但如果事件性题材中现场气氛不够热烈，或时空跨度较大、地域延伸较广也不太适合做现场报道。至于一事多地，或一地多事的综合性报道、深度报道，做现场报道的难度比较大。

2. 记者能以恰当的角色进入现场

进行现场报道，记者必须得以目击者、参与者等恰当身份在现场做报道，才可以增强报道的可信性和感染力。但有些题材的现场，记者要么是进不去，要么是进去了也无法现场报道。比如，一些时政新闻、重要会议、领导活动等，有着严格的活动纪律，能不能做现场报道得遵守有关规定。有些会议的会场，比如全国“两会”的分组讨论会场，有时是允许记者进行现场报道的，但由于正在开会，怕影响代表讨论发言，记者的解说声就比较小，效果显然不会好；而如果在会场外进行现场解说，又听不到会场情况，所以像这种情况，就不如改为录音新闻，反而更好处理了。

如 2013 年 3 月 7 日中央人民广播电台《新闻与报纸摘要》节目中播出的这条录音新闻：

> 中共中央总书记、中共中央军委主席习近平来到辽宁代表团。陈政高、陈海波、李万才等 8 位代表先后发言，就加快实现辽宁老工业基地全面振兴、推进辽宁沿海经济带建设、推动实现更高质量的就业等问题发表意见。习近平认真听取和记录，不时询问情况，并发表了重要讲话。习近平强调，大力实施振兴东北地区等老工业基地战略，大力做好保障和改善民生工作，让人民群众得到看得见、摸得着的实惠。大力加强思想道德建设，雷锋、郭明义、罗阳身上所具有的信念的能量、大爱的胸怀、忘我的精神、进取的锐气，正是我们民族精神的最好写照。要充分发挥各方面英模人物的榜样作用，为实现“中国梦”提供强大的精神动力。
>
> 审议中，习近平高度关注民生问题，民生连着民心，民心关系国运。
>
> 审议中，辽宁兴城市四家村党委书记张文成的发言引起了习近平总书记的注意。
>
> 张文成：“我在农村已经工作了 38 年。我是 1974 年 9 月份当的大队书记，一直干到现在，目睹了我们国家改革开放发展为农村带来的变化。”
>
> 习近平：“你今年多大岁数了？”

张文成："66 岁。"

习近平："66 岁。你是 1974 年……"

张文成："对，9 月。"

习近平："咱们俩是同一年当的，我是 1974 年 1 月当的大队书记。"

张文成告诉总书记，四家村原来非常贫困。改革开放以来努力发展产业脱贫致富。2006 年，四家村成立了股份制有限公司，现在工业总收入超过 15 个亿，利税接近 1.6 亿元。

习近平："你们是做什么产业？"

张文成："我们的产业都是结合当地情况，比如说工厂化养殖，就是养鱼；我们有建筑队，现在也在申报国家一级建筑资质；我们有电解铜，搞深加工，生产电磁线；我们还有旅游。"

习近平边听边记，频频点头。张文成的发言结束后，习近平又细心地问道："老张，这十年，村民都盖新房了吗？"

张文成："都盖新房了。"

习近平："都住新房了！"

张文成："而且有一半已经住上楼房了。"

在认真听取大家的发言后，习近平说："民生连着民心，民心关系国运。我们党和政府做一切工作的出发点、落脚点都是让人民过上好日子。由于历史欠账和老工业基地特殊性问题，辽宁困难群众还不少，民生工作压力比较大。保障和改善民生是一项系统工程，需要进行长期不懈的努力，总的要求是坚定不移地走共同富裕的道路，让发展成果更好更公平地惠及全体人民。"

这条新闻聚焦的是习近平总书记与人大代表、辽宁兴城市四家村党委书记张文成的对话场景，显然带有现场报道的意味，但是它又没有按照现场报道来做，而是做成了录音新闻特写，通篇没有出现记者的现场口述，没有现场背景音响的压混。其原因就在于，在这样的现场，记者如果现场解说肯定会干扰开会，破坏气氛——不仅会破坏现场会场气氛，也会破坏新闻报道的气氛。

3. 现场是正在进行时

进行现场报道的新闻现场，如果不是活动正在进行，而是还没有开始——那是预告性新闻，你不知道充满悬念和未知的现场究竟会怎样，或者是活动已经结束——那就意味着现场结束了，你是事后报道，你只能采取倒叙的方式来录音报道。现场报道要让听众了解完整的事件，这个事件持续的时间还不能过长。对那些历时较长的事件，只能选取其中一个主题或侧面进行报道，而不是报道其整个过程。如一些重大工程的建设都历时数年，要想进行现场报道，一般只会选择开工、竣工等某些典型时刻来进行。如三峡工程建设历时数年，湖北人民广播电台只选取大江截流那一刻进行了现场报道，《三峡工程顺利实现大江截流》获得第八届中国新闻奖二等奖。

4. 现场有丰富的音响资源

新闻现场应有能反映场面或事件内容的典型音响，除了人物讲话的声音，还要有现场效果音响。这些音响所提供的是反映现场气氛和情绪的、单纯依靠文字难以表达的内容。缺乏了这些典型音响，现场报道中的现场感就无法得到完整体现。

（三）现场报道对记者的要求

现场报道要求以再现事物及现场的瞬间状态和情境为主要表现目标，这就要求记者不但要迅速发现，在迅速采录富有情节和画面感的信息的同时，还要现场观察，现场解说，出口成章。这就对记者的综合能力和素质提出了比其他报道更高的要求。

做好现场报道，对记者来说最重要的能力要求就是要会“看景”和“说话”，也就是现场观察和同步口述。

1. 现场报道对记者观察能力的要求

记者在新闻现场要捕捉能够体现新闻现场特点和新闻事件本质的典型音响和细节，就要能够把握新闻事件的瞬间变化，因此，记者深入新闻事件发生的现场后，要随时处于机警的状态，不但用眼睛来观察，还要用耳朵、鼻子、嘴巴、舌头，甚至身体去听、去闻、去尝、去感受，是一种全方位的观察体验。

但是记者要将自己在新闻现场观察的所见所闻告诉听众，并不是将各种鸡毛蒜皮的内容事无巨细地一一呈现，所以记者在现场要围绕主题，重点观察那些富有个性特色的内容，敏感地捕捉那些最能体现人物个性特征和事实本质的一举手一投足的细节。如《翱翔雅典，跨越历史——刘翔夺得男子 110 米栏金牌》，记者就是用一些她观察到的运动员的动作细节来表现现场的紧张气氛：

现在运动员都在起跑线上做着最后的准备，刘翔是排在第四道，刘翔做了个深呼吸，给自己鼓了鼓劲儿。

……好，现在运动员已经在起跑器上准备起跑。

2. 现场报道对记者口头表达能力的要求

这里很关键的一点，是记者要始终保持一个在场的现场感觉。

(1) 报道语言要与现场气氛紧密结合

现场报道要求记者现场口述的情绪、音调、速度、强弱要同现场正在发生的事件保持同一基调，同时也要与现场的变化保持同步。还以《翱翔雅典，跨越历史——刘翔夺得男子 110 米栏金牌》为例，现场的比赛气氛必然会使记者有所感染和触动：

[出发令枪声]

起跑！第一个栏，我们看到刘翔和旁边的选手并驾齐驱。

第八个栏，第九个，最后一个。刘翔第一个冲过了终点，中国选手刘翔第一个冲过了终点！……刘翔今天晚上真的太出色了……

在欢呼声中，此时记者的声音也带着抑制不住的兴奋之情：

现在的刘翔身披着五星红旗，正在绕场奔跑着……现在刘翔身披国旗绕到了我所在的看台的前面，他自己也忍不住哭了起来，确实太让人激动了！

此时受现场激动气氛的感染，记者的现场报道也明显带有哽咽声。无疑，记者此时的语言是符合现场气氛的，可以极大地增强现场感。

当然，需要注意的是，当记者把那一令人激动的场面告诉听众时，又要对自己的情绪有所控制，毕竟记者在现场不同于一般的事件参与者，记者最大任务是报道事实，接下来听众想了解现场还发生了什么，那些闹哄哄的声音是什么，等等，他有一大堆疑问等着记者去解答，他并不想了解记者的激动之情。所以有经验的记者会在自己进入状态后，以稍停片刻的方法，使自己的情绪尽快平复下来，再继续报道。如中央人民广播电台播出的现场报道《漫长的瞬间》（获得 2001 年度中国广播电视新闻奖一等奖）是关于中国北京申奥成功的那一刻。当那一刻真正来临之时，经过短暂的激动，记者很快就把情绪平稳了下来，接着进行下面的报道：

胜利啦！全国同胞们，你们听到了吗？8 年了，我们终于胜利了！现场的记者们欢呼起来。

各位听众，在祖国和世界各地的同胞们，北京赢啦！2008 年奥运会的主办权是我们的啦！在投票大厅的外面等待了许久的中国人都情不自禁地拥抱在一起，欢呼雀跃，喜悦的泪水在脸上流淌。

我们看到，奥申委的同志们相互在握手，在击掌相庆。8 年啦，不懈的努力、锲而不舍的申奥精神，使我们的北京终于在新世纪到来的时刻，把举办奥运会的梦想变成了现实。亲爱的同胞们，想笑就笑、想哭就哭、想唱就唱吧！这是中华民族扬眉吐气的时刻。

我们看到，国际奥委会主席萨马兰奇的手和北京奥申委主席刘淇的手紧紧地握在了一起。这是奥林匹克运动和北京的亲切握手，这是世界和中国的握手，这是中国人民同未来的握手！

(2) 现场语言要符合时空要求

记者在现场报道时，他所使用的语言应该是唯有“此时此地”才说出来的，是有时空限制的。

记者的语言要尽可能强调新闻事件正在进行中的状态，多运用“现在”、“我在”、“正在”这样的字眼，让记者的叙述与现场在时间上形成同步，使听众真切地感受到“我就在现场”。

如前面提到的中央人民广播电台播出的新闻专题《玉树地震：无论你在哪里我都要找到你》，实际上是一个录播的现场报道。记者在整个报道过程中大量使用了“现在”这个词，不断地向听众报告“现在”的最新情况，特别是报道的最后：

记者：现在是12点整，第一个被困的群众已经安全从洞口里边爬出来了！现在是12点02分，第二个也已经出来了，他能够自己主动地爬出来，而且还能够站立起来，感觉他的状态很不错。

众人：趴下，趴下，好，不错，不错啊。第三个，第三个。

记者：现在第三个群众已经出来了！现在出来的三个群众都是自己爬出来的，而且他脸上还带着微笑，还能挥手！你太棒了！

众人：别激动，小伙子！慢点，慢点，闭上眼，闭上眼。

记者：现在第四位，第四位已经出来了！

众人：担架，担架，快上担架，第四个。

记者：现在第四位被困的群众也已经救出来了，他的身体状况相对于前三个可能稍微有点差，可能是有一些受伤，现在用一个简易的担架把他固定在上面，现在他已经被成功地抬出了废墟。

今天，五个小时之前，探测到的四个活生生的生命现在已经被全部救出来了！而整个从洞口被抬出来的时间只用了五分钟。尤其是最后，马上还有三分钟就要出口的时候，一次非常强的余震，所有的人都往外撤，我们看到洞口里边拉着被困群众手的这个搜救队员非常勇敢，他心理素质也非常好，他一直待在里边，一个一个地把里边的四个被困的群众救出来，他可以说是冒着生命危险。现在搜救队员就在我的旁边，我们来让他说两句。

搜救队员6：我们在五个小时内打通了四层楼板，当我的手跟下面幸存者的手握住的那一刻，我的心情特别激动，这就是我们的职责，我为我的工作感到自豪！

从报道空间上来看，记者不能做一个无所不知的叙述者，不可能做到对整个事件的全方位呈现，因为记者在现场只能有一个视点，记者所在的位置对记者来说也许就是个盲点，你不能左顾右盼，顾此失彼是很正常的事。另外，现场的未知、新生的情况也可能使报道并不流畅，而正是这些盲点和缺憾，才会是听众觉得更加真实。

(3) 现场语言要形象口语化

记者的现场解说应当是与现场场景相符合的叙述，而不是背诵事前准备的广播稿，所以现场报道的语言要注意口语化，把握好解说的节奏，紧跟事件发生发展的节奏，该快就快，该慢就慢，抑扬顿挫；要善于用白描的手法，把细节淋漓尽致地勾勒出来，使听众能够在听的过程中在头脑中产生画面感。如中央人民广播电台播出的《漫长的瞬间》（获得2001年度中国广播电视新闻奖一等奖）：

漫长的瞬间

主持人：各位听众，现在是北京时间7月13号22点06分，莫斯科时间18点06

分。决定 2008 年奥运会举办权的国际奥委会第 112 次全会进入了最后阶段，开始进行第二轮投票。中央台记者陈建奇正在莫斯科世贸中心会议现场。现在，就请他介绍第二轮的投票情况。

记者陈建奇：听众朋友，现在第二轮投票结果已经出来了。经过几位监票人的签字、认定，这个结果将要装到信封里。到底是封口还是不封口，我们现在来看一下。我想，全国的亿万听众、海内外的同胞，大家都非常关注这个时刻的到来。

啊，我们看到，他把信拿起来，现在要折叠成比它（原来）小一点。这是最后的结果？还是，不是最后的结果呢？我们再看，他在认真地审视着，这张票上边的每一个数字，把它叠起来。呵，要装信封了，一个蓝色的信封。装进去！封口吗？我们看看他封不封口。封口啦，封口啦，是封口啦！呵，他把它叠起来，揣在怀里。这次是要很郑重地……从（往）他的西装的右手的内侧的兜里面（揣进去）。

这位委员通过长长的通道，多么漫长的通道呵，走到（萨马兰奇）主席的前面。啊，萨马兰奇也在做最后的询问。为什么他（委员）把这个信封揣进去，到现在还不掏出来？真让我们着急！

萨马兰奇满面笑容，和几位执委在交谈。他拿着这个最后的信封走到主席台来了。那也就是说，这一次，应该是最后的结果出来了。我们静静地听宣布吧。

[萨马兰奇主席宣布："2008 年奥运会的主办城市是：北京！"欢呼声……]

胜利啦！全国同胞们，你们听到了吗？八年了，我们终于胜利了！现场的记者们欢呼起来。

各位听众，在祖国和世界各地的同胞们，北京赢啦！2008 年奥运会的主办权是我们的啦！在投票大厅的外面等待了许久的中国人都情不自禁地拥抱在一起，欢呼雀跃，喜悦的泪水在脸上流淌。

我们看到，奥申委的同志们相互在握手，在击掌相庆。八年啦，不懈的努力、锲而不舍的申奥精神，使我们的北京终于在新世纪到来的时刻，把举办奥运会的梦想变成了现实。亲爱的同胞们，想笑就笑、想哭就哭、想唱就唱吧！这是中华民族扬眉吐气的时刻。

我们看到，国际奥委会主席萨马兰奇的手和北京奥申委主席刘淇的手紧紧地握在了一起。这是奥林匹克运动和北京的亲切握手，这是世界和中国的握手，这是中国人民同未来的握手！

这里是莫斯科世界贸易中心会议厅。有关投票结束的情况，就向大家报告到这里。

整篇听下来，报道充满了记者口语化的描述。事后，记者陈建奇回忆了那天现场报道时的情形，当时大家都屏住呼吸等待最后的时刻，现场唯有一个人坏了"规矩"，他就是不得不向亿万听众讲述现场情况的中央台前方记者。记者轻声清晰地描述发生在监票台和主席台之间的事态细节，像是报道，又像是目击者的自言自语、自问自答。正是这一气呵成的口语描述，把典型的一瞬间，最富有意义、情趣、特色、影响的场面或镜头凸显在大众面前，把最有新闻价值的细部放大给人们看，成就了这篇经典的报道。

第二节 | 现场直播

1997 年，中国新闻奖从第八届开始设立“现场直播奖”，这个奖项的设立说明现场直播已经成为广播新闻的一个后起之秀。

广播新闻现场直播，历史上曾被叫做新闻现场实况转播。早在 1949 年 10 月 1 日，中央人民广播电台（当时的北平新华广播电台）就实况转播了中华人民共和国开国大典。后来，20 世纪 80 年代初，广电部一位领导提出，“转播”一词用在这里不合适。因为它不是别人播了，我们转出去。于是打那以后，广播界逐步称其为新闻现场直播。①

在媒体竞争日趋激烈的今天，如何充分利用自己的传播优势和传播资源、传播手段，在竞争中占据更大的市场份额，是所有媒体都必须考虑的问题。随着广播传播技术的进步，广播人的新闻理念的变化，现场直播这种广播形式日趋兴盛，逐渐走向成熟，成为“广播优化自身本质功能……的重型武器”②。广播现场直播中的高效快捷、成本低、覆盖广、容量大等优势，彰显了广播的魅力和影响，实现了广播特点与吸引受众的完美结合，使听众对当今的广播有了新的认识和更充分的了解。如今，现场直播已不再是中央及地方大台的专利，有越来越多的市、县广播电台也开始注重现场直播这个重型武器的运用，为广播事业的发展展现了更广阔的空间。

一、什么是广播现场直播

什么是广播现场直播，目前尚没有一个统一的定义。

有人认为，现场直播是以现场的实况音响为基本内容，一般由记者或播音员按照事件时间或活动的发生、发展顺序，边传送反映实际情况的现场音响，边播报自己的所见所闻，有时还要进行必要的解说和评价。③

还有人这样表述：现场直播是对一个正在发生的新闻事件同步进行报道的大型广播新闻形式。它以新闻现场的实况为主要声音信号源，以新闻现场发生的事件为主要报道内容，在与新闻事件同步的情况下，由主持人或记者按照新闻事件的发生、发展过程，边报道新闻现场的所见所闻，边对新闻事件进行必要的介绍与评述。④

中国广播电视协会在评奖时对现场直播的界定是：现场直播是广播电视利用电子信号把新闻现场的声音或图像直接发送并同步播出的节目形式。它在传播新闻事件发展变化的同时，把记者的现场报道、播音员或主持人的现场描述或背景介绍同步传输，集新闻报

---

① 参见曹仁义：《新闻类广播作品如何创优（六）：新闻现场直播创优》，载《中国广播电视学刊》，2005 (8)。

② 王宇：《现代广播新闻实务》，129 页，北京，中国广播电视出版社，2009。

③ 参见张舒：《音响报道教程》，45 页，北京，中国广播电视出版社，2001。

④ 参见危羚：《广播音响报道实用教程》，77～78 页，北京，中国传媒大学出版社，2009。

道、提供知识、分析事态于一体，参评节目必须是以新闻现场为直播主体，来自新闻现场的直播信号长度不得少于整个节目长度的二分之一，所用录音、录像资料不超过总长度的三分之一。[①] 纪念会、报告会、文艺演出的直播节目及以演播室谈话为主的直播节目不属此项的评选范围。

从这些定义的表述中，可以看出一些关键语义，这些都反映出广播现场直播的一些基本特征。

第一，以新闻现场为主。现场直播必须要有新闻现场，有的新闻事件可能很重要，但它没有新闻现场，那就无法进行现场直播。现场直播需要记者能在第一时间出现在新闻现场，运用现场典型音响，以最快的速度引导听众直击新闻事件，让观众获取更多的信息，感受现场气氛。所以在直播报道时，应该主要是介绍现场的情况，现场以外的内容在总量上不能超过现场的情况。

第二，以新闻事件为主。要围绕着所报道的重大新闻事件的发生发展来进行报道。

第三，以直接播出为主。现场直播当然必须是直播的，与新闻事件或活动的发生发展过程同步播出，所以现场直播正是广播媒体体现时效性的最佳手段。通过广播技术手段，可以使受众“零时差”地了解相关新闻事件。在直播过程中，虽然允许有一些提前录播的内容，比如有一些背景的介绍、相关专业知识的介绍等，但提前预制的内容在总量上不能超过直接播出的内容。

下面通过现场直播与现场报道的比较来进一步说明什么是广播现场直播。现场直播和现场报道都冠以“现场”两个字，那它们肯定都是发自新闻现场的报道，都是直播形态(当然现场报道还有录播形态的)，都会表现出较强的现场感。这是它们的相同点。而它们之间的不同其实也是很明显的。

第一，在报道内容上：现场直播的报道对象必须是重大新闻，而现场报道则未必；现场直播的这个重大新闻一般来说是预知的，而现场报道则未必；尽管现场直播的时间是可以预见的，但它的结果却无法预测，对事件最终结果的关注紧紧地抓住了听众的心；现场直播一定是对重大新闻进行全程、全面的报道，或多角度、多方面、多层次的报道，不能有头无尾，所以它一定是大型的报道，而现场报道一般只报道一个点、局部，所以它相对来说比较短小。

第二，在报道形式上：因为是大型的报道，现场直播都是集体行动，团队作战，而现场报道只是记者个人的行动；在现场直播中，担当串联解说任务的主要角色是主持人，记者在直播中可以担当多个角色，报道者、解说者、主持人等都可以，而在现场报道中，现场解说主要是由记者来承担的，而且记者的角色就只有这一个。

二、广播现场直播题材的选择

新闻现场直播大多取材于受到关注度较高、有较广泛社会意义的重要题材。直播报道

① 参见曹仁义：《新闻类广播作品如何创优（六）：新闻现场直播创优》，载《中国广播电视学刊》，2005（8）。

的兴起并不意味着任何新闻事件都应该、都需要、都适合进行现场直播。

现场直播在题材的选择上至少要考虑两个方面：首先是要有重要的新闻价值，其次是现场对于表现新闻价值有重要意义，能让广播先声夺人的传播特性发挥最大效应。

（一）事件本身的新闻价值大小是决定是否采用现场直播方式的重要因素之一

新闻现场直播涉及方方面面，相对一个节目要复杂得多，是否需要直播取决于它的价值大小。凡是新闻现场直播的内容都是有分量的、举足轻重的，所以在选择新闻现场直播题材时，首先要考虑它的新闻价值和社会需求度。

一般来说，那些可预知的受众关心的，或关系民生的重大事件、重大活动和不预知的重大突发事件等，都是可以进行现场直播的题材。如可预知的香港、澳门回归，载人航天飞机发射，铁路大提速，青藏铁路通车，北京奥运会开闭幕等；不可预知的伊拉克战争、印度洋海啸、2008 年我国南方冰灾、“5·12”汶川大地震等。这些题材都属于深受听众关注、新闻价值较高的直播题材。现场直播节目在题材选择上一定要有吸引力，不仅要侧重于重大事件和突发事件的报道，还要侧重于平民化方向。

（二）事件是否有能发挥广播声音传播特性的发生现场也是决定是否采用现场直播方式的重要因素之一

也就是说，这个要直播的新闻现场一定是正处于发展变化中的“现在时”的新闻事件，这样才能采录到能够说明事件、突出主题的典型音响，才需要记者紧跟事件进行现场播报，那种迫切想知道新闻现场下一刻又发生了什么的心理，才是支撑听众听下去的理由。如果大量播放提前录制好的背景专题、人物专访、节目预告片花等“过去时”的内容，直播就将变成广播专题节目，失去现场直播的价值和意义。

三、广播现场直播的不同形式变化

在日臻成熟的广播传播技术的支撑下，广播现场直播的手段越来越丰富，方式越来越多样。

（一）从室内走到室外

广播现场直播的一个最基本形式就是将台内的直播间和前方新闻现场信号连通，以直播间为直播主体进行现场直播，这样的现场直播方式很方便，运作成本也最低。

最初前方新闻现场的信号就是记者的移动手机信号，由记者进行现场连线报道。如中央人民广播电台播出的《我国首例机器人异地遥控操作手术》（获得 2003 年度中国广播电视新闻奖一等奖）就是这样。在这场现场直播中，中央人民广播电台《空中医院》节目主持人安然和嘉宾解放军海军总医院神经外科主治医师赵全军坐在中央台的直播间里，在一个小时的直播过程中为广大听众介绍手术的进展、医用机器人发展的状况等，并随时回答听众和网友的提问。新闻现场设在两个不同的城市不同的病房。随着手术的开始，直播间俨然成了连接两地三方的神经中枢：连线在海军总医院的记者刘静，由她介绍此次手术的非同以往——没有无影灯、手术床，没有全副武装的医生和护士，更听不到手术器械碰撞的“叮叮当当”的声音，整个手术控制室只是一间 20 平方米的办公室，由摆放在角落中的两台计算机指挥远在 600 公里以外的机器人做手术；连线在沈阳医学院附属中心医院的记者陈浩，由他来报道手术实施地的具体情况。

由于在《我国首例机器人异地遥控操作手术》的现场直播中只有记者电话连线，缺少新闻现场的音频信号，听不到现场的背景声音，现场感不强，因此，也有的专家认为它不能算严格意义上的“现场直播”。所以，现在像这样主要的新闻现场仅仅通过记者电话连线来报道的已经不多见了。目前更常见的操作方式是在新闻现场设置专门的直播音频信号，再加上记者的现场报道，甚至是直接在新闻现场设置分直播间，与设在台里的主直播间配合，共同完成对新闻事件的现场直播。

如中央人民广播电台“中国之声”播出的现场直播《嫦娥探月——“嫦娥二号”卫星发射特别报道（卫星入轨段）》（获得第 21 届中国新闻奖三等奖），这次直播同时启动四大直播席：在中央台台内设总直播席，在西昌卫星发射中心、北京飞控中心、国家天文台各设一个分直播席，呈现多地配合互动的直播形式。由于前方现场设有直播室，可以全覆盖收录和采用前方各种现场信号，如发射阶段成功后的掌声、现场指令声、火箭发射升空的响声甚至太阳翻版展开稍延时的现场屏声静气的等待音响，给听众营造了身临其境的氛围。同时，在一个小时的直播中，还充分利用中央台地方站点的优势，四个直播席与天南海北的布点记者进行无障碍对话，通过电话连线报道了青岛、新疆、海南等各地监测站的监测情况，上海世博园、北京火车站等各地群众观看和庆祝活动的情况，使广播原本单一的表现方式丰富立体起来，在电波中实现了时空的瞬间挪移。

既然是新闻现场报道，那就应该到新闻现场去报道，所以近年来许多电台在进行现场直播时，几乎无一例外地都把直播间移出电台，甚至开出直播车，直接在新闻现场搭建临时直播间，主持人和记者都在现场，更便于直播报道的顺畅进行，现场感明显增强。这种现场直播方式显然已经成为目前比较常见的一种操作模式。

如中央人民广播电台、湖北人民广播电台、重庆人民广播电台联合现场直播的《三峡工程蓄水 175 米大型现场直播——高峡平湖 今朝梦圆》（获得第 21 届中国新闻奖一等奖），直播现场就设在三峡大坝坝顶上。

天津人民广播电台现场直播的《京沪高速铁路通车运营暨天津西站建成启用》（获得第 22 届中国新闻奖三等奖）是将直播地点设在了新建成的天津西站，并同时与济南、南京、上海三地交通广播记者及在首列开行列车上的特派记者进行连线，向听众全景介绍京沪高铁的开通盛况。

又如，新中国成立以来中央人民广播电台规模最大、影响最广、效果最震撼的一次国庆大典直播——《首都各界庆祝中华人民共和国成立 60 周年大会现场直播》(获得第 20 届中国新闻奖特等奖)——的直播台就搭建在 60 年前直播开国大典的原址上。

首都各界庆祝中华人民共和国成立 60 周年大会现场直播(节选)

男：中央人民广播电台！

女：中国广播联盟！

男：各位听众、香港特别行政区同胞、澳门特别行政区同胞、台湾同胞、海外侨胞们，

男和女：大家节日好！

女：我是中央人民广播电台播音员于芳。

男：我是中央人民广播电台播音员杨波。

女：首都各界庆祝中华人民共和国成立 60 周年大会今天上午 10 点在北京天安门广场隆重举行，中共中央总书记、国家主席、中央军委主席胡锦涛将发表重要讲话，并举行盛大的阅兵式和群众游行。

男：现在，我们是在天安门城楼为您播音，中央人民广播电台直播席就设在城楼东平台。60 年前的 1949 年 10 月 1 日，中央人民广播电台就是在这里向全世界直播了开国大典实况，毛泽东主席庄严宣告“中华人民共和国中央人民政府成立”的声音，通过中央人民广播电台的电波传到世界各地。

女：今天，来自首都各行各业、各族各界的代表，全国各省、自治区、直辖市以及香港特别行政区、澳门特别行政区和台湾地区的同胞，海外华人华侨、外国友人代表等 20 万人，在天安门广场共同欢庆新中国成立 60 周年。我们中央人民广播电台将和亿万听众一起见证盛大庆典的实况。

男：从天安门城楼向南望去，广场上，由北京 8 万名中小学生用花束组成的红色背景格外醒目，上面组合出金黄色大字“国庆”。庆祝大会期间，他们将根据大会进程，依次展现 41 幅共 49 次变化的背景文字和图案，与阅兵、群众游行等庆祝大会进程相呼应。

女：人民英雄纪念碑庄严矗立在天安门广场中央，从纪念碑到国旗旗杆基座的中轴线上，已经铺好长长的红色地毯。今天，国旗仪仗队将从纪念碑出发，在全世界注视下，升起中华人民共和国国旗。人民英雄纪念碑正北方向，竖立着中国民主革命的伟大先行者孙中山先生的画像。

男：与历次国庆庆典不同，天安门广场两侧特别立起 56 根以中国红和金色为主色调的民族团结柱，象征我国 56 个民族平等、团结、和谐。60 个巨型红灯笼分成两列，悬在广场上空，象征新中国 60 华诞。广场北侧，靠近国旗旗杆，4 000 人组成的军乐团、民乐团、合唱团已经就位，他们将在两个多小时里现场演奏、演唱阅兵和群众游行乐曲。

女：天安门广场外的国家博物馆和人民大会堂平台上飘扬着无数面红旗。这两个新中国代表性建筑的外侧，面向长安街，分别树立起一面超大高清电子屏幕，和人民英雄纪念碑两侧的超大电子屏幕一起，首次在国庆庆典期间全程播放现场实况。

男：各位听众，天安门前的金水桥，五座精美的汉白玉桥面铺上了红色地毯。胡锦涛主席将乘车从天安门通过金水桥，驶上长安街，由西向东检阅人民解放军陆海空三军和人民武装警察部队、民兵预备役部队。

女：我们从天安门城楼向东望去，受检阅部队已经到位，他们组成一个个方队，威武雄壮、军容严整、斗志昂扬。方队从天安门东侧长安街一直向东延伸。这是新中国成立以来在天安门广场举行的第 14 次大阅兵。

男：首都国庆 60 周年北京市筹备委员会新闻发言人介绍，这次阅兵将重点展示新中国成立 60 年特别是改革开放 30 年来国防和军队建设的成果，显示我国维护世界和地区和平与稳定的坚定决心和意志，展示人民军队威武之师、和平之师的良好精神风貌。

女：从 1949 年开国大典到 1959 年国庆 10 周年，每年在天安门广场都有一次大规模国庆阅兵。1960 年 9 月，中央本着厉行节约、勤俭建国的方针，改革国庆典礼制度，决定“五年一小庆、十年一大庆，逢大庆举行阅兵”。1981 年，根据邓小平的建议，中共中央、中央军委决定恢复阅兵。1984 年和 1999 年国庆都举行了盛大阅兵式。

男：我们看到，群众游行队伍也已经在东长安街沿线附近集结。群众游行以“我与祖国共奋进”为主题，分为“奋斗创业”、“改革开放”、“世纪跨越”、“科学发展”、“辉煌成就”、“锦绣中华”、“美好未来”等七个部分，由 10 万群众和 60 辆彩车组成 36 个方阵。

女：各位听众，现在，让我们的目光回到北京天安门。1949 年 10 月 1 日，中华人民共和国在这里举行开国大典，这座明清两代皇城的大门由此焕发新的生命，成为新中国的象征，并被设计进中华人民共和国国徽。天安门记录了新中国诞生的光辉一页，见证了中华民族走向复兴的脚步。

男：天安门是中国古代城门中最杰出的代表作，已经有 500 多年历史，红墙黄瓦，金碧辉煌。城楼红墙中央悬挂着新中国缔造者毛泽东同志的彩色画像，两边分别是“中华人民共和国万岁”和“全世界人民大团结万岁”的大幅标语。重大庆典时才启用的八个大红灯笼已经悬挂在天安门城楼上。

女：中央人民广播电台直播席设在天安门城楼东平台，我们看到，参加观礼的国内外贵宾身着正装，喜气洋洋，已经来到城楼上。过一会儿，胡锦涛等党和国家领导人将站在天安门城楼中央，和广场上 20 万人，和全中国、全世界中华儿女一道，欢庆新中国成立 60 周年。

男：天安门城楼两侧的红色观礼台和天安门城楼浑然一体，已经粉刷一新；观礼台前搭起了临时观礼台，红色基座，白色栏杆，上面已经站满了观礼嘉宾。大家都在期待着庆祝大会开始。

女：为了迎接今天举行的国庆 60 周年盛典，有“神州第一街”之称的长安街，从今年 3 月开始进行了为期五个月的大修，长安街首次实现了双向 10 车道的通行能力，新型修筑材料可以让路面顺利接受阅兵游行和武器装备车辆通过的考验。

男：长安街沿线步行道上布置了 22 处姹紫嫣红的立体花坛，每个花坛都有叫得响的名字，像“大地欢歌”、“和谐家园”、“神舟飞天”，北京东单路口摆放着“鸟巢”和

"水立方"花坛。我们了解到，为迎接国庆，北京在全市布置了各类花卉 4 000 多万盆。

女：长安街作为一条政治性大街，正在努力建成一条更有人情味、更具亲和力的多功能街道。北京市相关部门正在努力，使长安街为民服务的建设步伐迈得更大，给往来行人创造更舒适、更人性化的环境，为大家浏览、休闲、购物提供方便。

男：长安街的变化折射了改革开放观念正深入人心，已经渗透到中国社会的各个领域。在长安街整修期间，为了最大限度地减少对市民生活的影响，施工大都安排在子夜凌晨。国庆阅兵和群众游行演练也都是在夜间进行，以保障城市正常运行。

历时两小时四十分钟的现场直播，现场感强、气势磅礴，直播解说和现场音响配合紧密、互为补充、恰到好处，现场音响立体丰满，声音效果清晰、完整，效果良好，体现了国家广播电台现场直播的最高水平。全国 247 家电台上千个频率同步转播中央台汉语直播信号或藏语直播信号，实现了传播效果的最大化。

（二）从单点到多点

中央人民广播电台播出的《首都各界庆祝中华人民共和国成立 60 周年大会现场直播》是一个单点的现场直播，就是固定在一个直播点上，由主持人进行现场解说报道，没有记者的现场多点连线报道。早先的现场直播多为这种形式，这是技术条件使然，而现在出现这种现场直播的形式有它题材上的一定特殊性，应该说，如今基本上各家电台都不再采取这种现场直播形式了，取而代之的是多点直播和多地记者的现场报道。像前面提到的《嫦娥探月——"嫦娥二号"卫星发射特别报道（卫星入轨段）》、《京沪高速铁路通车运营暨天津西站建成启用》等，都是多点直播。《京沪高速铁路通车运营暨天津西站建成启用》现场直播时，派出了多路记者从北京始发的京沪高铁 G1 次列车、天津西站始发的京沪高铁 G215 次列车、天津西站、天津南站等多个点位发回现场报道。

（三）从固定到移动

从固定的现场直播到移动进行式的现场直播，不仅取决于直播的题材——新闻事件本身具有移动的特点，更要有较强的技术支撑，移动现场直播需要把直播间设在直播车上，或者是设在其他移动的交通工具上，利用移动通信工具，追踪新闻事件。

如《京沪高速铁路通车运营暨天津西站建成启用》现场直播，天津台派出记者登上从北京南站始发、终点为上海虹桥车站的首趟京沪高铁列车 G1 次，和听众们一起见证高铁开通这一重要时刻。

京沪高速铁路通车运营暨天津西站建成启用（片断）

主持人：现在是北京时间 14 点 34 分，由北京南站发往上海虹桥的首趟高铁列车 G1 次已经完成检票上车环节了。现场情况如何？首趟列车的上座率是多少？我们现在

就来连线正在北京南站采访的记者郑毅，请他来介绍一下现场情况，

记者连线：你好主持人，各位听众大家好，我现在是在北京南站为您做现场报道。现在的时间是北京时间 14 点 35 分，因为是首班列车，为了确保安全，目前京沪高铁采取了两个检票的环节。现在旅客非常非常多，现在记者身边就有一位旅客，我们来对他进行一下采访。

[出声音：

请问先生贵姓?

免贵姓王。

您当时是怎样买到这张车票的?

铁道部开始售票以后，当天 9 点通过网上订的票。

当时买到这张票是不是也想来体验一下?

没错，因为在北京工作近水楼台。我相信今天专程来体验的车迷不下 60 到 70 位。

现在列车还有不到半小时就开车了，现在心情怎么样?

现在心情还是比较激动的，从高铁开工以来，我就一直关注它的建设进展。今天正好有机会想见证一下开通的时刻，感受现场的气氛，同时也拍摄一些照片，留做纪念。]

好，谢谢王先生接受我们的采访。现在京沪高铁 G1 次的第二道检票程度已经开放了，旅客正在有秩序地向站台走去。在一会儿 3 点的时候记者将为您带来 G1 次开通的相关情况。

主持人：感谢郑毅的报道。一会儿我们会在高铁发车时再次连线。

…………

主持人：没关系，像我们交通广播记者就替我们去感受高铁的情况，将会感受高铁那一瞬间带给他的冲击力，到底是怎样的感觉，高铁启动的瞬间是怎样的，接下来就来连线记者郑毅。

记者连线：你好主持人，我现在就在京沪高铁首发列车 G1 次上了，现在的时间是北京时间 14 点 52 分，距离列车发车只有不到 10 分钟的时间了，首先要说一下，今天京沪高铁是首发车，中共中央政治局常委、国务院总理温家宝同志也来乘坐这趟列车与广大乘客一起感受高铁的安全和舒适，这也充分体现了我们党和国家对京沪高铁的关注和重视。刚刚记者经过了第二道检票程序，然后进过扶梯很快就来到了高铁的站台，记者看到今天这趟 G1 次列车车型是 CRH380BL 型列车，这辆列车是 16 节编组，可以容纳旅客 1 066 人，从列车的编组来看，有一节商务车厢，三节一等座车厢和 12 节二等座车厢，这种配置也是满足了更多的不同旅客的需求。……

[现场音] 好，刚刚听众朋友通过我手机话筒听到的这个“滴滴”的声音就是京沪高铁列车现在已经关门了，马上就要启动了。好，现在京沪高铁已经缓缓地开行了，它的起步非常的平稳。现在的时间是北京时间 6 月 30 号 15 点整，随着京沪高铁首趟列车的开动，这一时间也将载入中国铁路的史册，这条铁路不仅是中国铁路网中重要的一条，更使得我国版图上再添一条黄金走廊。

…………

主持人：听众朋友大家好，您现在正在收听的是天津交通广播京沪高铁开通运营暨天津西站建成启用现场直播。在记者前面的报道中介绍到国务院总理温家宝也来乘坐G1次列车，温总理在车上和乘客进行了亲切的交谈，前方的情况怎么样，下面我们继续来连线记者郑毅。

记者连线：主持人你好，我现在在京沪高速铁路首发列车G1次上，刚刚在前面的连线中记者提到了，在今天的首发列车上，中共中央政治局常委、国务院总理温家宝同志也是来亲自乘坐这辆列车，就在刚刚温家宝总理是从三号车厢一直走到了五号车厢，在这三节车厢里面，他与乘客进行了亲切的交谈，我们交通广播的记者也有幸见到了总理，并且对总理进行了面对面的采访。在刚刚总理和乘客的交谈中，他着重提到了三点，第一是旅客比较关心的列车安全问题，第二是票价问题，第三点总理表示在京沪高铁开通后，京沪高铁和航空将形成立体的交通网。具体的总理和乘客交谈的相关内容，记者刚刚也是进行了一下整理，一会将会给您播出。

另外，这辆列车刚刚经过了廊坊站，温总理是在廊坊站下车的。在车站的站台上，他也向高铁的乘务人员提出了两点要求，一是要确保旅客的安全，第二就是提高服务和管理的质量，让群众满意。……

天津人民广播电台的《京沪高速铁路通车运营暨天津西站建成启用》现场直播，其移动性体现在记者的现场连线报道上，移动直播还只是整场现场直播中的一个环节，而北京人民广播电台播出的《雅典奥运火炬激情传递》（获得2004年度中国广播电视新闻奖优秀现场直播奖）则应该是一次真正意义的移动直播。新闻现场在雅典奥运火炬点火仪式结束后，就变成移动的了。为了适应这种移动新闻现场的需要，北京台除了有设在人民大会堂东门广场的固定位置的主直播台，还动用了两台直播车，跟随火炬传递，全程移动直播了长达8个多小时的雅典奥运火炬在北京的传递盛况。

（四）从地面到天上

短距离、近距离的现场直播，我们可以开出直播车，在移动信号所达范围内，在地面全程跟踪移动直播，而像载人航天飞行、青藏铁路通车等题材的现场直播，就只有借助空中的力量，来进行长距离、远距离或不确定地点的直播了。

《再探苍穹——中央人民广播电台“神舟六号”飞船载人航天飞行大型直播节目》（获得第16届中国新闻奖一等奖）就开创了中国广播历史上空中直播的新模式。2005年10月17日凌晨4时，中央台第一套节目开机后即进入“神舟六号”返回段的直播报道。4时38分，中央台记者王亮从内蒙古四子王旗主着陆场上空的搜救直升机上与北京直播间连线，发回了“神舟与星月同辉”的现场报道。4点42分，中央台记者唐振宇在警戒区未建立前，最早到达距“神舟六号”飞船10米处，发回了返回舱顺利着陆的现场报道。随后，记者王亮又在直升机上进行移动直播，独家报道了搜救部队搜索、着陆，航天员费俊龙、聂海胜自主出舱，进行医监医保等重大事件，整场直播由现场音响、记者报道、专家评点、背景资料和主持人穿插组成，使听众在第一时间了解了“神舟六号”载人航天飞行圆满成功的巨大喜讯。在这段直播中，中央人民广播电台的现场直播的报道比其他媒体整整早了一个多小时，受到了广电总局领导的好评和广大听众的高度肯定。

中央人民广播电台播出的“青藏铁路通车运营”现场直播——《穿越青藏高原》（获得第 17 届中国新闻奖一等奖），则是以卫星连线为标志的超远距离、超大规模的现场直播。这场现场直播可谓是综合运用高科技手段、难度最大的现场直播，不仅设有临时的、移动的或固定的直播间，而且通过卫星进行连线，进行现场直播，实现了天地大串联。

2006 年 7 月 1 日，青藏铁路通车庆祝大会会场分设在格尔木与拉萨两地，两地分别开出首趟列车。为生动反映以庆祝大会为核心的所有内容，中央台的直播设置了四个直播间，分别是北京总直播间、格尔木主会场典礼现场直播间、拉萨分会场典礼现场直播间和拉萨始发的首趟列车直播间。

在四个半小时的直播过程中，北京总直播间临场调度准确、适时切换，确保第一时间呈现第一新闻现场，大会及发车仪式等所有重点活动的现场音响无一遗漏，准时完整直播。在此前提下，四个直播间的四对主持人始终以解说现场情况为主，同时相机与两组五位嘉宾访谈，即时连线两位前方记者、随机采访多位有关人员，并通过歌曲与片花穿播、听众互动的形式舒缓节奏。

特别是采用海事卫星直播设备，在列车上设置移动直播间，为中国广播史上首创，也使这次直播在传播时效上超越了同行。主持人随列车的行进或介绍车外风光，或介绍车内情况，或访谈乘务人员与乘客，节目内容随列车进程变化而变化，听众始终有身临其境之感。技术上的突破极大地拓展了广播现场直播的空间，让新闻始终处于“进行时态”，这是这次直播最大的亮点。

（五）从一家媒体到多家媒体

现在广播现场直播的规模越做越大，一家电台独立去完成一场重大新闻事件的大型现场直播已经比较困难，特别是省级、地市级的电台要想进行跨地区、远距离的直播，无疑是对其综合实力的一次大考验。所以，现在多家电台合作联手进行现场直播已成为经常被采用的一种现场直播方式。从最早安徽人民广播电台与珠江经济台两家电台联合直播《长江珠江一线牵》，到现在，山西、河南、安徽、湖南、湖北、江西中部六省广播电台从 2007 年开始每年推出全国两会联合直播，这种联合直播的影响力越来越大。

一般来说，在这样的联合现场直播过程中，是以一家电台为主导，多家电台围绕一个共同的主题，共同打造一个相同的时段，也就是说相关省市电台不同的广播频率在同一个时段同步播出。其幕后的组织、协调工作比起一家电台独立直播时更为复杂。

例如，泛珠三角 11 家广播电台联手打造的大型现场直播《站在“9+2”最前沿》（获得第 16 届中国新闻奖二等奖）。这场现场直播由四川人民广播电台牵头主办，它与参加第二届泛珠三角区域经贸合作洽谈会的福建、江西、广东、广西、湖南、海南、云南、贵州、香港、澳门共 11 家省区级广播电台各自采制自己富有特色的节目内容，现场以接力直播形式，通过卫星和光纤向各自电台传送，共同协作完成现场直播。这是一项影响大、技术强、区域广的工作，从节目组成、素材采集、技术保障到安全播出等环节，各台都做了充分准备，派出最好的主持人。2005 年 7 月 26 日上午 8 点 55 分，11 家省区级电台同时传出了“潮起珠江，浪涌天府”气势恢弘的版头音乐，在成都世纪城新国际会展中心“泛珠大会”开幕式现场，11 台异地同步联合推出的两小时 35 分大型现场直播节目《站在“9＋2”最前沿》准时开播。11 家电台充分显示了广播大联合的优势，在广大听众中产生了广泛而深远的影响。

（六）从单一媒体到多媒体

随着广播传播技术日趋先进和成熟，现场直播的科技含量也越来越高，特别是随着网络媒体的迅速兴起，广播现场直播中已越来越频繁地出现网络的身影了。互联网延伸了广播，拓展了广播，在许多方面弥补了广播的不足，为传统广播发展注入了新的生机和活力。

如前面提到的中央人民广播电台播出的《我国首例机器人异地遥控操作手术》，中国广播网也参加了那次现场直播。

在整场直播中，广播与网络紧密配合，多方互动，主持人全程介绍，记者现场播报，嘉宾坐台讲解，网友通过手机短信和 BBS 提问，主持人和特邀嘉宾现场解答。特别是广播与网络充分发挥各自优势，资源共享，实行了优势互补。比如，主持人在介绍为病人做手术的机器人时，告诉听众可以通过中国广播网看到机器人是怎样为病人做手术的。可以想象，如果没有照片，主持人恐怕是很难用语言描述清楚的。

从受众的角度看，广播听，网上看，有问题可以随时提问，真正做到了立体化直播，和过去单纯听广播相比，不仅信息量大为增加，而且更加直观、更加形象生动。[①] 这是广播与网络互动。弥补广播“只闻其声，不见其人”不足的一个典型案例。

其他如《嫦娥探月——“嫦娥二号”卫星发射特别报道（卫星入轨段）》、《首都各界庆祝中华人民共和国成立 60 周年大会现场直播》、《再探苍穹——中央人民广播电台“神舟六号”飞船载人航天飞行大型直播节目》等大型现场直播也都是广播与网络联手，在广播现场直播的同时，网上也图文、视频直播，网友可以在线收听广播、收看直播的视频，还可以通过网上论坛，发帖子，提问题，发表意见，与直播间里的主持人、嘉宾进行互动。在大型直播节目《同饮一江水，共有一个家——南水北调中线大移民》（获得第 22 届中国新闻奖二等奖）的直播过程中，湖北广播电视台新闻综合广播与新浪媒体合作互动，新浪网组建“汉水丹心”微博群，调动网友的互动和参与热情，扩大了节目的影响。节目中的短信与微博互动平台成为一大亮点，几乎在每一个直播阶段，主持人都会与听众分享短信留言及微博评论，这种互动方式不仅提高了听众的参与度，也扩大了报道的影响力。[②]

四、广播现场直播的采制

广播现场直播是一项需要密切协作的集体报道方式，是多个系统的综合运用，它要求

---

① 参见杨贵明：《在线广播——传统广播发展的新空间》，见中国网，2004-11-08。

② 参见张德华：《大型互动式广播现场直播的成功尝试与创新》，载《中国广播》，2012（9）。

主持人、现场记者、技术人员的密切配合，互动性现场直播还要求开通热线电话，与听众交流，有时还要邀请嘉宾介入、设分直播室，涉及人员多，牵涉面广。可以说，对它的采制是一个相当复杂的过程，除了要选取重大题材、精妙选取报道角度、突出报道主题、运用丰富音响之外，在具体实施过程中更需要精心谋划、周密安排、灵活调度、准确把握。

（一）提前策划，做好预案

现场直播与新闻事件的发生发展是同步进行的，一旦失误没有任何弥补的可能。所以，对于重大事件现场直播的前期准备，电台在时间和精力的投入是最多的。前期的策划不仅包括相关材料的准备、报道预案的拟订，参播人员的安排、甚至还包括直播地点选择，节目预告等前期节目宣传等。

如大型直播节目《同饮一江水，共有一个家——南水北调中线大移民》。2011 年 11 月 8 日，湖北广播电视台联合中央人民广播电台以及北京、天津、河北等省市广播电台联合推出直播策划，中央电视台，湖北、河北、天津三地电视媒体及新浪网同时参与，以南北互动的形式进行规模空前的现场直播。这样一场跨媒体、跨时空的大制作之所以能取得如此佳绩，与报道主体的前期介入是分不开的。

南水北调中线工程取水源头——湖北省丹江口库区最后一批移民 2011 年 12 月 20 日将搬离库区，这是南水北调中线工程移民工作一个新的里程碑。围绕着“大爱与牺牲”这个报道主题，直播策划小组在前期从深度和广度两方面准备了大量即时、丰富、鲜活、实用的资料。

在现场直播前，来自湖北、天津、河北的 23 名骨干记者分四批七次进入湖北的库区、外迁移民点和北方缺水地区，用近一个月时间，跑遍了库区 50 个移民安置点、外迁移民点的三个县 7 个乡镇、北方缺水地区三省市 10 多个企业 20 多个乡村社区，走访干部群众 400 多人次，多角度蹲点采访，亲身体验报道对象的工作和生活环境，通过与被访者的充分交流和身临其境的切身体会获取最真实、最生动的认识与体验，从中挖掘出大量真实鲜活的人物形象和典型事件。如四代同住老房苦等搬迁的吴发枝一家，带病工作、因公殉职的移民干部均县镇党委副书记刘峙清等，都给听众留下了深刻的印象，令人潸然泪下，心生敬意。

为充分展现南水北调中线工程丹江口库区移民工作基本完成的重大意义，直播人员紧扣南水北调的历史课题，展开地毯式搜索，大量搜集背景材料，极大地丰富了直播报道内容。一方面，通过横向比较，为听众提供多项指标，用准确数据介绍了北京、天津、河北等地的缺水现状。另一方面，进行纵向解说，为听众梳理了近年来丹江口库区移民各批次外迁和内安的人数、时间、地点等信息，报道了移民以库区为圆心向四面八方散去的迁徙之路，展现了 47.5 万库区移民为南水北调工程所走过的 50 多年的漫漫搬迁历程。①

经过实地考察，精心策划，直播组将直播台设在丹江口市三官殿镇蔡湾村移民安置点上，主持人与各安置点现场的记者直接连线，用大容量的背景材料，辅以深度挖掘出来的感人故事，由点及面，展现了 50 年来库区移民为使北方同胞不再被缺水所困扰而在迁徙路

---

① 参见张德华：《大型互动式广播现场直播的成功尝试与创新》，载《中国广播》，2012（9）。

途中的辛劳，在听众中掀起了一次又一次的情感波澜。

再如大型现场直播《再探苍穹——中央人民广播电台“神舟六号”飞船载人航天飞行大型直播节目》，在直播之前也是做了精心的谋划和周密的安排。在对“神舟六号”载人航天飞行的直播报道中，如何把神秘枯燥的数字、符号和高精尖技术深入浅出、融会贯通地讲出来，让普通听众能够听明白、感兴趣，是这次现场直播的难点。为此，中央台在策划直播报道时，就做出明确定位，一定要邀请载人航天方面的专家来解读“神舟六号”载人航天飞行上的技术创新和独特风格，来揭秘载人航天工程中台前幕后鲜为人知的动人故事。所以在“神舟六号”载人飞船发射前夕，他们就派出记者，对中国载人航天工程的相关负责人和七大系统的领军人物，以及执行“神六”任务的航天员乘组逐一进行了深入细致的采访。

对于整场直播如何展开，他们也做了报道框架设计，即要依托“神舟六号”载人航天飞行的全过程，在详尽记录这一重大新闻事件的同时，要充分展示中国航天事业走过的艰辛道路，充分展示中国航天人在攀登世界科技高峰的征途中写就的航天精神。直播过程围绕着“神舟六号”载人飞船冲天奋飞、在轨运行、探密太空、天外归来各个阶段的历程，设计了六场直播，每一场直播都分别有一个事件核心和思想集合点。譬如，发射段重点报道我国自行设计制造的长征F－2号火箭托举飞船奋飞冲天的过程，并不失时机地介绍了与之相关的酒泉卫星发射场的辉煌历史；飞船在轨运行阶段，重点播报的是飞船调姿变轨、进行轨道维护、通过飞船天地话音通信系统进行天地对话、航天员在太空穿舱实施科学实验，并恰到好处地播报了中国航天人和平利用太空，造福人类社会的理想和追求，展示了中国航天人把光荣和梦想大写在无垠天际的壮志豪情；飞船返回阶段，既全程追踪了飞船返回、英雄凯旋的过程，又突出表现了每一次探索太空取得的重大进展，都是另外一次新挑战的一个起点，都将面临一次载人航天技术新的突破，实现新的跨越。不少听众在听完《再探苍穹》后，纷纷来信来电称赞这组直播报道主题鲜明，重点突出，结构严谨，气势恢宏。①

（二）把握受众心理，合理设置流程

收听广播节目时，听众习惯于在三分钟以内必须听到一个可以接受的刺激点，如果节目在播出过程中不能持续转换收听元素，听众就有可能因失去兴趣而调台。所以广播现场直播中要善于准确地捕捉听众的收听心理和习惯，精心安排流程，合理进行引导，设置听众的关注点，增强节目的黏性。

还以《同饮一江水，共有一个家——南水北调中线大移民》为例，在流程设置上，直播围绕外迁移民与内安移民这两条主线，将记者现场报道、预设故事讲述、主持人话语方向引导以及现场嘉宾评论完美地融合在一起，环环紧扣，既有对比，又有补充，相得益彰。被誉为“中国移民作家第一人”的著名作家梅洁以嘉宾身份在直播中对一则移民故事

---

① 参见肖平、韩瑞斌：《彰显广播的魅力和影响——“神舟六号”载人航天飞行宣传报道回顾》，载《军事记者》，2006（1）。

的讲述很具有代表性。

女：梅洁老师感情非常充沛，其实在您写书的过程中遇到了很多这样的故事是吧。

梅：是，我再讲讲舒家沟，临别那个村子的人凌晨三四点他们上车、四点多出发了，大队人马几百辆车。突然有辆车停了下来，车长赶紧告诉包保队长，说移民们都下车了，怎么办？包保的队员们立即从夜色中赶了回来，但是移民们已经在旁边的小草地、树林里坐下，他们不知道移民们在哪里。他们看到前面有烟火在亮着，就打着手机，慢慢摸索过去，摸到他们旁边问："你们有什么困难，跟我们说，怎么就下车了呢？"村民告诉移民干部说："你能不能再给我们两分钟时间，我们最后再看一看舒家沟。"移民干部说："好，你们在这里停一下吧。"这样他们看完了家乡，待了几分钟后，又默默地上车走了。这时候，一位包保干部——郧县的县委宣传部部长——看着夜色中远去的车影，非常难过地说，我们的移民真不容易啊。说完他泪流满面。

女：谢谢梅洁老师，移民真不容易啊。离家的路有多难，移民们的心里是最有体会了。像千千万万的移民家庭一样，汤明荣的家今天也显得格外不同。他们搬家的路走到哪儿了，我们赶紧来问问。现在，"湖北之声"记者柳芳拨打电话过来了。

…………

舒家沟村几百辆的搬迁车队在凌晨出发后突然停住，移民们全部下车不见踪影，这样的开头为整个故事的讲述设置了悬念，引发了听众的好奇。当完整地听完梅洁的讲述后，大家才明白，原来移民们下车是为了争取最后两分钟时间再看一眼即将被淹没的故乡。这样预设悬念的讲述和报道方式在整个直播过程中比比皆是，成功地引发了听众强烈的情感共鸣。①

（三）做好应变准备，灵活调度

新闻现场的情况千变万化，即使是仪式性活动也有很多变数，这种不确定性显然会给需要高度协调一致的同步现场直播带来困难。而且，现在的现场直播节目越来越呈现多元化的发展趋势，比如，直播地点由一点变为多点联动，节目内容越来越丰富并广泛采用其他节目的表现形式，主持方式由单纯解说变为播报、描述、访谈、评论、互动交叉使用，等等。这些增加的内容与环节，叠加在变化着的新闻事件之上，使得现场直播因不确定性带来的困难进一步放大。

因此，在开始直播前，参与直播的相关人员，如策划人、主持人、记者、编辑、导播等应当对直播的各个环节都要进行尽可能详细的筹划，围绕着新闻事件发生的时间点，设计访谈内容、记者连线、片花、音乐、广告等环节，对直播过程中的节奏有一个很好的控

① 参见张德华：《大型互动式广播现场直播的成功尝试与创新》，载《中国广播》，2012（9）。

制设计，并对直播中可能出现的问题做出应变预案。特别是根据活动的可能程序，除了准备好直播的核心内容，还要准备一些可随时灵活插入的应变内容，如花絮、背景材料、备用文字音响素材等，以增加直播的“弹性”。

在直播过程中，面对一些意外或冷场，导播组需对直播进行临场策划和进程控制，尤其是主持人和前方记者要有临场应变的能力，不拘泥于前期的策划和预案安排，发挥主观能动性，根据新闻现场的需要及时调整节目架构，尽快控制现场，以避免报道的间断或混乱。

《穿越青藏高原》“青藏铁路通车运营”现场直播就是一个灵活应变的成功案例。这次现场直播是个多点直播，这一方面会使节目内容更加全面，可听性大为增强，但另一方面也容易出现衔接不畅、主次不分的情况。针对这种可能出现的情况，中央台在直播前两个月就开始策划，脚本几易其稿，周密的策划与应变措施为这次直播节目的成功奠定了良好的基础。事后，这次现场直播的主创之一魏胜利曾经对《穿越青藏高原》直播过程中的种种应变策略做了总结。

应变策略一：顺势而为，变在其后。

实际工作中经常遇到的现场变化是事件（活动）的时间发生了改变，比如提前或者推迟开始、结束。当事件（活动）时间延长时，应对这一变化的基本办法有“截弯取直法”（甩掉原定的一部分中间内容，前后直取衔接）、“递推法”（各部分内容依次顺延）、“平移法”（部分内容调整播出位置，用于核心内容时长变化不大，只是开始及结束时间发生变化的情况）。当事件（活动）时间缩短时，则可以采取如下办法：压缩法（缩短直播时间）、替换法（信号切换到其他直播间，播出相关内容）、增补法（在前方增加嘉宾访谈或者背景资料介绍的分量）等。

《穿越青藏高原》在直播完通车庆祝大会后，按计划 11：10 应该进入列车直播间播出时间，但是由于信号不畅无法切换，节目随之做出如下调整：由拉萨直播间继续播出，将 12：00 之后的嘉宾访谈内容移至 11：10 进行。这一应对策略，综合运用了“替换法”和“平移法”，使节目在听觉上依旧流畅自然。

再如，原定在 21：00 安排一位铁路民警的访谈，但嘉宾因故未到，因此只能采取“增补法”，增加前一位嘉宾的访谈内容，同时加大短信互动的比重。

应变策略二：闻风而动，先发制人。

“闻风而动，先发制人”策略，是指预判现场情况可能发生的变化，在变化之前主动调整方案，使直播处于有利地位。变化在前，可以使直播处于有利地位，但也可能自乱阵脚，造成麻烦。成功的关键在于准确的预判，以及主动调整以后应急机制的建立。

《穿越青藏高原》拉萨直播组到达前方后的第三天，主办方确定中央电台直播地点在候车室里面、对着站前广场的二层北大厅。这样的安排是考虑到“青藏铁路通车庆祝大会（拉萨分会场）”将在站前广场举行。但是后来直播组了解到，庆祝大会采用的是电视电话会议的方式，拉萨分会场主要是收看格尔木主会场的视频信号，而中央电台在格尔木主会场设置了直播间。综合分析情况之后，他们就向主办方提出申请，要求将直播地点更换到车站一层南侧母婴候车室，该候车室直接面对站台，并和站台直接相连，出入方便。同时，在主持人面前设置监视器监控分会场情况，会场音频信号进入调音台。

之所以敢事先调整直播地点，是因为他们判断拉萨车站站台一定会有发车仪式，而对于拉萨直播间来说，列车首发仪式的现场更为重要，是直播不能遗漏的环节，而原定的直播地点是无法看到站台和列车的。调整在先，保证了主持人和嘉宾始终面对站台，随时了解站台和始发列车的情况，全面掌握发车仪式的进程。并且，主持人一直面对欢腾的新闻现场，情绪饱满，声音昂扬。

应变策略三：以不变应万变。

以不变应万变，是指报道对象的情况发生了变化，而报道者并不因此改变原定的工作安排，而继续执行既定的方针。《穿越青藏高原》就经历了直播内容及总时长多次调整，但主体部分始终不变的过程。

《穿越青藏高原》的主体和核心内容是庆祝大会，前延及后展的部分对主体起着烘托、深化、补充的作用。虽然直播稿几经变动，各部分内容多次调整，但是，最初确定的主体部分——大会现场及此前 15 分钟会场实况解说——却始终不变。

按计划庆祝大会在 7 月 1 日 10：30 开始，历时 30 分钟左右。《穿越青藏高原》是 8：00开始，13：30 结束，历时五个半小时。但当天，庆祝大会比原计划提前 10 分钟开始，由于中央台此时播出信号正是格尔木主会场的现场解说，可以从容顺利地过渡到会场实况，因而完整地直播了庆祝大会的盛况。如果此时安排的是其他节目或者其他直播间的信号，一方面会因为切换信号耽误时间，另一方面也会造成节目的割裂感，甚至不能完整转播主体内容。

应变策略四：以自变对不变。

在许多情况下，尽管直播文案非常详尽，但在实际操作中经常会遇到主持拖沓、嘉宾谈话沉闷、内容冗长、节奏缓慢的问题。遇到这样的情况，必须及时调整内容、节奏，所以即使现场情况没有变化，导播和主持人也要有所改变。

《穿越青藏高原》晚间时段的现场直播，主要集中在拉萨直播间，但是首趟进藏列车要在次日凌晨 0：35 左右才能达到拉萨，直播主要是嘉宾访谈，尽管现场主持人也在随时描述站台的情况，但节目内容整体还是偏于静态。直播进行中，记者在站台上和准备表演舞蹈的一群藏族小伙子聊天，发现他们身上很有故事，于是和导播商量马上调整直播内容，增加现场采访内容。生动自然的对话，加上小伙子们热情的鼓点，展现了藏族群众对铁路通车的热望，也使偏于静态的直播增加了动感的元素。①

五、广播现场直播值得注意的一些问题

（一）直播节目不是新闻现场直播

发生在直播间的直播节目不是新闻现场直播。如直播室的现场访谈、直播室主持人与

① 参见魏胜利：《功夫在诗外——从〈穿越青藏高原〉看现场直播的应变策略》，见中国广播网，2007-11-09，有改动。

单个或多个嘉宾的对话、直播室少量的远距离"准现场"采访等，这样的节目只能被称做"直播"节目，而不是"新闻现场直播"节目。①

（二）警惕泛直播化现象

需要注意的是，近年来广播业界出现了一种泛直播化现象。一方面，有些广播电台的现场直播报道，把经由策划而产生的活动当做新闻主体和新闻事实，制造一个现场来进行直播，这样的直播报道，从严格意义上讲不是新闻事件，而是"媒体事件"，不是现场新闻直播报道，而是"媒体炒作"。另一方面，千万不能认为"捡进篮子里的都是菜"，把那些纪念会、报告会等，不论什么选题都做成新闻现场直播，那些题材不仅不属于评选范围，而且硬做出来的新闻现场直播再好也收不到好的传播效果。

正像美国南方大学传播学院教授德·怀特曾经说的，在直播报道题材的选择上同样不能随心所欲。为直播而直播，为策划而直播，显然都远离了新闻的本体和新闻的价值，从根本上违背了新闻的真实性原则。

（三）新闻现场直播迟迟到不了现场②

有些新闻现场直播迟迟到不了现场，"皮厚馅少"。在直播室中，主持人对新闻现场信息充满诱惑力的轮番介绍，让听众急不可待地想了解新闻现场鲜活的事件，可整个节目进行了一半，受众依旧捕捉不到来自新闻现场的信息，节目始终走不出演播室。现场直播基本上靠的是男女主持人在直播间的对话，以提前制作好的片花、领导嘉宾大段的录音讲话做支撑，而不是面对动态发展的新闻事件，面对变化着的何时、何地、何人、何事、何因、何果等新闻要素，进行不停地、跳跃地、反复地、加强式地报道。靠主持人不断地"忽悠"、卖关子、兜圈子，这样的新闻现场直播节目不仅会让听众倒胃口，也会影响此类节目在听众心目中的形象。

（四）巧妙运用现场音响的能力有待提高

一种情况是，有些新闻现场直播尽管选题本身意义重大，但是在形式上纯粹为现场实录，丝毫体现不出广播新闻工作者的采制功力。对于新闻现场直播节目来说，除了记录新闻事件同步发生发展的过程外，记者的现场报道、背景介绍与事态分析是新闻现场直播节目的重要的有机构成，这是帮助受众理解正在发生的新闻事件的基础。③

另一种情况是，节目人员在对新闻现场进行采访和栩栩如生的描述时，却听不到任何来自现场的音响。例如，喜庆的搬迁听不到鞭炮声、重大仪式听不到锣鼓声、拥挤的人群

---

①② 参见陈敬敏：《广播新闻现场直播存在的问题》，载《新闻爱好者》，2010（20）。

③ 参见王晓红：《广播直播的经典范本》，见中国广播网，2011-03-31。

没有嘈杂声，生动的描述不能融合对表现新闻事件主题有用的音响，让听众听起来效果大打折扣。①

再有一种情况就是，声音采制较为粗糙，尤其是现场音响、记者采访、音乐表现、解说词等各种声音组合过渡比较杂乱，信息互为干扰的情况时常出现，声音切换突兀，缺乏起承转合，有的甚至“音”不对题。

广播新闻现场直播是一个发展的事物，它将逐步走向常态化、平民化。在这一发展趋势中，如何解决直播现场的流动性问题、现场多点同步和联动问题、多媒体交互问题、新媒介融入问题等，还需要在实践中不断完善、不断创新、不断突破。

思考题

1. 广播现场报道有哪几种播出方式?
2. 广播现场报道对记者口头表达有哪些要求?
3. 广播现场报道与广播录音报道有什么不同的特点?
4. 广播现场报道的题材如何选择?
5. 近年来广播现场直播在形式上有哪些变化?

① 参见陈敬敏：《广播新闻现场直播存在的问题》，载《新闻爱好者》，2010（20）。

第十二章 不同体裁的广播新闻报道(之四)：广播新闻评论

本章学习要点

1. **了解广播新闻评论的基本概念**
2. **掌握广播新闻评论的基本形式**
3. **了解广播新闻评论的创新趋势**

评论是指大众传播媒介各种言论的总称。在传统媒体中，评论一直具有十分重要的地位，被视为媒体表达思想、引导舆论的旗帜，这一点是毋庸置疑的。特别是当今的信息社会，更加凸显出评论在媒体新闻报道中的重要地位。随着信息公开机制的不断完善和信息采访渠道的不断拓展，媒体想要获取独家新闻越来越难。当时效已难以成为媒介第一卖点的时候，独到的视角和观点无疑就成了各家媒体制胜的法宝——因为信息可能是共享的，是可以复制的，但观点却是独家的。而媒体的观点体现在哪里？观点就体现在各家媒体所刊（播）发的评论中。也正因为如此，媒体才会由过去热衷于搞独家报道转为关注媒体的独到的观点视角，更为重视评论的写作。

广播也正是在对评论这种新闻报道体裁的重新审视中迎来了广播新闻评论的新的春天，从纯文字评论到带音响评论，从记者现场口头评论到连线嘉宾的访谈评论，广播评论的天地豁然开朗，异彩纷呈。

第一节 | 广播新闻评论的基本概念

广播新闻评论，又称言论类新闻节目，是以无线电广播为载体的新闻评论，是广播电台对事件、问题进行分析、议论，直接发表观点和意见的主要手段之一。

与消息类、专题类新闻节目主要是用事实说话，通过对客观事实的报道来反映舆论、引导舆论有所不同，广播新闻评论节目是以客观事实为依据，针对现实生活中新近发生的具有普遍意义的新闻事件、迫切需要解决的社会问题或公众广泛关注的社会话题，进行理性思考，分析发表议论，阐述道理，以观点和见解来引导舆论。

广播新闻评论和其他媒介的新闻评论一样，是新闻性节目的旗帜和灵魂。可以说，新闻评论是广播电台直接发言的主要手段之一，也是公众判断广播电台的政治面貌和衡量广播电台的政治态度和思想水准的主要标尺之一。

一、基本特征

和其他传媒的新闻评论一样，广播新闻评论在内容上具有新闻性、政论性、导向性和群众性等特点，但在形式上又有着自身的一些特征。

一是短小精悍。广播的新闻评论一般一事一议，以五六百字为宜，“千字文”就已经算长评论了。过长的评论和太复杂的论述都不适合于广播的声音传播。

二是时效性较强。由于广播媒体传播速度快，节目制作工序较少，流程较短，因而对于新闻事件（特别是突发性事件）的反应速度很快，广播新闻评论已经成为最具时效性的评论之一。

三是浅显易懂。广播新闻评论从结构安排到句式、词语的选择都要适合于说，要深入浅出，一听就懂。而且广播新闻评论可以以谈话的形式展开，平易近人，通俗易懂，能够吸引更多的受众。

四是样式多样。报纸评论的样式，如社论、评论员文章、短评、编后、述评等，广播新闻评论都可以借鉴采用，同时它还有适合自己传播特性的样式，如口头评论、谈话评论、主持人评论等，不但有文字表达的内容，还有音响等。

二、基本类型

在过去很长一段时间内，我国的广播新闻评论不是作为一种独立的新闻报道体裁而存在的。一方面，在广播新闻评论诞生和发展初期，很多评论样式都来源于报刊评论，有一部分就是报纸或通讯社刊发的评论，经广播摘编播发的，这种借鉴和移植的评论形式，其媒介特征不明显，所以严格地说不能完全称之为广播新闻评论；另一方面，广播人自己采写的评论又总是依附于某种新闻报道体裁，很少单发，往往是配发，也就是为某条新闻消息或通讯等其他题材配发，而是否配发广播评论，在那个时候可是件非同小可的事，也不是一般的编辑记者所能决定的，这就使得那时的广播评论成了“稀有品种”。

改革开放后，随着我国社会主义市场经济建设的逐步深入，新生事物不断涌现，新旧观念猛烈撞击，社会问题日益复杂，人们迫切需要新闻的背景分析，需要解疑释惑。于是，带有新闻背景分析、时事问题议论的深度报道在中国兴起，广播新闻评论才逐渐有了自己的一席之地。1979 年 4 月 26 日，中央人民广播电台播出了改革开放之后第一篇署名“本台评论员”的文章《改善中越关系的根本办法》。之后，广播电台评论栏目不断推出，广播评论日益呈现出多种多样、生动活泼的发展态势。

就目前而言，广播新闻评论的体裁和样式可分为两大部分，一部分脱胎于报刊评论，如本台评论、本台评论员文章、本台短评等，尽管直接沿袭了报刊评论的名称和划分标准，但它们并非简单机械地照搬，而是在实际运用中考虑了广播的特点，注意到篇幅的短小、说理的浅显和语言的平实。另一部分则是广播新闻评论在自己的实践中，陆续创造的一些更能体现广播特色的独特形式，如广播谈话、口头评论、录音评论、新闻快评等。采用这些形式的广播新闻评论在表达方式上也是多样的，有播音员念文字稿的，有记者口头评述的，还可以巧妙运用音响做评论的由头、论据，增加了评论的真实感、可信度与说服力。

由于现在广播新闻评论的分类标准和名称还不尽一致，这里只选择其中有自己特点的一些形式，进行简单介绍。

（一）口播评论

这是由播音员、评论员或节目主持人在话筒前口头播讲各类新闻评论稿件的形式。这些评论稿件按照论题的重要程度，包括本台撰写的本台评论、本台评论员文章、本台短评，为新闻配发的编前语、编后话等，此外，还有报刊、通讯社提供的评论文字稿，以及新闻节目主持人、记者采访时的即兴评点等，都是采取口播的形式。

这几种广播新闻评论在播出时一般不播发作者的名字，而是以电台的名义发表对新闻事件、问题和社会现象等的见解和看法，也被称为不署名评论。当然，广播电台还有署名的评论员文章、短评和记者述评，这样的评论虽然署上了编辑或记者个人的名字，但实际上它们都是获得了编辑部许可的，所以在一定程度上也被认为代表着媒体的立场。

1. 本台评论

这是直接表明电台的立场、观点、态度的一种评论形式。它通常用来论述重大的新闻事件、重大典型，或对全局性的问题进行分析，并发表权威性意见。在我国，本台评论多是阐述党的路线、方针和政策，所以具有很强的政策性和指导性，及强烈的现实性和严肃的理论性，有明显的政论性质。

如中央人民广播电台播出的本台评论《政治宣言 举国称颂》(获得第13届中国新闻奖一等奖)，就是作者在认真学习了十六大报告，阅读了大量相关文件资料之后，准确地把握了报告精髓，深入思考，周密布局，适时撰写并播发，是中央主要新闻单位较早对十六大报告做出反应的独家政论文章之一。

政治宣言　举国称颂

党的十六大开幕大会直播天下，举国一片欢腾，在连日的讨论中，十六大代表盛赞大会报告是党在新世纪新阶段的政治宣言，是全面建设小康社会的行动指南，是马克思主义的纲领性文献。广大城乡的反应也积极热烈，从通商都会到边远乡村，说大会、议报告的场面随处可见。

万众称颂的原因之一，在于报告本身的真理性、科学性、指导性。报告高瞻远瞩，求真务实，深刻总结了改革开放特别是十三届四中全会以来治党治国的成功经验，分析了“三个代表”重要思想的现实指导地位，提出了全面建设小康社会的伟大目标，部署了政治、经济、文化建设和体制改革以及党建、国防、外交等多项重大历史任务，给我们党绘就了一幅当今条件下执政兴国的宏伟蓝图。

这是胆识俱佳、充满智慧的全方位的执政兴国方略。纵览天下大局，运筹中国的现实和未来，思考问题脚踏实地、视野开阔；决策部署，重心突出，进退适度，对执政规律的近距离认识几乎在所有重要领域都打上了深深的烙印。报告的字里行间渗透着深入的调查研究和思考的最新成果；渗透着实事求是、开拓创新、与时俱进的时代精神；渗透着对党内外、国内外先进思想成果的吸纳与扬弃。可以相信，这篇闪耀着真理光芒的马克思主义纲领性文献，其科学价值必将在今后的实践中呈现出来。

十六大报告深得民心的又一个原因是，紧紧围绕中国最广大人民根本利益谋党谋政，充分体现了中国共产党植根于人民、服务人民的根本宗旨。全面建设小康社会的伟大目标，集中体现了全中国各族人民的共同利益，围绕这一目标展开的各项改革建设和一系列重大工作部署皆以人民利益为向背，其中，对党在执政形势下的再定位更是强化了立党为民的根本指导思想。

“发展”在十六大报告中是一个强势词汇，用发展增强国家实力和人民福祉，用发展提升伟大祖国的国际地位，用发展实现中华民族的伟大复兴。所有这些追求的背后，为民为国为民族既是动力起点又是目标终点。数万言的铅字的背后，是中国共产党对中国人民始终不渝的赤胆忠心。

为了这个“忠”字，中国共产党曾在枪林弹雨中前仆后继；曾在多重重压下砥柱中流。今天，面对新世纪新阶段的时代风云，立足于丰厚的改革成就，中国共产党用十六大报告宣示天下：在崭新的历史平台上，中国共产党已经找到了为人民负重冲锋的新的起跑线。

十六大报告的振奋人心之处，更在于面向世人展示了中国共产党在执政条件下全面成熟的新风采。确立“三个代表”为长期指导思想，表明党的思想理论建设和对治党治国规律的认识跃上了一个大台阶，对世界潮流的把握和国内诸因素的驾驭折射出空前的力量与智慧。襟怀博大，志向高远，大智大勇，可以统万众整理江山，可以为人民赴汤蹈火。中国共产党的这些品质在十六大报告中清晰可见。

大会开幕以来，热爱中国共产党的政治气息日渐浓厚，“报告热”在社会各界特别是各级党组织和高校青年学生中陡然升温，思想敏锐的人们从报告中看到了中国共产党与时俱进的新境界，看到了中国共产党执政水平的新高度，看到了中国共产党率领全中国人民实现民族伟大复兴的灿烂前景。伴随着强烈信赖油然而生的，必然是强国主人的光荣与豪迈，必然是对中国共产党的真诚崇敬与爱戴。

在各类广播评论中，本台评论是规格最高、意见最权威、影响力最广泛的一种。其地位相当于报纸的社论，所以本台评论主要在最重要的新闻节目中播出，如中央人民广播电台的《新闻与报纸摘要》节目、各地电台的《全省新闻联播》等。相对于其他评论类型来说，本台评论的地位重要，但播出的频率较低。

2. 本台评论员文章

这是以个人的名义发表的言论，可署名，也可不署名，其规格仅次于本台评论。比较而言，本台评论员文章所涉及的评论范围要比本台评论宽泛些，既能谈事关全局但属于局部性质的社会问题，也能谈一般的新闻事件和新闻人物，倡导某种社会风尚，对一些影响社会意识的思潮或倾向进行分析。特约评论员文章也属于此类。

3. 本台短评

这是分析、评论事物的某个侧面，或就事论事的一种编辑部评论形式。它论题范围相对较小，论述的问题比较具体单一，针对性非常明确，结构紧凑，短小精悍，言简意赅，说理清晰，分析扼要。它的作用类似编后话，但规格要比编后话高，一般有评论标题。

如 2011 年 12 月 5—6 日中央人民广播电台《新闻与报纸摘要》节目播出了介绍江苏现代化建设率先探索与成功实践的系列报道《奔向现代化的美好明天》，之后播发了短评：

伟大的理论　成功的实践

这两天，“中国之声”以全天重点关注的形式集中报道了江苏省率先实现省定全面小康标准、开启基本现代化新征程的成就，鼓舞人心，催人奋进。江苏的实践，是中国特色社会主义的区域性成功探索。

江苏，自古以来就是人文荟萃的鱼米之乡。深厚的文化底蕴和多元文化的交融互动，不仅培养了江苏人民诚实善良、勤劳进取的优良品质和以天下为己任的担当意识，更创造出开放包容、宽松和谐与创新进取的人文环境，形成了科教发达、人才辈出的生动局面。江苏实现“两个率先”——率先全面建成小康社会、率先基本实现现代化，是党中央着眼全国发展大局对江苏发展的科学定位和殷切期望。

今天江苏人民以自己创造的奇迹，成功验证了中国特色社会主义理论的可行与伟大。江苏与时俱进推进“两个率先”，一系列举措、经验值得参考借鉴。江苏的实践证明，几代中国共产党人在实践中总结出的中国特色社会主义理论，对于中华民族的伟大复兴具有重大而深远的历史意义。在这一伟大理论的指引下，江苏人民率先走向全面小康，崛起的东部在加快现代化进程，在他们身后，中部、西部正努力追赶。中国人民在中国共产党的领导下，正万众一心走在民族复兴的大路上，尽管我们仍面临着各种困难，但我们能够披荆斩棘，奔向前方！

4. 编前语和编后话

在报刊评论中，根据编者按语所处位置和所起作用的不同，可以有编前语和编后话。广播亦是如此，只不过一般来说，广播新闻中更常见的是编后话。

编前语如 2013 年 3 月 26 日中央人民广播电台《新闻与报纸摘要》节目播出的：

有这样一群人，他们被称为“兵头将尾”。他们是指挥员，更是战斗员。他们是基层干部，生活在最基层，工作在最基层。他们为这片热土的每一寸收获、每一个梦想挥汗如雨，甚至献出生命。基层干部们用长满老茧的双手和沾满泥土的双脚，亲近 960 万平方公里的每一寸土地，书写对党和事业的忠诚，对人民百姓的热爱。他们是实干的一群人，可爱的一群人，可敬的一群人。中央人民广播电台从今天起推出专题报道《最美基层干部》，让我们与您一起，走进他们，了解他们，感受他们，感谢他们。

在四川甘孜州道孚县，藏族干部菊美多吉常年扎根深山雪原，用 33 岁的年轻生命践行了一个共产党员对群众百姓的庄严承诺。据中央台记者贾立梁、贾宜超报道：……

编后话则是放在新闻报道之后的画龙点睛式的简短评注，是编者就新闻事件有感而发的评价、联想、议论或说明性的文字，它的内容源于新闻报道，又能够对新闻报道的内容有所补充和深化。编后话是广播新闻评论中最简短的一种形式，一事一议，往往三言两语就能深化报道主题，点明事件本质，说明编者态度，提出问题，引发思考，提醒听众的注意，一般没有评论标题。

如 2013 年 4 月 8 日中央人民广播电台《新闻与报纸摘要》节目中在录音通讯《老知青逊克新插队》之后，就配发了编后话：

在回归奉献中活出精彩。老知青新奉献，用知识、技能和资源“再下乡”，成为新农村建设中的一抹亮色。农村不缺少会种地的人，但缺少懂市场、有经济头脑的带头人，知青对农村和农民有感情、很熟悉，并且通过多种方式关注农村发展，他们中不少人有丰富的市场和管理经验，这些在农业现代化建设中显得尤为珍贵。城乡一体化发展进程给更多人提供了实现自身价值的机会。老知青退休之后“再下乡”，在这一广阔平台上活出精彩。回望青春、开拓奉献，是一种别样的人生收获。

（二）广播谈话

这是以谈话的方式阐述对新闻事件看法的一种形式。它力求以平易近人的谈话方式，交换意见和看法，以求达成共识。最初，广播谈话也称“广播漫谈”或“广播杂谈”，是由节目主持人、记者、编辑等广播新闻工作者围绕某一新闻事件来进行讲述和评价，后来随着热线电话的开通，听众可以直接参与由节目主持人组织的议题交谈和讨论。而发展到现在，它已经成为一种相对独立的广播访谈节目形式，在节目主持人主持下，就社会上人们关心的热门话题，邀请相关专家人士，和听众一起进行较为广泛的议论或争论，以实现达成共识、有利于问题解决的完满结局。在下面的章节中，我们将对其进行详细的介绍。

（三）广播新闻述评

这是以记者的名义发表的言论，因此又叫记者述评。广播新闻述评兼具新闻评论和深度报道的特质，是在报道新闻事实的同时，对所报道的事实做出必要的分析和评论。形式上，以评论员或主持人（记者或编辑）为主串联，以议事为主，论理为辅，夹叙夹议，边述边评，而且一般是评多于述；以述为由，自然地引出观点、看法，就实务虚，叙事说理，既具体形象，又生动逼真，有很强的感染力，使受众容易接受。这种形式在新闻性节目中采用较多。

第二节 | 广播新闻评论的创新

毋庸讳言，长期以来，相对于报刊、电视，广播评论的发展还是比较滞后的。无论是反映在广播新闻报道中，还是反映在新闻奖评选中，广播评论均属于弱项，这是不争的事实。这应该与我们一段时间以来形成的对广播评论的认识不无关系。一方面，由于对新闻节目配发评论的认识不一致，各台较少形成有自己品牌效应的评论节目，且节目播出的时间往往又不固定，这导致广播新闻评论基础薄弱；另一方面，许多电台编辑记者仍在按照报刊手法写作评论，形式上缺乏生气，内容上偏向轻、软，广播评论整体质量参差不齐。[①] 尤其是过去那种遵循传统新闻理论的广播评论具有非常强烈的主流意识形态的特点，入耳但不入心，起码不是平民叙述，也正因为此，很长一段时间以来，在听众耳朵里，广播评论作为一种新闻体裁并不突出。[②]

但是从另外一个角度看，这恰恰表明广播新闻评论的创新具有很大空间，听众更希望听到新闻广播改变传统呆板严肃的新形态的评论节目。

---

① 参见夏威：《创新广播评论：以“两会时评”为例》，载《中国记者》，2007（5）。
② 参见沈文锋：《即时评：主导新闻广播》，载《中国广播电视学刊》，2009（11）。

中国广播电视协会副会长张振华说，新闻立台，评论强台，用思想办广播，办有思想的广播。当今信息的独家占有已越来越难，在这种情况下，评论就成了吸引受众的新的抓手。谁能提供先进的思想、观念，谁就能形成“思想品牌”、“理论品牌”，成为“意见领袖”，在新闻竞争中占领制高点。近些年来，一直处于相对弱势的广播新闻评论日益受到重视，广播新闻评论作为广播新闻报道主要体裁的地位日益凸显，而对广播新闻评论从内容到形式的重新认识，也使得广播新闻评论的内涵更丰富，形式更多样，也更便于发挥广播的优势。

从内容上来看，新闻话题的日益多元化使得各媒体的评论有了更多的话题。特别是像民生类节目的开办，为广播新闻评论提供了更广阔的舞台。广播新闻评论既可以关注党和国家的方针政策，也可以反映大众呼声，起到上下沟通的桥梁作用。

从形式上来看，广播谈话、广播访谈、录音评论、口头评论等广播评论新的节目样式不断出现，特别是以充分发挥互动作用而开设的一些广播栏目，请来高层领导人、主管部门负责人以及有关方面的专家或权威人士发表权威性的意见，以引导舆论，使评论高屋建瓴。这种将主持人、嘉宾与听众通过热线联系起来的节目形态，非常适合围绕着一些话题展开评论，使广播评论的形态多样化。相关的节目栏目不但受到听众的关注与欢迎，而且也为增强广播的影响力、凸显广播的媒体优势发挥了重要作用。

中央人民广播电台近年来就一直倡导“顶天立地”，既打造精品高端访谈评论节目，又对接百姓的呼声和诉求。如 2012 年两会期间，《做客中央台》和《政务直通》是中央台着力打造的两会高端访谈节目。这两个节目都把强化节目的互动沟通功能作为创新的着力点。每次直播开始前，“中国之声”都通过广播节目、官方微博、短信平台、中国广播网等多种传播通道进行直播预告、问题征集和信息反馈。访谈内容也通过中国广播网进行文字、音、视频直播。直播结束后，再将访谈内容精编，通过互联网、手机电视、数字广播再次传播。节目还在直播间设置了“互动墙”，使做客嘉宾在第一时间就能看到听众和网友的反馈，并在节目中及时进行互动。每次访谈收到的网友留言多达近万条。①

一、用音响凸显广播新闻评论的特征

音响评论，简单地说，就是利用音响对新闻事件进行分析、阐述观点、表明态度的一种广播新闻评论形式。广播评论过去几乎不用音响，现在却广泛运用音响，带“响”的录音评论、录音综述、录音述评等已成为广播评论的常态。

（一）用音响说话，增强广播新闻评论的可听性

我们说广播评论相对弱势，并不是说广播评论本质上缺乏可听性、思想性，究其原因

① 参见胡国华：《中央人民广播电台快字当先 争做两会报道领跑者》，见中国记协网，2012-03-23。

主要是广播评论的潜力优势还没有充分发挥出来，而要做好这一点，就必须按照广播规律来创新广播评论。[①] 如何使过去那种生硬、干巴，甚至有时咄咄逼人的广播评论能够生动起来，能够入耳入心呢？毫无疑问，就是要在音响上动脑筋、做文章，因为音响是最能体现广播特征、彰显广播优势的要素。

中国新闻奖把广播评论纳入评奖项目已经多年，参评的广播评论越来越重视音响的运用。在近几年的中国新闻奖评奖中，参评的广播评论毫无例外地都带“响”，这已成为惯例。现在的问题已不再是用不用音响，而是怎样用音响；音响已不再是点缀，不再是“辅料”，而是成为重要组成部分，或者说成为主体部分，音响与语言结合运用才能完成整个评论的论证过程。用音响说话，已成为当代广播人的共识，并被付诸实践。

如北京人民广播电台记者采制的《信息公开透明，确保安全北京》的广播评论。2006年1月3日发生在北京东三环的“京广桥辅路塌陷事故”，因其事故范围、所处位置等，影响极大。北京市政府紧急应对，首次全方位信息公开，得到市民空前理解和支持，各路媒体也全力跟进报道。北京台的评论围绕这一耐人寻味的事件展开评说，在全长只有五分多钟的这篇评论中，既有人大代表、专家的评说，也有市民的亲身感受、市长的直接作答，更有主持人言简意赅、娓娓道来的评说，让听众切身感受到政府和相关部门的以人为本，急民所急。其所选用的八处录音，都是典型生动、很有说服力的素材，由这样的素材组织起来的广播评论，自然会生动精彩，富于说服力。这篇评论获得了第17届中国新闻奖二等奖。

再如中央人民广播电台2004年播出的录音述评《6 108亿军购给台湾带来什么?》（获得第15届中国新闻奖二等奖）也是一篇恰当运用音响的广播新闻评论佳作。

6 108亿军购给台湾带来什么？

6月2日，台湾当局编列了6 108亿新台币的特别预算，打算向美国购买“爱国者”飞弹、反潜飞机和潜艇。为了推销这一军购案，他们一再表示，只要买了这些武器就能维持两岸军事平衡，确保台湾海峡30年不发生战争。但是，这项军购预算案一公布，就遭到台湾民众的强烈反对。

[出反军购游行音响]

各位朋友，我们要不要买军购？

不要！

军购带来灾难！

对！

今天我们有好几万人聚集在这里，我们的目标是——

和平！救台湾……

[压混]

听众朋友，您听到的这是9月25日下午台湾民众举行“反军购，和平爱台湾”大游行的实况。自6月2日以来，这样的声音就没有停止过。民意调查显示，有53%的

① 参见郑惠农：《广播评论：因音响而生动、精彩》，载《西海记者》，2009（3）。

台湾民众不赞成这项军购。这听起来好像有点让人费解：台湾民众不是要和平吗？为什么对台湾当局为他们苦心打造的30年和平却不领情呢？6 108亿军购到底能给台湾带来什么呢？

［出录音：

记者：您希望两岸怎样相处？

民众：和平当然最好。

两岸应该和平，不要战争。

统一。

统一就不用打仗了。］

这是我们记者在台北街头的采访录音。拒绝战争、希望和平可以说是台湾民众对两岸关系最大的认同，他们希望两岸通过交流交往，增进感情，达到和平相处甚至统一的目标。同样台湾当局也说自己是在为台湾谋取和平，他们的做法却是编列6 108亿的特别军事采购预算，向美国购买一大堆杀人武器，用台湾行政部门领导者游锡堃的话来说就是要制造两岸的“恐怖平衡”，可见他们的目的是为了增加“台独”的资本，以武拒统，以武“谋独”。人们心里都明白：分裂就没有两岸的稳定，“台独”意味着战争，所以台湾民众又怎么会对这样的“苦心”领情呢？

台湾当局还表示，这6 108亿的军购预算，将以出售公有土地和公营企业股票的方式来支付，所筹款项约占1 940亿，剩下的4 200亿将由台湾当局举债来筹措。

所谓的举债，其实就是债留子孙。以目前台湾的经济状况而言，没有偿还的债务已经高达3.4兆元，加上地方债务和隐性债务，台湾当局的债务总额已超过11兆元。有人统计说如果这项军购案通过，从2005年以后的15年时间里，台湾每一个新生儿一来到人间就已经背负上了50万元的债务。所以台湾大学黄光国教授就说，以后台湾的子孙不再是台湾这块土地的主人，而是替“台独”还债的奴仆。

更有甚者，这6 108亿还仅仅是贪婪的军火商快乐盛宴上的一道开胃前菜，更大的开销、更多的债务还在后面等着呢。我们来听听台湾海军的一位退役将军的专业表述。

［出录音：

假如P3跟潜舰要让它运作顺利的话，后面需要一个非常庞大的作战资源系统去支持它，那套东西是非常非常昂贵的；潜舰也这样，它的通信系统是非常非常昂贵的，我估计它的通信系统跟一条潜舰的价钱是相等的，所以我讲，这6 108亿只是一个开始而已。为了支持它的运作，空军准备买下一代的战机，海军要买神盾舰，陆军要搞全陆军的现代化，还要搞潜舰的通信系统等等，一大堆要做的案子在后面，这个钱也是相当惊人的。］

听众朋友，拿破仑说过战争的本质就是money，money，money，还有一位哲人说过，你想毁灭一个国家就把它推向战争。台湾已经是全世界购买军火最多的地区之一，购买军火消耗的资金高居全球第二。人民的负担已经相当沉重了，如果再背上6 108亿军购以及后续更多的钱，钱，钱，台湾还会有往日的经济繁荣吗？台湾还会是那个令台湾民众感到自豪的台湾吗？即使是在今天，我们已经看到，台湾的教育经费一路缩水，关系到每个家庭福祉的全民健保费却是涨声一片，多少身陷困境的家庭得不到应有的救助而走上绝路……

如果这6 108亿留在台湾，它能够为台湾做什么呢？台湾的社运工作者做了一个估算：如果这6 108亿元新台币用在全民教育上，它可以将已经拖了10年但依然无法启动的12年义务教育做10轮；如果用于文化建设，它可以建2 000个台湾少数民族文化会馆、120个古根汉博物馆；如果这6 108亿用于社会福利，它可以在未来100年时间里为台湾100万弱势者提供健保费，可以在未来200年时间里，让台湾3岁以下的儿童都享受到医疗补助，在未来700年时间里，让台湾所有贫困家庭的孩子都享有就学的生活补助；它还可以让台湾四大都市都享有便捷的捷运系统……总之，它可以构筑台湾人民一个又一个非常美丽的梦想，但是台湾当局一个慷慨的军购案，就迫使台湾民众扔掉所有的梦想，掉进了毁灭家园的噩梦之中。

6 108亿军购带给台湾的是战争的威胁，是沉重的债务，是触手可及的梦想一个又一个破灭。只是为了少数人的“台独”梦，就让台湾付出如此沉重的代价，台湾人民当然不会答应。所以无论台湾当局如何巧言令色，台湾民众的心里都跟明镜似的。

[出录音：

记者：你们是一家人都出来的吗？

女民众：对。

记者：为什么抱着这么小的孩子出来（游行）？

女民众：我们为他着想！因为我们只有反军购才会有教育经费呀！

记者：您是说军购以后，孩子的教育经费就没有保障了吗？

女民众：当然啦！我们的经济都没办法繁荣，我们怎么会有保障！

男民众：你看，桃园救灾他才给了15亿，明年还要从统筹分配款中扣回去，他省出的钱干什么？就是要拿去买武器！难道桃园人的命还不如这些武器重要吗？我们怎么能不反？当然要反啦！反6 108！

台湾大学张亚中教授：我们的军事专家告诉我们说，两岸陷入军备竞赛对台湾没有什么帮助；我们的经济学家告诉我们，台湾的经济已经被掏空了；社会学家对我们说，人民的福利很重要。难道陈水扁真的不知道6 108亿不但不能保护我们的安全，而且还会把两岸带到战争的灾难中吗？政治人物可以欺骗你们，我们的学者必须把真心话讲出来……]

这篇录音述评抓住台湾人民关注的这一重大事件，以反军购大游行为切入点，紧扣求和平要发展的主流民意，从台湾民众的立场出发，以最易触动人心的民生视角来剖析“军购案”对台湾的危害。在表现手法上，作者充分考虑到台湾听众的特殊性，没有采用常见的评论言语，而是将台湾民众反军购大游行的现场音响有机地融入到对事件的评论中，情理交融，论点鲜明，说理透彻，既体现了评论这一体裁的特性，又易为台湾听众接受。尤其是台湾民众音响的运用，画龙点睛，生动有力。

评论得到了国台办领导和台湾听众的高度评价。时任国台办宣传局局长张铭清评价它“非常好地体现了用事实说话、以理服人的对台宣传特点”；台湾听众对新闻现场音响和节目的说理方式非常赞赏，认为“既亲切又贴切，很有说服力”。

（二）用音响说理，增强广播新闻评论的权威性

广播评论的运用音响，与同样运用音响的消息等其他广播体裁相比，又有不同的要求。这是因为广播消息等其他体裁与广播评论的功能不同，体裁特征不同，写作要求不同，对素材的要求和运用当然也不尽相同。广播消息选用的音响素材是为了叙述新闻事实，使新闻事实可以准确、精练地传达给听众；广播评论选用的音响素材是为了说理，对一些观点进行论证，使媒体的观点、立场旗帜鲜明，能够让听众心服口服。过去没有音响的广播评论，虽然也讲求述评结合，夹叙夹议，但由于整篇评论都是编辑记者所写的文字，其主观倾向在所难免，所以这样的评论中会频现“应该”、“必须”、“我们认为”、“我们觉得”等蕴涵主观色彩的字眼。而现在的录音评论则恰到好处地引用音响素材，让音响说话，让音响说理，作者就可尽量少说话，也就可以避免使用那些蕴涵主观色彩的字眼，即使必须用那样的字眼，也不必出于作者之口，可以借被采访者之口说出。

如浙江人民广播电台播出的录音述评《绝不许亵渎英雄，歪曲历史》（获得第 17 届中国新闻奖一等奖），充分地运用音响来说话、说理，将音响运用达到了前所未有的极致，既体现权威性、直接性，又不乏客观性、广泛性，令人久听不厌。

绝不许亵渎英雄，歪曲历史

[录音 1

潘冬子：我爸说，民族唱法容易上春节晚会，我们唱民族唱法吧，听说刀郎一场演唱会能赚 100 万，那该多少钱啊！

春芽子：好，民族就民族，我们一起走穴，那能赚多少钱啊！

潘冬子：对，去年“超女”那么火，今年也轮到我们了！]

听众朋友，正在播放的是从网络上下载的恶搞红色经典短片《闪闪的红星之潘冬子参赛记》片断。在短片中，小英雄潘冬子变成了整日做梦挣大钱的少年，其母亲一心想参加“非常 6+1”，只因为梦中情人是主持人李咏。近来，恶搞红色经典、恶搞英雄、恶搞历史成为一种时髦。一时间，“雷锋是因为帮人太多累死的”、“黄继光是摔倒了才堵枪眼的”、“董存瑞是因为被炸药包上的双面胶粘住了”、“狼牙山五壮士跳崖是假的”、“岳飞、文天祥不能算是民族英雄”等说法甚嚣尘上。搜索网络上所谓的“人品计算器”，雷锋的人品只有 2 分，岳飞的人品不如秦桧。更有甚者，有人要捕风捉影拍摄电影《雷锋的初恋女友》，《大众电影》竟刊登文章称没有人看见董存瑞托起炸药包的情景，董存瑞的英雄事迹是根据一些蛛丝马迹推测出来的。

恶搞，作为一种新的娱乐形式，本也无可厚非，然而任何娱乐都不能歪曲事实，都必须坚守道德和法律的底线。高尚的娱乐应该给人以健康向上的精神愉悦。如今流行的对红色经典、英雄人物、人文历史的戏说、恶搞，以颠覆历史、丑化英雄为乐事，是对民族精神的亵渎。

74 岁的虞仁昌老人是雷锋生前所在连的连长，说起电影《雷锋的初恋女友》，老人十分气愤。

[录音 2

雷锋没有谈恋爱，不要说雷锋，像我这个二十七八岁当连长的，看到女同志都脸红，都没谈过恋爱，这个事没有的。]

所幸的是，该电影即将拍摄的消息一经公布，就遭到了雷锋生前17位战友的投诉抵制，严肃要求“导演要尊重真正的历史”，坚决反对“娱乐式游戏地对待雷锋”，该电影也被国家广电总局及时叫停。

原董存瑞生前所在师副政委程抟久，当年是师政治部宣传干事。在攻打隆化的战斗中，他正好在董存瑞所在的六连。程抟久回忆道：

[录音 3

对董存瑞这个连攻打隆化中学东北角的全部情况，我都知道，我看他用一只手托起炸药包，把导火线拉了冲着我们喊：“连长，冲啊！”我都愣了，连长喊了一声“董存瑞”，这一声喊得撕心裂肺啊！]

程老忍不住要质问那些恶搞的人：

[录音 4

你们享受着这几十年的和平时代，享受着这么美好的生活，这是哪来的？你们现在享受的是以前他们牺牲的成果，你们好意思这么享受他们牺牲的成果吗？你们的良心哪儿去了？]

屈原、岳飞、文天祥，承载着中华民族的民族精神，当代红色英雄是我们今天过上幸福生活的功臣，他们都是中华民族的脊梁，是中华民族最宝贵的精神财富。

何祚庥院士认为，那些恶搞英雄和历史的人，

[录音 5

对我们老祖宗当时的奋斗了解得太少了……他们享受着现成的比较富裕的生活，但是没有去认真想一想这个富裕生活是怎么到来的……自己需要承担什么责任，怎么去做一个现代的人。]

他更直斥这种恶搞行为：

[录音 6

等于是亵渎自己的祖宗啊，亵渎自己的先辈啊！]

是的，对于先人的奋斗，对于英雄，对于历史，我们应该常怀敬仰、感恩之心。

沈阳军区《前进影视报》前主编刘国彬大校花了大量的心血，考证了董存瑞的英雄事迹，维护了英雄的尊严。他对记者说：

[录音 7

任何一个民族都是有道德底线的，真善美、假丑恶历来是泾渭分明的。圣女贞德是法兰西民族的英雄形象，对她调侃就被视为违反道德的极端行为；在印度，圣雄甘地是一个民族英雄，老百姓对他指手画脚是犯法的；在美国，黑人领袖马丁·路德·金是反种族压迫的无畏战士，对他有不恭敬的言辞，也会受到美国民众的痛斥。我们自己的民族英雄，我们自己一个个把他们全都颠覆了、全都摧毁了、全都歪曲了、全都否定了，这是民族的悲哀。]

郁达夫先生在悼念鲁迅的时候说：“没有伟大的人物出现的民族，是世界上最可怜的

生物之群；有了伟大的人物，而不知拥护、爱戴、崇仰的国家，是没有希望的奴隶之邦。”

联合国前副秘书长斯特朗提醒我们：“西方的文化有很强的物质主义倾向，在中国变得富有、追求物质的时候，千万不要丢失了自己的灵魂。”

一个伟大的、优秀的、生机勃发的民族，一个正在崛起的大国，不能没有自己的英雄，不能不敬仰自己的英雄。老连长虞仁昌说得好：

[录音 8

人民需要雷锋，时代需要雷锋，改革开放更需要雷锋。]

我们应该理直气壮地宣传雷锋、董存瑞这样的英雄，大张旗鼓地宣传社会主义核心价值体系，坚守民族的精神高地，用道德和法律的规范来坚决制止对红色经典、对英雄和历史的亵渎和歪曲，还历史以真实的面貌，让英雄的浩气长存！

在这篇录音述评里，6 分 50 秒的录音述评用了八段录音，占据了评论的三分之一篇幅。述评的开头引用“恶搞短片录音”，原汁原味，使录音述评的开头显得生动活泼。这种生动活泼的开头与后面严肃的评述正好形成了强烈的反差，增强了述评的可听性和真实客观性。如果开头运用概述的方法，或转述的方法，其对比效果就会差很多。

对恶搞英雄、歪曲历史问题的分析评说是作者在采访过程中完成的，直接分析评论者也不只是作者，更多的甚至基本上是由被采访的英雄的战友、现场目击者、院士或考证者来完成的。全篇音响丰富，既有现场目击者的口述，原汁原味，如虞仁昌老人十分气愤的讲话：“雷锋没有谈恋爱，不要说雷锋，像我这个二十七八岁当连长的，看到女同志都脸红，都没谈过恋爱，这个事没有的”；程抟久的回忆：“对董存瑞这个连攻打隆化中学东北角的全部情况，我都知道，我看他用一只手托起炸药包，把导火线拉了冲着我们喊：‘连长，冲啊！’我都愣了，连长喊了一声‘董存瑞’，这一声喊得撕心裂肺啊！”也有权威人士的批驳，坚强有力，如程抟久的质问：“你们享受着这几十年的和平时代，享受着这么美好的生活，这是哪来的？你们现在享受的是以前他们牺牲的成果，你们好意思这么享受他们牺牲的成果吗？你们的良心哪儿去了？”何祚庥院士的直斥：“等于是亵渎自己的祖宗啊，亵渎自己的先辈啊！”刘国彬的语重心长：“任何一个民族都是有道德底线的，真善美、假丑恶历来是泾渭分明的。”虞仁昌最后的强调：“人民需要雷锋，时代需要雷锋，改革开放更需要雷锋。”如果这些话都由记者来转述，改为文字表达，不仅权威性肯定大打折扣，那种震耳发聩、发人深省的评论的力量也必定丧失了。

（三）用音响评述，增强广播新闻评论的说服力

广播评论运用音响绝非写作形式上的变化，不能将录音评论简单地理解为文字加音响，将音响运用到广播评论中，不是也不应该是为音响而音响，音响在评论中不是可有可无的“佐料”，而是构成评论主体的“主料”。这是在对广播评论的特征、功能、地位进行重新认识后所做出的选择。

如广东人民广播电台播出的录音述评《政府“拍脑袋”决策，好事也难办好》（获得第 21 届中国新闻奖二等奖）就是一篇广播特色鲜明的独家的舆论监督报道。

政府“拍脑袋”决策，好事也难办好

广州市政府昨晚（6 日）紧急叫停刚刚实行了一周的“亚运公共交通全民免费”政策，取而代之的是向市民发放现金交通补贴，补贴的标准是户籍家庭及居住半年以上的外来家庭每户 150 元，集体户口每人 50 元。

朝令夕改，政府的决策显得儿戏，无形中暴露了现在政府运作中的一大软肋：决策缺乏科学的程序，即便是给老百姓谋福利的好事，也不一定能把好事办好。

在免费政策实行的第一天，广州市交委主任冼伟雄曾高调宣称广州将创造一项史无前例的纪录：

[录音] 无论是在国内或者国际上，举办这么大规模的运动会的盛事，敢于提出来公共交通免费，我感觉到目前好像还没看到一个城市。

但没有多少人知道，这项“创举”来源于领导的追求“创意”和“大胆”决策。

据知情人透露，广州市政府当初要各部门提交“亚运公交优惠礼包”的设想，没有一个部门提出“免费”的方案，提议最多的是参照北京奥运和上海世博的做法，发放交通补贴或降价。但这些提议被一位领导批评为不够创意和大胆而被否决。领导“免费”的设想提出后，地铁公司经过反复论证，还是担心承受不了增长的客流，但这种担心并不能左右领导的“大胆”决策。

回想起免费坐地铁一周的经历，很多市民觉得不可思议。

[录音]（市民欧阳先生）我想引用那几天坐地铁一个老太婆说的话，她说，免费好是好，但是真的出了问题就不得了，好几次真的就差点从楼梯那推下去，基本上是这样子。

[录音]（市民陈先生）坐车都不用钱了，好像进入了共产主义一样，但是地铁的人流实在是太大了，排队的时候都要排两三次或者是要等一刻钟甚至一刻钟以上才可以进到地铁里去坐车，对上下班就不方便。

在现实面前，广州市相关政府部门不得不承认之前的政策存在失误，广州市交委副主任颉亚林：

[录音] 公交和地铁客流高达每天 1 700 多万，地铁的客流创下了历史新高，大大超过了地铁运输的能力，对安全、秩序造成了比较严重的影响，也对市民上下班出行造成了极大的不便。

但不少市民对此不依不饶，市民王先生：

[录音] 既然给大家说是要免费乘坐公交，免费乘坐地铁，大家都挺高兴，到了现在说是安全原因（要取消）。在制定政策之前就应该考虑这些问题了，而不是到了现在一个星期以后说，免费取消，我觉得太儿戏了，这样搞法。

为什么好事办坏了？广州市政协委员韩志鹏一针见血：

[录音] 这本来是一项民心工程，但很多地方政府做民心工程的时候有种恩赐、赐予的意思，认为这个东西反正是我给你的，没有经过民主决策，也没有经过科学决策，完全没有听取民意就这样出台了。现在怕出事，就来个朝令夕改，这种随意性会给社会带来很大的困扰。

从番禺垃圾焚烧场选址等公共事件来看，广州市政府已经努力在一些决策上做到

科学民主。但民主建设的进程显然还很漫长，在这次惠民的好事上，政府就犯了“拍脑袋出政策”的错误，就算在后来的纠错过程中也是如此。

作为纠错措施出台的《发放交通现金补贴方案》，同样受到不少质疑。市民陈小姐：

［录音］每户150块钱，那我一户有6个人，每天都要坐车，那怎么算呢？对不对？这样就觉得不合理嘛。

《发放交通现金补贴方案》昨晚9点在广州政务中心公布，昨晚6点一场匆忙的“征求意见会”在广州市交委召开，与会的大多数人大代表、政协委员、市民代表都提出能不能直接降低公交票价或为羊城通充值，以减少群众麻烦和行政成本。但征求意见会结束还不到一个小时，补贴方案就正式公布，方案内容一字未改，各方的意见和建议都成了走过场的声音。

广州市政协委员韩志鹏指出，政府再次犯了“拍脑袋”决策的错误：

［录音］现在已经是资讯社会了，都地球村了，是吧，政府在出台这项政策的时候，为什么不征求一下大家的意见呢？比如说，交通补贴发多少、怎么发，上个网甚至是发个微博，如果这些问题事关老百姓利益的话，一个钟头，就会有成千上万的市民的响应。

垃圾处理等影响公众利益的事，政府已经能做到事前征求民意，需要进一步明确的是，惠民的好事也需要科学决策。但在部分官员的脑子里，公共交通全民免费也好、现金补贴也罢，反正是政府给老百姓的，我政府爱怎么给就怎么给。

广州市交委副主任颉亚林已经代表政府部门为之前的政策不当公开向市民道歉：

［录音］我在这里对给市民造成的不便表示歉意，希望市民给予谅解！

知错能改，显示出政府应有的勇气和魄力，但对现代政治文明来说，这还远远不够。现代社会的基石是法治，权力只有在完善的监督下才能发挥良好的作用。政府如果还不能够明确和恪守“凡是涉及公众利益的事情必须征求民意”这个原则，不把好现代社会中政府必须走的“程序关”，好事就不一定能办好。政府“拍脑袋决策”这种瞎折腾不仅会造成社会资源和财富的巨大浪费，还极大地影响着政府形象，进而危及社会运行秩序。

在这篇录音述评中，从开始的广州市交委主任冼伟雄的高调宣称，到最后广州市交委副主任颉亚林的公开向市民道歉，最大的特点就是运用音响层层推进，评述事件，最后凸显主题。有官员的解释，有市民的看法，有政协委员的点评等，人物语言个性鲜明，录音精彩，无需记者自己站到前台来评述，语言中已然真实客观地反映了各方的意见和态度。特别是述评中政府部门官员不得不亲口承认此前政策存在失误的音响，非常难得珍贵，更显真实，也更有说服力。

二、用时评抢占新闻评论的制高点

近年来，从中央到地方，各家电台纷纷启动了新闻广播的改革，除了按格式化模式全天候滚动播出实时新闻资讯外，都不约而同地加大了“评”的分量。例如，中央人民广播电台“中国之声”的《央广新闻》增加整点、半点新闻观察员的实时连线；省一级的如福建新闻广播 2009 年 7 月 6 日正式改版，在电话连线上下大了功夫；安徽广播电视总台新闻综合频率在 2013 年两会期间推出《两会微观察》等；地市一级的如泉州人民广播电台在《新闻午间道》栏目开设了电话连线板块《新闻观察》，通过主持人在直播中即时连线记者、听众和评论员的方式，让听众在新闻中实现互动，同时通过互动，共同完成新闻观点的建构。“借助热线电话和短信互动的方式，提供都市人感兴趣的新鲜话题，采用传受互动的形式，让听众参与点评，这些做法无不是为了彰显‘评’的功能。显然，一种新的广播评论形态出现在新一轮的新闻广播改革中，这就是‘即时评’。”①

“广播的一大优势便是传播迅速，新闻快评更是一种适合广播特点的体裁。当今媒体竞争日益激烈，广播媒体要取得一席之地，谋求长远发展，就不能在‘显示媒体话语权’的评论上懈怠或失声，广播评论节目要发挥媒体优势，快言快语，显示实力和影响力。”②

即时评也好，新闻快评也好，虽然表述不一样，但无疑都说明了现在广播新闻评论的一种趋势——快。如果说音响评论凸显了广播传播的声音优势，而时评则显示了广播的时效优势。一方面，它用“快”来发出新闻观点的第一声，另一方面它又因“快”而抢占了舆论的制高点。

（一）第一时间传达观点

在第一时间，充分利用广播媒体的快捷之便，先声夺人，成了时评创新的发力点。

从时评的内容主题来看，这种快人快语的广播评论所评述的新闻事件大多为群众所关注的热点焦点事件，小到柴米油盐等日常小事，大到国际关系如中美关系、朝韩问题等。但无论什么样的内容主题，其基本表现形态没有太多差别，就是主持人或评论员乃至听众对新近发生的新闻事实迅速做出的简短的广播评论，一般由“新闻事实＋评论”组成。这种点评少则几句话，多则几分钟。而电话连线是时评的一个重要的表现手段，无论是主持人在新闻节目直播中对现场记者的连线还是对特约评论员的连线，都是为了更快地把信息和观点传达出去。

在很多情况下新闻刚刚发生甚至正在进行中，相关时评就已经在策划和组织中了。

如 2009 年 7 月 26 日中央人民广播电台“中国之声”《央广新闻》对《王岐山副总理及国务委员戴秉国出席首轮中美战略与经济对话》的报道。前面播报消息之后，8 点 30 分，“中国之声”特约观察员于海生就在《半点聚焦》中对即将展开的首轮中美战略与经济对话发表了评论。于海生认为：

这一次是王岐山副总理作为胡锦涛主席的特别代表，以及国务委员戴秉国也是作为胡锦涛主席的特别代表，到华盛顿与美国总统奥巴马的特别代表国务卿希拉里和财

① 沈文锋：《即时评：主导新闻广播》，载《中国广播电视学刊》，2009（11）。

② 夏威：《创新广播评论：以“两会时评”为例》，载《中国记者》，2007（5）。

政部长盖特纳进行的首轮中美战略与经济对话。这个对话过去叫做战略经济对话，现在给它分成两个层次，而且出席的官员的级别非常高，它受到社会各界的广泛关注，这也是中国与奥巴马新政府举行的首轮对话。这个战略对话的主要议题包括中美关系、国际地区问题，还有全球性问题，在以前的中美战略经济对话中没有这些议题，虽然也是关于双边关系的，但是讨论全球性的议题比较少，这也是受到关注的原因。对话的内容主要还是应对金融危机，包括金融体系的改革、贸易投资合作这些很重要的金融议题。我们知道中美关系对双方来说都是最重要的双边关系，这个对话一定能够传递出两国同舟共济、共克时艰的积极信号，当然也会谈到一些棘手的问题。我们期待这个对话取得圆满成功。

总共不到两分钟的连线所传达的信息量非常大，同时也让听众对这次对话的重要性有了更深刻的认识。

再如 2012 年全国政协开幕式后，中央人民广播电台“中国之声”在大会直播刚刚结束就推出了首篇“两会时评”。评论员之一赵九骁先是与一位教授共同对贾庆林主席的报告进行了解读，紧接着就由赵九骁即席发表评论，提炼了贾庆林主席报告中的几大亮点，如：政协要坚持把推动科学发展作为第一要务；要把促进社会和谐作为义不容辞的责任；在创新交流方式的今天，深入调研仍是科学建言的根基等。口语化的播报生动自然，几乎是一气呵成。赵九骁的阐释，与前面的解读互为补充，相辅相成，增加了评论的厚重感，加深了人们对报告的印象。2012 年 3 月 6 日，时任外交部部长李肇星的新闻发布会在下午 5 点 10 分左右结束，在当晚 6 点 30 分开始的《全国新闻联播》节目中，“两会时评”就以《高举和平发展合作的外交旗帜》为题对发布会进行点评。这样的时评做到了短、平、快，新闻时效性和现实针对性都很强，深具广播特色。

（二）第一时间形成评论焦点

时评往往紧接在同一事件新闻之后，将报道与评论间相互搭配，使观点源于事件，又高于事件。这种新闻与评论的结合形式，有效地解决了听众印象不深和报道内容不深的问题。

如从 2007 年两会开始，中央人民广播电台连续几年都在《全国新闻联播》和《新闻与报纸摘要》节目推出了全新评论栏目——“两会时评”。2012 年的两会，中央台更是派出了王健、赵九骁、王磊、白中华四大评论员团队，在《新闻与报纸摘要》节目中开设“两会时评”专栏，在重要直播场次后立即跟进央广“两会时评”。

这个节目借助于《全国新闻联播》与《新闻与报纸摘要》这样的成熟平台，在第一时间紧贴两会热点，邀请首都各大媒体的资深评论员连线评论，他们的观点透彻、到位，权威性强，在很大程度上提升了评论的质量，全力体现了国家电台“两会”报道的舆论引领作用。比如 2012 年 3 月 10 日的《两会时评：以“三项意识”清新政风》，便是凭借《人民日报》评论员较高的政策把握力，对《胡锦涛总书记告诫各级领导干部要增强“忧患意识”、“公仆意识”、“节俭意识”三项意识》这条时政新闻做出了快捷、权威、准确的反应，占据了舆论的制高点。随后，“三项意识”成为各大媒体的议论焦点。①

“两会时评”的“深”还体现在敢于触及听众所瞩目的重大问题，其论题是“两会”进程中的热点，从住房、环境到耕地保护，往往事关改革、发展的大局，事关群众的生产生活。“两会时评”以权威的声音，为听众释疑解惑，这样不但增强了评论的指导性和针对性，也有助于提高节目在听众心目中的地位。

可以说，中央台的“两会时评”以“快、高、深”的特点充分发挥了广播快捷、便利的媒体优势，突出了广播时评短小精悍、内容扎实、精准锐利的尖兵风格，同时又通过对事件内容的分析“加深”，评论“增厚”，弥补了声音语言稍纵即逝等不利因素，节目轻装上阵，指向明确、先声夺人，迅捷抢占了舆论高点，在激烈的媒体竞争中脱颖而出。②

评论是对事件的深刻解剖，是对问题的深入解析。一度有研究者认为，单从媒体特性看，以听觉为主的广播，搞评论难度较大，效果有限。这一观点的依据之一是：广播有声语言稍纵即逝，受众接受的方式主要是伴随性理解，不具备反复收听和停下来思考的可能。但无数实践都已证明：广播评论节目只要和媒体的本身特点结合起来，扬长避短，完全能发挥良好的影响和效果。③ 从这个角度来说，时评无疑是一种有益的尝试，在可预见的未来，它将成为当代新闻广播又一主导的节目形态。

思考题

1. 广播新闻评论与报刊评论相比，有哪些不同的特点？
2. 广播新闻评论有哪些基本形式？
3. 结合实例，谈谈你对当前广播新闻评论创新的理解。
4. 请结合现实，自选主题，试写一篇广播新闻评论。

①②③ 参见夏威：《创新广播评论：以“两会时评”为例》，载《中国记者》，2007（5）。

第十三章 不同体裁的广播新闻报道(之五):广播新闻访谈节目

本章学习要点

1. 了解广播新闻访谈的基本概念和基本形式
2. 掌握广播新闻访谈的各要素

对于以声音为基本信息载体的广播媒介来说，谈话是最具天然契合性的素材之一，广播访谈节目因而也就成了世界各国广播电台的最常见、最基本的节目样式。

广播访谈节目发源于西方国家，被称为“脱口秀”（talk show）。据广播史学家研究，世界上最早的广播访谈节目出现在1921年，是由美国马萨诸塞州普林菲尔德的WBZ电台播出的，谈话内容是为农村听众讲农场的经营。① 从那时起到现在，广播节目的形态发生了翻天覆地的变化，但唯有广播访谈这种方式因其自然贴近、便于互动和即时传播的特性仍然拥有广大的受众群体，始终保持着旺盛的生命力。

我国的广播访谈节目同样历史久远，但直到改革开放以后，随着社会环境的急剧变化，人们自我意识的不断增强，广播传播

① 参见于丽爽、宋茜：《脱口成风》，北京，中央编译出版社，2004。

技术的日益发展，在媒介竞争越来越激烈的背景下，“广播媒介的传播策略发生了重大变化，放下架子为听众服务成为全行业的共识，广播谈话节目才有了茁壮成长的丰厚土壤”①。如今，国内广播访谈节目可谓是遍地开花，受到广大听众的青睐。这里有权威论述，有官民对话，更有百姓评点，共话生活。它从多侧面分析事实，全方位透视新闻，让参与者在交流中完善自我，倾听时分享信息，每天吸引着成千上万的听众。

① 苗棣：《广播谈话，大有可为》，见中广网，2011-11-15。

第一节 | 广播新闻访谈节目的基本概念

从广播的发展规律来看，人们在满足了基本的生活需求以后，会有更多的时间来关注身边发生的他人之事，但此时人们对于信息已经不再是简单的接受，人们不仅想知道什么事情在眼下正受到关注，更想了解的是新闻事件的全貌，即“新闻背后的新闻”，了解其他人对事件又是什么态度。广播传播符号的单一性决定了要完成对事件的深度报道难度较大，因为它要面对的不仅是自身表达的问题，而是这样的报道极易枯燥，可能还没有讲清楚，听众就已经不胜其烦而迫不及待地转换了频道，而广播新闻谈话节目可以很好地弥补这个缺陷。谈话节目的特点就在于它不是某时某地发生某事的报道，而是通过各抒己见的谈话传播观点与见解，反映当代人的心态、观念。随着所探讨话题的不断深入和听众们的广泛参与，各种观点在这里交汇、交锋，节目呈现出观点多元、内容丰富、形式生动的鲜明特征，这很容易引起人们的兴趣。

一、基本定义及特点

广播访谈，是广播记者（主持人）就某一新闻事件或某一特定话题（问题），对相关人进行的访问。①

而所谓的广播新闻访谈节目则是“指以新近发生的事件和近期的社会热点为谈话主题，以传播者和受众之间的事实交流为传播形式，实现介绍新闻背景、分析新闻事件、预测社会趋势、反映公众意见等功能的专栏节目”②。

2007 年，中国记协第一次在中国新闻奖中增设了“广播新闻访谈节目”的奖项，并对其进行了界定和要求。在《第 17 届中国新闻奖评选办法》中，对广播新闻访谈节目有这样的要求：“新闻访谈节目：主持人与嘉宾就公众关注的新闻事件和热点话题进行讨论的谈话，插播资料不超过整个节目时长的二分之一。”评选标准特别规定：“新闻访谈要求主题恰当；嘉宾选择有代表性、权威性；谈话主题集中，脉络清晰，结构完整；语言简洁生动流畅准确；主持人引导得当，对现场节奏把握适度；背景资料运用得当。”这或许可算作目前比较权威的对广播新闻访谈节目的界定表述了。

---

① 参见危羚：《广播音响报道实用教程》，263 页，北京，中国传媒大学出版社，2009。

② 何婕、路军：《论广播新闻谈话节目》，载《新闻大学》，2000（2）。

此外，广播的声音传播特性还使它的新闻访谈节目具备优于其他媒介此类报道样式的一些特点。

比如，“闻而不见”的特点使广播新闻访谈节目可以实现真实的谈话现场。当年一些电视谈话节目制作人曾经希望“再现真实的谈话现场”，却始终不能做到。由于电视媒介自身的特点，“脱口秀”节目中总是难以避免“秀”的成分，要让大家从头至尾说“人”话并不容易①，而且面对镜头，普通观众容易拘谨紧张。而当今的广播访谈却可较为轻松地突破这一难点。制作广播节目安静自然，没有照明灯烤着，不用正襟危坐，在外部干扰较少的情况下，嘉宾或访谈对象可以很放松地与主持人或记者交流，或者与听众互动。这种访谈的气氛是松弛自然不做作，更像普通真实的说话，情感的表露也更真实、更直接。优秀的广播访谈都能够用自然真诚，而不是刻意的“秀”点来接近听众，与听众分享谈话的快感。

如天津人民广播电台播出的新闻访谈《好人尹升》（获得第 21 届中国新闻奖三等奖）。天津市居民尹升，从 1971 年开始，先后收养了 17 位孤独的老人，并为他们养老送终。这是一期特殊的访谈节目，因为受访者照顾的一位 91 岁的老人身体不适，尹升不能离家，所以访谈节目是在病床边上进行的。主持人张南在受访者最熟悉的环境中进行访谈，宾主双方状态自然松弛，交流顺畅。并且因为节目是在家中进行的，主持人才得以捕捉到一些只有在家中才能有的真实场景，通过“喂药”、“看照片”等细节的深度挖掘，不着痕迹、层层递进地引导尹升回顾几十年的风雨历程。节目朴实、生动的内容打动了许许多多的听众。

标题：《新闻夜谭之张南访谈》

（敲门声）

张南：尹大爷在家么？您好，我是张南。

尹升：我姓尹，你好！请进，请进。

张南：今年 74 岁的尹升老人，家住本市河东区万新村。我去他家拜访的时候，正赶上尹升在给 91 岁的宫树震爷爷吃药，看到尹升老人那份细致入微，看到宫爷爷尽管嘴巴已经不太利落还不停的调侃，一下子觉得人与人之间的亲情，血缘并不是那么重要。

宫爷爷：吹吹，喝大点儿口。

尹升：你看，我喝着不烫。

张南：他让您给吹吹，水别太热了，怕烫着。

尹升：你尝尝我们爷爷每天喝的什么水？

张南：（喝水）噢，蜂蜜水！

尹升：老人便秘，喝蜂蜜水润大肠。你看我这儿，放着好多瓶蜂蜜，不能断啊！后头还有，老人的生活第一关就是大便不通，解不出来的时候，迫不得已就得下手，但是我（给他）两天一漱，两天一漱水。

张南：实在不行的时候，您就用手掏？

尹升：对！出不来啊，他一使劲儿，疝气大得像茄子似的，疼啊！感染了，可了

① 参见苗棣：《广播谈话，大有可为》，见中国广播网，2011-11-15。

不得，那就没命了。你喝口试试，喝口试试。

宫爷爷：（喝水声）

尹升：还喝么？

宫爷爷：不喝了。

张南：宫爷爷，您喝药了，蜂蜜水甜吗？

宫爷爷：好，挺甜。

张南：一吃药就给您蜂蜜水喝，把您当老小孩了。

宫爷爷：可不嘛，老小孩儿，越老越小了。

尹升：90 多岁的人就是熟透的瓜，碰不得一点儿，年轻人，什么叫年轻人？70 多岁……

张南：您这个年龄在他们面前就是壮小伙了。

身高 1 米 85 腰板直直的尹升大爷，始终把自己当成一个壮小伙，从 1971 年到现在，他先后收养了 17 位鳏寡孤独的老人，自己有居住条件的他就上门帮助，无依无靠的老人他索性就接回家中，宫树震老人就是他在 2002 年接来的。

…………

张南：是，我刚才看宫爷爷的笑呃，笑得特别爽朗。这是您的画室？我能参观参观您这小屋吗？这是一个偏单？

尹升：我们叫中单。

张南：中单有多大？

尹升：38 平方米。

张南：两个卧室？

尹升：对！

张南：这两个卧室最多住过几个人？

尹升：连我，最多一共五个人。一个炕上睡两个人，我自己在案子上睡，最多的时候。

张南：您在这画画用的案子上睡，多硬啊？

尹升：铺上褥子，凑合着吧。

张南：这张照片都是谁呀？

尹升：这张照片就是我身边最后的三位老人，中间的叫张玉峰，右边的叫王福荣，他 94 岁去世，张玉峰 92 岁去世，左边的就是宫树震老人，今年 91 岁了。

互动性强是当前广播新闻访谈节目的另一个特点。相对来说，电视的互动性较差，通常只有现场观众才能直接参与发言，网络虽然有很强的互动能力，却终究被隔上了一层数码的纱幕，而广播访谈则为大众提供了一个可以直接发出自己声音的平台。除传统的电话接入之外，现在又有了手机短信、网络对话、微博、微信等多种现代媒体技术，在这些方式中，受众更加掌握主动权，并得到隐私的保护，使得听众的参与更加大胆坦诚，没有后顾之忧。在直播的访谈节目中通过各种方式让听众参与进来，让大家能够在一个公共媒体上述说自己的经历，抒发自己的情感，表明自己的观点，这几乎成了这类节目的基本元素。

另外，广播媒体天生具有“第一时间”特性，广播新闻访谈多以直播为主，即时性强，常常能够在第一时间传达有效信息，在第一时间对新闻事件做出反应，并展开讨论，满足公众的知情权和发言权。现在，我们的服务性广播访谈在利用即时性优势方面颇有成效，而新闻性访谈节目如何充分发扬这一优势却还有待努力。

二、基本类型

最早的广播谈话节目大都是“独角戏”，主要采取一人宣讲，再配上数量极其有限的听众的方式，是一种“专家对着听众讲话，而不要听众参与对话的节目”，比较枯燥乏味。从 1933 年开始，听众有了更多的参与节目的机会，而且节目和当时的社会焦点有着密切的联系，广播访谈节目得以迅速蔓延。真正的“脱口秀”出现在 20 世纪 50 年代，节目由主持人和嘉宾在谈话现场一起讨论各种话题，一般事先不备稿，脱口而出，所以被港台的翻译家们音义双通地译为“脱口秀”。发展到 20 世纪 80 年代末，广播访谈节目已经成为最受人们欢迎的节目样式之一，自 1992 年以来，它在美国的收听率一直高居各类节目中的第二位。

我国广播访谈节目的发展得益于新闻领域的改革开放。1986 年，珠江经济广播电台开播，其“珠江模式”中直播热线电话的引进，使传播者苦苦追求的“双向交流”成为可能。我国最早出现的广播访谈节目多是夜间的谈心节目，以人们日常生活中所遇到的各类问题为话题，多数形式是主持人回答听众提出的困惑，帮助其解决难题；有时也由主持人提供话题，普通听众变身为节目的参与者，参与话题讨论。

1992 年，上海东方广播电台的开播拉开了在同一个城市有两家同级电台竞争的序幕，在这种局面下，上海人民广播电台率先发挥广播本身的特点，积极引进设备，开设了上海广播史上第一个由听众直接打电话参与的新闻谈话节目《市民与社会》。此后，广播访谈节目以不可阻挡的势头迅速发展，节目形式越来越丰富多样，逐渐成为广播电台的重要节目形式之一。

目前，我国的广播访谈节目类型可以有多种划分方法。

（一）按话题内容划分

从话题内容上看，我国的广播访谈节目类型可分为新闻时政型、生活服务型、心理疏导型、综艺文体娱乐型、专题对象型等。

（二）按是否有新闻性划分

从是否有新闻性上看，我国的广播访谈节目可分为新闻访谈——新闻性较强的访谈，专题访谈——新闻性不强的话题谈论或访谈。

（三）按访谈形式划分

1. 交谈方式

从交谈方式上看，我国的访谈节目可分为访问型、讨论型（论辩型）、聊天型、故事型。

2. 交谈距离

从交谈距离上看，我国的访谈节目可分为当面访谈，远程访谈（电话访谈）——因距离遥远或被访人不便而无法当面访谈。

（四）按采访者身份划分

从采访者的身份上看，我国的访谈节目可分为记者访谈——常以单篇报道的形式出现；主持人访谈——在节目中直接采访，常以“节目”形式出现。

（五）按节目构成形态划分

从节目的构成形态上看，我国的访谈节目分为两种：一种由主持人和嘉宾的谈话构成，由他们围绕一两个话题共同讨论；另一种由主持人与听众的讨论构成，在讨论中引进热线电话，邀请听众共同参与讨论，这种形式通常又被称做电话直播节目，或热线直播节目。

这两者在形式上的区别主要在于设不设听众热线，前一种一般不设热线，只有主持人或主持人和嘉宾谈论某一话题，基本上属于论坛性质；后一种设热线，主持人主持，听众参与，不但可以讨论话题，还可以承担排忧解难的任务。由于开通热线电话，可以兼容大众传播和人际传播的功能，充分显示出广播的优越性，所以现在广播新闻访谈节目多综合采用以上两种方式，将听众互动与嘉宾访谈结合起来。

（六）按播出方式划分

从播出方式上看，我国的访谈节目可分为录音专访，即采用录播方式，直播访谈，即采用直播方式。

一般来说，我们所说的新闻访谈节目应属于新闻性较强的新闻时政型访谈节目，它既有录播形式，也有直播形式；既可以当面访，也可以电话访；既可以由记者来访谈，也可以是主持人访谈。比较常见的访谈形式是访问型和讨论型。而多数新闻访谈节目都采取的是第三种方式，即听众可以通过短信、微博、微信、热线电话等方式与直播间里的主持人和嘉宾进行直接的沟通交流。

在众多的广播新闻访谈节目中，上海广播电视总台（原上海人民广播电台）的《市民与社会》最为著名。

《市民与社会》自 1992 年 10 月 26 日开播以来，已经走过了 20 个年头，是目前国内最早开办、持续时间最长的一档直播的广播新闻访谈节目。它的定位可以归纳为：信息交流的渠道、官民对话的桥梁、公众意见的论坛。这个节目探讨的话题平均每年多达 250 多个，涉及政治、经济、文化、教育、城建、社会管理、环境保护等各种公众关心的内容，上海市历届市委、市政府领导和国内多位省部级领导都曾应邀担任嘉宾，就当时的社会热点问题和群众关心的话题与听众分享了意见，给广大听众提供了一个直接与政府高级官员对话、交流的平台，同时也使各级领导得以直接倾听群众的意见、呼声和对各项工作的建议。

其中，最著名的一期节目当属 1998 年来华访问的时任美国总统克林顿走进《市民与社会》直播间。他来到《市民与社会》节目，与中国上海的听众直接交流，畅谈中美关系的发展前景，这无疑是对中美关系中所出现的各种问题做出的最具权威的解释，也拉近了中美两国人民之间的距离。当期节目因此被海内外 20 多家媒体争相报道，获得了巨大的成功，《市民与社会》的品牌影响力也得以迅速提升，并频频获奖，如 1999 年获得了首届中国新闻名专栏奖，2005 年获评上海首批优秀媒体品牌，2007 年获得中国新闻名专栏奖。

第二节 | 准确把握广播新闻访谈节目的各要素

从对广播新闻访谈节目的界定表述中可以看出，不管什么类型、什么风格，广播播出的新闻访谈节目都必须具备这样两个要素：话题和访谈者。

一、话题

（一）话题的选择： 让听众喜欢听

每天正在发生的大量新闻事件是广播新闻访谈节目取之不尽的话题源泉。然而并非所有的新闻都可以拿来议论一番，一档新闻谈话节目必须从中筛选话题，选取角度，从受众的心理和实际生活需求出发开题立意，并展开讨论。

所以说，一档精彩的广播新闻访谈节目，话题选择是关键。它决定了谈话内容是不是人民既关注又困惑的现实生活问题或社会问题。它是节目得以进行的最重要的因素，它选择的合适与否将会直接影响到节目的质量。

新闻访谈节目理当首选有新闻时效性的话题和人物。当新闻事件发生时，人们需要了解事件的真相，希望听到各方面的相关看法，尤其希望得到来自政府权威部门或专家的表态与判断，以及专业的解读和背景资料。那些突发性的新闻事件、政府出台的政策法规、近期的热点事件和人物，都可以成为直播室中访谈的话题。

如中央人民广播电台播出的广播访谈节目《从黄水海军到蓝水海军》（获得第17届中国新闻奖二等奖）就是一篇新闻性很强的广播访谈。作为中央人民广播电台在《一南军事论坛》节目中连续播发的系列访谈《中国海军舰队横跨太平洋》中的开篇之作，它所谈论的是一个正在发生的新闻——中美首次海上通信和机动演练。夏威夷当地时间2006年9月10日，北京时间9月11日，我国出访舰艇“青岛”号导弹驱逐舰，在夏威夷附近海域与美国海军太平洋舰队“钟云”号导弹驱逐舰，成功进行了五个小时的海上通信和编队机动演练。访谈嘉宾金一南将军在新闻第一现场目击了演习全过程。演练结束撤回“洪泽湖”号综合补给舰舰后，已是当地时间深夜23点了，后方主持立刻与前方嘉宾进行卫星连线访谈，拓展了第一新闻现场外延。金一南将军冒着大雨，伴随8～10级海风，在“洪泽湖”号综合补给舰非常颠簸摇晃的顶甲板上完成了报道①，做到了第一时间、第一现场和权威解读。节目中，听众不仅可以在第一时间了解到中美首次通信与机动演练的概况，同时还听到了阵阵海风的呼啸声，有一种身临其境的感觉，增强了新闻的时间感与空间感。应该说，这是这篇作品最成功的地方之一。

又如，如今，刚上小学的独生子女们，在每个家庭里都像“小太阳”一样，让大大小小的家长们围着他们忙碌。《市民与社会》播出的《质疑上海“二期课改”》（获得第17届中国新闻奖一等奖），题目就简单明了，亮明观点。主题紧扣“人民群众最关心、最直接、最现实的利益问题”，针对“一年级小学生课业负担重还得家长陪读，教改越改越走样”如此尖锐的社会问题，讨论层层深入，不仅不回避任何当事人，而且敢于把矛盾焦点亮出来，吸引了广大市民及教育工作者积极收听和参与。②

原上海人民广播电台《市民与社会》的节目主持人左安龙曾经说过，在他的节目中是“没有禁区”的。作为一档午间热门广播谈话节目的主持人，左安龙谈过“性”，谈过“艾滋病”，谈过青少年早恋，也谈过诸如“党性”、“人民性”和“台湾问题”等极其敏感的政论话题，都收到了很好的社会效果。节目的生存空间是主持人在政策的正确把握下对社会生活的深度和广度的打造。③ 这就要求我们在话题的选择上把握一些基本原则。

1. 要紧扣新闻事件和人物， 坚持正确的导向

话题的选择要搭准社会和时代的脉搏，反映积极进步的价值观、健康向上的人生态度和主流文化。在很大的程度上，新闻传播应该做的是了解社会大众的心理诉求，要清楚人们想知道什么，他们关心些什么，他们有什么样的困惑，疏导情绪，缓解冲突，起到“社会安全减压阀”的作用。对于新闻谈话节目来说，把握好这一点尤其重要。

例如，1999年5月，以美国为首的北约用导弹悍然袭击我驻南斯拉夫联盟使馆，使正在发展的中美关系笼罩上一层阴影。《市民与社会》对这一新闻事件迅速作出反应，在事件发生后的第一个工作日即组织节目进行了讨论。节目中既传递出了上海各界的抗议和愤慨心情，又请

---

①② 参见牛海鸣：《第十七届中国新闻奖“广播新闻访谈”节目评选综述》，见中华新闻传媒网，2007-08-27。

③ 参见张莉莉：《对广播谈话类节目的观察和思考》，见中国广播网，2004-10-22。

专家对中美两国关系的现状和前景为广大听众作了客观分析，有效地化解了群众中的激烈情绪。①

2. 要把握主流，避免陷入自然主义

选题在关注弱势群体和边缘人时，应更多地关注他们当中的强势精神；要特别注意选题的比例、取向和分寸的把握，不可以在节目中猎奇猎艳，更不可以展示丑恶和颓废。这是因为任何选题都有主流和支流之分，不能让支流淹没了主流；不能片面地理解“贴近实际”，只见树木，不见森林，以至于导向产生偏差。社会越来越复杂，广播作为大众媒体，在反映和关注社会生活的过程中既要客观真实，又不能陷入自然主义，渲染扩大不健康的东西。②

3. 要具有思辨性

在选择新闻话题时，还应该多考虑那些具有思辨性的话题，要能够讨论起来，有话说，而且好的话题必须具有一定的开放程度，至少不会让人一看就知道标准答案，其中应包含观念的冲突和思想的交锋，甚至具有一波三折的特征。广播新闻访谈节目一个可贵的价值就在于构建公共话语空间，就一个有争议的社会问题在节目中进行充分的讨论，使一个有争议的人物在节目中全面展示其多面性。结论怎样不是最重要的，重要的是展现出言论上的多元，各自观点能被全面真实地表达出来，事件和人物本身能得到全方位的还原和解读。

如南京广播电视集团新闻频道《新闻发布会》节目播出的一期“车船税法草案”话题，节目参与者针对草案到底是无端增加消费者负担，还是要达到节能减排的目的进行了激烈讨论，整档节目好听、耐听。

又如，2010 年 9 月初，巴菲特与比尔·盖茨决定来中国举办慈善晚宴，并对中国富豪进行邀约。由于怕被劝捐，一些接到邀请的富豪犹豫不决，甚至还有不少富豪将其当成了“鸿门宴”拒绝参加。而就在此时，中国私营企业家陈光标发出公开信响应巴比慈善晚宴，表示在离世后会捐出所有财产用做慈善。一石激起千层浪，这封公开信不仅将这名昔日的“中国首善”再次推向风口浪尖，也让人们对于财富观，以及中国慈善环境等问题激辩四起。安徽广播电视台新闻综合广播播出的《“裸捐”背后的“中国首善”——专访陈光标》(获得第 21 届中国新闻奖二等奖）以面对面的访谈方式，通过记者辛辣的提问让新闻人物陈光标直面社会上的各种质疑，也让听众能够更加直接地、全面地了解陈光标和他“裸捐”背后的种种原因，财富观、慈善观等观点的碰撞、理念的冲突更加凸显了这篇访谈的新闻性和可听性。

（二）访谈的角度和切口：让听众能听明白

有了一个好的话题并不等于就有一场精彩的谈话。“谈话节目的话题生命力的强弱取

---

① 参见路军：《魅力永存的新闻谈话节目》，载《新闻记者》，2003（2）。

② 参见张莉莉：《对广播谈话类节目的观察和思考》，见中国广播网，2004-10-22。

决于以下两点：其一，选题是否紧扣人们既关注又困惑的现实生活问题或社会问题；其二，讨论的深度是否达到令人有所感悟并消除或减少困惑的程度。”① 这就涉及话题讨论深入的角度和切口了。

比如，北京奥运会召开前，承担北京奥运会开闭幕式的国家体育场“鸟巢”一直是众多国内外媒体竞相报道的重点对象，作为奥运会的举办城市北京的媒体，作为一家电台的“老年节目”又如何选取角度、把握题材来报道这件事呢？北京人民广播电台播出的新闻访谈节目《坚持拍摄鸟巢六年的老人》（获得第 19 届中国新闻奖二等奖）就是一篇角度精巧的作品。经过多方渠道的收集和采访，北京台记者在众多的线索中，选取了何林元这个典型。何林元是一位北京的、普通的老年人，他用手中的相机，六年如一日，记录下鸟巢从开始圈地拆迁、建造直到完成的全过程。他拍摄的一万多张照片见证了鸟巢从无到有的历史，这种个人行为在全世界是独一无二的。一位 70 多岁的老人六年风雨无阻地坚持拍摄鸟巢，不仅是个人毅力的体现，在他身上也体现了全体中国人民热爱奥运、支持奥运的情怀。节目选取了大事件下的普通人物具有典型意义的故事，以小照片展示大精神，角度新，访谈策划细腻，对话精彩，展开充分，人物刻画饱满，富有震撼力。

又如，从“神舟七号”载人航天飞船即将发射到“神七”安全返回地面后的数日，航天员翟志刚、刘伯明一直是各大媒体争相追逐的焦点，相关报道铺天盖地，可以说各媒体同行已经从多角度、多侧面对他们进行了极为详尽的报道。那么时隔两个多月后，对于这个并不新鲜的话题，又该如何选取独特视角，表达独到观点，将“旧闻”做出新意呢？黑龙江人民广播电台在选择主题的时候也犹豫再三、反复推敲，最终才找到恰当的契合点。他们借着 2008 年 12 月 14 日，黑龙江籍航天员翟志刚、刘伯明荣获 2008 年度特别“感动龙江”人物荣誉称号，回到家乡黑龙江参加颁奖晚会的契机，第一时间邀请两位家乡航天员在离开哈尔滨的前两个小时专程来到黑龙江人民广播电台新闻广播的直播间，制作播出了一档新闻访谈节目——《航天员回家——与翟志刚、刘伯明面对面》（获得第 19 届中国新闻奖一等奖）。这档新闻访谈节目视角下移，确定了一个与众不同的“回家”的主题。“回家”的主题是借用当时“神舟七号”返回地球，回到祖国的寓意，现在两位航天员不仅回到了地球、回到了祖国，又回到了阔别多年、朝思暮想的家乡。整期节目共分四个部分，每一篇章都紧紧围绕着“家”这一主题展开。比如说第一部分，节目开篇主持人和两位嘉宾就是从“家”的话题开始。节目第一部分两位嘉宾从回家的感受谈起，紧跟着的第二、第三、第四部分的话题都围绕着“家”这根红线，妈妈靠卖炒瓜子供翟志刚读书的故事、两人在太空看到地球的感受，从对“小家”的愧疚谈到对国家这个“大家”的贡献，每一部分都少不了“家”的话题，每一部分都紧扣“航天员回家”的主题。

在谈起这样一个访谈角度的选择时，主创人员回忆说：“我们首先想到的主题是龙江科技助力‘神七’飞天，因为早在我们九月做‘神七’发射直播的时候，就了解到哈尔滨玻璃钢研究所、哈尔滨航空工业集团飞机设计所、哈尔滨轴承集团、哈飞集团等近 30 家龙江企业为‘神七’发射升空做出贡献；宇航员地面训练用的水槽、低压舱，还有航天员出舱活动穿着的舱外航天服上的很多部组件，也都是出自黑龙江省的科研院所；除了翟志

① 吴郁：《主持人的语言艺术》，414 页，北京，北京广播学院出版社，1999。

刚、刘伯明两位随‘神舟七号’遨游太空的家乡航天员外，‘神舟七号’载人飞船系统的总指挥尚志、‘神舟七号’飞船的总设计师张柏楠都是清一色的黑龙江人。事实上，不仅是‘神舟七号’，中国航空航天事业的每一次进步都倾注了黑龙江人的心血和汗水。所以选择这一主题既具有地域贴近性，又紧扣‘神舟七号’发射、科技腾飞的大主题。可是随后，我们经过反复推敲斟酌，感觉‘科技’的主题缺乏新意，而且只是站在黑龙江的层面，缺少高度，并且如果仅仅由两位航天员来谈龙江科技助力‘神舟七号’飞天的主题又略显牵强和单薄。于是，我们深入挖掘，决定从情入手，以情动人，最终确定了‘回家’的主题，而将‘科技’这一话题作为整个访谈的一小部分与嘉宾现场进行了简短的交流，这样处理既能突出主题，又不显生硬和矫饰。”①

航天员回家——与翟志刚、刘伯明面对面（上半部）

［大版头］

生在贫困的小山村，他们是从苦难中长大的农村娃

遨游在美丽太空，他们是从黑土地走出的航天员

翟志刚、刘伯明从太空归来，温暖回乡

欢迎收听龙广新闻台特别节目：《航天员回家——与翟志刚、刘伯明面对面》

男：听众朋友，上午好！我是宝明。

女：我是夏敏。昨晚，2008“感动龙江”人物群体评选结果隆重揭晓。黑龙江省“感动龙江”评选活动组委会决定，授予家乡航天员翟志刚、刘伯明同志2008年度特别“感动龙江”人物荣誉称号。今天我们特别把两位家乡航天员请到了直播间。

翟志刚：各位听众好，我是翟志刚。

刘伯明：各位听众，大家好，我是刘伯明。

男：欢迎两位航天员回家。刚刚窗外飘起了雪花，空气格外清新。在咱们最有东北味的冬天回家，感觉更加熟悉和亲切。

女：对，我们从两位航天员脸上的笑容也能够感受到他们此刻的心情。听众朋友，咱家乡的航天员回家了，您想和他们交流吗？请您编辑数字01加上您要说的话发送到10626789，可以表达您的心情，也可以向家乡的航天员提出您感兴趣的问题。

男：从两位入选飞行梯队到“神七”飞天再到这次“感动龙江”评选，家乡人一直关注、支持着你们。我们想知道这次回家接受家乡授予的荣誉，对你们来说有什么特殊的意义？

翟志刚：这次家乡给了我们这么高的荣誉，这是一种激励，更是一种鼓舞，也同时给了我们力量。首先感谢家乡的人民对我和伯明、对我们航天员队伍、对祖国载人航天事业的这种支持、关心和爱护。

女：伯明大哥呢？

刘伯明：（我）感受很深，也感觉到家乡人民对我们航天事业的关注，也是对我

① 宝明、夏敏：《深挖掘升华主题 精设计以小见大（下）》，见中国广播网，2010-01-14。

们航天员整个队伍尤其（对）我和志刚两个人（的）关心、关爱（和）支持。是这种力量一直支撑着我们这么多年日复一日、年复一年（地）艰苦训练。最终代表祖国和人民出征太空，完成“神舟七号”任务，也感谢家乡人民，我们两个也（会）继续努力，争取把握一次机会再次出征太空。谢谢家乡人民。

男：从两位执行完飞行任务，大家就一直盼着你们回家！志刚大哥，这次回家，觉得家乡有哪些变化？

翟志刚：因为我们不经常回来，所以说每次回来都能感受到家乡的变化，从市容、市貌，从公路、交通以及从百姓的生活上，都能感受到家乡在发生（着）日益的变化。

女：尤其是家乡科技实力在不断增强，咱们省的很多科研院所和企业也参与了“神七”的研发过程。

翟志刚：对，没错，你比如说我们“神七”训练用的水槽、低压舱还有舱外航天服上的很多部组件，有很多都是咱们黑龙江省各科研院所参与协作的。为此真是让我和伯明作为黑龙江籍的航天员也感到非常非常的高兴，应该说骄傲吧！

男：都说一方水土养育一方人。作为从黑土地走出的航天员，伯明大哥您认为，在你们成长的过程中，这片黑土地给予你们最大的礼物是什么？

刘伯明：对我自己来说感觉到收获最大的是一个意志，再一个是强健的体魄，按志刚话讲了，我们东北的大碴子，现在都是绿色食品，所以说我们两个有这么好的身体，能够选拔当飞行员，最后当航天员，我觉得离不开我们（这片）黑土地，也离不开我们家乡这片沃土多年来对我们的培养。

[片花一]
翟志刚，从黑土地的农村娃到如今的航天英雄！
在他成功的背后，究竟有着怎样的成长经历？
航天员回家，与您面对面，欢迎继续收听。

男：听众朋友，欢迎您继续收听我们的节目。

女：听到两位航天员做客直播间，很多听众都发来了短信：

159××××2346说：欢迎亲人回家！翟志刚和刘伯明基本上乡音未改，听起来都觉得热乎！

135××××1365说：翟志刚、刘伯明回来了，我从昨天开始就守在收音机前，虽然无法和你们见面，但你们的真诚和亲切我们能感受到。

137××××2788说：我和我儿子一起收听节目，希望航天员能讲讲他们的成长经历。

男：谢谢听众朋友发来的手机短信。我们可以感受到家乡人对两位大哥的关注和期待

女：说到家乡航天员的成长经历呢，在“神舟七号”发射的时候，我们的记者采访了志刚的哥哥翟志强。我们一起来听一下当时的录音。

［录音］

40 多年前，翟志刚出生在龙江县城边的一栋土屋里。在他之前，这个贫困的家庭已经有三个女儿和两个儿子。父亲常年卧病在床，年过半百的母亲靠卖炒瓜子儿支撑家里的生活、供孩子读书。回忆起翟志刚的童年时光，大哥翟志强说：

“他小时候比较内向，那时候穿得特别破，都穿补丁衣服，大的穿了小的穿，一个捡一个，不能穿了拉倒。我母亲那时候天天挎个小筐到影剧院门口卖瓜子儿，一毛钱一碗。”

当时一碗瓜子儿能赚一分钱，母亲就是用这一分一分攒下来的钱供翟志刚读完了中学。1985 年 6 月，翟志刚不负众望成功考取了空军第三航校。送儿子走的那天，母亲炒了一锅瓜子儿给儿子带上，全家人哭成了一团。说起翟志刚的懂事和对家人的体贴，大哥翟志强说：

“家里钱不多，给他拿 10 多块钱，他揣兜了，但是临走时候放抽屉里了，他始终没带走。他自己有一个储钱罐儿，小孩儿都吃个冰棍儿 3 分、5 分的，老人给他几分钱，他不舍得吃，都是放在自己做（的）一个小盒（里），那小盒上面整个口只能往里装，不能往出倒，等他当兵走的时候，全部倒出来以后，一点是 200 多块钱，临走之前都倒给家里了。”

带着全家人的希望，翟志刚开始了他的飞行之路。从飞行学院的普通学员到正式飞行员、最终成长为航天员，他用自己的勤奋和拼搏回报母亲。母亲最大的心愿就是能够看到儿子代表祖国出征太空，可是她却没能等到那一天，五年前，母亲带着遗憾离开了人世。怀着对母亲的思念，翟志刚擦干眼泪，更加努力地训练。“神舟七号”发射，他终于带着母亲的遗愿圆梦太空。大哥翟志强说：

“这次圆了（咱们的）航天之梦，他进入太空也不是为他自己，也不是为这个小家，这是为了咱们整个国家，（是）咱们龙江人的一个骄傲。我们给老母亲老父亲报喜去。告慰老母亲一声，她的老儿子没有辜负她的希望。”

男：志刚大哥，我注意到您在听这段录音的时候，眼睛是湿润的。

翟志刚：嗯，（停顿）应该说吧，我能够走到今天，从我人生能够走到今天，在我的人生中（对我）最关键、对我影响最大的也就是我（的）老母亲。（哽咽）

女：我们了解到，因为家庭经济原因，您曾经想过放弃读书，是母亲坚持要供你读下去。

翟志刚：嗯，（停顿）因为我初中毕业的时候，本身不打算念高中了，后来我母亲把我骂了一顿，我妈说，我吃了一辈子没有文化的苦，不能让你再吃这个苦。所以说是我母亲一直坚持（让）我把这个学读完。最后我说高中还有三年，读下来之后，如果考不上大学，不是白上了吗？我母亲说，考不上，也要把高中读完！

男：母亲生前最大的希望是能看到你执行飞天任务。虽然有遗憾，但如果母亲泉下有知的话，会为您感到欣慰和骄傲的。

女：我想也正是有了母亲、家人的支持，才有了您今天的成功。

翟志刚：嗯，应该说作为航天员的家属，特别的不容易。他们付出的、承担的都要比一般人要多得多，他们对我们的事业是非常支持的。我和伯明在事业上、在航天领域假如说能算上取得一点成绩的话，真是与家属的支持和帮助是密不可分的。

男：说到家人，我这里有几条听众朋友发来的短信。

133××××8566：听到刚才的录音，我哭了。翟志刚好样的，没有辜负母亲的希望。

138××××6063：向航天员的家属致意，没有你们背后的默默奉献和支持就没有家乡航天员的成功飞天。

137××××0232：有个问题想问伯明，我想知道，在太空飞行的过程中，你们有没有想家，想自己的亲人。

刘伯明：没有时间想家，当志刚经过一番周折、开舱门的过程中，大家也看到了，对身体也是一个考验，最后我们也是非常圆满的把出舱活动（的）任务圆满地完成了，当他开舱门的时候，看到那么美丽的地球，我们想到了我们的祖国，我们大的家。

［片花二］
刘伯明，圆梦太空的英雄航天员。
张欢，家乡的一位贫困大学生。
他们之间会有什么样的故事？
航天员回家，与您面对面，欢迎继续收听。

男：我们现在接进一个特殊的电话。

女：张欢，你好。

张欢：主持人，你好。

女：我们要向听众朋友介绍一下张欢，张欢是伯明大哥通过家乡的同乡会资助的一名贫困大学生，现在正在四川读大学。

男：据我们了解，张欢平时和伯明大哥都是通过短信联系，这是两位第一次通话，下面我们就把时间交给张欢。张欢——

张欢：好，首先感谢黑龙江台给我这个机会，让我直接向刘叔叔表达（我）心中的感谢之情。刘叔叔您一定不知道，如果没有您的帮助，今天我不会在自己理想的大学课堂上听讲，也不可能像现在这样安安稳稳、踏踏实实地抱着书走进图书馆，今天有这样难得的机会，刘叔叔我想对您说，谢谢您！

刘伯明：张欢，现在学习还可以吧？

张欢：现在学习还可以。

刘伯明：今天上课吗？

张欢：今天上课，下午还有一个计算机考试，谢谢刘叔叔关心。

男：张欢，今天你除了要表达感激之情外，还有没有什么问题想问你的刘叔叔？

张欢：是这样的，您在众多的选拔之中脱颖而出，一定是克服了别人难以逾越的障碍，一路走来，是什么支持着您义无反顾地坚持下来？

刘伯明：我们是1998年进入航天队伍的，今年已经10周年多了，那么这么多年来日复一日、年复一年地重复基本上同样的训练内容，好多人也问我究竟是什么样的意志？我自己这么多年的感受是能够代表祖国，能够代表人民出征太空，就是我作为一个航天员人生最大的追求目标，为了实现这个目标，我一定要努力学习、努力奋斗，一直不要放弃，坚信自己终于有一天一定会成功的。尤其张欢，今天我也跟你说一条，自信，你一定要相信你自己，你经过你的努力，相信有一天你一定会成功。

男：张欢，我想这段话不仅仅是对你说的，也是对收音机前很多正在成长的青年人说的，只要心中有理想，无论遇到多大的困难都要坚持。张欢是在刚刚遭受过地震灾害的四川读书，希望张欢你也能把刘叔叔的这份爱心传递下去，好吗？

张欢：嗯，自从我接到了这份爱心，我就像接到了一个接力棒，我会用我自己的努力把它传承下去，传到每一个需要帮助的人的手中。希望自己以后能像刘叔叔一样回报自己的家乡，为自己的祖国争光。

女：好的，谢谢张欢，祝你早日成才，我们再见。

优秀的、能吸引人的访谈节目关键更在于：从哪个角度开始提问，如何提出第一个问题。也就是访谈开始的切口至关重要，在不长的节目时间里，只有创造谈话对手之间的“交锋”，方能有引人入胜之感，也才更有助于“集中火力”将焦点谈透、看清，否则平淡无奇的访谈就会让听众感觉乏味，产生疲劳，最终换台。

例如，在《质疑上海“二期课改”》的访谈节目中，主持人开场便运用了大量先期节目素材，并通过声音——家长、老师质疑的声音——把问题提了出来：“二期课改越改越难，这样下去谈何减负？”“这样的教材好像要让一年级小朋友也要有刘翔的速度、姚明的高度。”“二期课改改得家长陪读，这绝对有问题！”——而所有这些来自“二期课改”本应受益方的意见，直接摆在了负责推进此项公共政策落实的教委官员面前。主持人紧跟着请教委嘉宾对大量有陪读现象的听众发表看法，使讨论直接进入主题，丝毫没有拖泥带水之感。特别是在第一次提问没有得到准确回答之时，主持人追问：“陪读的面这么广，您怎么看？”嘉宾这次的回答没有避重就轻，而是承认“的确有大量陪读现象存在”。谈话双方互中靶心，正面交锋，更让听众对接下来的谈话充满期待。①

设想一下，如果我们的话题换一种进入方式：“上海针对哪些问题进行第二期课程改革？”“二期课改的指导理念和思路是怎样的？”这样回避矛盾、躲开焦点的对话大多会让如此被关注的主题演绎成“为什么—怎么样—出现了什么问题—如何解决—未来形势一片大好”的老套路。没有了交锋，节目也可以四平八稳地谈下去，但绝对出不了彩，听众更不爱听。

二、访谈者

（一）主持人

主持人是广播新闻访谈节目能否成功的关键。主持人是节目的灵魂、风格的体现者和

① 参见牛海鸣：《交锋——广播新闻访谈节目魅力所在》，见中华新闻传媒网，2007-08-27。

最终的把关者。这是因为基本上所有的谈话都是在主持人的引导下进行的，在节目进程中，主持人起着隐性的主导和控制作用，控制着谈话的大致走向，决定着话题谈论的深浅，谈话的分寸和话题的张力全在主持人的控制之中，他才是谈话背后真正的核心。所以，谈话节目极易打上主持人个性的烙印，但主持人又是节目的一部分，他的风格必须首先和节目的风格统一，不能独立于节目存在，他是节目风格的体现。

因此，主持人的自身素质对广播谈话类节目的质量有着至关重要的影响。主持人需要有坚实的思想理论基础、政策水平、相关的文化知识、清醒的判断能力、机敏的反应和灵活的语言沟通能力，以及善解人意、宽厚包容的胸怀，尤其要有良好的心理素质和调整心理的能力，还要有为听众服务的满腔热情。[①] 在制作每一档节目前，主持人应有认真的案头准备，包括文字和“腹稿”，从导向、知识、社会现实以及节目的策划、结构和提问等方面做好认真的准备；在节目进程中，主持人更要学会倾听、学会引导、学会把控。

1. 倾听

真诚的倾听是谈话类节目主持人工作的前提。广播新闻访谈节目主持人不能只是简单地提出问题，却并不认真听回答，只把心思放在下一个问题上；主持人也不能只是自己滔滔不绝，或者是随意插话、抢话，那节目必定也是做不好的。只有善于倾听，才能将自己融入与嘉宾的交流中，让嘉宾感觉到对话者的真诚，为节目挖掘出更为精彩的观点。

所以说，一位好的访谈节目主持人，首先应该是一位优秀的聆听者。真诚地对待每一位嘉宾和参与节目的听众，并尊重他们，倾听他们讲话，这是新闻访谈节目主持人的职责。

用心倾听才能捕捉到现场的声音。主持人要排除各种分散注意力的消极因素，在专心倾听的同时，对倾听到的内容充分理解并强行记忆。一方面，让这些记忆体现在接下来的谈话中，既表达了对谈话者的尊重，也使主持人显得亲切自然。另一方面，通过思考去发现更有价值的东西，并迅速做出反应，并适时引导、发掘、追问，把主题步步引向深入，引领嘉宾和参与节目听众完成节目策划意图，使谈话节目的深度、力度和社会影响力得到最大体现。

认真倾听才能统筹全局。主持人在倾听的同时，也要考虑如何顺着嘉宾的话语转换到下一个话题，做好关键地方的衔接、贯穿以及如何去结束和切断嘉宾及参与节目听众的话，起到“穿针引线”的作用。

2. 引导

广播新闻访谈节目是有中心话题、有时间限制的节目，谈话内容的进程、谈话主题的方向都得依靠主持人现场“穿针引线”：当一个话题应该结束时，需要自然地承上启下，开始下一个阶段的谈话；当嘉宾一时语塞时，要给予提示、铺垫；当嘉宾滔滔不绝，甚至出现了不适宜出现在节目中的语言，或是已经偏离主题时，要及时地予以制止、引导，适时地把嘉宾拉回正确的轨道。

---

① 参见张莉莉：《对广播谈话类节目的观察和思考》，见中国广播网，2004-10-22。

所以在，在节目进行中，主持人既不能喧宾夺主，过分表现自己，又要有较强的驾驭能力，随时控制把握好谈话方向，在给自己准确定位的基础上，能够适时提出或结束话题，让讨论根据需要深入推进或者浅尝辄止，在谈话中穿针引线，因势利导。

如在《质疑上海“二期课改”》当中，尽管访谈的内容比较尖锐，整个过程充满质疑、交锋、火药味，可是主持人却把握适度，引导得当。节目中有一段问答很是到位：

主持人：我记得那天我们还收到了一条短信，他说做一年级老师的确是很辛苦，从他们的嗓音上就可以听得出来。两方面都蛮困惑、蛮苦恼，有大量陪读现象，作为教委，您怎么看？

嘉宾：小学一年级的家长基本上不应该陪读的，我们的教学、教育不能把希望寄托在陪读上，特别是起始年级。

主持人：这个面之广让我很惊讶，我不知道您怎么看？

嘉宾：这个现象确实也客观反映出了上海基础教育存在的一些问题，但是它绝不是方向。

主持人：也就是说您也认为现在是有大量陪读现象存在。

嘉宾：有，只不过陪读的形式、时间有所不同。这和我们的教学方法、老师的教学要求有一定关系。

3. 把控

在新闻访谈节目中，主持人不仅始终处于话题开发的中心引导地位，而且担当着最前沿、最直接的即兴组织协调的职能。也就是说主持人在节目中扮演着一个特殊的媒介角色——“控制器”。主持人要学会控场，这包括以下几点。①

第一种是面对投诉热线的态度：很多服务性单位，比如医院、乡镇、街道等直面老百姓的单位、部门嘉宾上节目时，面对听众的投诉电话、激烈的言辞、激动的情绪，需要主持人做出果断决定，把没意义的热线切断，毕竟直播节目不是闹剧；如果是真正需要反映问题、解决问题的，主持人需要平复听众情绪，然后引导他把问题说清楚，以便于更好地解决。

第二种是需要合理分配节目时间和恰如其分地融合热线和交流的内容，将交流和接热线两部分互相穿插，又互相依存。节目不能一味地接热线，毕竟热线反映的多数是小我的问题，在热线的基础上，主持人需要以点带面，反映共性问题，把话题引向深入，突出主题。

第三种是要把握好对嘉宾的态度，兼顾上节目的每位嘉宾。主持人既不可因为嘉宾是领导或某方面的专家、权威、知名人士而显得紧张，又不可因为嘉宾是平民而态度傲慢，应该摆正与嘉宾的关系，平等对待，对普通人要友善鼓励，对名人也不能吹捧阿谀。有时直播室里来了不止一位嘉宾，主持人要分清主次，适当分配问题和话题跟每位嘉宾有所交流，不能让嘉宾成为摆设。

---

① 参见潘珊珠：《如何做好广播谈话类节目》，载《视听纵横》，2013（1）。

如中央人民广播电台“中国之声”播出的新闻访谈节目《〈重返灾区〉特别节目——中国总理首次走进广播电台直播间》（获得21届中国新闻奖一等奖），就很好地处理了主持人与嘉宾之间的关系。

2010年12月26日温家宝总理来到中央人民广播电台，走进直播间参与了这次特别节目——这也是新中国历史上国务院总理第一次走进电台直播间，并以直播访谈形式与主持人、听众和网友即时交流（图13—1）。

图13—1　温家宝总理首次走进广播电台直播间

资料来源：中国广播网，2010-12-26。

访谈没有因嘉宾的身份而成为总理的“独角戏”——无论是与灾区群众记者的连线，还是回答听众网友关心的问题，访谈始终围绕社会关注的新闻事件和话题展开。与灾区记者和群众的连线，注重现场，连线群众事先并不知道是总理与他们对话，真实呈现了灾区重建进展和百姓生活状况；主持人最后向总理提出“物价”、“房价”和“尊严”三个问题，更强化了访谈的新闻性。可以说，总理、主持人、群众、记者有机结合，共同完成了一个有理、有情、有景、有人、有事的新闻访谈。

（二）嘉宾

访谈节目除了主持人之外，还有一个节目的推动者——嘉宾。一个优秀的嘉宾，无论他是新闻的当事者还是旁观者，都应该很熟悉事件的背景、过程，或者能提供大量相关的信息，掌握相关领域的专业知识等，具有“发言权”；他会和主持人产生良好的互动，对主持人的提问不仅会有积极、主动、高水平的回应，而且懂得如何展现自己的个性与情绪，甚至可以不断激发主持人产生新的提问灵感与角度。在这样的互动中，主持人与嘉宾都能将能量完全释放出来，展现一场精彩的对话。①

① 参见尹明子：《论我国广播新闻谈话节目的生存与创新》，载《新闻传播》，2012（4）。

所以，如何来选择嘉宾也是关键。嘉宾至少要符合两个条件才能让节目具有可听性。

一是被邀请的嘉宾必定要在节目中有话讲，能跟上主持人的提问，这就要求嘉宾必须在某一领域有所建树或有自己独到的见解，对新闻话题具有权威性发言权。嘉宾要对国内外大事、要事关心了解，要有审时度势的眼光，剖析事件的能力。比如南京广播电视集团新闻频率的《新闻发布会》是一档政策性很强的节目，经常需要解读新出台的一些政策条令，所以邀请的嘉宾大多是政府官员或专家学者，很多时候他们就是政策的参与制定者，从他们口中说出的往往是最具权威性的内容。

二是所邀请的嘉宾应具有一定的口才。广播节目没有图像，全靠音频传达节目内容，所以嘉宾要摒弃怯场的心理，在话筒前保持良好的状态，在主持人的引导下大胆地抒发自己的意见。这就要求所邀请的嘉宾说话有条理，口齿很清晰，善于表达，反应灵敏。当然，有一种情况值得注意，现在广播新闻访谈节目开始出现“辩论式”、“对抗式”的节目，几位嘉宾各自代表不同的观点和立场，在访谈过程中对话题进行多侧面、多角度的分析。那么这时候的嘉宾在观点鲜明、能言善辩的同时，也应该懂得如何把控自己的角色，学会顾及主持人及其他嘉宾，而不是一味地唱“独角戏”，抢风头，秀口才。

思考题

1. 广播新闻访谈节目有哪些优于其他媒介此类报道样式的特点?
2. 广播新闻访谈节目有哪些基本类型?
3. 广播新闻访谈节目在话题的选择上要注意些什么问题?

第十四章 不同体裁的广播新闻报道(之六)：广播连续报道与系列报道

本章学习要点

1. **掌握广播连续报道的特点和基本采制要求**
2. **掌握广播系列报道的特点和基本采制要求**

连续报道和系列报道是深度报道的重要表现形式，它们的产生和发展顺应了当今传媒传播的新需求。一方面，处于资讯发达的当代社会，人们不仅要求以同步或几乎同步的速度了解新闻事实，还希望对复杂事实能得到科学合理的解释和说明，能够透彻地了解已经和正在发生的新闻事实。另一方面，一个重大的新闻事件，从发生到结束，都有一个或长或短的发展变化过程，对它的报道往往本身就不是一两次能完成的；报道一个新闻人物，也是一样，人都是立体的、多面的，不是一两次的新闻报道就可以涵盖得了的。

普利策有句名言："在一件事情的真相被彻底弄清之前，绝不放过它！连续报道，连续报道！"通过连续（系列）报道，受众可以层层深入地认识事件，看到事情发展的真相，体察事态的必然趋势，从而开掘出新闻事件的社会意义和思想深度。这不仅使新闻更具有可信性，也能最大限度地发挥新闻事件的传播效果，吸引受众注意力，扩大报道的影响面。

这也正是为什么在国外一旦发生了能引起社会反响的重大新闻事件，记者们趋之若鹜、连篇累牍地展开连续报道的原因。在我国，随着我们的新闻观念进一步趋向于开放，连续（系列）报道日益多起来。应该说，这是符合新闻规律的好现象。

当然，需要说明的一点是，在广播新闻报道的实际应用中，这两种报道样式包括多种新闻体裁，“是一个包罗万象的文体”①。它既有连续的消息报道，也有连续的现场报道，甚至是连续的现场直播；既有系列的广播通讯，也有系列的特写、系列的专访、系列的评论；既可以是文字口播的，也可以是录音的；既可以是录播的，也可以是直播状态下的。严格地说，它实际上是从广播新闻的报道方式来考量分类的新闻报道样式，而不是报道体裁。

① 危羚：《广播音响报道实用教程》，321页，北京，中国传媒大学出版社，2009。

第一节 | 连续报道

普利策有句名言："在一件事情的真相被彻底弄清之前，决不放过它！连续报道，连续报道！"作为最能体现广播听觉信息传播的"时段式""累积式"的传播方式，连续报道无疑是广播新闻报道的一个拳头产品，因而历来受到各家广播电台的重视。

一、连续报道的定义

连续报道是指对正在发生并持续发展的新闻事件在一段时间内进行及时的、连续多次的累积式报道。

作为拳头产品，连续报道历来受到各家广播电台的重视。

由于广播新闻受时间的限制，一条广播新闻的容量不可能太大，一般都较短，而短时间小篇幅的新闻很难做深入的事件剖析，同时广播的听觉传播也很难用形象表达抽象的、深刻的内容。这时连续报道方式就可以有效地弥补广播新闻报道"蜻蜓点水"式的不足。连续报道一般采取递进方式展开，每一篇报道既是前一篇报道的继续，又是后一篇报道的开始，篇与篇之间相互联系，逐步深化报道，为报道的深度挖掘提供可能。

连续报道也是最能体现广播听觉信息传播的"时段式"、"累积式"的传播方式的，连续报道能使广播成为"一份随时可以发行的报纸"，可以以最快的时效追踪新闻事件的发展，在连续呈现的报道中，累积形成对新闻事件过程的完整把握，从而有效地解决新闻时效性与报道内容相对完整之间的矛盾。一方面，一次重大新闻事件的发生，媒体为抢时效性都会及时报道，但事件都会有一个发展的过程，这时对它的报道，听众得到的信息是零散的，形不成完整的印象，对它的了解和理解就可能是表面化的、肤浅的。而另一方面，新闻报道强调迅速及时，如果等到新闻事件宣告一个段落后再来进行报道，则往往会使新闻显得滞后。所以连续报道不仅能够以最快的速度反映新闻事件的最新态势，还使报道内容在上承下继中逐步走向完整。

如黑龙江人民广播电台和齐齐哈尔电台播发的连续报道《8·4日本遗弃化学武器伤人事件》[获得2003年度中国广播电视新闻奖（系列）报道一等奖，第14届中国新闻奖二等奖]，就是新闻报道的时效性和报道内容的完整性较好结合的典型。下面是这组连续报道的第一篇：

齐齐哈尔发生芥子毒气桶泄漏伤人事件

主持人：听众朋友，现在临时插播一条重要新闻，齐齐哈尔市昨天发生了一起芥子毒气桶泄漏伤人事件，请听本台记者和齐齐哈尔台记者的现场报道。

记者：各位听众，我是黑龙江台记者魏春风，现在我是在齐齐哈尔 203 医院为您报道。昨天，齐齐哈尔市北疆花园工地挖出的五个破旧金属桶，引发了一起芥子气中毒事件。现在外边正淅淅沥沥地下着小雨，它和着 203 医院传染科病房里忙碌的脚步声实在揪着人心。从昨天晚上 10 点来钟开始到现在，已先后有 13 位芥子气中毒患者住进齐齐哈尔 203 医院治疗。

在已经入院的患者中，最先发病来 203 医院就诊的是河南民工李贵珍和一个废品收购站的业主及工人。他们三人是在收购买卖这五个芥子气毒剂桶时沾染毒气而中毒的。现在这些受害者非常痛苦。他们眼睛红肿、睁不开，头晕，恶心呕吐，李贵珍的手背上还形成了大泡样水肿。

现在，挖出这五个毒气桶的北疆花园工地挖掘机司机毕海岩就在我身旁，我们就请他说一下挖出这五个芥子气桶的过程。

毕海岩：凌晨四点多钟，感觉这个挖掘机吃力了，使劲一挖，窜出一股水，喷了我一身，像芥末油那股味，特别刺鼻子。半夜，眼睛睁不开了，也肿。早晨六七点钟就上 203 医院了，就说中毒了。

记者：齐齐哈尔 203 医院对这些中毒患者给予了及时确诊治疗。现在医院的孙景海院长就在这里。孙院长，你们为什么能在这么快就确诊为芥子气中毒呢?

孙景海：我们军队这些卫生技术专业干部有这方面知识的积累。

记者：确定为芥子气中毒以后，对这些患者都采取了哪些应急措施?

孙景海：知道为芥子气中毒之后，把这些患者专门转移到专一的隔离病房去收治，把他们的衣物进行了处理，对他们的身体进行了洗消，然后采取一些切实的治疗（措施）。

记者：谢谢您，孙院长。

好，主持人，我的报道先到这里。

主持人：谢谢魏春风的报道。现在我们再接听齐齐哈尔台记者高虹从北疆花园小区发来的报道。

你好，高虹。

记者：你好，主持人。

主持人：请你介绍一下北疆花园工地这个第一事发现场的情况。

记者：好的。听众朋友，我现在就在龙沙区北疆花园小区的工地旁。在我前方 40 多米远的地方，就是挖出五个芥子气桶的大土坑，现在工地人员已经撤离。它的周围已经挂上了绳索，并立起了“不准外人进入”的牌子。工地的入口处也有警察把守，并实施了戒严。

齐齐哈尔市公安局龙沙分局民航路派出所所长肖书义正在这里组织戒严工作。肖所长，你们是几点钟接到报案的?

肖书义：我们是 10 点钟接到报案的。

记者：接到报案以后，都采取了什么措施?

肖书义：我们接到市局指令，一是不让毒气扩散，二是告诫老百姓，不要在这儿跟前走了。

记者：在这里居住多年的谢建民说他了解这块儿的情况，我们就请他介绍一下。

谢建民：咱在这儿活了40多年，这块原先（日本）小鬼子住的时候，是两个军火仓库，是用土做掩饰的。懂事的时候就知道这里有，但是不知道这里有这么厉害的东西。

记者：据齐齐哈尔市公安局危险物品管理大队队长李哲介绍，新中国成立以来，齐齐哈尔地区已经发生多起侵华日军遗弃芥子毒剂泄漏伤人事件。这次发生泄漏的五个毒气桶，在外观和结构上也与以前发现的日军遗弃的芥子毒气桶一样，因此可以初步判断是侵华日军投降时遗弃的。

主持人：好，谢谢高虹的报道。有关事件进展情况我们将做追踪报道。

下面我们介绍一下芥子气。芥子气是一种糜烂性毒剂，主要通过皮肤、眼睛、呼吸道、消化道等途径使人中毒，致人死伤。第一次世界大战后期德军首先使用芥子气。在当时所有化学武器造成的伤亡中，由芥子气造成的伤亡高达80%以上，因此被称为“毒气之王”。第二次世界大战期间，侵华日军曾经在中国大量使用芥子气。

（2003年8月5日10时45分黑龙江人民广播电台新闻广播《财富杂志》首播，18时《全省新闻联播》重播。）

2003年8月4日，齐齐哈尔市发生芥子气中毒事件。这是新中国成立以来最严重的一起日本遗弃化学武器伤人事件。为了尽快把该事件及受害人情况传达给受众，黑龙江电台和齐齐哈尔台记者联手发挥广播优势，在第一时间插播了这一条重要新闻，主持人的一句“听众朋友，现在临时插播一条重要新闻”，体现出报道的时效性。此后以事件的发展脉络为主线，他们对这一事件进行了全面跟踪报道，并且力争在最短的时间内向世人传递事件的进展。参与报道的记者不畏风险，连续作战，近距离采访事发现场和受害人，一天甚至十几个小时蹲在现场进行报道。台里也为这组报道开绿灯，随时插播最新动态。编辑还积极做好案头编辑工作，及时配发了相关背景资料。整个事件在黑龙江电台共发稿42篇，用大量事实和背景资料说话，有点有面、有理有据地揭露了当年日本军国主义在中国犯下的罪行。正是舆论和中国政府的共同作用，使日本政府首次对此次中国化学武器受害者予以补偿，并促使此前一起日本化学武器的中国受害者起诉日本政府道歉赔偿一案最终胜诉。

二、连续报道的特点

连续报道这种报道样式不是广播所独有的，所以广播连续报道具有一般连续报道的普遍特点。

（一）连续性

报道对象事态本身的连续性决定了各次报道之间存在着有机的联系，在报道时间上，以前后为顺序，随着事件的发生、发展的进程而展开；在内容上，承上启下连续、衔接，呈线性纵向展开，各次报道之间的顺序不能任意变动，一旦变动，就听不明白了。

（二）完整性与独立性

报道的连续性——从事件发生追踪到结束，整组报道从头到尾围绕同一主题展开，又使连续报道呈现出完整性的特点。但具体到每篇报道又彼此独立，各有侧重，都有自身相对独立的问题或信息的提出，独立成篇。

（三）时效性

连续报道在事态进展过程中进行报道，属于"现在进行时"，时间跨度小，各篇报道的发布相隔较近，不能今天发一篇，十天半个月后再发一篇。

（四）动态性

连续报道是记者追踪新闻事件进程的进行式报道，在多数情况下，记者对事件的发展并没有完全的把握。对事件的报道策划是处于动态变化中的，随着采访的深入、事件的发展而有所调整。

如武汉广播电视总台交通广播播出的连续报道《寻找"逼停哥"》(获得 2011 年度湖北新闻奖一等奖)。报道采访始于 2011 年 11 月 7 日晚，一名酒驾司机在武汉遭遇交警拦查时，不但拒绝接受检查，还将交警拖行近两公里，三名出租车司机合力逼停肇事车辆救下交警后，悄然离去。当晚，武汉市交管局一方面通过官方微博发布寻找信息，另一方面也向武汉交通广播打来求助电话，希望通过电波找到这三位英雄。武汉交通广播打破常规，全天不间断地发布信息。这个寻找的过程其实是不确定的：能不能找到？什么时候能找到？他们是一群怎样的人？如果能找到，又会出现什么样的情况？等等。武汉交通广播以时间纵轴为线索，适时、细腻、真实地再现了寻找他们的过程，在种种疑问中，用八篇连续报道"进行式"地把他们在危急时刻的挺身而出层次分明地表现了出来，不刻意拔高和美化，给人可亲可爱之感。

寻找"逼停哥"(一)

11 月 7 日晚上 8 点，武汉市公安交管局在官方微博上发布了一条微博和一段电子眼录制的特殊视频，视频显示，执勤交警杨沛智在执法的过程中被疯狂拖行两公里，这是标准田径运动场整整五圈的长度。请听本台记者柳莺、王波、张涛的报道。

10 月 25 日凌晨，在武汉市中山大道南京路路口发生了一起司机酒后驾车逃逸并疯狂拖行执勤交警的恶性交通案件。江汉大队交警接警之后迅速赶赴现场，将肇事车辆粤 D88511 灰色轿车当场控制住。

江汉大队交警黄峰：杨沛智同志当时坐在肇事车里面，我们当时发现他的手上和腿上全都是血，鞋子也不见了，驾驶室内酒气熏天。经我们最后鉴定的结果是，肇事车的司机酒后驾车。

事发后，杨沛智被送往武汉市中心医院进行救治。

交警杨沛智：当时那台车是逆行从南京路方向冲过来，我觉得它有点问题，就示意他停车接受检查，但他却突然加速，准备冲岗逃离，我就本能地抓住它的反光镜，然后不停地对他喊，停车，停车，但他却越开越快，而且不停地在转换方向，想把我从车上甩下来。当时我心里想，如果真的让他跑掉了，后果肯定是不堪设想。后来有几位好心的的哥将这辆肇事车逼停了。

11 月 7 日晚 8 点，武汉市交管局一方面通过官方微博发布信息，另一方面也向武汉交通广播打来求助电话，希望通过我们的电波找到这三位英勇的的哥。

武汉市交管局新闻发言人陈骥：这是一起恶性的酒后驾驶逃逸事件。事发后，当我们看到这段视频的时候，在场的每一位交警都被一股巨大的温暖感动了。是他们制止了一起恶行，挽救了我们同事的性命。我们希望通过 896 的电波，尽快找到这三位热心的的哥，向他们致以武汉三千交警最崇高的敬意！

市民姚涛：外地发生了很多交通方面的负面事件，曾经深深刺痛了大家的心。这三位英勇的的哥让人感受到了一股正气，特别的感动，的确应该找到他们，宣传他们。

昨天晚上 8 点，武汉交通广播连夜行动，迅速制作了"寻找三位英勇的的哥"的音频在全台滚动播出，希望市民提供线索，帮助我们尽快找到三位英雄，24 小时新闻热线 8576××××，本台也将进一步追踪报道。

寻找"逼停哥"（二）

听众朋友，本台昨天滚动播出"寻找三位英勇的的哥"的新闻之后，在社会上引起强烈反响。不断有市民表达对三位英勇的的哥的赞扬和对受伤交警的慰问，也有不少人为寻找工作提供了极有价值的信息。就在昨天，武汉交通广播已经寻找到其中两位的哥。请听本台记者柳莺、王波、张涛的报道。

昨日上午 10 点，武汉交通广播新闻热线接到热心市民张建新先生的电话。

热心市民张建新：武汉交通广播吗？我姓张，我刚才听到你们的广播了，你们在找见义勇为的的哥，那天我在现场，我用手机全部拍下来了，我可以跟你们提供线索。

通过张先生提供的手机视频，记者马上和交管部门一同进行了技术比对，经排查了解，最先追赶肇事车辆的淡黄色出租车是武汉大通出租汽车有限公司的鄂 AXK×××出租车，开车的的哥名叫周国华。随后，记者找到了周师傅。

武汉大通出租汽车有限公司周国华：我只是尽了一个市民的义务，这不算什么，谁见到这一幕都应该伸出援手，不能让不法分子逍遥法外。

下午 5 点多，武汉交通广播的新闻热线再次响起，热心的哥刘师傅爆料：鄂 AXQ×××副班司机徐永生很有可能就是我们要找的其中一位的哥。接到线索后，我们立即联系了车身专属色为橙黄色的联海出租汽车有限公司。午夜时分，记者终于见到了徐永生师傅。回忆起当天经过，他记忆犹新。

联海出租汽车有限公司徐永生：当时真的蛮危险的。我也不敢正面去拦，怕警察掉下来被自己的车碾到。我觉得那位警察蛮了不起，被拖行了两公里。要不是我的朋友告诉交通台，我也许永远不会提起这个事。

得知两位的哥被找到，受伤交警杨沛智显得异常兴奋。

杨沛智：虽然我现在还在接受治疗，行动不是很方便，但是如果能够找到那几位好心的的哥的话，我还是特别想见到他们，然后当面跟他们说一声谢谢！

还有一位英勇的的哥是谁呢？这辆参与救人的薄荷青色出租车，在全市 15 000 台出租车中符合条件的就有 3 000 多台，听众朋友，武汉交警、武汉交通广播爱心搜寻仍在进行中，如果有线索，欢迎向我们提供，希望尽快找到第三位英勇的的哥，本台也将进一步追踪报道。

寻找“逼停哥”（八）

听众朋友，武汉交通广播将“周国华、徐永生、谢员生三名勇救交警的的哥全部被找到”的新闻发布后，表达敬意、传颂正义的气氛在江城升腾，如今，他们拥有一个共同的名字——“逼停哥”。请听本台记者柳莺、王波、张涛的报道。

10 月 25 日，三名的哥在“肇事轿车拖行交警两公里”的生死现场，凭着第一反应做出行动，此后默默离开。

11 月 14 日，武汉市公安交管局召开表彰会，向三位的哥颁发“匡扶正义　见义勇为”的锦旗。

11 月 17 日，公安部交管局队伍建设处处长顾祝祥受部领导委托，专程来到武汉感谢他们三人，并慰问民警杨沛智。

公安部交管局队伍建设处处长顾祝祥：从英雄民警杨沛智的身上，我们看到爱岗敬业、严格执法、坚持原则、刚正不阿的一种职业精神，集中地体现了忠诚为民、公正廉洁的人民警察的核心价值观，也是我们大力弘扬的人民警察精神所在。从三位英雄的哥和一位好市民身上我们也看到，他们见义勇为、维护社会的公平正义，不愧为我们首义之城的典范。

这是对见义勇为的激励，对善良美德的褒奖，对社会正气的弘扬。他们是我们身边最最普通的人，他们是城市的“草根英雄”。

的哥周国华：我这个人就是爱热闹、爱交朋友，每天晚上 5 点接班，凌晨 5 点交班，其实工作压力也是蛮大的。我还是这句话，你们真的莫写我，武汉人天生就是热心肠，换了谁，谁都会这样做。

的哥徐永生：我这个人蛮简单，我最大的幸福就是晚上两点钟左右交车，回到家里，一边看电视，一边搞点花生米、搞点菜喝点小酒，心满意足地倒头就睡。

的哥谢员生：这次最开心、最骄傲的是我老婆，她总说我“岔”，没想到这回还“岔”出了点名堂。娘家里有 5 个党员，为这事还一起吃了顿饭，庆祝了一下。

日常生活平静如水，但在生命危急、救危助人的时刻，普通人能够托起社会的道德标杆，“草根英雄”能够激起人们心中的温暖。他们让我们相信，正义和善念是社会的主流，平静如初，温暖如常。

英雄就在这座城市中，英雄就在我们身边，英雄让我们相信美好，英雄让我们满怀希望。

听众朋友，武汉交通广播系列报道《寻找“逼停哥”》到此结束，感谢您的收听和参与，再见。

（五）多样性

根据不同事实内容的需要，根据不同栏目特点，广播连续报道可以是消息、通讯，也可以是特写、专访、评论，还有录音报道、现场报道，可以是同一体裁的，也可以是多种体裁的集合。

三、连续报道采制的基本要求

广播连续报道在具体的采制过程中，既要遵循一般的报道规律，也要体现出广播的声音传播特色。

（一）精心处理开头和结尾

连续报道是一个动态报道过程，在报道的最开始不可能向听众预告各次报道的侧重，所以一般开头就开门见山地介绍事件情况，把最显著的新闻事实报告给听众，以吸引他们听下去，并继续关注事态的发展。

但在后面的报道中，就要注意上下篇的衔接了。报纸的读者在不知道前面的报道内容时，可以翻看之前的报纸报道；而广播是线性传播特性，声音稍纵即逝，这就要求连续报道在内容上要注意上下篇的逻辑关系或时空顺序的衔接，在文字上要注意承上启下的衔接，便于受众了解、明白。所以，一般来说，连续报道的各次报道在报道的开头都会对前面的内容有一定重复，强调和重复关键的人物、事件、情节等，以避免老听众由于遗忘或新听众刚刚收听而带来的理解上的障碍，不使听众有陌生突兀的感觉。如第九章里提到过的 2007 年美国弗吉尼亚理工大学发生校园枪击案报道，每一次报道时都重复了一个主要事实“北京时间 19 点 15 分，美国弗吉尼亚理工大学发生恶性校园枪击案”。

连续报道的每一次报道又是下一次报道的开始，而事件的演变往往是未知的，听众对事件的后续发展有一种天生的好奇，这就要求报道的结束要善于营造一定的悬念，如用吸引听众的追问句式，或者“欲知后事如何，请听下回分解”，留下念想，或者是对事件阶段性结果的表述，让忙碌的听众产生“约会意识”，保证“准时赴约”，收听下一次报道。如前面举例的《寻找“逼停哥”》，第一篇的最后是：“昨天晚上 8 点，武汉交通广播连夜行动，迅速制作了‘寻找三位英勇的哥’的音频在全台滚动播出，希望市民提供线索，帮助我们尽快找到三位英雄，24 小时新闻热线 8576××××，本台也将进一步追踪报道。”这里留下了悬念。第二篇报道已经找到两位英雄了，那在最后结尾时就提出了追问：“还有一位英勇的的哥是谁呢？这辆参与救人的薄荷青色出租车，在全市 15 000 台出租车中符合条件的就有 3 000 多台，听众朋友，武汉交警、武汉交通广播爱心搜寻仍在进行中，如果有线索，欢迎向我们提供，希望尽快找到第三位英勇的哥，本台也将进一步追踪报道。”

（二）逐步递进，报道最新情况

连续报道总体的完整性和单体的独立性特点，就要求在报道的采制过程中不断添加和变动新闻依据，每次报道都是新闻事件的刚刚发生的最新进展和动向，分段、分层地将事件发展中有价值的信息及时传播给受众，由浅入深，一环扣一环地逐步递进，最终完成整个报道。仍以 2007 年美国弗吉尼亚理工大学发生校园枪击案报道为例，在那组连续报道中，电台记者不断跟进报道，在各时段滚动播出这则消息的时候，就根据事件发展的最新进展而报道。如：

本台最新消息：

当地时间 16 日 7 点 15 分，北京时间 19 点 15 分，美国弗吉尼亚理工大学发生恶性校园枪击案，造成 33 人死亡，枪手本人开枪自杀。

本台最新消息：

北京时间 19 点 15 分，发生在美国弗吉尼亚理工大学发生恶性校园枪击案，枪手为韩国人，是这所学校的学生，名字叫赵承熙。

本台最新消息：

根据美国警方最新调查，发生于 19 点 15 分的美国弗吉尼亚理工大学恶性校园枪击案，枪手赵承熙 9 分钟打出 170 发子弹。

第一条消息主要告知听众的是枪击案、死亡人数等最初获得的信息；第二条消息告知听众的是枪手的身份得到确认；第三条消息则将最新获得的信息——行凶细节告知了听众，连续报道中每则消息都有最新的时间、最新的结果。

（三）把握好节目时间

广播的传播特性要求记者做连续报道时要把握好报道的时间分寸。

1. 节目长短要适宜

“连续报道的选题基本上排除持续时间太长、节奏太缓慢和持续时间太短、节奏太急促这两类。”① 这就是说，连续报道持续播出的时间长度要适宜，时间过长，会造成听众的收听困难，往往会错过一些节目的播出；过短，又无法形成报道规模，就没必要做连续报道了。就每一篇报道来说，全国广播电视评奖时，允许连续报道、系列报道每一篇的长度不超过五分钟。

---

① 曹璐、罗哲宇：《广播新闻业务》（第 2 版），252 页，北京，中国传媒大学出版社，2010。

需要警惕一个容易犯的毛病是下一篇炒上一篇的冷饭；本来一次报道即可完成的小事件，不要硬拉成连续报道；本来写两篇就可以了，不要硬拉成三篇。

2. 播出时间要恰当

连续报道究竟是在开始采访形成报道计划时就边采访边播出呢，还是在采访全部结束之后再做节目呢？原则上应该是根据报道题材的具体特点来定，也需要记者把握好恰当的时机，适时推出。

比较一下安徽人民广播电台播出的《怀远四兄弟携带特种挖掘机，自费奔赴地震灾区抢修道路》和唐山人民广播电台播出的《千里冰雪见真情》，就可见播出时间的不同，效果是不一样的。

这两组报道都是2008年的作品，都是外地农民兄弟自费包车、千里驰援，前者反映的是四川汶川地震救灾，后者反映的湖南郴州抗冰救灾。但是安徽台在记者获得线索后，派出记者第一时间进行跟踪报道，从四兄弟出发到最后凯旋，前后持续了半个多月，每天前后方编辑、记者都积极选择报道角度、策划报道主题，记者也冒着生命危险在一线工地采访，大量采用了现场录音、电话连线等形式进行跟进式报道，连续报道了16篇，生动记录了安徽农民不惧危险、不计代价，与灾区人民患难与共的感人事迹。而唐山台是年前冰灾发生到年后初七上班才获知消息，然后派出采访组赶赴郴州，在之后的近半个月的时间里，记者和13位农民兄弟吃住在一起，摸爬滚打在一起，采写了上、中、下三篇报道，连续播出。它没有按照驰援的进展来展开报道，而是从事件发展的不同角度来报道，内容较为扎实，音响也很丰富，但总体上感觉报道多概括性描述，细节展示不太多，而且由于是在冰灾后期采制的，救援最艰难的时刻已经过去，对那段时间的报道只能是事后描述，感染力上自然欠缺些，听众对那场冰灾的感受也会弱于春节前冰灾最严重的时候。

这两组连续报道都入围了中国新闻奖评奖，但最终安徽台的报道获得第19届中国新闻奖二等奖，唐山台的报道落选了。

（四）把握好节奏

连续报道的各次报道不是按照“平均主义”的原则来安排的，它是有一定的内在节奏的。对同一新闻做多次报道和多单元集合，要根据报道内容的多寡和分量的轻重来安排每次报道的长短、形式，形成一定的舆论强势，当新闻进展较快时，可增加报道密度；反之则减少，以形成良好的节奏。

（五）关注社会反响

连续报道开始后，要注意社会反响，并可适当地把社会反响写成报道，成为连续报道的组成部分。这样，就可以形成呼应，造成更好的社会效果。如前面提及的《8·4日本遗弃化学武器伤人事件》、《寻找“逼停哥”》等，都注意把老百姓对事件的反应放到连续报道中，形成一种舆论合力。

第二节 | 系列报道

系列报道这种报道样式最早出现在报纸上，后来广播移植了这种形式，并依据广播的特点对其进行了一定的改造，“如将录音报道与现场报道相结合，将分析性的深度报道引入系列报道，有的甚至将系列报道与连续报道的某些特定进行了糅合，创造出更加有利于发挥广播优势的新形式”①。

一、系列报道的定义

系列报道是围绕同一新闻题材和主题从不同侧面、不同角度做多次、连续、成组的报道，以求对新闻事实做比较系统、全面、有一定深度的报道。

解析这个定义，可以得到的关键词是：同主题、多侧面、多次报道。由此可以看出，系列报道与连续报道之间有着相似之处，如：都是持续播出形式展开报道，报道篇数通常不少于三篇；都具有报道主题的同一性；各篇报道之间都存在一定的联系，但又相对独立等。

但系列报道又与连续报道有着明显的不同，其最大的不同就是，连续报道面对的是同一新闻事件，系列报道面对的是多侧面事实，打造的是同一主题。所以连续报道沿着事件时间顺序，整个报道呈纵向发展态势；而系列报道只是对一新闻题材进行多角度的审视，整个报道呈横向展开态势，组成系列报道的多个报道没有外在的时态联系，却有内在的逻辑联系——这就是要集合在同一主题思想之下，实现对新闻事实做比较系统、全面、有一定深度的报道。

正因如此，系列报道的对象通常不是单一的事件，一般都是时空跨度大、涉及范围广的社会问题，成就类、经验类报道或人物报道，即通常说的“非事件”题材。当然也有少量的事件题材，那一定是此事件涉及的问题较复杂，才会由单个事件的持续报道拓展为多层面、多角度地分析报道，给人以全面的印象。

二、系列报道的特点

在与连续报道的对比中，我们已经可以看到系列报道的诸多特点。

（一）主题的同一和集中

系列报道的规模大小不同，小的三五篇，大的有十来篇，甚至上百篇，但它都要围绕同一主题来进行，主题集中不分散，不能跑题。如中央人民广播电台“经济之声”播出的《经济转变 100 问》（获得第 21 届中国新闻奖二等奖），尽管有 100 篇的超大篇幅，但篇篇

① 王宇：《现代广播新闻实务》，163 页，北京，中国广播电视出版社，2009。

都是围绕着“全面揭示转变经济发展方式中的问题和矛盾，提出破解‘经济转型’的新思路和好做法”来做文章的。

（二）内容的广博和深刻

系列报道的一个显著特点就是多角度、多侧面围绕同一主题反映各方面的情况，内容广博，信息量大。也正因为系列报道可以有巨大的篇幅、广泛的内容，才使广播有体量把所反映的问题说深说透，做出思辨性的剖析，讲清来龙去脉、发展变化，得出规律性认识，给明天的发展以理性的启迪。

同样都是做深度报道，“但连续报道的深是在对新闻事件最新事态的逐步反映中累积而形成的，是整体的深，系列报道的深是站在宏观的高度，对新闻事件进行归纳、分析、解释的基础上形成的，是思维的深，比连续报道更显得内容丰富，内涵深透”①。

所以说，在做深度报道上，系列报道独具优势。

如前所提及的大型系列报道《经济转变 100 问》，通过记者思考的视角以及政府的声音、企业的声音、专家的声音，多层面、多角度对问题进行剖析，“解读式”报道，体现出思辨性，实现了报道的更“专业”、更“深刻”、更“深入”、更“前沿”。该报道播出后产生了强烈的社会反响，受到中宣部、相关部委高层领导、专家及听众的高度评价，一些地方政府机关打电话要求作为学习材料，先后有九家出版社要求结集出版。

（三）报道的计划性和系统性

与连续报道是跟踪报道、前后报道时序性强不同，系列报道往往是在新闻事件发生后，再站在一个统观全局的高度，针对其各个重要方面所做出的一个系统综合的报道，所以它通常在报道播出之前已经有了完整的报道计划，虽然在播出的时序上没有明显要求，但实际上，系列报道的组合是有机的联系，整组报道围绕哪些内容展开，哪篇在前，哪篇在后，都经过了报道者的精心选择和安排。

如北京人民广播电台播出的系列报道《探访大学生就业之路》（获得第 20 届中国新闻奖一等奖），在摆问题、追究原因的同时，总结、归纳出多条解决问题的办法和思路，通过一个个就业故事，折射出全社会对大学生就业之路关注的目光。

整组系列报道开门见山，在第一集《2009，我的工作在哪里?》中就摆出当年北京地区的大学生面临的严峻就业形势，随后，话题逐步深入，探访大学生就业的难点，“找一份工作需要迈过几道‘坎’?”“女大学生就业有多难?”多角度、多层面地发现问题、追寻根源、寻找答案。在揭示就业难这一表象的同时，也通过“第一份薪水要多少?”、“就业的心理压力有多大?”等篇目从心理方面挖掘原因，并为大学生开出疏导良方。

探访大学生就业难这样的话题，社会层面的问题不容回避。求职信息从何而来？政府的各项就业扶植政策是不是及时到位？企业应不应该帮助大学生获得第一份工作经验？高校该如何以社会需求为导向，探索培养和就业有效衔接的人才培养机制？这样的思考一直

---

① 沈嘉熠：《广播学概论》，185 页，上海，上海外语教育出版社，2007。

贯穿在系列报道的后半部分。

在《探访大学生就业之路》系列报道中，还有很重要的一部分，就是剖析一些大学生成功就业的经验，给未来者提供最有说服力的选择。比如社区工作者、淘宝式就业等，通过创新思路，为大学生就业开辟新天地。

显然，整组报道涉及哪些内容，这些内容将以何种形式出现，放在哪部分，报道者都是有考量的，做了精心安排，才使整组系列报道层次清晰，线条分明，主题更加突出。

三、系列报道采制的基本要求

系列报道的采制与连续报道有一些共通之处，如对时间的把握、对报道节奏的把握、对报道开头和结尾的处理、重复重要信息等，这里就不再赘述了。

系列报道能否采制成功，最关键的是要周到策划，精心设计系列。要在总主题的统率下，每条新闻作纵向、横向开拓，使整体报道立体化；从整体目标出发去选择每条新闻的组合排列，同时注意每条新闻的信息量、报道水平，使单条新闻发挥应有的作用，形成整体报道的综合效应。中央人民广播电台高级记者曹仁义曾在中央台牵头做过大型系列报道《重唱创业歌》、《民族正气歌》、《煤海之魂》、《今日大庆人》等报道，他回忆说："我的经验之一就是重视策划阶段。我把它叫做'侃三天'，就是报道团队坐在一起围绕实现主题、报道篇目、采访展开等问题，至少要策划三天。"① 像中央电台"经济之声"历时半年，调动全频率力量潜心策划，精心组织，深入一线实地采访调研，才倾力打造了年度大型报道《经济转变 100 问》。

按策划分到篇目的记者，出发采访前还要对自己的篇目做出设计，包括叫什么题目，怎样开头、结尾，每个段落层次的内容，采录哪些人物的谈话，谈话录音和其他音响放在哪一段，等等，设计得越细致越好。如果展开采访后，发现实际情况与设计不一致，当然要按实际情况做出调整。

具体写作时要尽可能做到微观切入、宏观展开、以小见大。因为系列报道都是宏大、宏观主题，为了让受众可感、可知，就得由一个点的情况写起，逐步过渡到整体情况，包括体现整体情况的数据、整体面貌的描写等。换句话说，就是要有点有面，写得立体、厚重，有思想，有亮点。

思考题

1. 广播连续报道为什么要精心处理开头和结尾？
2. 为什么说广播连续报道为报道的深度挖掘提供了可能？
3. 广播的连续报道与系列报道有什么不同？

① 曹仁义：《连续报道和系列报道》，载《中国广播》，2010（4）。

热爱广播吧
——广播的明日之路

提出“人类是娱乐至死的物种”观点的美国学者波兹曼曾经认为，广播媒介正在衰落，文字将被影像所取代。现实的发展果真如此吗？难道广播在现代信息社会或者网络社会、娱乐时代就真的要衰亡了吗？

答案肯定是否定的。早在电视开始蓬勃发展起来的时候，就有人唱衰广播，结果是，广播绝地奋起，不仅没有消亡，反而迎来了发展的第二春，这些年更是发展势头不减。

著名的传播学家麦克卢汉曾经说过，广播是一种深刻而古老的力量，是连接最悠远的岁月和早已忘却的经验的纽带。这就是我们的广播，还是那句话：热爱广播吧！

广播媒体的发展空间

本章学习要点

1. **正确理解当代广播发展的特殊社会意义**
2. **了解我国当代广播节目形态的创新变化**
3. **了解广播与网络的融合变化**

提出“人类是娱乐至死的物种”观点的美国学者波兹曼曾经认为，广播媒介正在衰落，文字被影像所取代。现实的发展果真如此吗？

第一节 | 当代广播发展的特殊社会意义

正像联合国教科文组织国际交流问题研究委员会在评价广播时所指出的，在广大的发展中国家，“目前还没有任何其他工具具有这样的潜力，影响如此多人，能够如此有效地起到消息报道、教育、文化和娱乐作用”。当今时代，与电视相比，与其最初产生出现时相比，广播的地位和影响的确是小了许多，但它仍然是一个有着广泛大众基础的媒介。

为什么这么说呢？

我们知道，近年来，随着移动人群的增加和广播媒介改革的深入，广播发展迎来了新的机遇。就像美国广播界曾经的那句名言，“车轮子和干电池拯救了广播”，说的是20世纪六七十年代，当美国广播受到电视的强烈威胁地位难保之时，汽车工业的发展赋予了广播移动的优势，保住了广播电台的地位，广播才能持续发展到今天。如今中国广播事业的发展同样也正受惠于“车轮子与干电池”。都市中交通拥堵，私家车主在长时间的行驶和等待过程中往往选择与广播相伴来打发路途中的无聊时间。来自美国的一组数据很能说明问题，截至2007年，美国有11 000多家广播电台，平均每个家庭有五台收音机。2009年以来，电视和报纸的受众数都有不同程度的下滑，而广播的听众人数却在上升。广播在美国的年收入将近150亿美元，这个数字比全美动画片票房、唱片、磁带及CD的销售额都高。有人甚至预言，广播将像汽车工业那样回到主流消费之列。

“广播的诞生靠的是技术支撑，广播的发展靠的也是技术支撑。”① 无线电、大功率发射机和高灵敏度电子管接收机的发明和广泛使用造就了广播的初始形态。数字技术的进步使手机、MP3等电子设备内置广播模块成为可能，为收听广播提供了更为便利的接收形式。使用数码设备收听广播成为年轻群体的又一时尚标志，广播媒介的受众群体开始扩大。

此外，互联网技术的发展也拓宽了广播节目的接收渠道，网络广播、在线收听等新兴广播形式给广播的发展带来了无限生机。许多广播电台都建立了自己的网站，提供节目单查询、往期节目内容下载以及实时节目网上收听等服务，增加了广播的受众接收途径，也为广播媒体开辟了新的发展空间。在无线上网技术已非常普及的美国，Wi-Fi接入为互联网电台的发展提供了成熟的平台。为适应互联网电台的发展，美国已经出现了支持Wi-Fi

① 胡正荣等：《广播的创新与发展》，5页，北京，北京广播学院出版社，2004。

无线技术、专门用来收听互联网电台的收音机，这样，在保持广播的随身性的同时也克服了地域等接收条件的限制，只要在有无线网络的地方就可以接收全球各地的广播，这不能不说是得益于技术的发展。

应该说，在广播的发展过程中，正是广播传播信息的高度便捷性、高度广泛性、高度跨时空性，使得时至今日，广播非但没有消亡，反而是逐渐走出发展的低谷，依然是具有“世界硬通货”意义的传播媒介（图 15—1），并发挥着举足轻重的作用。

图 15—1　阿富汗村民收到荷兰驻阿部队赠送的收音机，开心收听新闻。在世界的许多地区，广播依然是当地人最重要的信息渠道

资料来源：金羊网，2010-02-02。

再从实际需求来看，我们的社会也依然需要广播。特别是近些年来，突发性事件、突发性的灾难事件频发，广播以其独特的新闻传播优势，每每成为唯一的信息通道，显示出其不可替代性。所以，有专家认为，在非常时期，广播可以独领风骚。

2008 年年初，春节前夕，我国南方的冰雪灾害阻断了人们归家的路途，也阻断了信息的顺畅传达。在恶劣环境中广播媒体一马当先，利用其节目制作简单、信号覆盖广、接受便利的优点，挑起了灾情信息传达的重担。中央人民广播电台推出 24 小时《爱心守望，风雪同行》，打断常规节目的播出，充当百姓的贴心使者，在信息报道、灾情发布等方面彰显出独特的媒介社会功能。国务院各有关部委纷纷将中央人民广播电台作为发布灾情、抗灾、救灾信息首选媒体，公安部、铁道部将《爱心守望，风雪同行》特别节目作为第一信息发布平台。

节目播出后，得到了中央领导、社会各界尤其是灾区群众的高度肯定，时任总理温家宝专门通过该节目向全国听众拜年，李长春、刘云山等中央领导同志专门批示并给予高度评价。李长春的批示是：“在各种媒体争芳斗艳中，广播仍是不可替代的媒体，特别是其

‘随身听’的特点，深受百姓喜欢。”民革中央等根据该节目发挥的重大作用提出将中央广播纳入国家应急体系的议案并得到有关部门批复认可。

同样地，2008 年 5 月 12 日汶川大地震爆发，当震区一切通信、交通中断，灾民无法与外界联系时，广播又一次成为了解外界信息的唯一途径。电视信号、手机信号的传输被破坏，报纸更是无法送达，这时的广播起着举足轻重的作用。中央人民广播电台又及时推出了 24 小时特别直播节目《汶川紧急救援》，第一时间给灾区人民带去温暖与希望，成为灾区与外界沟通的桥梁。

据赛立信媒介研究公司调查显示，有超过一半的（53%）受访者是主要通过广播了解相关情况，这个比例要远高于平时人们获取信息渠道的情况，远高于报纸（35%）和手机信息（13%）。调查还显示，在汶川地震发生以后不到 10 天的时间里，有 76%的受访者收听过广播节目（包括通过网上收听广播），这一比例较平时收听广播的听众比例高出 16.8 个百分点（2007 年全国广播接触率为 59.2%，赛立信媒介公司调查数据）。在地震期间收听过广播节目的受访者中，有 42%的人会“时刻留意”灾区的最新消息，33%的人表示“经常留意”，还有 25%的人表示“有时会留意”。

这两次特别直播节目的实践证明，大灾之时有更多的人收听广播，在大范围、突发性灾害天气面前，广播无疑是最有效的传播媒体。政府部门借助覆盖全国的中央电台及时发布信息，协调救援，是提高救灾效率和质量的重要手段。

在国际上亦是如此。2004 年 12 月 26 日，印度洋发生海啸。印度南部的沿海村庄里有 7 000 名村名幸免于难，救了这些人的正是挂在高杆上的大喇叭。原来，维拉伯蒂讷姆村一个名叫马尼的渔民和其他 400 多人一起刚刚从海里捕鱼回来，他们最先发现了快速翻滚涌来的大浪。他们立刻奔到村里的“信息传播中心”，通过那里的公共广播系统播送了发生海啸的消息，让村民们赶紧逃命。

在日本，广播电台也依然显示出其强大的生命力，时刻让人体味到“收音机文化”。特别是在 2011 年的“3·11”日本大地震后，东京这一国际大都市遭遇停电，媒体传播业也面临考验，地震发生当天，手机一时无法接通，而身上带有收音机的人却能够及时得知交通信息，派上大用场的收音机成为“灾害媒体”。据气象信息会社的统计，在岩手、宫城县，有 35%～36%的人是从收音机上得知海啸消息的。设于仙台市的东北电台，从地震发生的 3 月 11—22 日，每天 24 小时没有插播广告地播出灾害信息，成为民众重要的信息来源。其实，“日本放送”30 年前就设定了一个系统，即确认灾害发生时私立学校学生安全与否的信息系统，这次这个系统派上了大用场，在地震后的两天时间里，在“日本放送”的系统上登录的 672 所学校中有 150 所学校在电台播出了学生是否安全的信息。

现实让人们意识到广播的不可替代性，各个国家对此高度重视，广播再次成为投资巨大的至关重要的领域。

著名的传播学家麦克卢汉曾经说过，广播是一种深刻而古老的力量，是连接最悠远的岁月和早已忘却的经验的纽带。这就是我们的广播，还是那句话：热爱广播吧！

第二节 | 我国当代广播节目形态的创新

近百年的历程中，广播在与报纸、电视的竞争中努力自己走路，走自己的路，开发出很多独具广播特色的节目样式，创造了属于自己的辉煌。在当今新的媒介生态环境下，广播的很多节目依然散发着独有的魅力，一直沿用至今，在与新媒体的结合上，广播又开辟出一片新的天地。

一、广播节目内容的拓展空间

（一）类型化

由于广播的特殊性质，采取综合性、泛化的发展道路并非良策。反之，市场细分成为当前广播媒体发展的一大趋势，类型化频率开始兴起。这一趋势的出现是广播媒体激烈竞争的结果，是政策推动的目标，也是广播适应分众化潮流、充分满足受众需求的必经之路。

经济的发展、社会的变革使人们的价值观念和生活方式变得更为自由和多元化。与此同时，广播的接收方式也日趋多样化，这是由其收听的便携性所决定的，广播收听呈现出很强的随意性，不局限于某一事件、某一地点。广播的便携性决定了大部分听众并不是抱着特定的目的来收听节目的。所以，当听众在听到某个频道的某个节目时，如果这一节目能够符合他的兴趣、吸引住他的耳朵，那么这个节目就是成功的。这样的节目需求也必然导致类型化频道的繁荣。足够地专业化、类型化才能做到最大可能地吸引听众。

类型化电台，又名格式化电台，英译为 format radio。与它相对的概念是栏目化电台，或称堆砌栏目的电台（block programming radio）。听众对类型化电台的频率内容定位和品牌有明确的认知，收听无需节目表，随时开机收听。而栏目化的频率，则需依照节目表收听，其播出的内容并非为听众所需的全部内容。

有专家学者认为，我国从 20 世纪 80 年代至今，广播运行模式经历了三次裂变：第一次是以 1986 年珠江经济广播电台成立为标志的“珠江模式”；第二次是以 1992 年上海东方广播电台成立为标志的“东广模式”；第三次就是 2002 年底我国第一个类型化音乐广播——中央人民广播电台“音乐之声”的诞生。由此，国内的广播电台开始了类型化电台的探索。

目前，最新出现的类型化全新闻广播是广播专业化和频率细分化的结果。近几年来，国内新闻类节目的发展趋势之一就是格式化编排的运用。2005 年开播的中国国际广播电台环球资讯广播属于全新闻广播定位，采取了格式化的编排方式。它以一小时为单位，每小时又分为若干内容板块，全天即时滚动播出最新鲜的新闻资讯。这种节目编排的优点是信息量大、时效性强，真正实现了新闻的滚动播出，做到了“听新闻不用等”，实现了理想的新闻信息传播与接受方式——在需要新闻时随时打开收音机。

但是，全新闻广播对媒体的采编力量要求是很高的，必须要有大量的新闻信息来源才能够支撑起这种节目编排方式对新闻量的需求。出于种种原因，环球资讯广播在运行一段时间后，已经对其节目编排做出了部分调整。国内其他一些打出全新闻广播旗号的电台也都根据自身情况对这种编排方式进行了改动，采取了半格式化的编排方法。例如，2007年1月1日起改版的杭州新闻广播。作为国内首家格式化城市新闻广播的电台，杭州新闻广播以新闻、气象、交通、资讯和音乐为主体内容，每30分钟刷新一次。新闻、气象、交通、资讯和音乐的比例为4∶6。使用这种半新闻格式化编排，决策者正是希望既能保证新闻密集滚动播出，又能避免市级电台无法承受的高投入、高成本，同时，也能满足听众在任何30分钟时段内，听到最新的新闻。

目前，国内基本形成三种新闻台格式化编排模式。①

1. 东广新闻台：标准时钟滚动构架，20分钟一轮盘

在中国内地类型化新闻台的节目设置上，上海东广新闻台是最彻底的类型化新闻台，它参照了国外最典型的类型化电台的架构——时钟滚动架构。在改版之前，东广主创曾经远赴纽约学习美国最典型的类型化新闻电台——1010WINS的理念和运作方式。这个台的新闻都是提要式的，每条长度不超过40秒。在它的节目里，每20分钟就有一条重要的头条新闻，每小时播6次交通路况，每4分钟有1次天气预报，每小时有2次专家对天气形势的分析，每小时还有1次专家对体育的点评。这种格式已经运作了30多年。听众不管什么时候打开收音机，都能听到他所喜欢的内容。

东广新闻台的架构几乎照搬了1010WINS的模式，每个小时分三节，一节20分钟，每节的模板都是一模一样的，照着这个架构滚动下去。这种模式的好处是结构简单清楚，听众容易获取到新闻和信息，架构具有高度开放性，可以随时插播突发新闻和重大事件，实现第一时间的报道权。这种模式的挑战在于对信息量的要求极高，在新闻量不足的情况下重复率过高，听众不容易持续收听。

2. 江苏新闻广播：30分钟刷新，新闻轮盘＋谈话

2007年1月6日开播的江苏全新闻调频，是中国第一家省级类型化新闻台，也是中国第一家广播与电视联手共建的新闻广播电台。它与江苏电视台的城市频道实行资源共享，以《南京零距离》为代表的城市频道的优质内容资源在江苏全新闻调频被二度开发。

江苏新闻广播在构架上采取了30分钟一轮的滚动格式。除了6：00—10：00早间板块节目、17：30—20：00晚间板块之外，其他时段全部是滚动板块，每30分钟里面，由12分钟资讯＋18分钟延伸节目构成。每次12分钟的资讯模板是固定的，每时段由提要、天气、头条、省内、国内、国际、文体、生活提醒和城市天气预报组成，18分钟的延伸节目则没有固定模式，以谈话为主，有评论、新闻故事、重点事件关注，采用了专家评析、热线电话等多种手段，重在评论、深度剖析和背景分析。

江苏新闻广播采用了比较典型的格式化构架，以早、晚新闻板块加上全天整半点的滚

---

① 参见张云：《类型化新闻广播的三种模式》，载《视听界》，2011（2）。

动新闻，辅以评论、深度观察、新闻背景等延伸内容，组成缜密、充实的新闻节目格局。这是更加适合国情的类型化新闻台的构架，早、晚板块新闻满足了传统收听习惯，每30分钟滚动刷新的即时资讯，满足听众对信息的需求，开放度高，突发事件可以随时插播和跟进，实现“第一时间、第一现场”的理念。随之而来的延伸节目针对重点事件和热点话题进行深度解读，满足受众对于信息深度挖掘的渴求。这种模式的挑战是要同时做好新闻和评论，对采编播人员的专业要求更高，另一个问题是构架存在复播，比如所有的滚动资讯都是直播，而下午和晚间时段的延伸节目有复播，复播时段对于突发事件的灵敏度会打折扣。

3. “中国之声”：早、中、晚板块＋轮盘

中央人民广播电台“中国之声”是全天24小时不间断直播的中国新闻广播的第一品牌。从2004年到2010年的六年，“中国之声”完成了其由综合频率到新闻频率的华丽转身。2008年奥运会之后，“中国之声”正式推出了新一轮的改革，从2008年到2010年的三年，“中国之声”完成了其作为类型化新闻频率的第一个飞跃式发展，已呈现出专业的新闻台形象，部分采用了格式化的模式。

今天的“中国之声”以“最新闻”为鲜明标识。从早上6点半到晚间24点，新闻直播连缀不断。全天节目以“新闻板块＋新闻轮盘”的全新模式为架构，全天除了20：00—20：30之间的《小喇叭》外，各个时段全线打通，周一到周日也全部打通，其中，板块节目更占分量，早间6：00—9：00三个小时的大容量板块节目，中午一小时的板块节目，晚间18：30—21：00还有两个半小时的板块和专题节目，其他时段有六档《央广新闻》，均为新闻轮盘，这个六档《央广新闻》采用了格式化模式。新闻轮盘中的内容设置格式是相同的，每半小时滚动播出，栏目感有所弱化。

目前，“中国之声”的新闻传播随时间和事件呈线型流程推进，报道与事件同步，评论与报道同步，新闻大进大出，不间断，无阻隔，新闻比率由原来不足全天节目的40%，迅速上升到85%以上，每天播出的新闻由200～300条猛增至800～1 000条，新闻首发率和原创率大幅提升，报道的角度也更加多元和丰富。①

“中国之声”采用的模式更加丰富和杂糅，更加符合大台的风格。类型化并非结构越纯越好，还是要看具体情况。“中国之声”的改版非常成功，板块节目丰富有深度有策划，新闻轮盘重时效和连线，评论员队伍资源也是地方台望尘莫及的。“中国之声”在节目流程中给评论员留了很多空间，运用评论员弥补了很多采、编、播人员专业素质的不足，提供了及时的信息和观点。当然“中国之声”也存在不少问题，这些问题暂时无法解决，毕竟有些非新闻专题节目还是需要播出平台。“中国之声”这种模式的挑战，同样在于对采编播要求极高。

（二）本土化

在我国，除中央级广播的信号能够覆盖全国绝大部分地区外，地方性广播的受众往往

---

① 参见马莉：《七十年的坚守：人民广播为人民——访中央人民广播电台副总编辑史敏》，载《传媒》，2011（7）。

局限在某一地区。而且，“就未来媒介发展来讲，中小规模电台更具活力”[①]。本土化成为广播发展的一大趋势。因此，广播发展需要实行本土化策略。这要求地方性的省级尤其是市级广播电台必须开办贴近本地风土人情的节目，惟其如此，才能引起听众的共鸣、拉近与听众的距离。

目前，我国已经有部分地区的广播电台做了有益的本土化尝试，如廊坊电台。廊坊市历史悠久，有着深厚的戏剧曲艺文化底蕴。河北梆子、京剧、评剧等剧种都在当地广受欢迎，有着大量戏曲爱好者。廊坊电台正是抓住了这一优势，利用广大戏曲爱好者的需求来实现本土化的发展目标。2006 年，廊坊电台成立了河北省首家戏曲曲艺专业频率，迅速在听众中引起强烈反响，收听率不断提高，并以节目为依托成立了戏迷俱乐部，举办了大量活动，吸引了更多听众，扩大了节目的社会影响力。

在当前条件下，我国的广播媒体的本土化进程尚处于尝试性的初级阶段，但“广播未来的区域化特征将越来越显著，依托‘地缘’建立的收听联系将主导未来广播的走向”[②]。

如，社区网络电台，可以理解为聚合传统听友，同时拓展网络听友、延伸电台节目平台的类型化 SNS 类媒体。这种新型网络电台，既具有一般 SNS 类社交网站的优势，又能延伸和拓展电台固有的音频传播特质，是打破时间、空间，将广播从业人员、听众、网友连接在一起的网络社会化（可移动化）的网络新平台。网络社区广播可以以目前一般的 SNS 类媒体作为基础（如开心网、人人网等)，加入简易的广播（音频）节目制作程序，让用户上传、分享自己制作的简易音频节目，分享、收听社区友人的节目；电台主办的社区网络电台，可以提供专业主持人的节目，达到社区化的收听效果，方便在线沟通。社区网络电台的手机应用客户端，可提供移动化的社区电台节目（或音频文件）上传、收听功能，打破地域界限。

广播容易和小型社区发生非集中化的、亲密的关系。这种非集中化的、亲密关系正是现代社会中人们所渴求的一种生存方式。个人在一个集中化的社会中往往是被淹没或者否定的，集中化建立起人和人的某种关系纽带，但不是亲密关系。那种没有功利色彩的家庭居住社区，是人们内心渴望亲密关系以获得工作以外的生存环境（没有外在压力）的释放区，社区广播无疑可以承担这种角色。[③]

（三）服务性

在日益激烈的媒体竞争环境下，在节奏日益加快的城市生活中，越来越多的人开始依赖广播提供服务性信息。这为广播的发展提供了一个新的途径。近年来各地都涌现出了一批“贴近实际，贴近生活，贴近群众”的节目，这些为听众服务的节目都牢牢地立足于收听率排行的前列。这可能是各地广播在未来激烈的市场竞争中克敌制胜的一个突破口。

---

① 曹璐：《解读广播——曹璐自选集》，57 页，北京，北京广播学院出版社，2004。

② 栾轶玫：《广播 2009：小趋势 VS 贵广播》，载《视听界》，2009（2）。

③ 参见李岩：《广播学导论》，109 页，杭州，浙江大学出版社，2005。

1. 满足需求

服务性节目可以为广播电台带来很大的效益，因为当一个节目能为听众带来切实的帮助时，它必然会受到听众的重视，会在听众的心目中占据重要地位。如北京文艺广播的《吃喝玩乐大搜索》节目，正是满足了人们在基本生活之外不断增多的物质和精神需求，在每天 17 点 30 分的下班路程中，提供给人们可供参考的吃喝玩乐信息。还有中国国际广播电台轻松调频的《摩天轮》节目，它在每天 12：00—14：00 的午后时光，以轻松的音乐、聊天式的主持方式、地道而实用的英语表达为听众带来一栏轻松的双语广播节目。它并非英语教学节目，但却满足了城市中的学生或白领有学习英语的需要但又不愿意收听呆板严肃的教学节目的心理需求。

2. 专业化

南京体育台《家有好房》、《买家时代》曾是南京影响力最大、专业能力最强的房地产专业广播节目，拥有庞大的收听人群。两档节目都是由殷德华主持，他的名字往往被冠以“著名房地产专业主持人、资深房产专家”等称呼，是一名非常具有专业经验的专家型主持人。由于这些节目带来大量房地产广告，南京电台还计划成立以房地产广告代理为主的节目制作公司。类似的例子很多，如江苏交通广播网的《二手车市》节目主持人大鹏，台里专门把他送出去培训，并且获得汽车估价师资格；江苏健康广播《正清导医台》的节目主持人正清是名全科医师等。

3. 权威性

《秘书长热线》是珠江经济广播早间名牌栏目。它是请省市消协秘书长为节目嘉宾，现场解决消费者投诉的节目。该节目充分利用广播即时和互动性强的特色，每期邀请一位消协的秘书长到直播室担任嘉宾主持，现场接受消费者的咨询和投诉，曝光消费陷阱，搭建商家与消费者的沟通桥梁。最吸引人的是让消费者和被投诉者当场对话，消费者棘手的问题通常在节目中就能得到解决，节目中不能解决的也会派记者跟踪落实。

（四）受众主体性

在广播受众中，中下层听众占有相当大的比例。从媒介的社会责任角度讲，不能忽视这部分听众。在打造流行、前卫、高端节目的同时，也要顾及中下层受众群体的权益和信息需求，比如农民工、老年人等。在日本、美国的广播媒体中，老年电台、老年节目颇受欢迎。这一经验也值得我国广播借鉴。

根据第六次全国人口普查数据，我国 60 岁及以上人口占总人口的 13%，较 10 年前上升 2.93 个百分点。目前我国 60 岁以上老年人口已达 1.69 亿，且每年以近 1 000 万的速度增加。[①] 我国社会老龄化趋势日益明显，老年群体受到越来越多的关注，而老年群体也是

---

① 参见《中国老龄化加剧　养老产业蕴藏一万亿金矿》，见中国新闻网，2009-10-12。

广播受众的最大群体。根据中央人民广播电台全国听众收听状况调查，全国 60 岁以上老年听众经常收听广播节目的占 38.8%，老年节目的关注度高达 17.8%。受文化水平、接受能力、经济条件、作息习惯等因素限制，网络、手机等新媒体对老年受众分化力不强。针对老年群体的生理心理特点，传统广播的生活服务、养生保健、休闲娱乐、心灵慰藉类节目应得到重视。“银发经济”蕴涵的商机给老年广播节目运作奠定了坚实的物质基础，也给广播带来了发展机遇，作为一个庞大的听众群体，银发一族有待开发，开拓老年受众市场将是广播从业者努力的方向。

再者，广播以声音作为唯一的传播符号，具有很强的情感魅力。将“以人为本”作为广播的核心理念，更多关注受众的情感需求、生存和精神状态，实现与受众思想感情的沟通，成为受众的“心灵家园”。就如中央人民广播电台的“都市之声”频道的《都市不眠夜》，每天从 22 点直播到凌晨 1 点，主持人充满磁性的声音和深沉感人的故事伴随着动人的音乐，针对失眠或晚睡者，在宁静的午夜抚慰各种各样的心情。

二、广播节目形式的创新趋向

（一）广播节目出现角色化表演

辽宁电台的《新乌鸦与麻雀》节目的两位主持人以动物角色出现，把自己比喻成乌鸦或麻雀，再由此就一些新闻性、社会性、娱乐性话题进行讨论、交锋。沈阳台的《叽喳姐妹》也是角色型的，两位主持人一位是成熟保守的姐姐，一位是聪明前卫的妹妹。两人在节目中以角色的性格特征主持节目、发表意见。这类角色化表演的节目现在在东北地区比较盛行。而《鬼马双响炮》是佛山电台 FM88.3 自 2004 年至今的强档节目，是以社会新闻、生活新闻、娱乐新闻、珍闻逸事为节目题材，以角色扮演方式演绎的、幽默搞笑的节目。

（二）广播栏目剧崭露头角

广播栏目剧是一个新兴的节目类型，对它的定义不尽相同。

《阿亮的烦恼生活》是浙江电台的一档广播情景剧。该节目紧扣时事新闻，演绎百姓生活。主持人阿亮在节目里扮演各种角色，既是主持人又是主人公。有时候还添加一些额外的角色，由工作人员客串。通过角色的生动幽默、富有时代气息的对白，演绎现实生活中百姓对新闻事件和社会现象的看法。

羊城交通台《大吉利车队》以广播小品的形式，由四位主持人作为剧中人物演绎，针砭时弊，轻松、幽默、搞笑，在嬉笑怒骂中谈论现时的社会现象，让听众在娱乐中得到一些启示。

《老友鬼鬼》是广东电台城市之声的一档广播新闻评论剧。剧中角色都由主持人扮演。情景设定在一家甜品店里。节目借用小吃店员工和食客之口，对社会热点进行点评，嬉笑怒骂，针砭时弊，将市民心声表现得淋漓尽致。

由三个具有代表性的例子或许可以看出广播栏目剧的特点和它与传统广播剧的异同：在形式上它有规定的情景、相对固定的人物、还有些简单的故事情节。内容上则更加灵活，无论是评议时事、服务生活还是娱乐大众等都可以，风格上贴近普通听众的生活，讲求时效，制作上适当运用一些音乐和音响来丰富节目。由于这类节目基本上都是日播节目，因此在制作上相对于传统的广播剧要简单得多，这也是栏目剧与传统广播剧的区别之一。

（三）方言类节目受热捧

大连都市台的节目《两个东北人》，由一男一女两位主持人用东北方言主持，节目内容既有社会新闻、时事评论也有人生感悟，生活哲理等。两位主持人有点像说相声，一逗一捧，妙趣横生；语言带着辛辣与讽刺，又不失东北方言的幽默。与听众通过热线与短信互动，参与者也都操着满口的东北方言。这类方言节目还有以陕西方言播出的陕西电台的《谝闲传》，以东北方言播出的广东电台“南粤之声”的《东北一家亲》等。此外，广东地区的一些粤语电台中也有为数不少的极具地方特色的方言娱乐节目。

三、广播节目风格的变革尝试

近年来，国内各电台纷纷尝试开办一些具有鲜明风格个性的节目，如《1039 交通服务热线》是北京人民广播电台交通广播的一档节目，通过邀请嘉宾直播的方式解答有关汽车保养、修理方面的问题。主持人王为、朝东以带有京味儿幽默的主持风格在为听众提供修车服务的同时营造一种轻松愉快的氛围，使听众在获得修车知识的同时得以愉悦身心。

浙江文艺广播电台曾有一档深夜谈话节目信箱《伊甸园信箱》。一般来说，以恋爱、婚姻、家庭、性为话题内容的深夜谈话节目，多为女性主持人以温柔、亲切的话语，来为听众娓娓道来，而浙江文艺台万峰主持的《伊甸园信箱》则是个另类。主持人万峰有着“愤怒主持人”称号。万峰因为独特的强硬风格受到了听众的喜爱，甚至是追捧。《伊甸园信箱》节目也因为独树一帜的主持风格而声名远扬。

四、广播节目定位的精准趋向

经过几轮的专业化频率改造，目前国内各电台的定位更为精准。如广东电台财经 927（股市广播），面向股票期货证券投资者，以实时行情报道、专家点评和股迷互动为主要内容。2009 年 9 月在广州地区的市场份额为 8.5%，处于第六位。2007 年股市火热时，曾高居第四位。

汽车音乐广播兴起有望带动广告创收。一直以来，音乐台的现状是叫好不叫座，广告经营不太理想。而汽车听众是收听人群中的“贵族”，也成为广告商的投放目标。如杭州《西湖之声》，是最早号称汽车音乐电台的，目前在杭州地区市场表现最好。

第三节 | 由新技术带来的创新——广播与网络的融合

近几年，随着网络的逐渐普及，广播在与网络融合过程中，其产生的媒介新形态及节目新样态呈现出良好的发展态势。

一、传播技术发展带来的创新

（一）网络广播

作为新媒体的代表，网络媒体的发展是有目共睹的，它以其独特的优势获得了极高的渗透率，对广播等传统媒体造成了巨大的冲击。困则思变，广播媒体取人之长、补己之短，开始与互联网融合，形成了新的信息传播形态——网络广播。

网络广播，可分为传统广播的网络化和网络电台广播。

1. 传统广播的网络化

传统广播的网络化，是将传统广播的内容搬上互联网，通过在线收听，同步接收广播节目，克服了传统广播的地域限制和信号干扰，或提供往期节目的点播、下载，增加了广播的受众接收途径。在电台的官方网站上，还可以获得关于电台的、频道的或节目的更为详尽的信息。这一形式的开辟不仅克服了广播稍纵即逝的特点，还可以通过文字、图像甚至视频等多媒体手段弥补广播声音传播的单调性，也为广播媒体开辟了新的发展空间。

例如，听众在中国广播网上可以听到“中国之声”、“经济之声”、“音乐之声”等10多个频道的广播在网络上同步直播，还有各频道全部节目的三个月的在线点播和下载。在北京广播网上，除提供上述服务之外，还开设了专业广播频道的子网站或子页面，进一步丰富了广播频道的信息。如在北京新闻广播子网站上，有新闻广播频道的介绍、栏目介绍、节目介绍、主持人风采、部门介绍、节目时间表和广告价目表等几项内容。“主持人风采”可算是最符合听众心理、能够拉近与听众距离的一项内容。主持人的个人资料、所主持的节目信息、对主持工作的理解、想对听众朋友说的话，以及他们的联系方式都可以找到，还有每个主持人的博客，在网页上都有链接。

目前全世界已有100多个国家近2 000多个电台在网上建立了网站，凭借电脑网络传送各种节目，使传统的地面和卫星传送方式同网络传播结合起来。

2. 网络电台广播

如果说传统广播的网络化并没有什么实质性的变革，那么网络广播电台（图 15—2）确实算得上是一个创新。许多传统广播媒体的网站上都有自建的网络广播电台，如中国国际广播电台的“国际在线”网站上的 18 家环球网络电台，以及北京团市委与北京人民广播电台共同创办的青檬网络电台等都是受欢迎的网络电台。

图 15—2　网络电台成为广播发展的又一新途径

网络广播（internet broadcasting），亦有人称其为“在线广播”，指数字化的音频视频信息通过互联网传播的新媒体形态（图 15—3）。它是网络传播多媒体形态的重要体现，亦是广播媒体网上发展的重要体现。

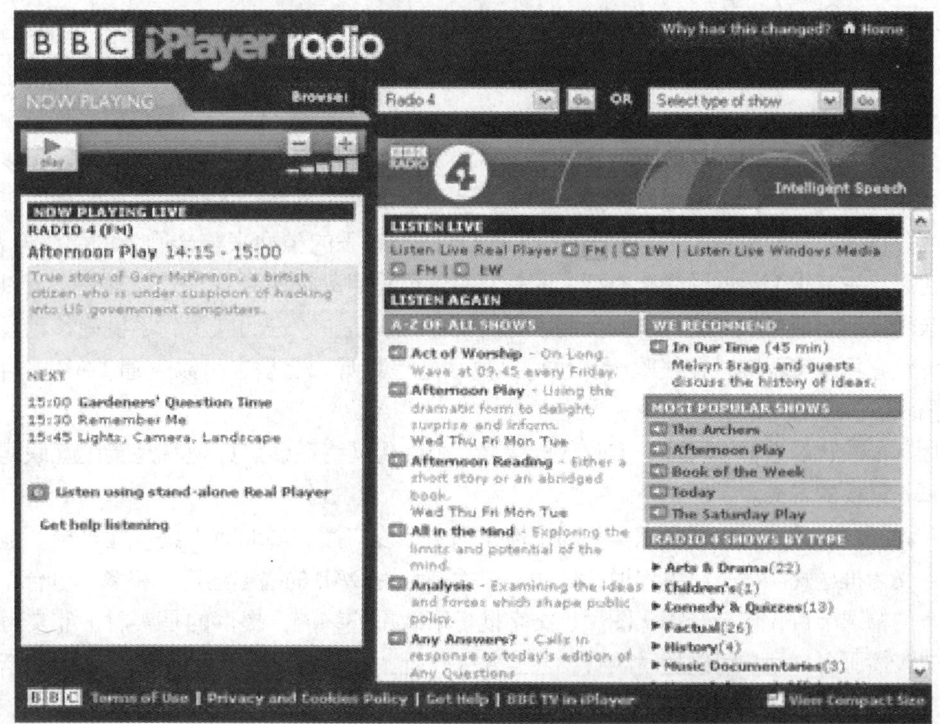

图 15—3　BBC 推出在线广播服务 RadioPlayer

以流媒体为传播形式，网络广播的运作方式是：传播者通过在互联网站点上建立广播服务器，在服务器上储存音频节目，运行节目播送软件；受众通过自己的计算机连接这些站点，借助相应的接收软件，收听、收看和阅读广播信息。因此，网络广播的播出不需要占用卫星频段和频率资源，但其播出效果要受到网络带宽的影响。由于数字化信息排列的无序性，网上广播节目具有无限次的复制与组合功能，可在网上存储和长久留存，从而彻底消除了广播媒体在时间上的强制性，便于听众选择收听和重复收听，弥补了传统广播线性传播、转瞬即逝的缺陷，使受众真正实现非线性收听，相对于传统广播的限制更小、内容更丰富多彩。

与此相适应的是，网络广播受众逐步向“用户”转变，用户以年轻群体为主，他们具备上网的条件和时间，由同步被动式的“接收”向异步主动式的“选择”转变，自主选择“在线收听”或“下载收听”。因此，目前国内开办的网络广播，在内容设置上更倾向于契合年轻群体的生活特点和心理需求，以新闻资讯、生活服务、时尚前沿、休闲娱乐类节目为主，来满足用户更加多样的信息需求和日益细分的个性需求。如银河网络电台，其节目立足于前卫和时尚，包含娱乐、资讯、知识、情感、教育等多种形式，内容丰富，风格新颖，以网民边听边聊边参与的新型网络广播形式在网络电台中独树一帜；而青檬网络电台的内容设置则贴近大学生活，包括音乐、娱乐、生活资讯，以及人文、艺术、考研、就业等咨询性、教育性节目。

3. 个性化网络在线广播

个性化网络在线广播（personalised online radio）不是业余电台，也不是个人的声音博客。它是基于互联网新媒体受众使用习惯而产生的，可以依据个人喜好定制个性化网络电台服务。

个性化网络在线广播有七个特征：一是它记录并追踪用户的使用习惯。二是它可以收听来自世界各地的几千个通过网络播出的电台节目，或者是网络上其他的音乐服务。三是听众可以按照不同的电台类型来检索节目，或者按照音乐的类型来整合网上的网络电台，个人可以自主编辑节目的顺序和类型。四是它可以远程自动推送到用户处。五是它可以通过新技术把广播节目从电脑无线同步到家庭的高保真设备中，进而同步到手机等移动设备中。六是它可以实现实时在线收听，也可以离线延迟收听。七是它可以直逼 DAB 电台的收听质量。[①]

因其个性化的方便、快捷、实时获取信息，个性化网络在线广播现在是英国互联网收听中增长最快的方式。

在我国，一些电台也在尝试类似的个性化网络在线广播。如北京人民广播电台。他们将其定义为推送式广播。简单地说，推送式广播是利用 DAB 的播出通道，将多个电台、多个频率的精选节目，包括音频、图片、文字批量下载用户终端，提供的是实时＋非实时的推送式广播服务，用户可以随时收听，甚至永久收听。北京台现在一天推 30 个小时的新节目，分 17 个频道。这 17 个频道的差别非常大，有欧美流行音乐、中文流行音乐，有京剧，

---

① 参见孟伟：《媒体融合背景下解析英国广播的新发展》，载《中国广播》，2011（3）。

还有好孕妈妈。这样多样化的节目，传统的广播平台是非常难以提供的。

（二）广播电台数据广播

数据广播是利用数字编码传输技术通过无线信道向多用户传送信息的方式，其基本原理是运用调制解调技术，将信息转换为数字信号发送，再通过接收机解调还原。它主要用于对文字、数字、表格信息的传送。由于调频广播占有频带较宽，所以在不影响正常广播的前提下，可以利用其空闲的 SCA 副信道（subsidiary communication authoriation）传送信号，同调频广播一起发出。

近年来，这一新技术发展很快，许多国家都已普遍使用。如美国的各大城市中，已有80％的调频广播电台开展了 SCA 广播业务，其中大部分是数据广播业务，主要用于对股票市场信息、体育消息、物价及企业内部信息传送等方面。

日本的东京调频广播电台（Tokyo FM）于 1994 年 10 月正式提供“文字广播频道”（DARC）系统服务，它能在液晶显示屏（LCD）上显示出日文（两行系统，每行 15 个日文字），该台每天 24 小时播出五个频道，包括节目预告、简明新闻、天气预报、交通信息、娱乐信息。1995 年 4 月，日本调频电台广播网（JFN）的所有 32 个会员台也都开播了视频信息广播。卡西欧电脑公司率先在市场上推出了一批新型收音机，与传统收音机不同的是，它带有液晶显示屏，其屏幕可显示两行 30 个日文字。1996 年 3 月，日本的公共广播机构 NHK 也在八个地区开播了“多样式调频文字广播”。视频信息广播是用数字化的方式来发送文字（理论上还能显示图像），所以很容易与电脑结合起来。日本一些厂商进而开发出可接收视频信息广播的新型便携式电脑，让人在用电脑收听广播的同时，获取、储存和加工视频广播中的信息。

英国文化部部长艾德·维济（Ed Vaizey）认为广播已不再是“厨房角落里落满灰尘的收音机”，“视频没有终结广播，科技也没有终结广播，视频和科技都将成为未来广播发展的有力推手”①。数据广播作为信息传送的新方式，具有传送速度快、传送成本较低、可移动接收和多用户接收等特点，可弥补其他传送方式的不足，尤其在我国通信尚不发达的情况下，普及应用数据广播对有效提高信息利用率、扩大信息传播范围、提高信息共享程度具有重要的意义。中国已拥有众多的调频广播电台，其中千瓦以上的大功率调频台 1 000 多个，每个调频台都有 SCA 副信道可以利用，因此 SCA 频率资源相当丰富。

（三）手机广播

所谓“手机广播”，就是利用具有收音和上网功能的手机收听广播。目前，根据手机广播的实现方式，大致可将其分为三类：一是通过移动通信网络实现，即基于目前 2.5G、2.75G 以及 3G 的通信网络，实现广播节目的实时、延时收听或点播；二是基于广播网与通信网的融合，即通过广播网实现广播节目的下传，通过通信网络实现用户信息的回传，

① 《未来广播的发展走向：结合视频运用新技术》，见泛媒参考，2010-01-19。

从而实现手机用户收听广播节目；三是在手机中内置了 FM 广播调谐器，用手机可以直接收听电台广播节目。近年来，国内很多家电台都先后对这几种手机广播模式进行了有益的尝试。

2005 年 7 月，上海文广新闻传媒集团（SMG）开播了“SMG 手机电台”，它是国内首个由传媒机构全程提供集群语音内容支持，并通过无线通信网络和广电网络实现语音资讯实时或延时互动传播的强大语音资讯平台。[①] 本地用户只需拨打中国移动、中国联通的特服号码，就可收听 SMG 11 个频率的新闻、音乐、体育等众多精彩的广播电台节目。此外，“SMG 手机电台”还推出了“在线实时收听”、“在线延时重听”、“友情点送”、“最新资讯收听预告”以及“实时话语点评”等形式，为用户提供个性化定制、互动参与的语音服务平台。

2008 年 9 月，黑龙江人民广播电台与中国移动公司联合开办了新媒体广播，用户只需通过手机拨打相应的号码，即可实现广播节目 24 小时的自由点播，还可以免费使用主持人的留言箱或通过直接拨打直播间的互动电话参与到节目中。2009 年年初，在黑龙江举办的第 24 届世界大学生冬季运动会中，手机广播积极参与了该项赛事的报道，把一个丰富多彩“大冬会”呈现在了世人面前。

2007 年 2 月，中国移动在广东地区推出了“掌上电台”业务，用户只需在手机上安装客户端软件，就可通过本地化菜单浏览节目内容，经由中国移动 2.5G 或者 2.75G 的通信网络，随时随地实现广播节目与资讯服务的点播收听。移动运营商会根据节目的不同收取一定的收听费用，点播 0.1 元/次或 0.2 元/次，包月 1 元/月或 2 元/月。此外，运营商还会向用户收取收听广播时所产生的数据流量费用。

2010 年，北京电台正式推出在移动终端播放的多媒体广播节目——RBC 综合频道，该套多媒体广播节目可通过拥有 DAB（数字音频广播）功能的手机或 1039 多媒体机等 DAB 终端，为用户提供免费的视频节目，用户既能看到广播主持人主持节目时的场景，又能看到参与节目的嘉宾以及专家们图文并茂的讲解。例如，北京交通广播每天 13：30 播出的品牌节目《1039 交通服务热线》，在没有视频手段前，只能通过主持人和嘉宾的口述来介绍车辆的性能、外观以及应对的维修解决方案。而在移动观看的视频节目中，该栏目加入了汽车的性能测试片断、实际驾驶片断以及更多的汽车零部件和相关车型的图片，节目内容更形象，传播效果更好。

但是，总体上来说，自 2003 年我国首次出现了手机广播业务以来，由于受到节目形式、内容以及资费等诸多因素的限制，我国手机广播的发展一直举步维艰，目前仍处于初期探索阶段。

（四）播客

个人可在网上开办自己的专属电台。这就是有的学者专家所说的“播客”。

诞生于 2004 年的播客是网民利用数字广播技术制作的声音文件。只要有一台电脑、一个话筒即可制作自己的音频节目，上传到网上供人收听，同时也可以下载别人的播客供已

① 参见宫承波：《新媒体的多维审视》，103 页，北京，中国广播电视出版社，2008。

欣赏，从而实现了广播制作、传播、接收的“任何时间、任何地方、任何内容”这一完美理想，使每个人都成为一个准广播人。

可以说，它是一种来自网民的“网络广播”、“自助广播”、“个人广播”。如果把博客称之为网民的“网络出版物”，那么播客则是博客的纵深发展，是博客的音频形式，或者叫“有声博客”。

播客是对广播节目制作与传播的一次进化与革命，它继承了传统广播的几乎所有优势，并且成功弥补了传统广播的天然劣势。①

1. 广播传播过程的变化：从“一对多”到“多对多”

播客具有的“预先选择、按需订制、去节目时间表”等特点从根本上革新了传统的广播理论。传统广播的整个传播过程表现为“传者—受者”的“一对多”的信息扩散形态，而播客的传播过程则表现为“传者—受者”的“多对多”的“循环往复”信息扩散形态，这使得播客无论形式，还是内容上都更具容纳度。听众不再受制于“广播的节目表”，也不需要时刻与互联网保持连接状态，可以自由订制并可自动更新自己喜欢的广播节目，通过一个“随身播”（MP3 之类的数字媒体播放器）就可以实现传统广播的所有功能了。

2. 广播传播平台的位移：从“威权平台”到“民主平台”

传统广播（这里主要是指传统的有线广播与无线广播）中传者是媒介组织，传递的内容都是由专业的媒介精英制作的，它的传播平台是一种基于“精英”对“大众”的准“威权平台”。而播客则是“人人皆为传者”的传播模式，“制作、发布、订制、播放”——播客的整个传播过程比以往任一种广播形式都有可能容纳更多、更广泛的参与者，形式上民主的深度与广度也因此增加。当然，播客也很可能因“内容超载，庞杂”而丧失传统广播原有的权威感及影响力，特别是一些网络播客的无组织纪律性、播出内容随意、低级趣味等不良倾向，使得播客流于“民主平台”的形式，而远离“民主平台”的实质。

3. 广播机构的角色转变：由“内容制作商”到“内容集纳与分销商”

播客技术从根本上将听众还原于“自由”状态，每个订阅者可以在“任何时候”、“任何地点”订阅“任何内容”，并可在“任何时候”、“任何地点”消费这些内容。播客技术的这种“去节目时间表”特性，使得传统广播机构的角色扮演发生了转变：若先前传统广播所扮演的是“内容制作商”的角色，而播客则更像是一个“内容集纳商”（将广泛的民间智慧“集纳”一处）和“分销商”（将“窄播内容”分销给“目标受众”）。

播客的参与性、平等性、开放性成为播客迅猛发展的强大驱动力。据调查，在播客最早诞生的美国，2004 年 9 月播客网站还不到 20 个，但到 10 月底就爆升至 8.57 万个。至 2005 年，美国有 84 万人使用播客。

中国播客们把 2005 年称为播客年。2006 年，中央人民广播电台、上海东方电台等电

① 参见栾轶玫：《从“传统广播”到“播客广播”——广播进化的理论路径》，见中国广播网，2005-11-18。

台的网络广播也引入了播客元素。如《波哥播客秀》是上海东广都市 792 频率 2005 年 8 月初推出的一档广播节目。众多的“播客”将其音频作品发送到新广网参赛，入围的作品可在都市 792 的《波哥播客秀》中播出，《波哥播客秀》节目也同时在新广网播出。播出的作品将进一步通过广播和网络接受网友、听众、手机用户的评选、投票、评价。经过初赛，复赛、决赛，选出最后的优胜者。《波哥播客秀》不仅播出“播客”作品，还报道“播客”生活；新广网不仅是参赛和非参赛“播客”作品的集散地，同时也成为电台专业播音员的“播客”作品展示平台。《波哥播客秀》是全国第一档反映“播客”内容的广播节目。

二、传播新手段的探索

有着自媒体属性的微博，正悄然改变着公众的媒体接触习惯和信息传播模式，并一跃成为社会化媒体中最为即时、用户活跃度最高的信息传播平台。在传播格局的新变革中，微博正成为新闻信息传播新的手段和渠道。

微博短小精悍，一条微博被限制在 140 个字之内，即时性、广泛性、互动性强等特点与广播这种立即的媒体在对信息速度的追求和反应上殊途同归。

作为传统媒体的广播，在发挥自身优势的同时，如何利用好“微博”这一新兴传播平台，使其成为塑造广播品牌形象、提升广播影响力的新阵地，是我们必须尝试与探索的新路径。

上海广播电视台旗下东广新闻台（FM90.9，AM1296）作为中国大陆第一家纯新闻电台，国内较早运用“微博”进行新闻传播。它每 20 分钟刷新全球资讯，力争第一时间的报道权，滚动新闻的播报模式与微博即时发布的特点非常契合，在微博这个平台上，一条条广播滚动新闻成了微博，传统新闻有了更快捷、更广泛的发布平台，特别是弥补了广播新闻没有文字载体这一缺憾。

目前在操作上，当班编辑每天会在 7 点档《东广早新闻》播出前，即每天 6 点 40 分左右把当天的新闻摘要编辑成微博上网，平均每天 10 条左右。9—24 点，则由日班的值班编辑平均每四小时左右更新一次，每次挑选 3～4 条新闻作为微博发布。遇到突发事件，编辑则会把记者发自新闻现场的连线口播，第一时间听写整理成简短新闻，在微博上连续发布，与滚动新闻同步。

“中国之声”新浪官方微博自开通以来发展迅速。2010 年两会期间，“中国之声”新浪官方微博正式开通，发出第一条微博，内容是“国家发改委表示要加快收入分配制度改革，努力增加农民收入”。两年后的今天，2012 年 3 月 13 日，“中国之声”新浪官方微博粉丝突破 200 万，在新浪的后台技术统计中，由活跃度、传播力、覆盖度三项客观指标综合形成的“中国之声”微博的影响力也长期位居所有电台类媒体微博第一名。①

---

① 参见《“中国之声”新浪官方微博粉丝破 200 万　列广播类媒体第一》，见中国广播网，2012-03-13。

（一）广播借力微博，进行融合新闻传播

1. 利用微博实现新闻传播的深度互动

(1) 与网民即时互动

传统的新闻传播大多是自上而下的单向传播模式，电台与听众互动主要是通过写信、电话或者是手机短信的形式，这些形式的局限性比较大。而微博通过"转发"、"评论"、"回复"、"关注"这些互动设置，一条微博在短短几分钟之内可以由一个人传播到数十人、上百人乃至千万人，传播更加直接，更具互动性。同时，通过转发和评论的次数，也可以准确地在第一时间知道听众的所思所想，第一时间根据听众的反馈对节目做出优化。对于传统媒体来说，这样的即时反馈，使新闻采编更有方向和针对性，由此实现新闻传播的深度互动。这是一个良性循环。

如 2011 年 8 月改版后的"中国之声"新浪官方微博平台上，除了日常节目互动以外，还有《节目预告》、《记者行动》、《最新闻》、《难忘"中国之声"》、《今日出镜》、《线索征集》、《微感悟》、《微回应》等十几个专栏，80％以上都是原创微博，极大地提高了微博的亲和力和互动性，转发和留言数由原来的每条微博 30 条左右增加到平均 100 条以上。

再以东广新闻台为例。2010 年 4 月 1 日 7 点 03 分，东广新闻台微博平台上的一条微博引发广泛关注[①]：

中国 2010 年上海世博会开幕倒计时 30 天之际，市政府开出世博答谢单，每户赠送一张世博门票，一张 200 元交通纪念卡，持居住证人口同样获赠。

这条消息被转发 81 次，评论 42 条。当天是西方愚人节，网友的留言集中在消息是真是假、如何申领、申领条件等上。下午 13：15，微博上更新消息，同时也是作为对网友的回复：

世博开幕式期间放假五天，上海常住居民每户送一张参观券、一张价值 200 元的交通纪念卡消息公布后，市民迫切希望了解如何领取世博门票的详细操作流程，东广新闻台记者正通过相关渠道采访，一有消息将第一时间发布。

于是再次引发大量转帖和评论，形成了新一轮的互动。网友"烟波钓徒"留言说：

赶紧去问吧，免得被当作愚人节新闻处理！

网友"五月影子"说：

---

① 参见陈霞：《微博里的世博报道别有风景——从"东广新闻台微博"看传统媒体新空间》，载《新闻记者》，2010 (6)。

为啥不等细节制定了再一起公布呢，弄得人心痒痒的。

14：34，再次更新微博：

记者今天致电市府新闻办了解到，有关部门在加紧制定世博会门票和交通卡发放的具体方案，一旦方案制定完毕，将及时公布领取途径和领取时间。

至此，这条当天备受关注的新闻有了个明确说法。这也从一个侧面印证了新闻深度互动的效果。

(2) “网台”互动

这是指电台节目直播的同时与微博的互动，两个即时传播平台相得益彰，将影响力发挥到极致。

以东广新闻台连续三天的世博开幕大直播《璀璨世博耀浦江》为例，节目在电台播出的同时，在微博上与听众、“粉丝”展开互动，尤其是 4 月 30 日开幕当天，东广新闻台更新微博 70 多条，开幕文艺演出和焰火表演，几乎就是同步在微博上进行网上直播，更新频率最快时达到每分钟都有更新。在节目进行过程中，“粉丝”数迅速增加，留言、评论异常活跃；编辑对留言即时回复；记者根据“粉丝”的问题或线索到现场体验、采访；主持人则会选播有价值的评论和建议；而“粉丝”互相之间对节目话题、游园攻略的讨论也非常热烈。这样的“网台互动”使新闻信息前所未有地即时、丰富、立体。①

2. 利用微博实现采编模式的飞跃

(1) 凸显即时性的优势

事实上，只要有“博友”在新闻事件的第一现场，就能实时地通过网络或手机发布新闻并迅速传播，新闻时效上足以让不在现场的专业记者汗颜。“上海地铁一号线撞车”、“浦东机场货机坠机”等事件都是首先由博友在现场发回图片和文字。2010 年 5 月 1 日世博开园第一天，入口排队、园区客流等情况无疑是最重要的信息。那天东广新闻台微博做到了最快 1～2 分钟就更新一次，凸显即时性的优势。

(2) 注重贴近性

在内容的选择上，应注重贴近性，跟进热点。从实践来看，凡是和民生有关，和百姓生活密切的话题受关注度都较高，转帖、评论数量也非常多。

(3) 轻松的语言风格

微博语言多为网络语言，不能照搬传统媒体播报时规范严谨的新闻语言，因此显得简明、生动、有亲和力。

东方明珠也放出焰火，现场采访的东广新闻台的记者们都看得很激动，连线时都

① 参见陈霞：《微博里的世博报道别有风景——从“东广新闻台微博”看传统媒体新空间》，载《新闻记者》，2010 (6)。

有点声音发抖了。(30 日 21：58)

介绍到城市最佳实践区了，据小编的体会，那里真是不排队、有得玩的好地方。(1 日 15：10)[①]

3. 微博成收集民意、发现线索的渠道

社会化媒体上的海量信息，无疑可以成为记者收集新闻线索的渠道之一。而网友对热点话题的观点、评论也成为记者收集民意的一个渠道。

如，2011 年的 9 月 29 号“天宫一号”发射，当晚的 18 点 46 分“中国之声”新浪官方微博发了一条直播预告，并且要求网友对中国航天事业写寄语或者提问节目中邀请的专家，3 个多小时直播节目中间，这条微博被转发了 452 条，被评论有 1 200 多条，而且据估算，这条微博能够影响到 300 多万人，通过微博的这种二次传播，把“中国之声”的这个直播节目影响到了更为广泛的人群之中。

两会期间，“中国之声”更是充分利用微博进行预告，问题征集，节目互动，并且开广播电视先河，首次在《做客中央台》直播间设立微博大屏幕，所有做客中央台的高官和企业家们都被吸引，并且主动和微博网友互动，极大地提高了“中国之声”官方微博的影响力。

此外，记者在采写报道时，如果需要了解民众对一个热点问题的看法，也可以在微博上发起调查，或者直接采访网友。

（二）广播与微博尚待进一步有效融合

微博作为一种新的传播方式和手段，尚处于发展之中，人们对其特点和规律的认识有待逐渐深化。广播与微博如何有效地融合新闻传播，还有待进一步的实践探索。

1. 更新要及时

目前，一些电台的微博编辑是由当天的新闻编辑兼任的，时间、精力有限，微博更新的频次、数量随意性较大。而且，记者第一现场的作用没有发挥出来，所发布的微博绝大多数都是编辑“二次”转手的，记者发自第一现场、第一时间的消息寥寥无几，这些都与微博的即时性相悖。

微博不仅仅是一个信息发布平台，更是一种网络交流工具，是要给人们提供一个即时表达、沟通的平台。所以对于“粉丝”的问题、建议，都应给予及时的回复，应积极参与到某一热点话题的讨论。不妨配备专职的微博编辑，并要求记者在日常采访的同时，也要为微博供稿。

2. 增强“爆料”瞬间传播

把微博作为获取新闻线索的一个渠道，这在业界得到普遍认同。但从目前一些电台的

---

① 转引自陈霞：《微博里的世博报道别有风景——从“东广新闻台微博”看传统媒体新空间》，载《新闻记者》，2010 (6)。

官方微博上看，博友的留言大多是对新闻事件的评论、感慨、建议，而突发事件、社会新闻的“爆料”还非常少。不妨借助“名人”、“明星”微博，增强瞬间传播的效果和影响力。

3. 需学会从微博中甄选新闻

微博有着丰富的消息源，值得注意的是，微博信息来源类似于“新闻线人”的角色，我们需要对其信息的真实性加以判断，对事件的来龙去脉进行深入采访，追问和还原真相，不能简单平移微博内容，一旦成为微博的“批发商”，就会失去听众。

4. 需学会加工微博信息

广播媒体应利用并筛选微博海量的碎片化信息，将其延伸为独特的视角和解读，同时借鉴微博的新鲜体验，更加注重所传播内容形态的包装，更加注重情感营销，以此聚拢更多的受众，特别是年轻的受众。①

事实上，一些电台一直在探索最适合自身发展的融合之路。如在技术开发上，从 2011 年开始，北京交通广播与腾讯微博就在尝试创新路况信息的采集方式，进行北京“微博路况”的全新产品开发与拓展。在新闻业务拓展上，北京交通广播发挥 90 多家全国交通广播微博联盟的作用，互为彼此城市的“记者站”，在突发新闻事件的报道中形成合力，搭建起第一时间获取和求证信息的便捷平台，提升品牌影响力。

思考题

1. 结合实例，谈谈你对当代广播发展的特殊社会意义的理解。
2. 注意收听你家乡的广播电台，谈谈它们在节目形态上有什么变化。
3. 你收听网络广播吗？谈谈对你经常收听的一家网络广播的印象。

① 参见《广播运用微博发展创新分析》，见中国杂志网，2012-06-19。

参考文献

饶立华等．电子媒介新闻教程．北京：中国人民大学出版社，2000.

李岩．广播学导论．杭州：浙江大学出版社，2005.

周小普．广播新闻与音响报道．北京：中国人民大学出版社，2001.

曹璐，罗哲宇．广播新闻业务．2 版．北京：中国传媒大学出版社，2010.

毕一鸣．世界广播电视发展史——视听传媒的历史变迁．北京：中国广播电视出版社，2010.

宫承波．广播电视概论．北京：中国广播电视出版社，2009.

王宇．现代广播新闻实务．北京：中国广播电视出版社，2009.

沈嘉熠．广播学概论．上海：上海外语教育出版社，2007.

张舒．音响报道教程．北京：中国广播电视出版社，2001.

曹璐．解读广播——曹璐自选集．北京：北京广播学院出版社，2004.

胡正荣等．广播的创新与发展．北京：北京广播学院出版社，2004.

程道才．广播新闻写作．北京：中国广播电视出版社，1999.

中国国际广播电台研究室．世界广播电视：变革和发展．北京：中国国际广播出版社，1992.

仲富兰．广播电视新闻学．上海：上海外语教育出版社，2006.

徐泓．超越：北京交通广播解析．北京：北京大学出版社，2003.

赵玉明．中国广播电视通史．北京：中国传媒大学出版社，2006.

赵玉明．中国广播电视通史．北京：北京广播学院出版社，2004.

赵玉明．中国广播电视通史（上卷）．北京：北京广播学院出版社，2000.

李彬．全球新闻传播史（公元 1500—2000 年）．北京：清华大学出版社，2005.

《当代中国的广播电视》编辑部．中国广播电视大事记．北京：北京广播学院出版社，1987.

朵生春．中国改革开放史（上卷）．北京：红旗出版社，1998.

杨飙，蔡尚伟．媒体竞争论．成都：四川民族出版社，2001.

张采．日本广播概观．北京：中国广播电视出版社，2001.

盛沛林等．军事传播学导论．北京：解放军出版社，2005.

方毅华．节目构思与分析．北京：中国广播电视出版社，2009.

赵多佳，许秀玲．内容·受众·传播·广播专业化概论．北京：中国国际广播出版社，2008.

李向明．广播新闻创优谈．北京：中国广播电视出版社，1997.

丁文奎．新闻广播谈艺录．北京：中国广播电视出版社，1990.

毕一鸣．现代广播电视论纲．北京：中国广播电视出版社，2007.

蔡雯．新闻编辑学．北京：中国人民大学出版社，2010.

雷跃捷．新闻理论．北京：中国传媒大学出版社，1997.

吴飞．新闻编辑学．杭州：浙江大学出版社，2004.

孙瑞祥．新闻传播与当代社会．天津：天津社会科学院出版社，2003.

吴信训．新编广播电视新闻学．上海：复旦大学出版社，2009.

黄匡宇．广播电视学概论．2版．广州：暨南大学出版社，2009.

陆晔，赵民．当代广播电视概论．上海：复旦大学出版社，2002.

肖峰．广播新闻业务教程．武汉：武汉大学出版社，2010.

许颖．广播电视新闻实务．大连：东北财经大学出版社，2007.

张凤铸．中国广播文艺学．北京：北京广播学院出版社，1994.

吴郁．主持人的语言艺术．北京：北京广播学院出版社，1999.

宫承波．新媒体的多维审视．北京：中国广播电视出版社，2008.

尘元．在词语的密林里．北京：生活·读书·新知三联书店，1991.

于丽爽，宋茜．脱口成风．北京：中央编译出版社，2004.

孙中山选集．北京：人民出版社，1981.

［法］让-诺埃尔·让纳内．西方媒介史．桂林：广西师范大学出版社，2005.

［美］迈克尔·埃默里，埃德温·埃默里．美国新闻史．北京：新华出版社，2001.

［美］埃里克·巴尔诺．美国广播电视简史．北京：北京广播学院新闻系编印，1985.

［美］丹尼尔·杰·切特罗姆．传播媒介和美国人的思想．北京：中国广播电视出版社，1991.

［苏］巴基罗夫．广播新闻学概论．北京：中国国际广播出版社，1989.

［日］佐藤卓己．现代传媒史．北京：北京大学出版社，2004.

［美］威廉·曼彻斯特．光荣与梦想（第一册）．北京：商务印书馆，1978.

［美］芭芭拉·马图索．美国电视明星．北京：中国广播电视出版社，1987.

R. E. Hiebert，Donald F. Ungurait，Thomas W. Bohn. 大众传播媒介．台湾风云论坛出版社，1994.

［法］洛特菲·马赫兹．世界传播概览．北京：中国对外翻译出版公司，1999.

［美］约翰·布雷迪．采访技巧．北京：新华出版社，1986.

张斌．“自己走路”三部曲：从中央台看中国广播改革创新的历史沿革．现代传播，2007（4）.

江澄．声音广播的地位和传输技术的发展．广播与电视技术，2003（11）.

马庆平．国际广播的起源与当今国际广播的特点．世界广播电视参考，2005（11）.

张国涛．广播电视公共服务的基本内涵．现代传播，2008（1）.

乒乓．透析 BBC 的媒介产业经营模式．新闻知识，2004（7）.

创造历史：公共广播 100 周年．羊城晚报，2010-02-02.

陈尔泰．中国第一座广播电台．《新闻研究资料》，1985 (2).

李岚．2009 广电媒体：构建可持续发展新格局．传媒，2009 (12).

北京电台：专业化的四个关键词．中国记者，2003 (2).

2011 中国广播业调研报告之广播广告经营探索．中国广播影视，2011 (12).

汪永晨．时空调度通过音响语言来实现——《一场特殊的音乐会》的采制．中国广播网，2003-12-02.

曹璐，王晓辉．广播优势的深层次开发与内容拓展创新．中国广播电视学刊，2006 (1).

王银桩．驻外记者与采访国际政要．中国广播电视学刊，2008 (2).

陈定川．广播语言更须讲究精彩．中国广播网，2007-11-26.

李启高．广播新闻：应让听众“看得见”．新闻实践，2004 (1).

曹仁义．新闻类广播作品如何创优（六）：新闻现场直播创优．中国广播电视学刊，2005 (8).

景兵．浅议广播新闻节目编排的创新．中国编辑，2008 (5).

陈红梅．试论广播新闻节目编排的“版面效应”．当代传播，1999 (3).

张德华．大型互动式广播现场直播的成功尝试与创新．中国广播，2012 (9).

杨贵明．在线广播——传统广播发展的新空间．中国网，2004-11-08.

肖平，韩瑞斌．彰显广播的魅力和影响——“神舟六号”载人航天飞行宣传报道回顾．军事记者，2006 (1).

陈敬敏．广播新闻现场直播存在的问题．新闻爱好者，2010 (20).

王晓红．广播直播的经典范本．中国广播网，2001-03-31.

魏胜利．功夫在诗外——从《穿越青藏高原》看现场直播的应变策略．中国广播网，2007-11-09.

夏威．创新广播评论：以“两会时评”为例．中国记者，2007 (5).

沈文锋．即时评：主导新闻广播．中国广播电视学刊，2009 (11).

胡国华．中央人民广播电台快字当先，争做两会报道领跑者．中国记协网，2012-03-23

郑惠农．广播评论：因音响而生动、精彩．西海记者，2009 (3).

何婕，路军．论广播新闻谈话节目．新闻大学，2000 (2).

苗棣．广播谈话，大有可为．中国广播网，2011-11-15.

牛海鸣．第十七届中国新闻奖“广播新闻访谈”节目评选综述．中华新闻传媒网，2007-08-27.

张莉莉．对广播谈话类节目的观察和思考．中国广播网，2004-10-22.

路军．魅力永存的新闻谈话节目．新闻记者，2003 (2).

宝明，夏敏．深挖掘升华主题　精设计以小见大（下)．中国广播网，2010-01-14.

牛海鸣．交锋——广播新闻访谈节目魅力所在．中华新闻传媒网，2007-08-27.

杨沼畔．广播新闻有效音响浅议．中国广播网，2007-11-29.

朱惠民．引人注目的广播特写——谈广播特写写作艺术．广东广播新闻，2008-05-16.

潘珊珠．如何做好广播谈话类节目．视听纵横，2013（1）．

尹明子．论我国广播新闻谈话节目的生存与创新．新闻传播，2012（4）．

张云．类型化新闻广播的三种模式．视听界，2011（2）．

马莉．七十年的坚守：人民广播为人民——访中央人民广播电台副总编辑史敏．传媒，2011（7）．

栾轶玫．广播 2009：小趋势 VS 贵广播．视听界，2009（2）．

孟伟．媒体融合背景下解析英国广播的新发展．中国广播，2011（3）．

栾轶玫．从“传统广播”到“播客广播”——广播进化的理论路径．中国广播网，2005-11-18.

“中国之声”新浪官方微博粉丝破 200 万　列广播类媒体第一．中国广播网，2012-03-13.

陈霞．微博里的世博报道别有风景——从“东广新闻台微博”看传统媒体新空间．新闻记者，2010（6）．

广播运用微博发展创新分析．中国杂志网，2012-06-16.

后　记

对于广播，我始终有一种挥之不去的情结。

从 1993 年我走出大学校门，一脚踏入广播电台，到今年《广播新闻》这本教材出版，整整二十年了。其间尽管工作有变动，角色有转换，生活有变化，但对广播的那份关注却始终如一。

在这二十年里，中国的广播于低谷中艰难爬坡，迎来了生机勃勃的“第二春”。在新媒体迅猛发展的今天，在“传统媒体将消亡”的一片叫嚣声中，广播因其难以替代、不可替代，显示出强大的生命力。这足以让我们对广播刮目相看。曾经投身于这一行业的我，摸爬滚打十来年，亲身体验过广播迎难而上的艰辛，也深深感受到广播人的那份执著与坚守，那种创新的勇气与锐气。所以，当我从一个广播新闻工作者转身成为广播新闻的教育者时，我一直思考的一个问题就是，如何将我所知道的真实的广播介绍给学生，如何将自己在那段“激情燃烧的岁月”里所积累的广播新闻实践经验传授给学生。激发他们的兴趣，点燃他们的激情，让学生真正地爱上广播——这也是我讲授“广播新闻”课程和编写《广播新闻》教材的一个基本出发点。

特别要感谢安徽广播电视台高级编辑华岩的不吝赐教和大力支持。有着几十年一线工作经历的他对广播、对广播新闻有着自己独到而深刻的理解。当年他引领我这个年轻的“门外汉”迈入广播新闻的大门，如今在本书的写作过程中，他又将多年搜集积累的一些讲稿资料无私地提供给我，并在百忙中抽出时间，逐字逐句地审读初稿，为本书把关，其认真仔细的态度令晚辈汗颜——我想这正是一代广播人孜孜不倦的追求精神的体现，也正是这种精神成就了今日的广播！

在完稿之时，还要感谢年迈的家中老人，感谢背后一直默默支持的丈夫，感谢可爱懂事的幼子。中国人民大学出版社翟江虹、骆骁编辑，中国传媒大学新闻学院的各位同仁为本书的编辑出版付出了很多辛劳；曾经上过我的“广播新闻”课程的新闻学专业的同学们，给了我很多启发和灵感，在此谨致以诚挚的谢意。

与奋战在广播新闻一线和科研教学一线的前辈们相比，我的《广播新闻》，无论是理论的探讨还是实践经验的介绍，都尚显肤浅。我在课堂教学及本书编著中都大量吸收和参考了他人的相关著述，虽已尽量在注释和参考文献中列出，但难免挂一漏万，在此向各位作者表示深深的歉意和由衷的感谢！尽管已尽了很大的努力，但毕竟本人能力和水平有限，书中不足和错误在所难免，恳请业界和学界方家不吝赐教，帮助我提高认识，以便进一步修订和完善。

曹璐老师在最近一次接受《中国广播》记者访谈时提出，当下要重新认识广播，重新塑造广播。我想，于我们大家来说，这不仅是一种希望，更是一种责任。

“深刻而古老”的广播正在路上，我们还需赶路……

成文胜

2013 年 7 月 16 日

图书在版编目（CIP）数据

广播新闻/成文胜编著．—北京：中国人民大学出版社，2013.7
新传媒时代新闻传播学系列教材．新闻学核心课程 10
ISBN 978-7-300-17836-3

Ⅰ.①广… Ⅱ.①成… Ⅲ.①广播工作-新闻工作-教材 Ⅳ.①G222

中国版本图书馆 CIP 数据核字（2013）第 169498 号

新传媒时代新闻传播学系列教材
新闻学核心课程 10
广播新闻
成文胜 编著
Guangbo Xinwen

出版发行	中国人民大学出版社		
社　址	北京中关村大街 31 号	**邮政编码**	100080
电　话	010－62511242（总编室）		010－62511398（质管部）
	010－82501766（邮购部）		010－62514148（门市部）
	010－62515195（发行公司）		010－62515275（盗版举报）
网　址	http://www.crup.com.cn		
	http://www.ttrnet.com(人大教研网)		
经　销	新华书店		
印　刷	北京东君印刷有限公司		
规　格	185 mm×260 mm　16 开本	**版　次**	2013 年 8 月第 1 版
印　张	22.75 插页 1	**印　次**	2013 年 8 月第 1 次印刷
字　数	512 000	**定　价**	42.00 元

关联课程教材推荐

书号	书名	作者	定价	出书时间
（待出）	电视新闻	于忠广　张丽	33.00 元（估）	
（待出）	广播电视概论	周小普	35.00 元（估）	
978-7-300-10682-3	美国新闻史	［美］迈克尔·埃默里等	89.00 元	2009-05
978-7-300-15292-9	美国电视史	［美］加里·R·埃杰顿	48.00 元	2012-06
978-7-300-11760-7	广播电视管理	［美］詹姆斯·A·布朗等	49.80 元	2010-06
978-7-300-15293-6	新闻写作与报道训练教程（第六版）	［美］卡罗尔·里奇	69.80 元	2012-04

配套教学资源支持

尊敬的老师：

衷心感谢您选择使用人大版教材！

相关的配套教学资源，请到人文分社网站（www.crup.com.cn/rw）下载，或是随时与我们联系，我们将向您免费提供。

欢迎您随时反馈教材使用过程中的疑问、修订建议并提供您个人制作的课件。您的课件一经采用，我们将署名并付费。让我们与教材共成长！

联系人信息：

地址：北京海淀区中关村大街 31 号 201 室　龚洪训　收　邮编：100080

电子邮件：gonghx@crup.com.cn　电话：010-62515637　QQ：6130616

如有相关教材的选题计划，也欢迎您与我们联系，我们将竭诚为您服务！

选题联系人：翟江虹　电子邮件：zhaijh@crup.com.cn　电话：010-62515636

俯仰天地　心系人文

人文分社网站 www.crup.com.cn/rw

专业教师 QQ 群：259226416（人大新闻）

欢迎您登录分社网站浏览，了解图书信息，共享教学资源

期待您加入专业教师 QQ 群，开展学术讨论，交流教学心得